La Twittérature

La Twittérature

Les chefs-d'œuvre de la littérature revus par la Génération Twitter

par Emmett Rensin et Alexander Aciman

préface Érik Orsenna
de l'Académie française

traduit de l'américain
par Johan-Frederik Hel Guedj

Saint-Simon

Dédié à la mémoire des victimes du R.M.S. Titanic

Titre original : *Twitterature.*
The World's Greatest Books in 20 Tweets or Less
Penguin Books, New York.

33, rue Vivienne
75002 Paris
www.edsaintsimon.com

Préface

Érik Orsenna

Moi ? ça ? jamais !

Je vous connais, femmes et hommes de culture. J'entends d'ici vos voix offusquées : de quoi parlez-vous ? De « résumés » de chefs-d'œuvre et, qui plus est, écrits comme on parle ou, pire, comme on tapote sur son téléphone portable ? Pauvre époque !

Je vous comprends, bien sûr, hommes et femmes de culture. Je suis comme vous, sans doute d'un autre âge. Je n'aime rien plus que ces îles hors du temps qu'on appelle des livres. Quel luxe plus rare que la flânerie au fil des pages ? Quel bonheur de plonger dans d'interminables détails, de se perdre dans d'improbables digressions ! Quelles délices d'échapper soudain à la tyrannie de l'horloge !

Mais comme j'ai de l'affection, et de la gratitude pour certains aspects de la modernité, et notamment pour ces sms qui nous permettent de tisser des liens nouveaux et, par exemple, de dire sans cesse je t'm aux gens qu'on m, j'ai ouvert ce recueil de « twittérature ». Entre nous, quel mot affreux ! Son seul charme serait de nous rappeler cette sorte de comptine de notre enfance : « Ton thé t'a-t-il ôté ta toux ? »

Avouons que j'ai vérifié si personne ne passait dans les parages. J'avais honte, et peur d'être surpris, tel un client de maison close redescendant l'escalier.

J'ai commencé par Albert Camus. *L'Étranger* en 1 500 signes.

« Maman morte. Sais plus si c'était aujourd'hui ou hier... Pris mon pistolet, des Arabes partout. Toujours chaud, toujours saoul. Bon mélange... »

J'ai continué par Hemingway. *Le Vieil Homme et la mer*. « Quarante jours que j'ai pas pris un seul poisson... je devrais peut-être mettre fin à mes jours, un de ces jours. »

Homère a suivi, puis Stendhal, Joyce, Orwell, Cervantès, Dostoïevski... Tous les grands sont là.

À chaque ligne, on sursaute. On s'indigne. On s'écrie : quelle vulgarité ! quelle lèse-majesté !

Et pourtant, peu à peu, malgré vous, bien malgré vous, le sentiment vous vient que ces textes trahissent moins qu'il y paraît les livres qu'ils « résument ». Vous avez collé votre oreille contre la porte de la chambre où vivent vos enfants. Vous les entendez se raconter l'*Iliade*, *Le Rouge et le Noir*, les *Mémoires du souterrain, Macbeth*... Avec leur langue à eux, leurs tics, leurs raccourcis, leurs « gros mots ». Et il vous semble que ces histoires les touchent. Au cœur.

Alors vous vient l'espoir, l'espoir fou (mais on ne vous changera pas : l'optimisme est chez vous plus qu'une politesse, une morale) que ce recueil soit utile. Ayant, de cette manière pour le moins étrange, apprivoisé la littérature, ayant découvert que les chefs-d'œuvre parlent de nous et par suite nous aident à vivre, vos enfants, peut-être, un jour, daigneront se plonger dans les « vrais » livres.

É. O.

Avant-propos

La vie ne saurait offrir de plus grand trésor que l'art. Il permet à l'être humain de s'abstraire des trivialités qui lui malmènent l'esprit du matin au soir et de se hisser vers les sommets pour, brièvement, entrevoir le sublime.

Quelle *tragédie** de voir tant de nos contemporains juger les grandes œuvres de la littérature inaccessibles, écrasantes et sans doute même ennuyeuses ! Cela ne tient pas à un défaut de caractère ou à une inaptitude particulière. Nous dirions plutôt que ces grands textes, si intemporels soient-ils, sous leur forme actuelle, sont datés. À part les étudiants et professeurs, quelques ermites et les disciples d'un John Ludd** tombé en disgrâce, qui ose aujourd'hui s'y immerger en espérant comprendre un minimum de quoi il en retourne ?

Certains verront dans la réinvention des grandes œuvres, à seule fin de les adapter au cerveau si évolutif de l'homme moderne, une tentative triviale, voire une imposture. Mais nous préférons nous considérer comme les Martin Luther des temps modernes. Luther s'attaqua aux Saintes Écritures elles-mêmes et, voyant que la vulgate classique ne disait plus rien aux âmes de ses contemporains, il la traduisit dans la langue vernaculaire de son temps. Luther fit ainsi déferler sur le XVIe siècle une révolution de la foi et de l'alphabétisation demeurée sans égale à ce jour.

* En français dans le texte. [N.D.T.]

** Ouvrier anglais, peut-être fictif, qui se serait illustré dans la lutte des travailleurs du textile contre l'avènement du métier à tisser à la fin du XVIIIe siècle, en Angleterre. Son nom a donné naissance au terme « luddite », qui désigne toute opposition aux progrès de la technologie et aux mutations sociales qu'ils engendrent. [N.D.T.]

À notre modeste mesure et à notre époque, nous avons imité son exemple, en évitant toutefois de nous en prendre, pour cette fois-ci, à la Bible !

Plus que ses rois, ses révolutions ou même ses triomphes scientifiques, ce qui définit une génération, c'est la voix de sa littérature, qu'elle ait été ciselée en sanskrit sur des tablettes, chantée et accompagnée à la lyre dans la Grèce ancienne, ou imprimée sur des feuillets de coton reliés par Gutenberg.

Ces moments qui définissent une époque surviennent en général tous les cinquante ans. Il y a cinquante ans, c'étaient les beatniks en Amérique et, voilà deux fois cinquante ans, les surréalistes en France. Cinquante ans plus tôt, c'étaient les néoromantiques, les modernistes ou les décadents. Et, cinquante ans avant eux, les premiers romantiques.

Vous vous demandez peut-être, chers amis, quel traitement nous faisons subir à ces œuvres d'art ? Nous vous offrons dans ces pages les moyens d'acquérir les voix fortes, les précieuses leçons et les audaces stylistiques des « grands » sans vous imposer la besogne harassante d'avoir à consacrer des heures à les lire. Nous nous sommes emparés de ces textes pour vous en présenter un concentré, la quintessence, grâce à la voix de Twitter — le réseau social — qui, avec sa limite des cent quarante caractères par message (espaces compris), offre la forme de publication instantanée la plus pure en cette ère égoïste et trop sûre d'elle de l'info-déluge. En deux mots comme en cent quarante, vous trouverez ici tout ce qu'il vous faut pour acquérir la maîtrise de la littérature du monde occidental.

À l'aube de vos dix-huit ans, vous preniez peut-être le temps de vous asseoir sur le pas de votre porte et de vous poser la question : cet Hamlet, qu'essaie-t-il de me dire ? Quelle nécessité le contraint à couper les cheveux en quatre, à s'égarer dans un si doux délire ?

Ces questions troublantes auraient été vite résolues si le prince de Danemark avait ouvert un compte sur Twitter.com, site où l'on est très au fait des singularités et des idiomes de l'époque actuelle. Et c'est en somme ce que nous avons fait. Nous avons libéré ce pauvre Hamlet du carcan des contraintes littéraires du XVIe siècle pour le transformer en jeune homme branché — sans lui faire perdre un gramme de sa sagesse, de sa beauté, de son esprit ou de ses angoisses. Un jeune branché comme vous et nous, cher lecteur.

Bref nous apportons à notre génération une manière neuve et révolutionnaire d'affronter et de comprendre le plus grand de tous les arts : la littérature.

Et maintenant, permettez-nous d'ouvrir
Une brèche éternelle
Aux brillants esprits et à l'homme du commun,
Nous présentons *La Twittérature*.

LES AUTEURS

L'Attrape-cœurs

J.D. Salinger

Holden Caulfield vit seul dans New York, après avoir été expulsé du collège de Pencey Prep. Deux jours d'errance dans la ville, d'ivresse et de solitude, où nostalgie et perdition rattrapent le jeune homme.

@HoldenLol-field*

Dernière fois que je foire. Ils m'éjectent de leur école de vieux ! Total pas encore vu un seul de ces chevaux à la con, moi ! LOL** !

Tu te demandes jamais avec quoi ils embaumaient leurs momies, en Égypte ? Avec du vieux jus de momie très spécial, voilà.

Largué l'école. Hurlé des mots à chier dans le hall — ça leur apprendra ! Me casse bientôt à NY. Tu me contactes.

Entouré de gens bidons. Partout !

J'ai voulu troncher la mère d'un gamin. Elle a pas voulu. Enfin, maintenant, j'ai quand même ce bonnet de bûcheron carrément ultracool.

* Un nom précédé d'arobase (@) est un lien vers le compte Twitter de l'utilisateur de ce nom. [N.D.T.]
** LOL pour *Laugh out loud* (À hurler de rire, ou MDR, mort de rire). [N.D.T.]

Logé dans un hôtel miteux; c'est assez crade. Les chaînes payantes marchent pas. Et si je m'appelais une pute, non ?

Ouh là : essaie jamais d'embrouiller une pute. Ces types, là, les macs qu'ils s'appellent, ils déboulent et te mettent une tête au carré.

Toujours entouré de mecs bidons ! Aussi bidons que toi, je parie. Beurk. Je dois avoir un cancer de la bouche — je vous tiens au courant.

Quelqu'un sait où ils vont, les canards, l'hiver ? Ils se les gèlent ?

Sorti avec une fille dont je me fous. Bizarre que la nature me pousse à des trucs aussi marrants et pas logiques. Hypocrite un max. À fond.

Décidé de m'enfuir de la maison. J'en ai parlé à ma sœur. Elle est ici.

Je crois qu'un mec a essayé de me baiser. Ouais, un mec a essayé de me foutre sa queue. Dégueu.

Il est bidon, lui aussi. Bien sûr.

Ma sœur insiste pour venir dans l'Ouest avec moi — j'ai dit pas question. Une femme, ça peut pas devenir cow-boy !!

Finalement, l'Ouest, c'est sûrement aussi bidon que l'Est.

La vie est pleine de frustrations, pleine de contradictions.

Ces merdeux que j'insultais à l'école, ils me manquent :(Même s'ils étaient tous bidons.

Da Vinci Code

Dan Brown

En voyage à Paris, le symbologiste américain Robert Langdon est entraîné malgré lui dans l'affaire du meurtre de Jacques Saunière, conservateur au Musée du Louvre, et soupçonné. Seule Sophie Neveu, cryptologue et petite-fille de Saunière, croit en son innocence.

@CatholicGuilt
@CulpaCatho

Cap sur Paris ! Il y a eu un mort et la police se figure que seule ma connaissance suprahumaine de la cryptologie peut résoudre l'affaire.

Oh et zut — la police croit que c'est moi le tueur !!!

Rien pigé, ces crétins. C'est un CODE !!! Ma chance, la Française, totalement sexe — euh, je veux dire, super jolie — la chance qu'elle m'aide.

En route vers une banque. Le moment de détailler l'histoire de ces sociétés secrètes cathos à cette Française — ça pourrait l'exciter ??

SAINTE MERDE DE DIEU ! On a volé le Codex : c'est une vaste conspiration justement pile dans mon domaine de compétence !

L'historien m'a expliqué le reste, légende complexe, machination. Pas mal de suivre cette piste. Pour attirer l'attention de la dame, hein.

WTF* !! UN ALBINOS !! Mon poste douillet à Harvard ne m'a PAS du tout préparé à tant d'agitation !!!

Tu sais, ce vieil Italien qui a peint le tableau de la dame au sourire ? C'est lui, la clef de tout ça. LOL, qui l'aurait cru ?

La police nous lâche pas ! Vais twitter tous les sites ; faut rien dire aux poulets ! Et rien au pape.

Oh, cette fille est trop sexe. Moins facile que je croyais de flirter en plein complot mondial visant à cacher la vérité sur Jésus.

Un peu de répit, histoire de résoudre quelques énigmes. « Un pape. » Une idée, quelqu'un ? Il y en a tant. Total respect à qui me la trouve.

Merci @mecdubus. Quoi, encore un cryptex ? Nom de Dieu. Au sens littéral.

Personne peut dire à cet albinos et aux flics qu'on veut JUSTE RÉSOUDRE UN MYSTÈRE ? C'est des mots croisés ! Faut que tout le monde CTFO** !

Des énigmes, des énigmes, et encore des énigmes toute la sainte journée.

Donc tu cherches un truc. Tu as une nana, une Française hyper chaude avec toi. Après, tu découvres que c'est elle que tu cherchais. Yes !

Seigneur. La dame est une descendante directe du Christ. Pêchue. Quoi ? Encore une énigme ? Envoyez la suite.

* WTF pour *What the fuck* (Cé koi ce bordel) ? [N.D.T.].
** CTFO pour *Chill the fuck out* (On se calme) ! [N.D.T.].

La Métamorphose

Franz Kafka

À son réveil, Grégoire Samsa se lève pour aller au travail, mais il découvre les changements qu'a subis son corps : durant la nuit, il lui a poussé des pattes et une carapace. Il s'est transformé en insecte, une espèce de cafard.

@insecte-éjecte

Une nouvelle journée. Faut que je sorte m'occuper de la clientèle.

Taper à la machine ça me ferait bizarre, ce matin.

Ho, ho ! J'ai des taches blanches sur le ventre…

On dirait que je me suis transformé en gros insecte. Ça ne vous est jamais arrivé ? Aucune réponse sur Web-docteur.

Carrément zarbi. À ce que j'ai lu, ces trucs-là = dégoût + malaise profond envers son propre corps. C'est vrai ? Ano/Bouli/cafardise* ??

Famille pas contente de mon état ! Papa et maman me préfèrent peut-être mort.

Sœur me laisse nourriture !!! Dieu merci.

* En clair : anorexie/boulimie/devenir cafard. [N.D.T.].

Désolé, pas de nouvelles. C'est carrément ouf, le passage du temps chez l'insecte. Perdu le fil, moi.

Sœur très timide et perturbée — ça cache quoi ? —, mais me laisse encore de quoi manger.

Jeté un œil dehors. Des humains chez moi ! Qui les a laissés entrer ? Sœurette leur joue du violon ! PLUS DÉGRADANT QUE D'ÊTRE UN INSECTE.

Ça y est. Je sors. Souhaite-moi bonne chance.

OMFG*, mon père m'a carrément jeté une pomme dans le dos.

JE RÉPÈTE : J'AI UNE POMME LOGÉE DANS LE DOS, LÀ !

Je meurs — de jour en jour de plus en plus mal.

Si je meurs ma famille pourrait déménager. Je maudis le jour où je me suis transformé en métaphore géante à six pattes !

Et le reste est silence…

(Moi parti, ma sœur s'est changée en femme compétente à l'avenir prometteur. À mon avis, la vraie « métamorphose », c'était la sienne !)

* OMFG pour *Oh my fucking God* (Oh bordel de Dieu) ! [N.D.T.].

L'Étranger

Albert Camus

Algérie française. Meursault reçoit un télégramme lui annonçant le décès de sa mère. Après l'enterrement, il rencontre son voisin de palier, Raymond Sintès, qui l'invite à la plage. Agressé par des Arabes, Raymond est blessé d'un coup de couteau. Errant seul sur la grève, Meursault croise à nouveau l'un de ses agresseurs et le tue. Arrêté, il est condamné à la guillotine.

@RisqueSyphilis

Maman morte. Sais plus si c'était aujourd'hui ou hier.

Suis à l'enterrement. M'ennuie. Les gens ont l'air triste. Me sonne pas : texto. Le vieux, il sautait maman !

L'enterrement : une éternité. Retour chez moi, repéré une nana sur le chemin. La revois demain, vais peut-être tenter ma chance.

À la plage, fait chaud. Je sens que Marie m'excite — je le sens.
Du délire, Raymond a encore tapé sur sa meuf. Apparemment on serait amis.

Je fais des omelettes. Marie m'a sorti « j'te love ». Trop tôt moi je dis ! Pourquoi les femmes cherchent tout le temps la merde ?

Le boulot fait chier. Mon boss, c'est un vrai cul. T'inquiète pas, je vais pas changer !!

Marie n'en peut plus. Les femmes. Vais à la plage avec elle et Raymond.

Fait chaud. Sacrée trotte. Bientôt le déj.

Bourrédechezbourré !!!!!!!!!

Atmosphère lourde, suis sorti marcher. Pris aussi mon pistolet, croisé des Arabes. Toujours chaud, toujours saoul. Bon mélange.

Le soleil est oppressant, me rend malade. À devenir fou. La fièvre à force de lumière, et les yeux qui fatiguent.

Un Arabe, tout là-bas. Ces gars-là, c'est la tasse. UN COUTEAU ! QUELLE SALADE ! ÇA DEVIENT LOURD !!!

Je l'ai peut-être flingué. Quatre balles. La chaleur m'a gravé la folie au front.

Qui a 200 francs pour la caution ?

Le procès commence aujourd'hui. Pourquoi tout le monde me répète que j'ai rien fait ? Ils me demandent si je suis sûr.

Viens de finir ma déposition. Tout raconté comme c'était. L'avocat, il a l'air de regretter, le juge, en colère, Marie, mélanco. Je suis paumé.

Le prêtre m'embête encore. Me sens coupable sans le savoir (et le saurai jamais). Lui ai hurlé dessus, il m'a traité de démon. Quel nœud.

C'est un tel fardeau de revoir Marie, même si ça me réconforte. Un jour elle ne viendra peut-être plus.

Demain le grand jour. Je me sens assez bien. Une dernière faveur : s'il te plaît, viens à l'exécution. Représente*, hurle ta haine.

Pas mécontent de ma sortie.

* Formule rap : « Fais-toi respecter. » [N.D.T.].

Œdipe roi

Sophocle

Thèbes est ravagée par la peste. Pour y mettre un terme, les oracles persuadent Œdipe de rechercher l'assassin de Laïos, l'ancien roi, dont notre héros a épousé la veuve, Jocaste. Ces mêmes oracles avaient déjà prédit leur destin funeste à Laïos et à Œdipe : le premier serait tué par son fils, le second assassinerait son père et épouserait sa mère.

@QuoideneufàThèbes...

Jamais eu d'éclairs de mémoire de l'enfance, du genre ligoté à un arbre en forêt ou ramper cent bornes pour se mettre à l'abri ?

J'ai eu un tas de pensées bizarres toute la journée en menant mon troupeau de moutons. L'ennui, l'ennui, l'ennui. Zut, quelqu'un vient...

C'est le roi ! Il me hurle dessus, les moutons bêlent et moi je tweete. Le portable doit tous les perturber.

Quelqu'un essaie de te tuer, mais tu le tues en premier. Toi, t'es berger et lui, c'est... le roi de Thèbes ! Y'a auto-défense, non ?

Personne n'aurait le numéro de Johnnie Cochran* ?

* Célèbre avocat noir américain ayant obtenu l'acquittement d'O.J. Simpson, footballeur vedette du championnat U.S. accusé d'avoir assassiné sa femme. Cochran

SOIRÉE À THÈBES !!!!! J'ai tué ce vieux con, tout le monde s'en fout, et cette femme ME TOURNE AUTOUR ! Totale MILF*.

C'est qui le DJ ici ? Pourquoi il arrête pas de passer *The End* des Doors en boucle ?

Qui sont ces gens qui viennent sans arrêt se coller derrière moi chanter en chœur des airs menaçants ? J'essaie d'emballer, moi !

Hé, cette dame, c'est la reine. Elle se tape un cul royal. Curieux : pas l'air de la contrarier que j'aie tué son vieux mari !

Longue journée. Me prépare à devenir roi.

ZUT ! Encore des flashs de mon enfance. Je vois mes parents se disputer à cause d'une prophétie où je les tue. C'est dans ma tête, ou... ?

Ces émotions zarbi me créent un tas de soucis inédits. Prochaine séance je dis à Sigmund d'oublier l'abandon et de se centrer sur ça.

Oh bon Dieu. Ces gens n'arrêtent PAS de chanter dans mon dos. LA FERME ! LA FERME ! Au fait : comment ils savent mon nom ?

Un vieux devant le palais n'arrête pas de brailler... « ta mère... », « tué ton père... », « inces- - » — oh, la barbe.

Mes yeux ! Pas cool MES YEUX. Ahhhh ! Je m'attendais pas à ce que ça fasse aussi mal.

fut également l'avocat du rappeur Tupac Shakur, de Snoop Dogg et de Michael Jackson. [N.D.T.].

* MILF pour *Mother I'd like to fuck* (Mère de famille baisable). [N.D.T.]

Oh, et puis… Faut que je continue en camion jusqu'à Colone*. Dommage que j'aie pas de chien d'aveugle. Trop content d'avoir appris à tweeter.

* Ville de Grèce où Œdipe est exilé après avoir été banni de Thèbes. [N.D.T.]

Le Pèlerinage du chevalier Harold

LORD BYRON

Un chevalier désabusé par les jouissances d'une vie de plaisirs part en quête de nouveautés qui le distrairont dans des contrées étrangères. Ce personnage de chevalier n'est autre que Lord Byron lui-même, à la recherche d'une destinée épique dans Europe post-napoléonienne désenchantée.

@GrecdeJalousie

Mes sens inclinent au sublime,
Et frémissent devant la houle de l'océan…

Mon esprit s'enflamme de la colère du divin,
S'élève très haut, aime d'amour, se pâme, enrage et saute ta femme.

Perdu 100 followers* rien qu'à cause des deux derniers tweets !! Désolé les gars !!! Je vais tâcher de faire plus direct !

Mon voyage a commencé. Suis parti pour le monde avec 500 litres d'encre et du papier. Mon compagnon vomit par-dessus bord.

* Sur *Twitter*, Pierre suit les *tweets* de certains membres, qui deviennent ses *followings*. Si je suis Pierre, je deviens son *follower*. [N.D.T.].

J'en ai assez des Anglais. Ils n'ont aucun sens de la vastitude de la Terre. Du vin, serviteur, ENCORE DU VIN ! Ce soir je me biture.

De quel monde on a hérité ! Si j'étais Dieu en personne je ne pourrais pas en inventer de plus beau !

Le vent me caresse le visage comme un pet de princesse du Péloponnèse.

Ce jour, croqué six biscuits, boxé une heure, écrit une lettre à Napoléon 1er.

Rencontré un dirigeant albanais. Quelle sagesse l'habite ! Pourtant il aime tuer l'innocent, sans raison. On est vite devenus amis intimes.

Tambourgi ! Tambourgi ! scandent les ménestrels albanais. D'entendre cette chanson, ça me donne un aperçu de leur monde, on s'y croirait.

Grèce. Je me note (1) : à mon arrivée, sœur à séduire.

Ces Grecques de huit ans dans mon jardin sont C-H-A-U-D-E-S DE CHEZ CHAUDES.

Je me note (2) : tâcher de séparer la vraie vie du poème, histoire d'éviter la confusion. Peut-être changer de nom, de Byron pour Harold ?

Je me suis acheté une tenue traditionnelle. Les femmes d'ici tombent à mes genoux et me supplient d'être mes concubines.

J'ai fini par aimer cette partie du monde, tellement plus riche et plus tendre que l'Angleterre.

Et puis, me suis fait un joli bronzage sous le soleil de la mer Égée. FTW*.

Restez branchés, pour mes deux prochaines odes, dans les six ans.

J'espère ne pas être distrait par une épouse entre-temps. Moi qui serais le pire des maris. Mais un amant trop classe. Quelle ironie, non ?

Tu sais ce qui mettrait un vrai coup d'arrêt à mes aspirations poétiques ? La tuberculose. Dieu merci, je ne risque pas de finir ainsi.

C'est tout cet air méditerranéen qui me protège. Oui, dans le coin, je ne risque vraiment pas d'attraper la tuberculose**.

* FTW pour *For the win* (Pour la gagne). [N.D.T]
** L'air de la Méditerranée, et plus précisément le golfe de Corinthe, furent fatals à Lord Byron, mort d'une « fièvre des marais ». [N.D.T.].

Abattoir Cinq

Kurt Vonnegut

Billy Pilgrim est un soldat américain raté et fataliste. Pendant la bataille des Ardennes (décembre 1944-janvier 1945), il est capturé par les troupes allemandes et enfermé à Dresde, dans une cellule baptisée l'Abattoir 5. Kidnappé par des visiteurs de la planète Tralfamadore, Billy devient leur sujet d'étude, avant de découvrir la vision du monde de ce peuple extraterrestre.

@allesuberdeutschland*

Bienvenue à mon grand Twitter de guerre !

... Pour mon tweet suivant, j'hésite. Mon vieux pote m'aide pas. Des suggestions ?

Je crois que j'ai perdu la notion du temps. Ça va pas faire foirer ma saisie intuitive** ?

C'est un voyage de dingue ! J'ai pas un nom prédestiné — Pilgrim le Pèlerin ? Pour que vous sachiez, Dresde a été total bombardée.

* Le destinataire de ce *tweet* a pour pseudo l'hymne national allemand *Deutschland über Alles* (L'Allemagne par-dessus tout) inversé, ce qui donne *Alles über Deutschland* (Tout sur l'Allemagne). [N.D.T.]

** Inventée pour les sourds en 1985, la saisie intuitive est devenue le principe de base de la saisie sur portable. Les premières lettres d'un mot appellent les « textonymes » correspondant à la même combinaison de touches : « vendre » est un textonyme de « tendre », etc. [N.D.T.]

Ainsi va la vie.

L'armée, c'est dur. Je suis pas taillé pour ! Que quelqu'un me sorte de là.

La guerre, c'est pas de la connerie. Ça le fait.

Oh mec, Je viens de rencontrer ces extraterrestres de Tralfamadore, et ils voient le temps à mort autrement.

Les extraterrestres font parfaitement ressortir l'horrible violence qu'engendre la condition humaine. ET ILS ONT LES YEUX PÉDONCULÉS !!

Coincé derrière les lignes. À quand le retour des extraterrestres ? J'ai froid, chacun ici est sans surprise. Me fais très cynique.

Capturé par les nazis. Ainsi va la vie.

De retour avec les extraterrestres. Ou j'ai vieilli. Ou j'ai rajeuni. Un procédé littéraire moins futé m'écœurerait moins !

Dresde est si belle ! Faudra que je la montre à mes petits-enfants !

M'ont enfermé aux abattoirs. Chambre froide. La ville est sous les bombes. Pas sûr que ce message se télécharge. Souhaite-moi bonne chance !

Les Tralfamadoriens ont l'air de ventouses à chiottes. Veulent m'observer quand je me tape une nana hyper-chaude. Dégagez ! Rideau SVP.

Destruction totale. La guerre c'est terrible. Vous ne voyez pas à quel point c'est terrible, la guerre ? Ma survie est un accident.

Le monde est cruel. Les bombes ont laissé une marque permanente dans mon psychisme !

Je ne suis qu'un bébé.

Ainsi va la vie.

Harry Potter (1-7)

J.K. Rowling

Apprenti sorcier, Harry Potter vit des aventures inédites avec ses amis Ron Weasley et Hermione Granger, à l'école de sorcellerie Poudlard. Chaque année, il est confronté aux plans diaboliques de Lord Voldemort, le mage noir qui a tué ses parents et souhaite dominer le monde des sorciers.

@CélèbreHP

Salut tout le monde de sous l'escalier ! Ma tante et mon oncle m'ont encore enfermé là-dessous. Zut, la vie est trop dure.

Ce gros porc de Dudley m'a volé tout mon colis ! J'aimerais qu'il m'arrive quelque chose de bien, ou au moins d'intéressant.

OMG* je suis SORCIER ! Et mes parents sont des SORCIERS DÉCÉDÉS ! Je pars pour l'école des sorciers. SALUT SALAUDS !

OMG Poudelard OMG j'ai deux amis OMG magique OMG les Serpentard sont des nazis OMG il y a un MÉCHANT SORCIER qui cherche à m'avoir.

* OMG pour *Oh my God* (Dieu de Dieu) ! [N.D.T.]

Va te faire foutre Rogue ! Dumbledore, un sage (et s'il était gay ?) Voldemort a voulu me tuer ! Balai volant ! Bataille, magie du crack !

OMG l'année est finie. Le temps passe vite quand on s'amuse. Et lentement si vous être forcé de lire 7 volumes pleins d'adverbes.

Retour à l'école ! Devrait être une super année ! Plus de folie, j'espère, comme la dernière fois.

Non ! Voldemort essaie ENCORE d'avoir ma peau !! Je suis FATIGUÉ de ces SERPENTS DANS CE PUTAIN DE CHÂTEAU !

Retour à l'école ENCORE ! Carrément mieux cette année ! Un type qui avait essayé de me tuer est devenu cool. Il y a de ces malentendus. LOL.

Oh mec, grand tournoi ce jour !! ARCHIPRÊT ! J'espère que personne ne mourra cette année, ni les suivantes, comme par enchantement.

En lice pour un tournoi. Ça vient de moi, ou ils devraient mieux choisir leurs professeurs de défense contre les forces du Mal ?

OMFG VOLDEMORT ENCORE. T'inquiète, je sais y faire maintenant. En plus j'ai une société secrète qui me protège. Laisse tomber LV*.

LÀ, GROSSES ANGOISSES. Et cette Asiatique me colle la trique. Les couilles gonflées, y en a marre. Pas de potion magique pour ça non plus.

Ne pas croire ceux qui disent que Voldemort n'est pas de RETOUR. JE SAIS BIEN CE QUE J'AI VU !

* Lord Voldemort. [N.D.T.]

Grosse bagarre au ministère de la Magie ! Sirius est mort. Super en pétard. Utilisé le maléfice de la torture, non ? Bon pour Azkaban, non ?

Encore de retour à l'école ! Mec, intérêt à bien se passer cette année sinon je m'avale une baguette.

La sœur de mon copain je la trouve ultrasexe. Me sens un peu dégueu. Bon, bébé, elle te plaît ma cicatrice ? Tu la veux, ma baguette ?

ROGUE A TUÉ DUMBLEDORE WTF WTF WTF WTF WTF ? JAMAIS VU DE SUSPENSE PAREIL !!!

Parfois, ce type, ce Jedusor*, il se pointe. Pas envie de l'avoir dans les pattes, mais pas le cœur de le lui dire… Il a supprimé mes parents.

T'inquiète. L'ai tué. Rapport à une prophétie. Et alors ? Les 7 dernières années se ressemblaient toutes, toutes pareilles.

* Tom Jedusor, le futur Lord Voldemort. [N.D.T.]

Le Rouge et le Noir

Stendhal

L'éblouissante et tragique destinée de Julien Sorel. Fils d'un modeste scieur de bois, envoûté par la figure de Napoléon, il se hisse dans les plus hautes sphères de la société ecclésiastique et bourgeoise, avant d'être condamné par elle.

@Byronie

Ma nouvelle soutane noire peut passer pour la plus austère de toute la province française. La servante s'est rendue en ville ce jour.

Installé dans la maison du maire pour éduquer ses enfants. Sa femme m'a pris pour une paysanne affamée.

Impressionné tout le monde en retenant la Bible par cœur. Improvisé sur Horace, cela dit. Facile de parler latin quand personne connaît.

La femme a insulté ma dignité, suggéré que je m'achète du nouveau linge de corps. L'ai envoyée balader !

Le maire est mécontent de ma façon de traiter sa femme. Quelle déprime. Lui ai hurlé dessus moi aussi. Reçu une augmentation, méga.

La femme a surmonté. Veut absolument de mon jus d'amour. Elle est belle, mais peux pas dire que je le sente.

Finalement, c'est mon devoir de la séduire, non ? L'hypocrisie me pousse. C'est une affaire d'honneur.

Pris sa main dans le jardin, perdu les pédales et l'ai prise de force. Je l'ai sautée.

Trop occupé pour tweeter. Liaison torride. Perverse. À peu près comme la conquête de l'Espagne par Napoléon.

Me suis fait prendre, je dois aller à Paris travailler pour un marquis. J'espère qu'il aura une femme sexe… ou une fille.

La fille. La trique ! Dans le mille !

De six heures à midi ce jour, pensé à Napoléon. Quel type.

Je monte à cette échelle, d'accord ? Moi, je veux juste baiser un coup, et le coup d'après, je me retrouve par terre, en sang. VDM*.

Je crois que j'ai enfin gagné la confiance du marquis.

Oups. Sa fille est en cloque. Ce n'est pas moi le père, je le jure !!!

La femme du maire a total niqué ma couverture. Je me suis fait faire des pistolets. Faut que je la foute en l'air.

Pistolet enrayé. Elle est pas morte, et je passe en procès.

Elle veut me libérer. Non, j'ai un devoir envers la vérité et la société. Je dis les faits à la cour. Risque de pas poster avant un moment.

* VDM = Vie de merde. Blog d'anecdotes sur les tracas de la vie quotidienne. En anglais, FML (*Fuck my life*). [N.D.T.]

En prison. Ça craint. Les gardes, des culs. Bientôt le repentir, mais j'en veux pas. Et si ça inspirait un livre ? Un film ? Avec DiCaprio.

La sentence est pour aujourd'hui. Coupable. Le tribunal est plein de femmes qui braillent. Il est deux heures de l'après-midi.

Macbeth

William Shakespeare

La Norvège et l'Écosse se livrent une bataille sans merci. Macbeth, cousin du roi Duncan et chef de son armée, s'illustre par son courage, sa persévérance et sa loyauté. Trois sorcières lui prédisent trois destins différents. Ces prophéties alimentent les ambitions qui dévorent Macbeth et Lady Macbeth.

@BigMAC*

La bataille a bien tourné ! Taillé dans ces fils de putes du nombril jusqu'aux côtes ! Sans tambour ni trompettes ! SANS MENTIR ! RESPECT !

Retour au bercail avec mon pote Banquo. Je serai à Inverness à temps pour le *haggis*** .

VENTREBLEU ! LE VIEUX HAGS*** M'A PRÉDIT QUE JE SERAI ROI. ET ENSUITE JE DEVIENS TOTAL BARON DE CAWDOR !

Je garde la tête froide, mais je suis soudain rempli d'une profonde ambition. Mauvais plan.

* BigMAC = Macbeth. [N.D.T.]
** *Haggis* : plat traditionnel écossais, viandes et légumes cuits dans une panse de mouton. [N.D.T.]
*** La vieille Hags, l'une des trois sorcières que Macbeth croise sur la lande, lui prédira son destin royal [N.D.T.]

Bercail. Lady Macbeth n'en peut plus du pouvoir/de mes couilles. Veut tuer Duncan CE SOIR. Peux pas dire si c'est du salace ou du sérieux.

C'était du sérieux. Les femmes, LOL.

Les choses vont si vite ! Les tweets officiels de Nous, roi d'Écosse. Quand même, j'ai peur que Banquo ne découvre mon terrible secret.

Banquet royal ce soir ! Tous requis ! J'attends surtout de voir mon cher ami Banquo ! J'espère que tu y arriveras, cousin.

Banquo serait mort dans la forêt. Oh, et puis tant pis !!!

Tout le monde quitte la soirée ! Quoi ? QUOI ? Personne d'autre ne voit ce FOUTU BANQUO QUI SAIGNE À TABLE ?

J'essaie de dormir. Quelqu'un veut pas faire taire ce soûlard ? Je suis le roi, je peux pas avoir un concierge fiable ? Franchement.

Le vieux Hags me soutient que Macbeth ne sera tué par aucun homme né d'une femme. Soulagé je suis. On n'a pas encore inventé Terminator.

Mes ennemis et leurs familles n'arrêtent pas de mourir au hasard ! Ça commence à devenir ingérable ! Nan, là-dessus, ma femme a raison.

Peut-être pas. Ma femme est dans sa crise de l'âge mûr ou dans des soucis féminins. Cette garce est cinglée.

@LadyMac — TU N'AS RIEN SUR LES MAINS, TU LES AS DÉJÀ LAVÉES 100 FOIS* !!

* Allusion à la célèbre scène des visions sanglantes de Lady Macbeth. [N.D.T.]

Tout le monde sait tout sur ces meurtres ; ils ont la haine. Je dis que tout le monde devrait se détendre et arrêter de déconner à bloc.

Des armées avancent sur moi, la reine est morte. La vie est un twitter solitaire qui tweete une heure sur scène, et ne tweete plus* !

Ha ! MacDuff s'imagine qu'il peut me tuer !

« Césarienne », c'est pas « né d'une femme » ? C'est quel genre de roi qui va mourir sur un vice de forme à la con** ?

* Version twitter ironique de ces paroles célèbres de *Macbeth* (acte V, scène V) :
La vie n'est qu'une ombre en marche, un pauvre acteur
Qui s'agite pendant une heure sur la scène
Et puis on ne l'entend plus ; c'est un récit
Conté par un idiot, plein de bruit et de fureur,
Qui ne signifie rien. [N.D.T.]

** La sorcière a prédit à Macbeth qu'il ne mourrait de la main « d'aucun homme né d'une femme ». Un homme né par césarienne n'est pas réputé né d'une femme, et MacDuff est venu au monde par césarienne. [N.D.T.]

Bilbo le Hobbit

J.R.R. Tolkien

L'épopée du paisible Hobbit Bilbo Baggins, parti avec le magicien Gandalf et treize autres nains à la reconquête d'un trésor usurpé par le dragon Smaug.

@BilboBaise

Le Comté est tellement ENNUYEUX. L'ennui l'ennui l'ennui. Et en plus les nanas sont trop petites !

Ce vieux type veut que j'organise une fête pour des nains. Peut pas faire de mal. En plus, je vais m'ÉCLATER.

La dernière fois que j'ai autant bu, je me suis réveillé, j'étais encore dans la taverne... La femme du gardien ! NIQUÉE !

Conneries. Je me suis arrangé pour me fourrer dans un audacieux périple vers je ne sais quelle montagne. Je suis obligé ?

Je marche je marche je marche...

Et je marche encore – ça craint !

Arrêt buffet à Elf City. Ils sont tous forcés de me demander si mon pénis est normal ? Ils ont des oreilles normales, les elfes ? Non. STFU*.

* STFU pour *Shut the fuck out* (Fermez vos gueules). [N.D.T.]

Et je marche…

Oh ! Ce Hobbit est sous crack et il possède un anneau magique qui vous rend INVISIBLE !

J'ai l'anneau. Mec, ce type était cinglé ! Sûrement sans rapport avec cet anneau magique, d'accord ?

Et je marche encore. Ces nains se fatiguent jamais de marcher ? Au moins, j'ai ce précieux, ce délicieux, ce merveilleux anneau.

Et je maaaaarche ! Oh, minute. Cessé de manger.

Je mange un sandwich — super bon.

Je coule un bronze — super bon.

Et on marche encore. Épaisses forêts.
Montagnes sans fin. Mauvais accueil.

D'abord, que je te parle du ciel… et ensuite de la ligne des arbres… et ensuite des rochers… et ensuite de la terre… mortel.

Et je marche encore.

Et je mange encore.

OH ! BATAILLE GIGANTESQUE ! SI SEULEMENT C'ÉTAIT ARRIVÉ AVANT JE ME SERAIS MOINS ENNUYÉ !

Portrait de l'artiste en jeune homme

JAMES JOYCE

Les étapes initiatiques du jeune Stephen Dedalus, alter ego de l'auteur, vers la maturité artistique et la conscience de soi.

@Bildungsroman*

Pour l'heure je suis un jeune enfant. Ça ne saute pas aux yeux, avec toutes ces comptines enfantines ? Tralalalalalala.

Mes parents se disputent à table. Papa est un sacré têtu. Mais mon oncle est trop cool. Personne se rebelle contre les oncles trop cools.

Un peu plus vieux. Ne fais que lire des livres. L'école, ça craint, les gamins sont des enfoirés. Se moquent de moi parce que j'aime Byron.

Tu sais ce qui rend une fille sexe ? Ses mains blanches. Dieu sait si j'aime les mains. Même celles de mon prof me réconfortent.

Je veux juste devenir poète ! ILS VONT ME LAISSER TRANQUILLE, OUI !??!

* *Bildungsroman*, ou roman d'apprentissage. [N.D.T.]

Le directeur m'accorde une attention particulière. Je suis un enfant particulier. Particulier, unique et vif, pas du tout attardé.

Retraite jésuite. Ennui total. Si on me parle de la gueule béante de l'enfer ou de grains de sable éternels = une balle dans la bouche.

Trop dur. Tenter de combattre les influences religieuses. Lutter en profondeur. Crois que cette dualité va me tourmenter. Pour l'éternité.

Je suis en fac. Cool. Mais j'habite à la maison avec maman. Ça ne fait pas de moi un poseur, non ?

Nan, je suis totalement cool. Écoute, je porte ce chapeau en tweed tellement cool. Ouais, je suis cool. Cool total.

Tous les hommes adultes se font encore laver par leur mère, non ? Allez. Je fais quoi pour les endroits difficiles à atteindre ?

INSPIRATION ! C'est le moment d'écrire un poème. Faut que j'aille à l'école. La physique obligatoire ça me tue complètement.

Je marche avec des amis. Nom de Dieu, cette marche n'en finit pas, c'est comme deux chapitres d'affilée.

Je fréquente une femme que je connais depuis un petit moment. Je suis amoureux.

La poésie comble toutes les suites inventées, enfouies dans la mémoire, dans une vie de douceur où chaque pensée se confie à l'éternité.

Je suis content que tout ce récit me vienne si naturellement, et ne m'ait pas demandé dix ans de travail, de boisson et de pauvreté.

Écrire, c'est assez formidable, non ? Et puis les nanas, les écrivains, elles se les arrachent. Et moi, je suis écrivain. Ouais.

Gatsby le Magnifique

F. Scott Fitzgerald

Rapportée par un voisin devenu son ami, la vie de Gatsby, jeune millionnaire charmant au passé trouble, dans sa villa luxueuse dominant la péninsule chic d'East Egg. C'est là que vit Daisy, sa cousine germaine et amour de jeunesse, qu'il tente de reconquérir. Un accident tragique confirmera cette formule cardinale de Scott Fitzgerald : « Toute vie est un lent processus de démolition. »*

@West-Egg

Entré dans notre nouvelle maison ce jour. Un peu petite, mais une super vue ! Enfin, je ne porte aucun jugement…

Visite chez Daisy et son abruti de mari. Ils sont heureux, elle superficielle, lui obtus, toute la nullité de l'Amérique des riches.

Tom a une aventure et TOUT LE MONDE le sait. Ouvre les yeux, pétasse.

Un mec sur la baie les bras levés contemple une lumière symbolique. Le Middle West n'avait pas tant de métaphores ! Quelle TASSE CE MEC !

* East-Egg est le nom fictif, inventé par Fitzgerald, de la pointe chic de Long Island où se situe la villa de Gatsby. L'endroit s'appelle en réalité Great Neck. [N.D.T.]

PAS GRAVE ! CE TYPE SAIT FAIRE LA FÊÊÊÊTE !! Vite : chez Gatsby !!! Txt pour les indications !

Désolé pour la mise à jour ; entre ma copine et mon pote, pas le temps ! Il a eu une médaille du petit Monténégro, tu savais ça ?

BFF* Gatsby et moi on va en ville aujourd'hui — devrait être marrant ! Il veut que je rencontre ses amis…

Les World Series, c'est truqué. Tous les ans. L'argent et le pouvoir, c'est pas honnêtement géré dans ce pays ???

Gatsby veut que je rencontre Daisy. Bizarre. Oh et puis bon — pas de raison de se refuser d'autres amis.

C'est plus compliqué que j'imaginais. Pourquoi ces gens couchent tous avec tout le monde ? Faut rester simple — c'est ce que je dis !

Je vais en ville pour la journée — il fait si chaud dehors !!

Tout le monde beugle et se dispute, ça me perturbe. Quelle moiteur ! J'ai le sentiment de rien avoir à faire avec tout ça !!!

C'est la rencontre entre deux mauvaises conductrices**. La cata.

Gatsby est tellement émo. Il pleure sur sa nana en prenant son petit-déj… DANS LA PISCINE ?

* BFF pour *Best friends forever* (Potes pour toujours). [N.D.T.]

** Allusion à l'accident de voiture où Daisy, la femme de Buchanan, percute le véhicule de Myrtle Wilson, sa maîtresse, qui meurt sur le coup. [N.D.T.]

D'ailleurs, qui se fait abattre dans la piscine ? Gatsby et le rêve américain sont morts.

La semaine prochaine, retour dans le Middle West.

— New York n'est rien qu'un gigantesque étalage de nostalgie !!

L'Iliade

Homère

L'Iliade, c'est la dixième année de la guerre de Troie. Le prince troyen Pâris a enlevé Hélène, l'épouse du roi Ménélas. Les Grecs ont levé une armée colossale qui encercle la ville d'Asie mineure. Vivant ses derniers jours, le héros Achille combat sous le regard des dieux de l'Olympe…

@LaRageAntiAchéens

Ras-le-cul. Vraiment ras-le-cul.

D'abord il faut que j'aille sur cette plage. Ensuite il faut que je tue tous ces mecs. Et MAINTENANT — maintenant ! Ce taré m'a tiré ma meuf. Qui peut faire ça ? Je me trompe ?

Peux pas résoudre ce problème tout seul — j'appelle maman !

Je regarde tous mes potes mourir sans mon aide. LOL.

Maman incapable de résoudre le problème à ma place.

POURQUOI PERSONNE ME COMPREND ???? Patrocle, mon… cousin, c'est le seul à me comprendre !

Assis sur la plage à jouer des chansons tristes. Oh, mon âme torturée. « Just sittin' on the dock of the (Aegean) bay, waasting tiime*… »

* Allusion au single d'Otis Redding *Sittin' on the Dock of the Bay.* [N.D.T.]

Hé, viens de remarquer un million de corbeaux au-dessus de ma tête. Et pas de parapluie !

J'AI TELLEMENT LA RAGE.

Odyssée et Phœnix venus me raisonner. Piqué ma crise. Phœnix, pas un super nom, ça ? Baiserais pas avec un type qui s'appelle Phœnix.

Je refuse combattre. Ils vont voir ! Les dieux LES LAISSERONT pas gagner sans moi ! Un jour on repensera à tout ça en rigolant.

Minute, où est passée mon armure ?

PATROCLE !!!!! C'est de la CONNERIE, mon... cousin est mort et j'ai vraiment les nerfs. J'AI UNE DE CES ENVIES DE PROFANER UN TEMPLE.

Retour de suite. Besoin d'aller me frapper avec un dieu de la rivière.

Je vois Hector courir. Il fait le tour des murailles de Troie, quel poseur. Personne ne croit plus aux prophéties, de nos jours ??

Je traîne le corps d'Hector autour de la ville. LE PIED TOTAL !

J'ai ramené le corps au camp — pas décomposé. Son vieux veut le récupérer — j'arrive pas à décider si je cède. Je peux appeler un copain ?

Hamlet

William Shakespeare

Le roi de Danemark et père d'Hamlet est mort. Son frère Claudius lui succède sur le trône. Une nuit, sur les remparts, le spectre du défunt apparaît et révèle à son fils qu'il a été assassiné par son frère. Pour le venger et masquer sa vengeance, Hamlet simule la folie, qu'il attribue à son amour pour Ophélie, fille de Polonius, chambellan et conseiller du roi. Un duel tragique, un échange de poisons fatal scelleront le destin de Hamlet et du royaume.

@ŒdipeGothplex*

Mon royal paternel n'est plus et personne n'en a rien à foutre.

Maman me prie de cesser de porter du noir.

QU'ELLE ARRÊTE DE ME SURVEILLER. Je n'obéirai pas ! Je voudrais voir ma peau fondre, et c'est tout.

De voir Ophélie aussi sexy et aussi classe, ça me rend triste. Mère aussi a belle mine, malgré toutes ses épreuves.

UNE APPARITION ! Quel souk, ça devient LOURD. Que je sache, les gens ne tombent pas accidentellement sur des flacons de poison.

* Complexe d'Œdipe en version « gothique » = Gothplex. [N.D.T.]

Pourquoi Claudius me répète-t-il encore ce que je dois faire ? TU N'ES PAS MON VRAI PAPA ! En fait, mon vrai papa, tu l'as tué :(

Êtreounepazêtre* ? Comment twitter après une formule pareille ?

J'ai écrit une pièce. J'espère que tout le monde sera là ce soir ! 19 h. Entrée gratuite + grand sens de l'ironie.

L'oncle vient de confesser le meurtre de papa.

J'avais un poignard pour ce fumier mais j'ai foiré. Et là il est vivant et pieute toujours avec cette belle fem… euh, c'est ma mère.

Je vais essayer de raisonner maman parce que son jules a carrément tué papa. Je sens que c'est le moment, la minute de vérité…

'TAIN ! Y FABRIQUE QUOI DERRIÈRE CE RIDEAU POLONIUS ?

Je viens de tuer le père de mon Ophélie. Ça veut dire que je peux plus la draguer ?

Rosencrantz et Guildenstern sont là, à faire leurs manigances. MORTEL.

Rosencrantz et Guildenstern sont morts. Quelqu'un les regrette ? Je pense pas.

Le discours comique du fossoyeur n'est pas drôle du tout. C'est lourd et sentencieux. Envoie-moi plutôt des vidéos YouTube, STP. L'ennuuiii.

* En anglais *2bornot2b*. Le chiffre « 2 » *(two)* devient phonétiquement *to*, préposition verbale. La lettre *b* (prononcée « bi » en anglais) devient *be* (être). [N.D.T.]

Ophélie vient de faire sa Virginia Woolf. L'enterrement, c'est demain.

Laërtes* n'est pas content que j'aie tué son père et sa sœur. Quel comédien ! Ah ! ce soir on se bat.

Quelqu'un veut boire un verre ! Hum-hum. Ça s'est pas bien terminé.

@PeupleduDanemark Pas de souci. Fortinbras** va prendre soin de toi. Paix.

* Laërtes, frère d'Ophélie et fils de Polonius. [N.D.T.]
** Fils du roi de Norvège qui, face à la vacance du pouvoir consécutive à la mort de Gertrude, de Hamlet et de Claudius, prend possession du Danemark. [N.D.T.]

Le Manteau

Nicolas Gogol

Akaki Akakievitch Bachmatchine est un petit fonctionnaire ancré dans un quotidien qui le passionne mais le rend ridicule aux yeux des autres. Son manteau usé, en acquérir un neuf devient une obsession – nouvelle acquisition qui suscite l'admiration. Un soir, il se fait agresser, dérober son manteau. Sa quête pour le retrouver le conduit vers la mort. Or, depuis sa disparition, des événements étranges ont lieu dans certains quartiers de Saint-Pétersbourg.

@StaticBureaucratie

Personne n'a jamais remarqué que l'endroit où on travaille importait peu ; ce qui compte, c'est que c'est nul ?

Je suis pas assez payé. Personne fait attention à moi. Et aujourd'hui c'était mon anniv. Je sais même pas si quelqu'un suit mes tweets ?

Ach ! Personne m'avait dit que Saint-Petersbourg était si froid. Bonne chose que j'aie ce bon vieux manteau.

J'ai l'air d'un SDF dedans. Les revers triples à l'ourlet recousu et les basques en cuir moisi, c'est plus le look ? Sérieux.

Ce matin je suis sorti / tombé sur quelqu'un / ai eu à manger / suis entré dans un magasin / ai causé sans arrêt de la perspective Nevski.

Hélas, temps de trouver un nouveau manteau. Je suis si statique, terrible peur du changement, ça vous en débobinerait, du monde !

Épargner pour ce manteau, ça va être humiliant. Je peux quand même pas me serrer la ceinture 2 jours sur 7.

Enfin mes nouvelles fringues. Allé au travail avec, ultra-chic. Suis plus un moucheron sur un mur. Moi, Akaki, « super sapé » Akakievitch.

Sérieusement, allez voir mes photos sur Flickr[*]. Ce manteau, il vaut tellement de la maille, il sait même pas la maille qu'il vaut.

Je vais à une soirée, impatient d'arriver là-bas tout digne et majestueux avec mon nouveau pardessus.

BORDEL DE DIEU ON M'A TIRÉ MON MANTEAU !!!

OMG[**] mon manteau a disparu. Tout est foutu. Je </3[***] la vie.

Je suis malade. Le docteur m'a prévenu je serai bientôt *kaput*. Changé d'adresse pour @AU-DELÀDELÀTOMBE

Je suis mort et tout le monde m'a oublié, même ceux qui ont mon manteau. C'est trop dur, comme si j'avais jamais vécu.

Suis un fantôme. Vais me venger, retrouver mon manteau. Terrorisé par les poulets. Ils ont rien contre moi. Alors il est où ce manteau ?

* Flickr est le premier site au monde de publication de photos en ligne. [N.D.T.]
** OMG pour *Oh my God* (Oh mon Dieu) ! [N.D.T.]
*** </3 : Je hais la vie. [N.D.T.]

Opération secrète. Dans une heure je suis au vieux manoir si quelqu'un veut m'aider à cambrioler ce riche.

BANCO ! J'ai son manteau ! Regarde-moi sa tête, il fait dans son froc. LOL.

Je me sens si détaché de mon ancien moi, comme si je n'étais plus qu'une partie de celui que j'étais.

J'ai ce que je veux, je suppose. Maintenant, le moment de se reposer. Si quelqu'un voit mon manteau, il me le tweete.

Le Vieil homme et la mer

Ernest Hemingway

Le jeune Manolin accompagne le vieux pêcheur Santiago à la pêche, mais ils n'ont rien pris depuis 84 jours. Considéré comme un salado, *un malchanceux, le vieil homme décide de prendre la barque seul et de pêcher la grosse prise qui lui permettra de retrouver l'estime de ses semblables.*

@J'ai_pas_de_fusil_je_le_jure

Quarante jours que j'ai plus pris un seul poisson. Et…

Le boy m'apporte le journal. On parle base-ball. Je <3 DiMaggio*.

Je suis un vieil homme étrange. Il se pourrait que je me laisse pousser la barbe.

J'en ai peut-être attrapé un gros.

Il tire dur. La côte est loin. Serai de retour à la maison tard.

Il me tire encore.

Il me tire encore !

* <3 : J'adore. Joe DiMaggio, champion de base-ball et mari de Marilyn Monroe. [N.D.T.]

La m.rde pour capter le réseau par ici. Zone morte. Il est passé ce message ?

Ce poisson est un poisson noble, mais je crois que je le tiens.

J'ai attrapé ce poisson, il est grandiose.

Et je le ramène. Attendez un peu de voir ça.

Et il est trop gros pour le bateau donc je vais devoir le remorquer.

Et DiMaggio DiMaggio

et les requins qui rappliquent

et ils me bouffent mon poisson

et me voilà de retour à Cuba et j'ai rien à montrer

et la lutte a été farouche mais je n'ai pas changé (à part cette barbe que j'ai laissée pousser)

et que peut-on dire de ma solitude qui était tout et qui n'est plus rien

Mhh. Ça, c'est peut-être une métaphore, c'est peut-être la vie.

Je devrais peut-être mettre fin à mes jours un de ces jours.

L'Enfer

Dante Alighieri

Guidé par le poète romain Virgile, Dante franchit un à un les cercles de l'enfer. Il y croise plus d'un personnage fameux de son temps, noble, prêtre, militaire, et bien d'autres. Un voyage de l'âme vers Dieu, où l'enfer est le lieu de la reconnaissance et du rejet du péché.

@SacréHaha

Je me fais ma crise de l'âge mûr. Perdu dans les bois. J'aurais dû apporter mon iPhone.

Je me suis fait attaquer par trois furies*! Je pense plus être en Italie!

Virgile m'a trouvé. Je ne suis pas seul!

Attendez. Virgile est mort et enterré. Minute. Virgile envoyé par Béatrice. Ce n'est pas l'Italie, là, c'est certain.

Aujourd'hui, mon idole de toute une vie me dit que le seul chemin vers la sécurité, c'est un long voyage introspectif en enfer. FML**.

Pote avec Homère, Ovide et Horace. Supergroupe? Tournée mondiale?

* Tisiphone (la Vengeance), Mégère (la Haine) et Alecto (l'Implacable). [N.D.T.]
** FML pour *Fuck My Life* (VDM, Vie de merde). [N.D.T.]

Un grand démon rouge s'enroule la queue autour du corps. C'est quoi cet enfer ?

Tous mes ennemis politiques italiens grillent par ici. Je le savais !

Une fille m'a dit que le sexe se fout du sex-appeal des gens sexy. Si quelqu'un comprend les femmes, qu'il me le dise.

J'aime Béatrice, mais après l'arbre qui parle, la rencontre à vous tirer des larmes et le chien mutant, faut que l'amour vaille le coup.

Donc c'est gênant, mais j'ai pleuré et Virgile m'a giflé, m'a traité de tapette. Les hommes, ça pleure aussi, les gars.

Croisé un type, il a bouffé ses mômes, et ça le gêne, POUR LUI. M'a glacé. Lui ai vite répondu : « Super, vieux, mais je dois y aller. »

Je me rapproche de Satan, sur des blocs de glace froids et craquelés. Des larmes gelées de mes yeux éplorés, sans mentir.

SATAN A TROIS TÊTES, ET TROIS TÊTES QUI BOUFFENT TOUT.

La meilleure solution c'est de grimper sur son gros cul glacé. Je vais quand même mourir *trop triste* _*

C'EST FAIT. À PLUS TARD LES ALLUMÉS !

Béatrice va bientôt devoir vivre une éternité avec mes humeurs torrides et désespérées.

* LOL en version paresseuse, abrégée. [N.D.T.]

Je vais te faire l'amouuuuur fillette. À DÉGAGER DANTE.

Je dois escalader une montagne maintenant ? Tu te fous de moi. C'est une blague ? Qui a inventé cette histoire ? VIIIRRRGGGILLLLLLLLLLE !

Un héros de notre temps

Mikhaïl Lermontov

Petchorine, jeune militaire russe, est envoyé dans la région du Caucase. Ce voyage coïncide avec une plongée dans le passé du « héros de notre temps », son désabusement, ses amours, ses périls.

@BAMF*

Un jour ma vie aura beaucoup d'importance. Ferais mieux de tenir un journal.

Me voici, dans cette misérable petite station balnéaire. Moi, un officier, avec ces idiots. Le pire c'est qu'ils m'aiment. Ils m'adorent.

Et pourtant je suis un vrai monstre, un homme vraiment sinistre, le pire de tous. Je suis un Voldemort** russe Raspoutine en moins.

Mon vieil ami Grouchinsky est ici. Mon ami, ha ! Je n'en ai pas. Il me prend pour son ami. Il n'a pas saisi : je me sens forcé de lui nuire.

Qui est cette femme sublime ? Elle est parfaite. Oh, excellent : Grouchinsky l'apprécie. Je vais le cock-bloquer. C'est tout moi, ça***.

* BAMF pour *Bad ass motherfucker* (Super cool). [N.D.T.]
** Lord Voldemort, ennemi juré de Harry Potter. [N.D.T.]
*** Cock-bloquer (littéralement bloquer la queue), lui casser son coup. [N.D.T.]

Pour la séduire, mon plan est simple : l'insulter, agir comme si j'avais mieux à faire, comme si je n'avais aucune raison de vivre.

Apparemment elle supplie pour qu'on la recommande. Je me demande si ce style de truc marche dans la vraie vie ?

Marie est intelligente et belle, et elle a total envie de ma graine. Mais elle ne connaît rien à Byron. Quelle idiote.

Vu mon ancienne amante à la fontaine. S'est mariée. Avant d'apprendre ça, je m'en tapais de cette fille, et là, elle redevient importante.

Mais l'autre fille compte aussi, enfin bon, je crois. Peut-être que j'aime juste les cock-bloquer ces mecs. Suis un enfoiré, non ?

Grouchinsky s'est rendu ridicule devant la fille. Maintenant il m'a provoqué en duel. Ça me va, je suis toujours prêt à mourir, moi.

Marie est amoureuse de moi. À mon avis, faut que je fasse semblant d'être amoureux d'elle moi aussi.

C'est ça qu'il faut faire, non ? Même si je ne l'aime pas, et si je prévois juste de lui faire du mal ?

Abattre Grouchinsky sans pitié. Ça ne me dérange pas. Marie s'en va. Elle peut plus supporter de me voir, MAINTENANT ? Sais pas pourquoi.

Mon ancienne amante est partie, elle aussi. Mais c'est elle que j'aime !

Maintenant et pour toujours. Elle est partie et j'ai besoin d'elle. Ça paraît louche, mais je suis sûr de moi !

Voilà, je la poursuis jusqu'au bout de la rue.

Je la trouve nulle part. Tout ce que je veux, c'est m'asseoir au bord de la route et pleurer. Je suis un démon, je suis Satan, et je pleure.

Il est temps de regagner l'armée, j'imagine, de retomber amoureux, de planter encore quelques mariages, de ruiner encore quelques vies.

Drôle : les autres m'aiment, ils n'en ont jamais assez de moi, je les aimante, ils ne me supportent plus — et moi non plus ? Quelle vie.

Beowulf

Très ancienne saga (VIIIe-XIe siècle). Beowulf mène trois combats : au Danemark, il débarrasse la cour du roi Hrothgar d'un terrible monstre mangeur d'hommes, Grendel. Après l'avoir vaincu, Boewulf tue la mère de Grendel, puis retourne au pays des Goths pour se mettre au service de son peuple et de son roi, Hygelac. Après avoir succédé au monarque, il meurt dans un ultime combat contre un dragon cracheur de feu.

@Cool-B

Viens de nager une rivière entière pour un pari. Gagné, bien sûr. Le vaincu doit s'asseoir sur mon casque à cornes. Un pari c'est un pari.

Une nation lointaine : je dois leur tuer un monstre. Ils ont intérêt à avoir du bon vin, que je sois *crunk** ! Le Sprite Light, ça me va aussi.

Putain de monstre. Il aime croquer la tête des mecs. La tête ! C'est fort. Moi, je traite ça dans la matinée. Besoin de m'écrouler.

Lendemain matin : SAINT LOKI** ! Il bouffe mes compagnons, et pas que la tête.

Rapide évaluation psy : j'en voudrais à sa mère de l'avoir baptisé ? Donnez-moi mon épée et ma hache que je le trucide, ce vilain con.

* Concentré de *crack* + *drunk*. [N.D.T.]
** Dieu de la mythologie nordique. [N.D.T.]

Méchant combat. Il n'arrêtait pas de me bloquer ma hache avec sa gueule en travers — maintenant il a la tronche de Mickey Rourke.

Avant que je décapite Grendel, mes hommes l'ont sodomisé, et je lui ai chié à la gueule. Comme à l'école, tu te souviens ? (Traumatisant ?)

@Grendellocks Bah*. C'était trop facile. T'es trop mort, t'arrives même pas à lire ce tweet. Tapette.

LE MOMENT DE FÊTER ÇA !!!! J'ai sauvé la ville et je m'en vais déflorer toutes leurs vierges. Mais d'abord…

L'ennui. Des discours, des discours, des discours… C'est sans fin ! Mon deuxième baptême ou quoi ? Qu'est devenue la moitié des vierges ?

Ho-ho ! La mère de Grendel s'est montrée. Elle est vraiment en rogne. Minute. Les monstres ont des sentiments ?

C'est le truc avec les mères : elles ont toujours la trouille qu'on culbute leur fille ou qu'on tue leur monstre de fils.

Oh flûte : elle a croqué un mec. D'UNE BOUCHÉE. Un grand mec. Pas sûr de l'intérêt culinaire de la chair humaine. Si je goûtais ? Nan.

Contre sa maternité, mon épée est inutile. Un sabre laser me faciliterait beaucoup la vie.

Oui ! Je l'ai prise à revers. Capturée ! On lui fait bouffer le corps de son fils ? Traumatisant ? On en faisait autant à l'école…

* Mot-valise : *grendel-lock*. Allusion au Warlock du *World of Warcraft*. [N.D.T.]

Encore la fête. Mais je dois retrouver ma femme, Helga. Elle a les jambes poilues, se les rase jamais, et refuse que je vienne au-dessus.

J'ai qu'une envie : vieillir et vivre le restant de mes jours dans ce jardin, à me reposer sur mes lauriers. Pigé ?

Reçu un message. Dois tuer un dragon. Peuvent pas me lâcher ? S'attaquer aux monstres, pourquoi les Vikings et personne d'autre ? Pas juste.

Affronté le dragon, mais mon épée n'était bonne à rien. J'ai déçu toutes les attentes et reçu une blessure mortelle. Et je suis roi. Beurk.

J'aimerais avoir un héritier, mais hélas, euh, mon épée m'a trahi une troisième fois.

Candide

Voltaire

Le jeune Candide vit au château du baron Thunder-Ten-Tronckh. Il a pour maître le philosophe Pangloss, qui professe que l'on vit dans le meilleur des mondes possibles. Cependant, Candide est chassé de ce meilleur des mondes possibles à la suite d'une « leçon de physique expérimentale » avec Cunégonde, la fille du baron. Candide découvre alors l'univers et accumule les déconvenues...

@TondsTaPelouse*

Tu sautes la fille du patron, c'est la taule ? Quoi ? Hé, elle m'a cherché. Au fait, le sexe c'est quoi ? Je suis nul ? Et exilé, en plus.

Pangloss, on l'a exilé lui aussi. C'est un pervers, il va nu, couche avec les bonnes. C'est ça, le bio-expérimental ?

La mort partout, femmes sans seins, corps ouverts, visages couverts de fiente. Pas génial ce monde ? C'est le meilleur. Le meilleur de tous.

L'Inquisition portugaise veut me brûler en sacrifice aux dieux. Ils me prennent pour un Juif ou quoi ?

Le moment de partir pour l'Amérique du Sud. Tu crois qu'il y a des bornes WiFi dans l'Eldorado ?

* Traduit d'un jeu de mot sur *Mow your lawn,* « Il faut cultiver son jardin » [N.D.T.]

L'Eldorado ça craignait. Qui aurait cru que ce serait si minable, le paradis ? En plus, ma nana n'est pas là, et pas de paradis sans meufs.

On a ramassé deux nouveaux, Martin, un pessimiste, et Cacambo, un esclave noir.

Pangloss a la syphilis. Il est tout difforme. C'est triste, mais bon, tu le regardes et il est vraiment à pisser de rire.

En Europe, trouvé l'amour de ma vie. Embarquée de force, réseau de prostitution. Traite des Blanches. De la vraie téléréalité. Tragique.

Vieille, fripée, usée par le monde. Pas envie de la sauter, oui, mais je l'aime, alors possible que si. Je crois. Je. Suis. Forcé ?

Jamais surpris qu'on traverse le monde si vite dans ce livre ? Continental assure six vols quotidiens Eldorado-Paris.

Pangloss me dit que le monde est parfait. Martin me dit qu'il craint. Vous parlez de visions contradictoires.

@Pangloss @Martin Ce qui compte c'est que la vie soit OK et il faut juste cultiver son jardin. Alors fermez-la, les mecs, et cultivez.

BTW*, vous avez saisi les trois métaphores jardinières de mon histoire ? Le Commencement, l'Eldorado et la Fin ?

Et puis ma meuf s'est plus rasée depuis des années. Ça, c'est un jardin que je dois vraiment cultiver. Garden-party !

* BTW pour *By the way* (Au fait). [N.D.T.]

Le Docteur Faust

Christopher Marlowe

Médecin aux origines modestes, Faust rêve de toute-puissance, de connaissance universelle et de percer les secrets de l'existence. Il met tout en œuvre pour assouvir ses ambitions, en vain. Au bord du suicide, il trouve Méphistophélès, qui lui propose un pacte : réaliser tous ses désirs en échange de son âme. Le docteur Faust accepte.

@HighwayToHell*

La science a fini par me barber. Pourquoi l'étudier encore ? Tout n'est que faits et chiffres, rien qui excite vraiment l'âme, tu piges ?

Je sais : à la place, je vais étudier le mal. L'occulte. Paraît assez marrant, nan ?

OH OUAH ! UN DÉMON. Premier essai, pas mal. Apparemment, je suis très efficace comme sorcier.

Ouh là ! Satan vient d'arriver. Il m'a dit : « Faust, j'ai un deal pour toi. À prendre ou à laisser, mais c'est la chance de ta vie ! »

Seigneur. Ce contrat est trop ficelé Houdini trouverait pas la sortie. Mais Satan est revenu avec une offre qui ne se refuse pas.

* Allusion au très célèbre single d'ACDC paru sur l'album du même nom. [N.D.T.]

Il fallait que je me grave quelque chose dans le bras et là, ça craignait. Mais comme dit Rocky, on n'a rien sans rien*.

Maintenant, avec ce démon, faut que ça tilte. Certains ont un chien, moi j'ai un démon. Avantage : il a des pouces opposables, et magiques.

@Appelez-moiMrM(éphisto) Parfait, on va se torcher. Tu as les costumes, j'apporte la vodka.

Semer la pagaille, c'est mieux que la science. Les femmes me demandent ce que je fais, je leur dis : je vis dangereusement. Littéralement.

Je dis aussi que j'ai un aller simple pour l'enfer. Devine l'effet sur leur culotte ? Envolée, la culotte. Pas besoin de magie noire. Super.

Tout ce bazar m'a fatigué. Je suis vieux et malade. Je crois que je me meurs. Et après ?

D** DémonDogue*** Je peux rompre le contrat si je vous laisse la caution ?

J'aurais dû voir le truc venir. Droit de rétractation ! Droit de rétractation !

Me suis jamais dit « Faust, à la fin de ta vie, ça va te retomber sur la gueule ». Voilà ce que c'est que de toujours vivre au présent.

* Allusion à la formule fétiche du personnage de Sylvester Stalone, le boxeur Rocky Balboa. [N.D.T.]

** « D » avant le nom du destinataire rend ce message privé, invisible aux autres *followers*. [N.D.T.]

*** Allusion au chien diabolique de la légende de Faust. [N.D.T.]

Et voilà. Je sombre dans l'abîme. Le vide noir de l'enfer m'engloutit. Satan est venu me chercher ! Bien besoin d'un peu de magie, là.

Quelle allégorie ! Si seulement apprendre à super bien jouer le rock à la guitare avait fait partie du deal.

Emma

Jane Austen

À la mort de sa mère, Emma hérite du domaine familial. Elle refuse l'idée du mariage, mais est décidée à marier ses proches en choisissant avec soin les partis convoités. Sa maladresse et ses sentiments vont perturber ses plans d'entremetteuse.

@DarcyLover1815

Ça t'est jamais arrivé de convaincre un bon ami de se prendre d'affection pour une autre, et après le monsieur te désire toi à la place ?

Dois peut-être arrêter de jouer les marieuses. Tendance à louper royalement mon coup. J'ai vraiment pas le sens des gens et de la réalité.

Jane arrive en ville ! Salope, je la hais. Sais pas trop pourquoi. Je vais jouer les gentilles. Mais je la hais cette saleté.

Ha ha ! Je le savais. Elle est aussi mauvaise que je pensais. Knightley prétend que je suis jalouse. JE SUIS PAS JALOUSE.

Frank Churchill vient en visite. Impatiente de le rencontrer. Entendu qu'on ferait un couple superbe. Classe. Aucune envie de me marier.

Ce garçon est parfait. Il me veut à mort. S'il m'intéressait, je marcherais, mais il m'intéresse pas.

J'adore passer du temps avec Frank. J'espère qu'il veut m'épouser. Ce serait si sympa. Dommage, aucune envie de me marier.

Frank s'en va. Va vraiment me manquer. Je crois que je l'aime. Un peu. Quand même pas assez pour l'épouser.

Non. Pas de mariage. Pas fait pour moi. Pas envie de ça. Absolument pas. J'ai dit que ça m'intéressait pas ? Bon. Il ne m'est rien.

Frank revient !!!!!!! Mon cœur se pâme, mon cœur danse ! Dommage que je ne veuille jamais me marier.

Il y avait bal hier soir. Frank et moi on s'est frottés de partout. Moi la petite bombe, j'ai dansé en rase-mottes et ras la touffe.

Pourquoi Frank passe-t-il tant de temps avec Jane ? Quand je lui pose la question il soutient qu'il n'y a rien entre eux.

@Frankfurtif Tu me promets que c'est juste une amie ? Vraiment ? Promis ? En fait ça m'est égal.

Pourquoi je me sentais chaude et moite sous mon corset en dansant avec Knightley ? Mieux vaut ne pas y penser. Pas. Du. Tout.

Je n'aime pas Frank. Faudrait que je les piège, Jane et lui, même s'ils ne sont qu'amis.

Jane et Frank étaient ensemble depuis le début ? Qui l'eût cru ? Une bonne chose que ça m'ait jamais intéressée. Pas le moins du monde.

Tu possèdes en toi tout ce qu'il me faut, mais tu me soutiens qu'elle, c'est juste une amie, une amie et rien d'autre...

La seule manière de veiller sur Knightley, c'est de l'épouser. Je n'ai aucune envie de me marier. C'est la DERNIÈRE idée que j'ai en tête.

C'est drôle que je pense tout le temps à des choses dont je me moque, à des gens que je n'aime pas, à des mariages dont je ne veux pas ?

Les Grandes Espérances

Charles Dickens

Élevé à la mort de ses parents par sa sœur et son mari, Pip semble promis à l'existence d'un pauvre villageois. Mais le destin bascule lorsqu'il se voit obligé d'aider un forçat évadé à se libérer de ses chaînes. Il fait la connaissance de Miss Havisham qui vit recluse dans son manoir de Satis House en compagnie de la ravissante Estrella. Pip fera tout pour conquérir son cœur.

@pipE

Ma sœur est une vraie salope ! Et son mari, tu parles d'un toutou. Je sors dans les marais. Je déteste cet endroit.

Mauvaise idée, cette marche. Croisé un prisonnier qui quémandait du pain et une lime. L'air pédéraste. Et meurtrier. Alerte enlèvement* ?

Suis forcé de rester dans la maison de la folle. Elle vit au sous-sol, garde les mêmes habits. Son fiancé l'a vraiment échappé belle.

Sa petite-fille, Estella, est assez sexe. Elle a dix ans. Moi aussi. Ne fait que se moquer de moi. C'est peut-être mon nom.

* En Californie, le système Ambert Alert (Alerte orange), censé détecter les agissements des pédophiles, entretient aussi un climat de méfiance. [N.D.T.]

Giflé un gamin au jardin. Il voulait boxer, je lui ai boxé la tête. Vole papillon pique l'abeille. Flanqué une bonne leçon à Sonny Liston*.

Là, je suis adulte. On m'a laissé un énorme matelas de cash. C'est l'appel de Londres aux faubourgs lointains** que j'entends ?

Tu sais, ce gamin que j'ai cogné ? C'est mon coloc. Imagine, il dit avoir remporté le combat. Mhh, ouais, d'accord, aidé par Cassius Clay.

Les gamins d'ici sont tous des enfoirés. Bizarre, mais je sens que je deviens de plus en plus snob. C'est peut-être la veste en tweed ?

L'argent doit me venir de la vieille du sous-sol. Tombé sur sa petite-fille hier soir. Et si elle me montrait un peu sa cheville ?

Mon coloc quel chieur. Me casse mon coup. Privé de cheville. Vais lui causer : « Cousin, j'essaie de baiser cette fille à la rage, VTF***. »

Le mari de ma sœur est venu me voir. Quel plouc paysan et sans classe. Il sait même pas faire un nœud de cravate.

Estella n'arrête pas de traîner avec d'autres gentlemecs. Mon cœur… J'ai mal… C'est ça qu'on appelle l'amour ?

C'est une coquette, un flirt. Impossible de dire qui lui plaît. Incapable de prédire la suite ! J'ai affaire à qui, là ?

* Grand boxeur américain, champion du monde des poids lourds en 1962, vaincu deux fois par Cassius Clay / Mohammed Ali en 1964 et 1965. [N.D.T.]
** Allusion à l'album des Clash *London Calling* (1979). [N.D.T.]
*** GTFO *(Get the fuck out)*, ou VTF (Va te faire foutre, dégage). [N.D.T.]

'de Dieu. Le criminel, c'était mon bienfaiteur financier. Le meurtrier pédéraste depuis le début c'était lui. Super d'avoir annulé l'alerte.

Je finis par oublier mes racines. Je suis un cul.

Retour à ma ville d'avant, suivi par un cinglé, genre Gollum*. Si je lui jette une pierre, y a voie de fait ? Personne en prépa de droit ?

Estella reste dans le château de sa grand-mère. Cette famille, c'est un paquet de soucis. Telle grand-maman telle petite-fille.

Je l'aime, mais si cette fille reste seule dans un château, c'est qu'un truc tourne pas rond. Pas envie d'épouser une Sylvia Plath, là**.

* Personnage du *Seigneur des anneaux*. [N.D.T.]
** L'écrivain Sylvia Plath, figure emblématique des féministes américaines. [N.D.T.]

Au cœur des ténèbres

Joseph Conrad

Un jeune officier de marine marchande britannique remonte le cours d'un fleuve au cœur de l'Afrique noire. Embauché par une compagnie belge, il doit rétablir des liens commerciaux avec le directeur de comptoir Kurtz, dont on est sans nouvelles. Le film Apocalypse Now *transpose ce récit au Vietnam, où Kurtz, Marlon Brando, est un ancien officier de l'US Army devenu chef tribal et trafiquant.*

@JungleFever

Tu savais qu'en ce temps-là les romains remontaient la Tamise en bateaux à rames ? Dingue, hein ?

Re-chômage — dur l'économie. Ma tante affirme pouvoir me trouver un job, mais ça me gêne carrément d'accepter l'aide d'une femme.

Les femmes ! Trop naïves. T'imagine, si elles dirigeaient le monde ? Désastre ! Chance, en Angleterre, ça n'arrivera jamais.

Direction l'Afrique en bateau. Trop chaud ! Vaguement l'impression que ce job va pas être aussi peinard qu'on me l'a dit.

Indigènes, l'air malheureux. Et violents ! Pourquoi ils apprécient pas ce qu'on a fait pour eux ? Ingrats ! Sangsues des allocs, moi je dis !

Bateau foutu. Coincé au camp. Ces bureaucrates sont des nuls. Toute l'opération est un désastre, déprimant. Veux plus parler à personne.

J'entends tout le temps parler de Kurtz. « Pas orthodoxe. » M'a l'air intéressant. Ne surtweete pas dans le banal, lui. Mon type d'homme.

Le bateau, réglé. Temps de piger ce que mijote Kurtz. J'espère que « pas orthodoxe » veut pas dire « grosses conneries ». Ou pire — si possible.

LES INDIGÈNES ME JETTENT DE LA BOUSE. JE ME TAILLE !

Le doc dit que passer du temps avec des sauvages, des Noirs, ça vous rétrécit la cervelle. Oh et puis après ?

Consumé par la jungle. La folie s'insinue. Dois trouver Kurtz avant de perdre la tête pétrifié de terreur. La jungle, c'est pas du Disney.

Trouvé Kurtz. Il gouverne les indigènes en roi. En a épousé une. Sa folie, nouvel état mental. Appelons ça « fièvre de la jungle ». PTDR*.

Kurtz mort. Abandonné par sa maîtresse. Suivi sa mort. Ses derniers mots, « affres » ou « garce » — parlait de cette fille. Dur à dire.

Retour en Europe. Sensation de regard éternel au cœur immense de... quoi ? La pénombre ? La nuit ? Le crépuscule ? Noirceur absolue.

Dois voir la fiancée de Kurtz. Beurk, l'absence de femme en Afrique m'a empoisonné.

* PTDR pour Pété de rire. [N.D.T.]

Elle exige de connaître ses dernières paroles. Les femmes sont trop stupides pour qu'on leur dise la vérité. Faut-il lui mentir ? Aidez-moi.

@Promise Il m'a dit… ton nom. C'est pas gentil ? Ainsi va le monde : une histoire d'amour, mignonne et prévisible. Heureuse maintenant ?

Alors, question Tamise : je peux avoir un bateau. Une petite croisière pour le plaisir ? Des amateurs ?

Le Roi Lear

William Shakespeare

Le roi Lear veut partager son royaume entre ses trois filles, en échange de leurs preuves d'amour. Goneril et Regan le flattent, mais Cordélia s'y refuse, pour ne pas dénaturer l'amour qu'elle porte à son père. Déshéritée, elle épouse le roi de France. Le roi Lear découvre, trop tard, que Cordélia était plus sincère que ses sœurs.

@HiLEARant

Voyez comme mes filles m'aiment d'amour. Un jour ce royaume sera le leur !

Quoi ? Cordélia ne m'aime pas comme elle doit ? L'effrontée ! Si c'est cela, elle n'aura rien. Nada. Que dalle.

Le roi de France a enlevé Cordélia. « L'amour », ce style — pour ce qu'elle en connaît ! Chance, Goneril et Regan aiment leur vieux papa.

Parfait, je m'en vais, et j'emmène ma suite avec moi. Mes boys et moi, on s'en tirera très bien. Tout ira bien.

Parbleu, mes ingrates de filles me jettent dehors ? Je vais geler, sans toit. Cela craint. Imprévu. Me trompé-je ?

Sérieusement. Elles DISAIENT M'AIMER. Vraiment, je ne pige pas. Qui irait mentir juste pour se gagner de la terre et du pouvoir ?

Comparée à « Ronald » et à « Gonorrhée* », Cordélia n'était pas si mauvaise, j'imagine. Quelle tournure shakespearienne des événements !

Elles m'enferment et me trahissent. J'ai su que les Français viendraient mettre fin à cette folie, tout de même. Gloucester a tout arrangé.

Ah ! Parlé trop vite. Il a fallu gicler cette « gelée infecte » de Glouster. Et par « gelée infecte », j'entends ses mirettes**.

C'est clair, cavaler nu sur une colline sous l'orage, c'est la meilleure solution. De Dieu, la bise me froisse douloureusement les parties.

Pas si mauvais, mes héritiers, mais diviser une grande nation en factions frontalières et arbitraires, pas une très bonne idée, hein ?

Ces luttes intestines sont devenues brutales. @Kent, @Edmund, @Albany : arrêtez ça ! Trop d'intrigues pour un vieil homme perdu !

Edmund nous a capturés, Cordélia et moi capturés. C'est le moment où l'on vient nous sauver, non ?

Cordélia est très faible, mais pourtant son père se bouge — elle vit !

Que dalle oui – Cordélia morte. L.

* Jeu d'euphonie sur Ronald Reagan (Regan) et Gonorrhée (Goneril). [N.D.T.]
** Allusion à Edmund, qui crève les yeux de Gloucester. [N.D.T.]

Submergé de chagrin. Mes deux aînées sont mortes aussi. Bon, EN FAIT, je m'en fous. Grande volte-face ! Coup de théâtre à la Dickens, non ?

Tout le monde a réussi à s'entre-tuer. Maintenant Albany estime que je devrais reprendre le trône, mais je me sens tellement fatigué...

Lysistrata

Aristophane

Athènes s'embourbe dans la guerre. Lysistrata convainc les femmes de Grèce de cesser toute relation sexuelle avec les hommes pour les forcer à négocier la paix.

@FemmesdeTête

Cette guerre est vraiment trop absurde. On peut pas continuer comme ça.

Quel levier utiliser contre les hommes ? C'est quoi le truc où on est très fortes, déjà ? Je l'ai sur le bout de la langue.

@FemmesdeGrèce Pas question de coucher avec vos maris tant qu'ils ne promettent pas de ne plus se battre.

Ça devrait marcher. Après tout, retour de guerre, ils n'ont que deux envies, une bière et une pipe. Imaginez, s'ils n'ont que la bière ?

@FemmesdeGrèce S'ils vous forcent, pas de jambes en l'air. PAS D'ORGASME. Ça leur donne le pouvoir. Et nous, ça, on y a pas droit, hein ?

@FemmesdeGrèce Il faut aussi renoncer à la Lionne sur la Râpe à Fromage*. Je sais, c'est super, mais vous nous oubliez un petit peu.

* Position de l'amour où la femme est assise sur l'homme. [N.D.T.]

Les hommes sont rentrés. Vite, à l'Acropole !!! On n'a qu'à faire un sit-in. Ou décréter l'état d'urgence. S'asseoir sur le minou d'urgence.

Faut pas toutes rester trop longtemps sur l'Acropole. Se pourrait qu'on soit toutes dans le même cycle. En cas de sit-in, gros dégâts.

Les hommes en bavent à la guerre ? Et nous, trop poires, on reste. Et ils repartent. Dix ans. Et les godes à piles n'existent pas encore.

Tu parles, tu tires ton coup et tu te tires. Et après, moi, je vais devoir te l'élever, ton bébé.

Nos hommes perdent la boule. Ça marche, vraiment. Ils ont une trique d'enfer — et pas de guerre en vue.

Et s'ils disaient oui à tout le bazar ? On voterait, on travaillerait, on serait proprios. Victoire, l'égalité des droits, pourquoi pas ?

Foutons-les encore plus en rogne et retournons nous enfermer dans l'Acropole.

Ils préparent déjà des accords de paix, vous imaginez ? Ce que les hommes ne feraient pas pour le sexe... Dément.

L'heure de dépasser nos différences et de se faire mettre. Guérison par le sexe, super, non ? De suite ! Merci, Athéna, je me sens creuse.

Waou, soirée sur l'Acropole !!! On va se faire le forum et le temple en streaking* !!!

* Traverser un lieu public nu en courant. Le premier *streaking* eut lieu en 1804 sur le campus de Washington College. Il est réapparu comme forme de protestation dans les années soixante. [N.D.T.]

Enfin, ce qu'on veut, c'est du sexe. Si on partait à la guerre et si les hommes nous sortaient ce plan, la paix se conclurait plus vite.

De sang-froid

Truman Capote

Truman Capote part pour le Midwest enquêter sur le massacre d'une famille de fermiers, perpétré sans mobile ni indice apparents, au Kansas. Témoignages, rapports de police, il étudie les indices, s'interroge sur les raisons du crime et l'instinct criminel. De sang-froid fut le roman fondateur du roman-vérité.

@PerrySmith*

Dick et moi on est partis pour voler des riches fermiers. Pas que ça me plaise trop, mais Dick insiste et en général je l'écoute, c'est tout.

Hum. Pas un sou, les fermiers, je les ai abattus à bout portant avec un fusil. Plus fort que moi. Maman m'aimait pas, alors je tue du monde.

(Parfois j'ai juste envie d'aller au Mexique, chasse au trésor dans l'océan. Je suis pas un raté total ; j'ai des rêves, des aspirations !)

@InfoFouillis**
Scoop ! Brave famille de quatre personnes tuée dans petite ville du Kansas ! Une bonne occasion de reportage. #scoop #crime #macarrière

* Perry Smith est l'un des deux meurtriers du roman de Truman Capote. Ce *tweet* a deux voix, celle de Capote et celle du second accusé. [N.D.T.]
** En anglais, *ClutteredReporting* (fouillis d'infos), jeu de mots sur le nom de la famille Clutter (fatras, fouillis). [N.D.T.]

@PerrySmith
En cavale. Dick a raflé tout le fric qu'il fallait. Il est si fort, si maîtrisé. Il a beau être analphabète, je suis… attiré par sa virilité.

J'ai ce rêve, un oiseau géant décime les méchants qui me forcent à tuer des familles. J'aimerais qu'un oiseau géant vienne me sauver IRL*.

Ramassé par les flics. Pourquoi la flicaille me fiche pas la paix ?? Voient pas que je suis éduqué, et que Dick est un crétin, un criminel ?

@InfoFouilli
Mon origine sudiste et ma carrière littéraire d'homosexuel new-yorkais me gagneront sans nul doute les faveurs de ces fermiers du Midwest.

@PerrySmith
En prison. Ce type sympa de New York veut connaître mon histoire — pense qu'en racontant ma version, il m'aidera à me faire libérer.

À mon avis, les Clutter étaient une chouette famille. Leur mort a meurtri cette ville et la police qui a enquêté sur le crime.

Mais en réalité, j'aimerais qu'un oiseau géant les tue tout simplement, et m'emporte au paradis.

Condamné à mort. Quand le journaliste aura fini son livre ?? Un tas de types bizarres, dans le couloir de la mort.

Recours épuisés. Dépêche-toi avec ce bouquin ! Cher Truman Capote, c'est vraiment pas juste, tout le monde ici souffre d'un mal social.

* IRL pour *In real life* (Pour de vrai). [N.D.T.]

Tant pis — trop tard ! Désolé tout le monde. Sincèrement, je peux pas décider grand-chose moi-même. C'était peut-être ça mon problème ?

@InfoFouilli
Célèbre ! Le livre est un succès, sauf pour les intéressés. Fin un peu sinistre. Et si j'ajoutais une scène sentimentale au cimetière ?

Dommage que ce livre m'ait aliéné tous mes amis. Si j'étais moins obsédé par le travail je ne serais pas si seul, si gras et si seul.

Me suis fait de nouveaux amis. Réponse à mes prières. J'ai dû promettre de ne jamais rien écrire sur eux. Ça me va.

Médée

Euripide

Las de sa princesse barbare, Jason épouse la fille de Créon, roi de Corinthe. Abandonnée par son époux, Médée laisse libre cours à sa colère. Jason l'exile avec ses deux enfants. La vengeance de Médée sera meurtrière.

@Farced'Or

Installés dans ce nouvel endroit. Jason se trouvera un boulot convenable, je reste à la maison élever les gosses. La vie nous sourit enfin !

Apparemment, « boulot convenable » suppose de baiser la fille du roi. Pas cool. Besoin de consulter mes copines.

Bonne chose que les filles soient tout le temps là. Leurs chants = chair de poule, mais tout le monde est d'accord : Jason va trop loin !

À son retour à la maison, on va se parler. La meilleure manière d'aborder ça ? Un conseil quelqu'un ? #relationsdemerde

Il me dit qu'il « doit » l'épouser. On est des « criminels recherchés », besoin de « protection ». L'ai engueulé. Fort. Il écoute rien !

Consulté Kosmo, à part tous les conseils sexe spartiates, rien sur un mari réfugié qui en épouse une autre parce qu'il vous aime*.

Je sens un peu le DÉLIRE monter ! Sautes d'humeur et sorcellerie : deux trucs nécessaires chez toute femme fatale.

D Jason Hé bébé, rentre à la maison. Je t'ai préparé un cadeau pour ton mariage. Je suis plus folle, bébé, je te promets**.

LOL, il a total mordu. Ouais, une jolie robe — EMPOISONNÉE. C'est pas drôle ? Mes copines trouvent que non. Ça leur fait limite peur.

D Roid'Athènes Je peux débarquer chez toi ? STP ? Promets-moi, ou je te tue d'un coup de magie comme j'ai tué le roi de Corinthe.

Supporte. Pas. Ces. Chants. Pourquoi je dois toujours me prendre le chœur des critiques ? Quels amis !!!

Hum. Jason est de retour et il en a ras le bol.

Me suis ruée avec une épée. Il a pas pu m'arrêter. Pas envie que les gosses entendent nos disputes. Je leur ai trouvé mieux — le freezer.

Jason très mécontent que j'aie tué les enfants. M'a dit d'aller enterrer SA FEMME ! D'après moi, super ce retour, mais ça n'a rien arrangé.

* Allusion au magazine *Cosmopolitan* et à ses rubriques de conseils pratiques. [N.D.T.]

** « D » avant le nom du destinataire rend ce message privé, invisible aux autres *followers*. [N.D.T.]

Papa m'a envoyé des dragons. Je pars. Jason réglera ses salades tout seul. Partie pour Athènes. Ils sauront recevoir une femme libre, eux !

Je jure que je suis pas folle, je suis juste passionnée, je veux juste du respect. Je veux juste être aimée…

1984

George Orwell

Une Grande-Bretagne sortie d'un conflit post-nucléaire opposant l'Estasia et l'Eurasia a instauré un régime totalitaire fortement inspiré du stalinisme et du nazisme. La liberté d'expression n'existe plus, l'être humain est conditionné : Big Brother surveille et conditionne ses pensées.

@Ratatouille*

Londres est un endroit total ridicule, ces derniers temps. (En fait, je veux dire au sens totalitaire. Ferais mieux de garder ça pour moi.)

C'est quoi, ces slogans : « La guerre c'est la paix » ? Je suis le seul à saisir que ça n'a aucun sens ?

Apparemment quelqu'un au gouvernement adore les grandes oppositions.

J'ai trouvé une petite revue et un mini-endroit de ma chambre où Big Brother ne surveille PAS. Là je note/je gicle mes pensées dissidentes.

* Allusion au dessin animé de Disney-Pixar dont le titre était annoncé en phonétique pour éviter toute confusion avec un film français. *Ratatouille* signifie aussi « troncher ». [N.D.T.]

Écoute cousin, si j'avais envie qu'on SURVEILLE mes sales affaires, j'en ferais une cassette porno. Oh ? Elle est déjà prête ?

Seigneur ce que je hais les rats. Ça compte de savoir à quel point je hais les rats, parce que je les hais vraiment, vraiment, ces rats.

Au boulot; villedennui. Marrant de réécrire l'histoire si on trahit l'idéal éternel de vérité ? Voyons : la vérité, c'est le mensonge ?

Oubliez dernier tweet. Besoin de me sortir ces sales idées de la tête, sinon je suis bon pour une visite au ministère de l'Amour.

P.-S. « Amour » égale prison, exécution et tortures indicibles. Dans cet ordre. Comme j'ai dit, les contraires, c'est le nouveau blanc.

Rencontré une fille terne et sexe. M'a glissé un mot — elle m'aime. Flirt interdit : dans cette société, ce qui est bon est mauvais. Miam.

La vie, c'est le risque. Baisé à flanc de coteau ; tourné au délire, cru un moment que j'avais honte de mes veines variqueuses.

Faut jamais sortir avec une pute ou une star du porno, mais une fille qui écrit du porno, OK. T'imagine à quoi elle pense toute la journée ?

On a battu l'Eurasia à la guerre ! Ah, c'était pas l'Estasia depuis le début ? Peu importe, on se les fera, comme d'habitude.

Avec Julia, on baise tous les jours. Boutiquier sympa loue chambre sans caméras. Pas se faire prendre = pas trop porter les draps à laver.

Mon patron veut me voir ; pas bon signe. Je vais peut-être me faire licencier avec transfert au ministère de l'Ironie.

Surprise. Il fait partie d'une organisation secrète pour renverser le Parti. Julia et moi, on en est. C'est trop excitant !

Je déconne. Big Brother nous SURVEILLAIT ! Embarqué au ministère de l'Amour, je tweete. Me rappelle l'enfance, je sais pas pourquoi.

On t'enferme dans une prison secrète du gouvernement. Ensuite tu rencontres cette vieille folle. Et c'est ta mère.

Difficile de twitter entre des séances de torture sans fin. O'Brien me dit que le Parti veut le pouvoir pour le pouvoir. Profond, ça, mec.

SALETÉS DE RATS SUR MA GUEULE. POURQUOI J'AI DIT « JE HAIS LES RATS » ? TUEZ PAS JULIA SVP BORDEL DE DIEU. J'OUBLIAIS : PAS DE DIEU.

Suis un homme libre. J'aime Big Brother. Il est doubleplusbon* — vraiment, du fond du cœur, je l'aime. Car je suis libre. Vraiment libre.

* Formule de la « Novlangue » inventée par Orwell dans le roman. [N.D.T.]

Sur la route

Jack Kerouac

Dans l'Amérique des années quarante-cinquante, le jeune écrivain Sal Paradise se lie d'amitié avec Dean Moriaty, jeune homme épris de liberté qui le guidera sur la route du jazz, des vols de voitures, des femmes et autres exploits en forme d'épreuves.

@PasTapé surTP*

Pour la TWITTÉRATURE de *Sur la route*, lire *Sur la route* de Jack Kerouac.

* TP pour *toilet paper*. Plusieurs légendes ont circulé sur la rédaction du livre, notamment que Kerouac l'aurait écrit sur du papier toilettes – en réalité, du papier-calque. [N.D.T.]

Notes d'un souterrain

Fedor Dostoïevski

Représentant d'une génération en survie, Rodion Romanovitch Raskolnikov (héros de Crime et Châtiment) *sombre dans une méchanceté sans bornes. Il est déchiré entre son humanisme de principe et des élans de générosité qu'il réprime. Masochiste et paranoïaque, il refuse toute amitié et vilipende sa propre bonté, où il croit déceler des calculs inavouables. Seul recours : ses carnets du souterrain, où il déverse sa bile.*

@TweetsDuSouterrain

Je suis un homme. Très malade. Mal au foie. Bon. Le docteur m'arrangerait ça, je suis sûr, mais je me détruis pour me ravager le visage.

J'étais magistrat. Pas flambant. Rien que des grincements de dents à gueuler sur des fonctionnaires. Idioties bureaucratiques typiques.

Je connais les maths, et je sais que 2 + 2 = 4. Mais ça serait démentiel si 2 + 2 = 5, hein ? Et après tout, qu'est-ce qui empêche ?

Ma vie stagne tant, mais j'adore rester assis toute la journée sur le canapé. Inaction : quand la vie est facile. Si on appelle ça vivre.

Oh ma dent ! Oh cette dent épouvantable. ÉCOUTEZ-MOI : ma dent me fait mal et mes gémissements vont vous faire souffrir. Ha !

Je veux me venger de tous ceux qui m'ont fait du mal. Ah, c'est malsain ? Bien. Je suis un peu sociopathe, non ?

Bousculé par un officier dans un bar. Le retrouverai, ce *pizda** de fils de pute, et le tuerai lentement. Je suis un peu sociopathe, non ?

Je marche sur la perspective Nevski, je le cherche, sans arrêt. Si je le vois, je le provoque en duel. Rien de plus rationnel.

Oui, le mieux, c'est de lui tomber dessus.

Boum. Cet *ebanatyi pidaraz*** n'a même rien remarqué !! Seigneur, je ne suis qu'un *khuy**** insignifiant, et puis tant pis.

Je sors dîner avec du monde. Pas vraiment envie. Mais je veux me prouver que je peux. Je vais peut-être réussir à tout gâcher.

J'attends, ils ne sont pas encore là. Ça fait une heure. Ils pourraient pas appeler ? *Dolboebs*****.

Très bien, ils sont arrivés. J'aurais pas dû boire tout ce vin. Pas si grave. Je n'ai que six verres d'avance.

Vous n'allez pas me croire, un de ces idiots a voulu parler de Shakespeare. Qu'est-ce qu'il connaît de Shakespeare ? *Blyadischa****** *!*

* *Pizda*, la vulve en argot russe. [N.D.T.]
** *Ebanatyi pidaraz*, fils de pute. [N.D.T.]
*** *Khuy*, la queue. [N.D.T.]
**** *Dolboebs*, connards. [N.D.T.]
***** *Blyadisha*, putain. [N.D.T.]

En parlant de *blyadischa*, on va tous au bordel. Ça devrait être drôle. J'adore les putes.

Vu cette fille, Liza. L'ai sautée, me suis foutu d'elle, l'ai convaincue que sa vie de pute = vie de merde, ai rompu. Suis sociopathe, non ?

Je lui ai dit aussi qu'elle pouvait venir chez moi si elle voulait fuir. Ooh, les folies que je peux débiter pendant le sexe.

Maintenant je dois emprunter de l'argent à mes amis, pour cette pute. Le sexe est peut-être un don du ciel, mais c'est pas donné.

Liza s'est carrément pointée chez moi. Je lui ai hurlé dessus et je l'ai fait pleurer. Elle est partie.

Je lui ai couru après, pas pu la trouver. J'ai une vie misérable et solitaire, faudrait mettre de l'ordre dans ce fatras de sociopathe.

Des souris et des hommes

John Steinbeck

George Milton et Lennie Small errent ensemble sur les routes de Californie, travaillant comme journaliers de ranch en ranch. Ils partagent le même rêve : posséder un jour une petite exploitation pour y vivre « comme des rentiers » et y élever des lapins. Déficient mentalement mais doté d'une très grande force physique, Lennie se plaît énormément à caresser les choses douces. Son attirance pour la femme de Curley, le fils du patron, va sceller son destin funeste.

@JeSuisD'AccordAvecSam*

Traîner avec un attar… un crétin toute la journée, rien de tel. Genre suis devenu baby-sitter pour Rain Man. Moins les dons surhumains, sûr.

Lenny a tué des souris. Pêchu. Quelle ironie ! Comparé à un malin comme moi, c'est un peu un blaireau, non ?

J'y pense, c'est assez drôle, tu sais, je suis un HOMME, eux c'est des SOURIS, et Lenny, lui, c'est GENRE LES 2. Pigé ? (Évident, non ?)

Faut que je trouve du boulot. L'attar… euh, Lenny, il est incapable de maîtriser ce qu'il ingurgite — on a plus de BLÉ. Pan ! Jeu de mots !

* Allusion au film *Sam, je suis Sam*, où Sean Penn joue le rôle d'un homme de sept ans d'âge mental. [N.D.T.]

Ils appellent ça la Grande Dépression parce que tout le monde est déprimé ?

On a trouvé un ranch où bosser. Pas trop futé, le Lenny, mais habile de ses mains. Des mains fermes. Il te manipulerait n'importe quoi.

On joue aux cartes toute la journée. Le fils du ranch est un enfoiré, mais sa femme est assez mimi. Et un peu fêtarde.

@Lenny Nom de dieu, tu sais pas que tripoter les femmes c'est illégal ? On est en 1929, mec, elles ont des DROITS. C'est nos ÉGALES. Genre…

Et voilà Lenny a des soucis avec la loi. Comment ils peuvent accuser un gars pas foutu de distinguer un trou de souris d'un trou d'homme ?

Il y a un type assez cool ici — @Candy. Tu devrais aller le voir, mais bon, Candy, c'est plutôt un nom de strip-teaseuse, non ?

Lenny a fracassé la main du fils du proprio. Assez marrant, il avait les os qui lui sortaient de la mimine. Dans le genre à nu, visibles !

Lenny n'a qu'une envie, vivre grassement. Bosser comme un dur dans un groupe de rock.

Lenny de retour dans la cabane avec un de ses airs… et j'ai dit, « Lenny, t'as encore tué une autre femme ? »

Il m'a dit qu'il avait remis ça. Pourquoi je me fourre avec des handicapés, des dangereux ? Il a fait du mal à quelqu'un, Forrest Gump ?

J'entends la foule des lyncheurs, dehors. C'est la troisième fois cette année qu'on doit se tailler à cause des foirades de Lenny.

J'en ai marre de ce foutoir j'ai la migraine, me faudrait un Advil et une partie de galipettes. Mais Lenny, c'est l'AntiChatte.

Vais faire c'que j'aurais dû depuis un bail : cet attar..., mon pote, une balle dans la tête. Sinon, vont le torturer. Mérite la mort rapide.

Enfin, c'est mon pote. Mais je dois tout faire moi-même ; la justice n'euthanasie pas les handicapés, par ici, et le Texas c'est trop loin*.

Une journée de bonne vieille Dépression en plus.

L'Amérique a bien besoin d'un flacon de Prozac.

* En 1999, George W. Bush, gouverneur du Texas, a signé une directive autorisant la suspension des soins pour certains patients, loi autorisant *de facto* et *de jure* une forme d'euthanasie. [N.D.T.]

Robinson Crusoé

Daniel Defoe

Robinson Crusoé quitte York en 1651 pour fuir sa destinée d'avocat et devenir marin. Le navire arraisonné par des pirates, Crusoé devient l'esclave d'un Maure. Il doit son salut à un navire portugais qui fraie au large de la côte ouest africaine. En 1659, il accompagne une expédition africaine en quête d'esclaves, qui fait naufrage en pleine mer. Échoué sur une île déserte, Robinson cohabite avec une tribu cannibale. Il sauve un homme, qui devient son serviteur, et le nomme Vendredi. Vingt-huit ans plus tard, un navire leur fait gagner l'Angleterre.

@SuisPasGilligan*

Il a quoi dans la tête, papa ? S'embarquer en mer comme apprenti serviteur ça paraît l'idée parfaite.

Man-of-War nous a baisés**. Je suis esclave. La trouille que ça m'a fichu ! Oh et puis, la vie a ses *LOL* et ses bas.

J'ai balancé l'autre esclave du bateau de pêche, et me voilà parti pour l'Afrique avec un petit gars.

* Personnage de la série américaine des années soixante *L'Île aux naufragés*. [N.D.T.]

** *Man-of-War* était le nom générique des vaisseaux militaires de haut bord les plus puissants du XVIe au XIXe siècle. [N.D.T.]

Je l'aime bien, ce petit gars, comme un frère, un vrai pote, il me soutient contre vents et marées. Je lui serai toujours loyal.

J'ai vendu le garçon à un capitaine qui a promis de m'emmener en Amérique du Sud. J'utiliserai le reste de l'argent pour m'acheter du tabac.

Je vais enfin devenir marin ! J'embarque sur un bateau.

Nom de Dieu. Une tempête. On coule ! Minute, minute. Là, j'ai une grande idée : si je survis, je serai fidèle à Dieu, pour toujours.

La foi ? Truc de nuls : comment un fermier-esclave-fugitif survivrait-il là où des marins professionnels ont échoué ?

Hmm. Non, il vaut mieux devenir vraiment croyant — et ensuite piller tout ce qu'il y a sur ce bateau.

La meilleure solution : dresser la liste du pour et du contre sur cette île. Le pour : suis pas mort. Le contre : c'est tout comme.

Incroyable. Tout ce qu'il faut pour survivre sur une île se trouvait à bord de ce bateau. Fusils, vivres, pain, bouquins, et j'en passe.

Des cannibales, sur cette île ? Non, sûrement pas. Mais s'il y en avait ? Nan, y en a pas. UNE EMPREINTE DE PAS. DES CANNIBALES !

Voilà le plus curieux : je suis ici depuis des années, et j'ai pas pensé une fois à une chatte. Allez, traitez-moi d'introverti.

Dans un journal de bord sur la solitude, on aurait cru que j'écrirais des trucs émotionnels, que ça serait trop émo. Je suis pas d'humeur.

J'ai sauvé un cannibale. Je vais l'appeler Vendredi, car après tout ce temps je sais encore quel jour on est, et j'ai pas trouvé mieux.

@Vendredi Tu seras mon esclave, tu me dois la vie. Fais ce que je dis. Me mords pas. T'es pas content que je t'aie trouvé ?

Hé, encore d'autres gens sur cette île. On n'a qu'à faire la fête. Qui a du rhum ? Je devrais ouvrir un bar, je le baptiserais *Les Îles* !!

IVREMOOOOOOORT ! Les limbes à la plage !

Je me prépare à attaquer une meute de loups. Je n'en ai pas vu depuis 30 ans, et là, ils sont un milliard. Je suis peut-être encore saoul.

Ohé. Un navire pirate vient à ma rescousse. Quoi, les éditeurs veulent une suite ? À mon avis, c'est le moment de partir pour l'Asie.

Roméo et Juliette

WILLIAM SHAKESPEARE

À Vérone, en Italie du nord, Roméo Montaigu et Juliette Capulet éprouvent l'un pour l'autre un amour impossible en raison de l'inimitié qui oppose leurs deux maisons.

@ÀMonRoméoPasHomo
@JulieBaby

Ma famille n'arrête pas de se friter avec les Capulet. La vie devrait être une fête. Faites l'amour, pas la guerre.

Voici venir mon aimable cousin Mercutio.

Ah, que j'aime les femmes ! Non, pas cette VIEILLE. Une nouvelle. Je vais pas m'amuser à cette soirée, à penser à celle que j'aime…

Mais la bande a soif. Faut qu'on entre dans cette fête sans invite !

WTF il parle de quoi Mercutio ? Tout le monde sait que les fées existent pas ! Ouah. Un canon, là, tout près. Vais me frotter en douce.

Elle me kiffe total ! Ah, péché ! Péché mortel ! Je suis trop malin, trop mac.

Oh, oh ! C'est une Capulet. M'est avis que ça peut rien donner de bon, mais pourquoi s'arrêter maintenant ?

Plus tard : peut-être que si je traîne un peu je verrai ses nichons par la fenêtre. En la belle Juliette où l'on dépose sa semence.

D ÀMonRoméoPasHomo psst ! Tu te casses où* ?

D JulieBaby Tu veux dire quoi « où je suis » ? Je suis juste sous ton balcon ! Personne ne pige plus le français, ici ?

La nourrice de Juliette me demande si je veux l'épouser. Elle est mon soleil, mais ça va trop viiiite. On se fout de moi ? Où est Ashton** ?

D Tybalt Pourquoi tu me frappes ? Avec ton épée dans le cul, j'arrive tout juste à taper un message direct.

Mercutio, espèce de crottin de cheval. Pourquoi fallait-il que tu meures ? @PrincedesChats*** L'un de nous ira le rejoindre... C'EST NUL !

Parfois on tue le cousin de sa femme en duel et ensuite il faut aller se cacher à Mantoue. Nulle la vie.

Quoi ? Juliette morte ? Non. Ordre de me tuer sur le champ ? Non ! Maudites étoiles qui m'ont fait croire à une fin hollywoodienne ! Oui.

J'ai mon poison, je repars à Vérone, je m'occupe de tout.

* Depuis son balcon, Juliette parle tout bas à Roméo. [N.D.T.]

** Jeu de mots avec le verbe *to punk* (entuber, se foutre de) et l'émission *Punk'd* créée et animée de 2003 à 2007 par l'acteur américain Ashton Kutcher qui, sur Twitter, possède le plus de *followers* au monde. [N.D.T.]

*** Dans la pièce de Shakespeare, « Prince des chats » est l'un des surnoms que Mercutio donne à Tybalt, cousin Capulet de Juliette, redoutable à l'épée, qui pourfend Mercutio et que Roméo tuera à son tour, précipitant son bannissement de Vérone. [N.D.T.]

Trouvé la belle Juliette. Morte. Pas du chiqué ! (L'ai titillée où je pense, elle a pas bougé.) Hélas, dois boire ce terrible breuvage.

« Oh, moi, le jouet de la fortune ! » Ou son instrument. Je meurs. Cette femme avec qui j'étais avant Juliette. M'en serais mieux tiré.

D ÀMonRomeoPasHomo Réveille-toi mon amour. Allez. Fini de rigoler. Réveille-toi. Arrête ! Pas drôle. Il est où, Ashton ? J'y vais cul sec.

@Montaigu @Capulet On pourrait pas s'entendre ?

Anna Karénine

Léon Tolstoï

Le destin croisé d'un ménage honnête (Lévine et Kitty Chtcherbatski) aux humiliations et aux déboires qui accompagnent la passion coupable d'Alexis Vronski et Anna Karénine.

@DoTheLocomotion*

Ma belle-sœur veut divorcer de mon frère. Je dois aller à Moscou arrêter ces bêtises. Tant qu'à y être n'aurai qu'à faire la fête.

Un gentleman a dansé toute la nuit avec moi. On s'est un peu frottés, mais pas trop. C'est la Russie traditionnelle, je vous le rappelle.

Apparemment, en dansant avec Vronsky, j'ai pussy-bloqué une fille, Kitty**. Quelle ironie, j'imagine. Avec un nom pareil, faut dire***...

LOL, Kitty a fait une dépression nerveuse et elle a dû quitter le pays. Ça la met hors-jeu.

M'engager dans une liaison avec Vronsky devant tout le monde, c'est irresponsable ?

* Allusion ironique à la locomotive fatale à Anna Karénine. [N.D.T.]
** Le *cock-block* en version féminine, soit un blocage de la chatte. [N.D.T.]
*** En argot, *kitty*, c'est aussi le minou. [N.D.T.]

Après tout, mon mari, c'est pas un jeune. Tu sais ce que ça fait d'avoir une peau de vieux contre la bouche ? Je frémis à cette pensée.

Mon mari, pas l'air de l'ennuyer, tant que je le ridiculise pas en public. Tu parles d'un mollusque. Peut-être un problème de vertèbres.

Alexei Vronzarelli — ou Vronz — est mon amant. Pas eu mes règles. Je suis peut-être enceinte de lui.

Mon mari nous a surpris à la maison. On baisait pas, on jouait juste au Yatzee*. Enfin, l'avoir chez moi, c'était pas net, j'imagine.

Mon mari a fait la paix. Il dit qu'il peut pas gérer. Je dois être trop femme pour lui.

J'ai failli mourir en accouchant. Zut, on pense jamais vraiment ce que c'est de se sortir 4 kilos du ventre. Ça fait vraiment un peu peur.

Mon mari de retour, appris la nouvelle. Lui ai raconté qu'il était le père. Vu ses yeux s'allumer. Lui ai dit la vérité. Là il a pleuré, LOL.

Il m'a pardonné mon infidélité (et cette blague de mauvais goût) et m'a accordé le divorce. Je me sens un peu mal d'accepter.

J'ai décidé de bien le traiter, et de ne pas divorcer. À la place, je vais le cocufier. Ouais, ça me paraît mieux.

Ouïe. Contente de m'être soulagé la conscience sur ce coup-là.

* Jeu américain qui se joue à cinq dés. [N.D.T.]

Je m'installe avec Vronski.

La vie, c'est lourd. Jouons un peu, histoire de voir en combien de temps l'amante épouse parfaite se transforme en pouffiasse d'enfer.

IL ME TROMPE. Je le sais. Il dit qu'il va rendre visite à sa maman. Sûr, sa mère doit être une CATIN alors.

Sa mère veut qu'il épouse une princesse. Elle prétend qu'il devrait pas vivre dans le péché avec une femme mariée. Salope de belle-mère.

Je supporte plus tout ça. Je vais le trouver. Si je le chope au lit avec sa mère je vais l'avoir mauvaise. Je suis en route.

Super, 20 roubles que je réussis à lancer mon sac en l'air, traverser la voie en courant et le rattraper avant que le train n'arr…

Le compte de cette utilisatrice a été désactivé.

Sherlock Holmes

Sir Arthur Conan Doyle

Détective privé doté d'une mémoire remarquable, Sherlock Holmes tente, à travers ses investigations, de déjouer l'organisation criminelle dirigée par le professeur Moriarty, avec l'aide précieuse de son ami le docteur Waston.

@CreusezWatson

Ah, installé à mon bureau de Baker Street. Dans ma nouvelle robe de chambre en velours. Je prends, euh… une petite prise. Soirée relaxante.

Tire sur ma pipe. On frappe à la porte. Du balai. Femme en détresse, en larmes. Encore Watson qui terrorise le beau sexe ? Non. Un mystère.

Pourquoi dois-je résoudre leurs problèmes ? Laissez-moi me défoncer. Sale habitude, d'après Watson. Qu'en sait-il ? C'est moi le détective.

Je dois enquêter dans une usine où l'amant de cette femme était contremaître. Elle pense que l'entreprise veut le liquider.

Quelques lignes avant le boulot. Peux pas résoudre un mystère sans ma poudre miracle. Je veux dire ma cocaïne.

Posé des questions futées. Bien vu qu'ils mentaient tous. Aucune mention des métaux précieux cachés sous l'usine. Moriarty impliqué* ?

Aux toilettes pour un snif. Watson me juge parano. Prétend que ma friandise des narines affecte mon travail. Vu. Qu'il s'achète la sienne.

Continue l'enquête. Brillantes déductions grâce à un tas de snifs & zéro preuves. Repéré ces dépôts salins sur les souliers du patron ?

Watson dit que je me CROIS malin parce que pété. Et lui, ça veut dire qu'il n'est pas gay, que c'est juste dans sa tête que ça se passe ?

Des opiacés pour retrouver mon calme. Et encore un gramme de colombienne. Dur d'être le River Phœnix de l'Angleterre du XIXe siècle**.

La damoiselle de retour ; un truc pas net à l'usine. Lâché la poudre, que j'aie la tête claire. Elle veut sa dose. Élémentaire.

On s'est déloqués. Sniffé des lignes sur ses seins. Pas réussi à bander et sais pas pourquoi. À la place, fumé une blague à tabac entière.

Une ouvrière de Stanes m'a fourni un indice sur le patron de l'usine. C'est un régulier. Il paie en pièces d'or. Sacrée roulure.

* Le professeur Moriarty est l'archétype du méchant de la série des *Sherlock Holmes*. [N.D.T.]

** River Jude Phœnix était un acteur américain très prometteur, militant des droits des animaux, mort d'overdose en 1993 à 23 ans. [N.D.T.]

Pourquoi les lumières du 221 Baker Street* sont si violentes le matin ? Pourquoi Watson parle si fort ? Élémentaire, mon cher STFU** !

Le contremaître/amant a découvert un métal précieux. Les dépôts de sel, c'était des cristaux de cyanure, pour empoisonner les gêneurs. Comme lui.

Je me note : ne jamais sniffer de cristaux de RIEN !

Me gratte. Puces sous la peau. Une ligne, un verre. Les coupables m'ont empoisonné, que je ne déjoue pas leur sale complot ? Saigne du nez.

J'appelle les Bobbies***. Affronter les criminels ça fait peur. J'aime que les livres, les longues marches sur la plage et les déductions, moi.

Encore une affaire résolue. Je suis le Batman de Grande-Bretagne.

Robert Downey Jr. joue mon rôle dans un film**** ? Ultra cool. Parfait.

* L'adresse de Holmes. [N.D.T.]

** Parodie de la célèbre formule « Élémentaire, mon cher Watson ». Au trop bavard Watson, Holmes rétorque ici « Élémentaire, mon cher et ferme ta gueule ». [N.D.T.]

*** Le surnom des policiers londoniens. [N.D.T.]

**** Robert Downey Junior, Sherlock Holmes dans le film éponyme de Guy Ritchie en 2009, a été récompensé d'un Golden Globe. [N.D.T.]

Eugène Onéguine

Alexandre Pouchkhine

Saint-Pétersbourg, Eugène Onéguine, jeune dandy oisif et blasé de la vie, hérite. Il se retire à la campagne et, pour tromper l'ennui, sympathise avec le jeune poète Vladimir Lenski. Lenski lui présente la famille bourgeoise Larine, dont il est déterminé à épouser la fille cadette. La sœur aînée d'Olga tombe éperdument amoureuse d'Eugène, qui l'éconduira jusqu'au temps où viendront les regrets.

@MrDandy

La vie, si c'est qu'emballer des garces, relever les noms et botter des culs, c'est l'ennui. La nuit c'est rockn' roll. Tous les jours.

Et voilà, quasi le remède magique à l'ennui, mon oncle meurt et me laisse sa maison. La fête à la campagne. Je dis pas non.

Il y a un ami poète, ici, assez sympa, je vais rencontrer sa famille.

Je trouve toujours que le meilleur moyen de lever les dames, c'est d'affecter le mystère et l'apathie.

La sœur de sa femme, un rat de bibliothèque, me veut. Me fait l'effet d'être crampon. Si j'aimais le duvet, m'épouserait dans les 30 s*.

* Référence à ce passage de l'œuvre (IV, 15) :
« mais ensuite le tourbillon des modes,
L'inconstance naturelle de la passion,

Me balade en ville, je reçois une lettre d'amour gênante de la sœur, le rat de bibliothèque.

Je vais pas m'abaisser à répondre à cette dévergondée. Je vais lui foutre la trouille, en pleine rue. Ou l'éviter.

Faut que je revoie cette fille ? Va me la jouer *Liaison fatale*. Préférerais la commotion cérébrale. Elle va me chercher ? Me demande.

Tout le monde m'a dit que j'étais très poli, mais condescendant. Comment peut-on être poli ET condescendant ? Ironie ? Hypocrisie ?

J'ai été invité à un bal par le poète. Trois heures à m'habiller. Période minable, qui me rappelle cette foutue aristocratie.

Trop furieux. Je voulais quitter la société et m'y revoici ! Le poète et sa fête : l'horreur. Je vais le torturer en flirtant avec sa femme.

Il est parti en rage. Dans cet assaut, j'ai eu le dessus. Ce comportement manipulateur et démoniaque, ça marche dans la vraie vie ?

Vous voulez entendre un truc carrément marrant ? J'essaie de coucher avec sa femme, il me provoque en duel, je tire, et il meurt !

Non, sérieux, je lui ai collé sa dose de plomb, versé ce sang lyrique. Je lui ai abîmé le portrait, sans surprise !

Cette damoiselle cinglée que j'ai jetée, elle a fouillé dans mes papiers. Considère que je ne suis qu'un amalgame de héros littéraires !

Le torrent de l'opinion,
Et le beau sexe aussi léger qu'un duvet ! » [N.D.T.]

Cet endroit craint, je me tire. J'aurais sans doute pas dû abattre le poète. Sale, sale nouvelle. Je suis méchant. Ouah !

Tu te rappelles cette fille qui me voulait, le crampon ? Ben je l'ai revue, et elle est top. Quel crétin j'étais !

Elle dit qu'elle peut plus m'aimer ? Tout ça juste parce qu'elle est mariée ? Elle essaie de m'enfumer ou quoi ? Quelle compliquée !

Elle m'a débité tout un discours, pareil à celui que je lui avais sorti, pour m'expliquer pourquoi elle peut pas coucher avec moi.

La vie ça craint, doit être mon cynisme et mon égoïsme qui me rattrapent et me plantent leurs crocs dans le derrière.

Ça me tue. Laissez-moi exister !

L'Odyssée

Homère

Retenu sur son île par la nymphe Calypso, Ulysse ne peut rentrer chez lui. Sa femme Pénélope, convoitée par les hommes d'Ithaque, tisse sans fin en attendant son retour. Les dieux protègent Ulysse sauf Poséidon, qui lui en veut d'avoir rendu aveugle son fils cyclope.

@IthaqueAttitude

L'aurore aux doigts de rose me taquine, me réveille. C'est un autre matin ! Dieu, cette île est horrible.

Calypso voulait m'épouser. La garce. Elle me prend pour qui ? J'ai une femme ! Merci aux dieux d'avoir permis ma fuite.

Accosté sur une île. Trouvé une grotte remplie de nourriture. Que c'est commode.

Ho-ho ! Cette grotte est le repaire d'un géant. Grand amateur de fromage — et de mes compagnons. N'a qu'un œil. Me retiens de rire*.

L'ai saoulé. Tombé dans les pommes, lui ai planté un pieu brûlant dans l'ŒIL. Ça lui montrera — s'il pouvait voir. LOL. Temps de filer.

* L'épisode du cyclope Polyphème, qu'Ulysse enivre puis aveugle d'un pieu chauffé à la flamme. [N.D.T.]

Poséidon a la haine. Comment j'aurais su qu'Un-Œil était son fils ? Il a baisé avec une traînée olympienne pour avoir ce rejeton-là ?

Pris la fuite. Trouvé une île. Des poupées sexe par ici. Suis marié, ça fait des années. Peut pas faire de mal. Un type doit se lâcher.

Circé = cinglée. Faut filer. Bateau flingué. Pas l'argent d'un remorqueur. Vais pousser. Circé a changé mes gars en porcs. En PORCS. Rigolo.

Reparti sur la route/en mer. Jamais entendu parler de monstres marins au large de la Sicile ? Personne ?

@LesTentations Jolies chanteuses, mais on peut pas s'arrêter ! @MesGars Attachez-moi mieux, vite !

Tombé sur un monstre marin : un enfoiré à 1 milliard de têtes a saccagé mon bateau et tué l'équipage. Aspirés dans un tourbillon. Soupir.

Après l'accident, dans les vapes, nu sur un rocher, et cette fille qui se pointe.

Tu parles j'ai la honte, c'est pire que quand on a surpris Achille avec son… cousin.

Ces types peuvent pas m'aider, mais leur pinard est FOORT ! Dingue ! Jamais été bituré comme ça depuis le bal du lycée.

Enfin rentré. Tout va bien ! Minute, c'est qui ces mecs qui flirtent avec Pénélope ?

@Soupirants Vous avez souillé ma maison, déshonoré les dieux et tenté de séduire ma femme. TEMPS DE TÂTER DE MON ACIER TREMPÉ.

Récupéré ma dame grâce à notre déco dingue*. Mon fils est un homme, plus un morveux pleurnichard. Tout va bien. Dites, que je suis rusé !

* La « déco dingue » désigne la tapisserie que Pénélope tisse le jour et défait la nuit. Elle avait fait serment de prendre un nouvel époux le jour où cette tapisserie serait achevée. [N.D.T.]

Le Portrait de Dorian Gray

Oscar Wilde

Dorian Gray, jeune homme d'une grande beauté, se fait faire le portrait par le peintre Basil Hallward. Devenu jaloux de l'image constante qui lui est reflétée, Dorian fait le vœu que le tableau vieillisse à sa place pour conserver à jamais sa fraîcheur juvénile. Son apparence idyllique dissimulera sa véritable nature, qui le mènera à sa perte.

@CulRetardéDePremièreCatégorie

Ah, la lumière de l'innocence ! Ma jeune existence ! Mon cher ami Basil veut peindre mon portrait. Ah, mais je suis si joli.

Portrait terminé, mais Basil dit que je peux pas le voir. Il y a mis trop de lui-même.

J'ai rencontré son ami Lord Henry*. Il s'est arrangé pour que j'aie ce portrait. Il m'a l'air bien, cet homme.

Passe mes journées avec Lord Henry. Il m'enseigne l'esprit et l'amour de la beauté. Cela ne peut qu'améliorer mon existence, non ?

* Lord Henry Wotton, personnalité cinglante, d'abord l'ami de Basil Hallward, puis intrigué et attiré par la beauté et la personnalité singulières de Dorian Gray. [N.D.T.]

Hélas un jour ma beauté cessera d'exister. Et si je la préservais grâce au toubib qui me tirerait la peau du visage ? Non. Idée idiote.

Le portrait est beau, dans mon salon, mais ce que j'aimerais pouvoir résorber mes défauts par magie (et avoir toujours aussi belle allure).

Mon souhait exaucé ! Ce portrait porte le rictus de ma méchanceté. Dois le cacher au grenier. Fantastique ! Et l'art serait inutile ?

Au théâtre. La fille qui joue Juliette est la meilleure que j'aie jamais vue. Je crois que je vais la séduire. Je suis si ravissant.

Drôle : les femmes = fléau de la vie des hommes. M'aimer rend son jeu nul. L'art ou la vie : choisir ! Sauf que moi je peux avoir les 2.

@Sibyl C'est fini*. Me moque que ça se sache. Ton jeu = une horreur et je peux pas vivre avec une femme futile. S'est suicidée. Typique !

Mon égocentrisme rebute. Impossible de cacher la vérité de mon excellence ! Il est important d'être constant, non** ?

Navré. J'étais parti. Me suis laissé embarquer dans un joli album sur les textiles. Si je suis beau, ma maison doit l'être aussi !

Le temps passe. Je suis devenu si décadent. Personne a jamais essayé l'opium ? C'est assez le rêve, surtout quand c'est sans conséquences.

* Sibyl Vane, actrice de talent, s'éprend de Dorian et perd tout talent : l'amour réel la rend incapable de jouer l'amour sur scène. [N.D.T.]

** Oscar Wilde est aussi l'auteur d'une comédie, *L'Importance d'être constant*, jeu de l'amour, de l'infidélité et du mensonge. [N.D.T.]

Basil refuse de me parler. Même Lord Henry se figure que je suis devenu corrompu. Mais comment le pourrais-je, avec ce visage ?

Des décennies et des décennies d'une terrible beauté ! Je vis une vie éternelle et merveilleuse, pleine d'amants et d'objets d'esthète.

Basil a vu le portrait. En ami véritable, l'ai poignardé au front. J'ai fait chanter une pédale de chimiste pour qu'il incinère le corps.

Frère de Sybil a voulu me tuer. Je l'ai eu. Abattu par « accident ». Dorian : un million de + mondains = zéro. Phil Spector : tu oublies*.

C'est too much ! Je dois détruire ce portrait. Maintenant je m'apprête à vieillir comme un homme normal…

Oups. Vieilli d'un coup ! Ah, ma vie d'esthète a été grandiose, mais à la fin on n'échappe pas à la morale et à la mort. Beauté = danger !

* Célèbre producteur, notamment des Beatles, créateur de la technique du « mur sonore », sous le coup d'une inculpation pour le meurtre sordide d'une escort-girl, qu'il aurait abattue « par accident » (comme Dorian Gray le frère de Sibyl) à son domicile de Beverley Hills. [N.D.T.]

Les Souffrances du jeune Werther

Johann Wolfgang von Goethe

Werther, ignorant encore ce qu'il souhaite faire de sa vie, fuit la ville pour le petit village de Wahlheim. Invité à un bal, il rencontre Charlotte, qui depuis la mort de sa mère s'occupe de ses huit frères et sœurs. Ces affinités, doublées d'un intérêt commun pour les poèmes de Klopstock, sont compromises par le retour du fiancé de Charlotte.

@SauerKraut*

Charmante nouvelle bourgade. Je vais enfin pouvoir me détendre et me libérer de mes tracas.

Rencontré une nouvelle fille ce jour ! Indispensable de pas me faire coincer en zone amicale cette fois.

Lotte est mon âme sœur. Passé la journée à la regarder. Même échangé des mots. Faits l'un pour l'autre, rien ne me convaincra du contraire.

Elle est fiancée à un pauvre type nommé Albert. C'est quoi, ça, comme prénom, Al ?

Ces fiançailles m'ont rendu si triste. Je croyais que notre amour serait pur ! Je boude, je boude. Pauvre de moi.

* Mal de gorge. [N.D.T.]

Franchement, je suis trop triste. Je suis submergé de désespoir. Je ne ressens que du chagrin.

J'ai noté combien j'étais bouleversé ? Je suis très bouleversé. #douleur #angoisse #souffrance #sexdépendance

Dois quitter la ville un moment et rendre visite à un ami. Imaginer un plan pour rompre ses fiançailles. À mon retour, elle sera encore là.

Horrible ! Horrible ! Me suis ridiculisé devant toute l'aristocratie. Dans ma vie tout va de travers. Si seulement ça pouvait cesser.

Ach ! Je quitte la ville DEUX JOURS et Lotte se MARIE ? Ça veut dire que mes chances s'amenuisent et c'est de pire en pire ?

Bien pire. Pas un bookmaker ne miserait sur moi. Pauvre de moi. Rongé d'une grande tristesse et je me demande si c'est suffisamment clair.

D Lotte Je peux te rendre visite ce jour ? Sinon je ne sais pas CE QUE JE RISQUE DE FAIRE. Pas pour t'effrayer, non, rien de ce genre.

Je noie la Terre de mes larmes. Cet iPhone est trempé. Comment un homme pourrait-il se maîtriser ? La passion exige un exutoire à sec !

Même si ça me chagrine, nous sommes devenus bons amis avec Lotte et Albert. N'importe quoi pour rester près d'elle… si près d'elle…

Je suis un peu un détraqué. Bonne chose que personne ne sache rien des mesures d'éloignement — ou du harcèlement — en Prusse. Sinon dur dur.

D Albert Salut frangin. Je pars en voyage. Tu m'enverrais des pistolets ? Merci.

L'un de nous doit mourir. J'ai les pistolets. Une balle pour Albert, mon rival ? Ou pour Lotte, mon amour ? Ou pour moi ?

Je suis tellement triste, bien trop triste pour tuer un être humain. Faut que ce soit moi.

Quand je me serai tiré une balle dans la tête gisant douze heures sous un arbre Lotte sera mal. Se précipitera dans mes bras. Ainsi va la vie !

@WholeLotteLove*

Enterrement de Werther. Qui y va ? Moi, je peux pas, je suis mort. Quelqu'un transmettra condoléances et salutations. Thx.

* Werther mort écrit à Lotte. Jeu de mots sur le prénom Lotte et « Whole Lotta Love », aux paroles très explicites, qui ouvre le second album de Led Zeppelin, 1969. [N.D.T.]

Le Bruit et la Fureur

William Faulkner

Les vies et les passions de la famille Compson, aristocrates du Sud des États-Unis ruiné et démuni. À travers les tourments d'Howard l'alcoolique, Benjy l'adulte attardé et de Caddy, jeune femme ayant quitté ses prétendants pour revenir auprès de ceux qu'elle avait abandonnés jadis, le cruel Jason et Quentin tentent de remettre la famille sur pied.

@Mau'Benjamin*

Le golf. J'adore – ça et ma gentille sœur. Elle sent comme les arbres**. Sûr qu'il fait froid ici ! Dur de twitter, aveugle, mains en poches.

Et voilà, je beugle encore. Tout le monde me dit de la boucler mais je suis le seul à voir la terrible tragédie qui s'abat sur ma famille.

Suis peu disposé à changer. Juste métaphore pour un clan sudiste qui résiste aux changements inéluctables de l'âme améric... — ooh, un feu !

* Maury (abrégé ici en Mau'), premier prénom de Benjy, nommé d'après son oncle et rebaptisé Benjamin après la découverte de son handicap. [N.D.T.]

** Benjy a deux passions, le golf et sa sœur Caddy. Si celle-ci sent « comme les arbres », c'est à cause d'une scène essentielle du roman : le jour de l'enterrement de leur grand-mère, elle a grimpé dans un arbre pour découvrir la scène, laissant entrevoir sa culotte souillée à ses frères et sœurs. Cette culotte sera le signe de la sexualité trouble de Caddie. [N.D.T.]

@Compson-OG[*]
J'ai eu beau fuir le Sud où ma famille mourante m'a rendu fou, Harvard reste un endroit épouvantable et sinistre.

Et pourquoi cette montre n'arrête pas de tictaquer ? Qui a besoin de montres ? Tout le monde ne compte pas le temps dans sa tête comme moi ?

Peux pas m'empêcher de penser que je n'échapperai jamais à mes racines. La voix de mon père dans la tête. *Reductio absurdum*[**] mon cul.

L'image de la queue d'autres hommes au fond de ma sœur me hante. Toutes ces queues dans ma chère, chère sœur.

Rossé par le jeune gars qui l'a sautée. L'ai-je rachetée[***] ? Si je restaurais sa virginité à force de volonté ? Oh. L'heure de mon cours.

Dit à père qu'on avait commis l'inceste. Me croit pas. Lui ai déjà servi une histoire plus valable que celle de Benjy, mon idiot de frère.

De toute manière avec ces queues au fond de ma chère sœur que j'ai dans la tête, c'est la folie. Et ma terreur, et ma névrose.

L'œil. L'œil terrible. Je vais dans le Maine fuir Cambridge, et ces queues. Ces queues. Faut que je protège les femmes !

* Les Compson sont la famille d'aristocrates du Sud, figure centrale du roman. [N.D.T.]

** Raisonnement par l'absurde. Lorsque une proposition mène à des conclusions intenables. [N.D.T.]

*** Quentin, auteur de ce tweet, s'est battu avec Dalton Ames, qui a mis sa sœur Caddy enceinte. Suite à cette bagarre perdue, Quentin inventera cette histoire d'inceste avec sa sœur. [N.D.T.]

J'oublie tout le temps d'aller en cours. Impossible de me concentrer sur la géométrie avec l'innocence de ma sœur qui m'obsède.

Je ne peux pas m'exprimer. Je suis pire que Benjy par certains côtés. Une forme d'ironie. Je ne sais pas. Suis pas allé en cours.

L'esprit flou. Ne pense qu'à la tragédie familiale du Sud. Nous sommes tous fous, à notre façon. Où sont ces fers à repasser* ?

@Jas-Z**
Je suis entouré d'idiots dont la vie ne signifie rien***. Père mort****, frère suicidaire, pute de sœur. Ma mère m'aime, moi et moi seul.

Temps de mettre ces Nègres au travail. Leur famille m'a l'air de croître, et la nôtre se rapproche de la tombe.

@Dilsdo*****
Dimanche de Pâques. Vais peut-être enfin trouver la paix avec ces vieux fous. J'emmène Benjy avec moi à l'église.

* Quentin, élève à Harvard, se jettera en 1910 du haut d'un pont dans la Charles River, sa veste lestée de fers à repasser. [N.D.T.]
** Message adressé à Jason, le frère de Quentin. [N.D.T.]
*** Citation indirecte de la réplique de *Macbeth* qui a inspiré son titre à Faulkner.
La vie n'est qu'une ombre en marche, un pauvre acteur
Qui s'agite pendant une heure sur la scène
Et puis on ne l'entend plus ; c'est un récit
Conté par un idiot, plein de bruit et de fureur,
Qui ne signifie rien. [N.D.T.]
**** Le père, Jason Compson, est mort en 1912. [N.D.T.]
***** Mot-valise sur le nom de Dilsey Gibson, esclave et matriarche noire chez les Compson, et le mot *dildo* (godemichet), fruit des fantasmes de Quentin. Ici, message adressé par Luster à son grand-père Dilsdo (Dilsey + *dildo*) qui parle. [N.D.T.]

Oh Dieu, ce merdier ne finira jamais. Des pleurs et des pleurs, le bruit et la fureur !

Tout est réglé. On sort faire une ballade du dimanche en attelage. Aïe. Tourné dans le mauvais sens*. Pleurs et sanglots. Échec épique.

* Scène finale du roman. Luster, le petit-fils de Dilsey, conduit Benjy en voiture à l'église, mais change d'itinéraire, provoquant une crise violente. Benjy ne se calmera qu'une fois la voiture repartie dans le bon sens. [N.D.T.]

À l'Ouest rien de nouveau

ERICH MARIA REMARQUE

Paul Baümer est un jeune Allemand de 19 ans. Fortement influencés par le professeur Kantorek, lui et plusieurs de ses camarades de classe s'engagent volontairement dans l'armée. Après dix semaines d'entraînement, la rencontre du cruel caporal Himmelstoss et l'inimaginable brutalité de la guerre de 1914-1918, Paul et ses amis grandissent trop vite et réalisent que l'idéal patriotique n'est qu'une absurde illusion.

@HistoireRemarque-able

Toujours entendu « Paul. Écoute les adultes et les profs. » Vous aussi ? Ben, évitez. Plutôt aller à Hambourg, siffler une Hoegaarden*.

L'entraînement de base fut assez éprouvant. Le caporal Himmelstoss, quelle ganache ! Comme le principal, mais à l'école ça craignait plus.

La vie a été assez rude ici. Les jours passent, les gens meurent. Les soldats ne touchent aucune pension d'invalidité.

Bon, on traîne, on attend les bombes, les tireurs embusqués, les gaz. Les gaz, c'est ce que je déteste le plus. Ça pique vraiment.

* Bière belge. [N.D.T.]

Le caporal Himmelstoss s'est pointé. Quelle tapette. Veut être notre ami. Qu'il aille se faire voir, avec son nom allemand de cinglé*.

C'est l'été. Paraît qu'on mérite des vacances… SUR LE FRONT FRANÇAIS ! Ça va faire de ces souvenirs, ce voyage. Où est mon appareil photo ?

On se bat, on leur botte le train, sans relever leurs noms. Bouffez ma baïonnette, bande de bouffons !

Fini les vacances d'été. Ouah, un paquet de nos camarades sont morts, non ? Au moins, j'ai les photos.

Nous sommes proches d'une ville. On va enfin pouvoir se sauter des pétasses.

Ceux que je combats sont mes frères. Nous, les rares, rares privilégiés, une bande de frères. Oh, encore un de mes frères qu'on a abattu.

En patrouille. Vu ce soldat français. L'ai buté. Et je regarde son corps. Et je vois que c'est un humain, comme moi. *Quelle surprise*** !*

À la guerre comme à la guerre, j'imagine.

La guerre tourne assez mal, pour nous, *Deutsche-volk****. Jamais cru qu'on perdrait. Au moins, cette guerre mettra fin à toutes les guerres.

Je dois rentrer au bercail à cause des gaz. J'espère ne pas mourir avant de voir la fin de tout ceci…

* *Himmelstoss*, littéralement « coup du ciel ». [N.D.T.]
** En français dans le texte. [N.D.T.]
*** Peuple allemand. [N.D.T.]

Tristram Shandy

Laurence Sterne

Angleterre, milieu du XVIII*e* *siècle. Suivant un fil narratif excentrique et décousu, avec une ironie débridée, Laurence Sterne raconte la tribu des Shandy et la vie de Tristram en commençant… avant sa naissance. Comme chez Rabelais, le corps existe ici dans tous ses excès et comme chez Cervantès, les débordements de l'esprit sont d'une virtuosité sans bornes.*

@UneHistoireSansQueueNiCouilles*

La plupart des histoires s'ouvrent sur le début. Je débute par la nuit de ma conception. Jamais pensé à vos parents faisant la *chose*** ?

Je ne suis pas encore né, mais je dois entamer mon récit car j'ai du chemin devant moi et j'ai tendance à être distrait. Tenez-vous bien.

Pas encore né, mais mes parents cherchent une sage-femme, et fichtre, cette sage-femme, sa vie, quelle histoire, vous voulez savoir ?

* Jeu de mots sur l'expression anglaise *a cock and bull story* (une histoire sans queue ni tête ou, littéralement, une histoire de coqs et de taureaux). Ici, *balls* (les couilles) remplace *bulls* (les taureaux). C'est aussi la dernière phrase du livre *A Cock and Bull Story, and the Best of its Kind*. [N.D.T.]

** Référence aux procédés typographiques de Sterne qui, dans son roman, joue souvent sur les astérisques et autres signes typographiques pour encadrer-remplacer-accentuer les termes scabreux. [N.D.T.]

PRÉFACE DE L'AUTEUR : Chers Messieurs, vous constaterez que mon histoire est d'un grand poids, et merveilleuse, avec ça !

À peine né, un tragique accident. Une fenêtre à guillotine m'est tombée dessus, m'a raccourci la qu… — le NEZ. Mon pif ! Presque gênant.

Chapitre XIX : me sens pas de twitter aujourd'hui.

Penso che sia migliore di non scrivere in inglese[*].

Quelle merveille******** cette journée était si ******* et franchement.

~!@#$%^(*&^%$##$%^&*(*&^%$#®√¨ø©®œˆ¨å ƒ˙√¬˚©∂ß[**]

Fantastique, non ?? Vous n'êtes pas contents de n'avoir aucun mal à suivre mon histoire et tout ce que je raconte ?

Hélas, pauvre Yorick, il meurt, seul, dans une pièce obscure, comme n'importe qui, sans lumière, en pleurs, tel un veuf privé de sa femme[***].

Ce jour, visite à une dame splendide, tendre, aussi gracieuse qu'une jeune fille, c'est dans sa nature, telle l'absurdité dans la mienne.

Ce jour, je m'agitais dans ma chambre, en hurlant, tuerie de bêtes qui se battent et qui saignent, le caca et le boucan partout.

* « Je pense qu'il vaut mieux ne pas écrire en anglais » dit en italien. [N.D.T.]
** Nouvelle référence aux procédés typographiques du roman. [N.D.T.]
*** Yorick est un pasteur descendant d'émigrant danois qui devint bouffon de la cour d'Angleterre. [N.D.T.]

C'est comme une version étendue en temps réel des aristocrates, sans l'inceste.

Ma mère vient d'entrer en hurlant « WTF Tristram, encore ? C'est quoi tout ce délire ? ».

@M'man Une histoire de queue, de pisse et de crotte, M'man, la meilleure de toutes, la meilleure de toutes les putains de ta mère d'histoires.

Exit Tristram, @ +, au XXe siècle, salopes.

Respectueusement, ydnahS martsirT*

* Tristram Shandy en anagramme. [N.D.T.]

Ulysse

James Joyce

16 juin 1904. 8h00. Une journée ordinaire commence à Dublin pour Léopold Bloom, petit employé juif incarnant Ulysse, et Stephen Dedalus, jeune Irlandais poète jouant le rôle de Télémaque. À travers ce récit mêlant figures antiques et univers contemporain, les deux hommes vont soulever des questions existentielles telles que la mort, la vie, le sexe, l'art, la situation politique en Irlande ou encore l'infidélité illustrée par la femme de Bloom, Marion, surnommée Molly.

@StevieBlunder*

Ivre et majestueux, Buck Mulligan descendit les marches en chantant l'air du couronnement**.

Le laitier est là. Parfait pour qui n'a pas de lait, qui n'en savent rien. Ah le goût du premier lait que j'ai bu, maternel, doux et chaud.

* Jeu de mot sur Stevie Wonder, star de la *soul music* aveugle (comme le poète Homère), et *blunder* (une bourde), antonyme de *wonder* (une merveille). Enfin, Stevie est le diminutif de Stephen, prénom du jeune Dedalus, personnage principal du *Portrait de l'artiste en jeune homme* (voir p. 39 de *La Twittérature*) et protagoniste d'Ulysse. [N.D.T.]

** Parodie du célèbre premier paragraphe du roman : « Majestueux et dodu, Buck Mulligan parut en haut des marches, porteur d'un bol mousseux sur lequel reposaient en croix rasoir et glace à main. L'air suave du matin gonflait doucement derrière lui sa robe de chambre jaune, sans ceinture. Il éleva le bol et psalmodia : "Introïbo ad altare Dei" », éd. Gallimard, 1948. [N.D.T.]

Quelle morne journée. Enseigné, marché, flâné, songé à Dieu, composé un sonnet et pissé sur un rocher dans le parc. Quelle journée.

Changé de nom d'utilisateur pour @DublinAttitude.

Oh ce que c'est dur d'être juif*. Ma fille, qui est une charmante fille, ne peut pas être mon fils. Ah, si j'avais eu un fils.

Repéré une donzelle, suis allée à sa rencontre, sorti ma fusée d'amour, allumé la mèche, les étincelles ont jailli jusqu'à l'explosion.

Stephen et Buck boivent dans un hôpital. Il n'y a qu'à Dublin qu'on trouvera un bar dans une maternité. Ah, ces Irlandais** !

Sitôt que cette donzelle eut enfanté son enfant il crie et voici la scène telle que je la décris***.

Quand l'enfant naquit à Dublin, oyez, vinrent plusieurs hommes ivres de la ville. Car toi, Dublin, en la terre d'Irlande, tu l'étreins.

Ainsi cet enfant, né d'une mère comme nous tous, avec fort peu de bonheur car c'est la moins avisée des créatures divines, vint au monde.

Écoule-toi ! Ô Toi placenta noir et humide, écoule-toi ! Dix mille hommes ont fui de toi dans la douleur !

* Léopold Bloom est juif et père d'une fille, Milly. Son fils est mort en bas âge. [N.D.T.]

** Au chapitre XIV, « Les bœufs du soleil », Bloom, figure centrale du livre, rend visite à Mina Purefoy à la maternité, où il retrouve Stephen Dedalus et Buck Mulligan qui boivent avec des étudiants en médecine. [N.D.T.]

*** Ce chapitre de la maternité et de la naissance est lui-même une métaphore de l'enfantement de la langue anglaise, fille du latin et de l'anglo-saxon. Joyce y parodie le *middle-english* de Chaucer et des *Contes de Canterbury*, entre autres sources. [N.D.T.]

Le bébé se mit à parler. À présent il était très vieux et mûr à un âge avancé et l'histoire de sa vie cessa de rien vouloir dire.

Oh, fiston, ce merdier fut d'une belle intensité. Ce bébé était idiot-bête.

Avec ma femme, assis dans un champ. Peux pas croire que j'ai giclé devant cette fille. Oh, ce qu'ignore Molly ne peut lui faire de mal*.

Mon épouse veut mêler nos sucs d'amour. ET en plus elle veut avoir toute une conversation pendant ? Qu'est-ce qui lui prend ?

J'étais fleur de montagne, nous sommes toutes fleurs, le corps de la femme est fleur c'est vrai a-t-il dit — tu vois où je veux en venir.

Qui a eu l'idée de limiter les tweets à 140 caractères, d'ailleurs ? Nous vivons vraiment une époque de la brièveté.

Note de l'éditeur : Désolé, James, cela signifie qu'il faut franchement couper dans l'histoire. La rendre plus punchy !

ORGASME

* Molly Bloom, l'épouse de Bloom. [N.D.T.]

La Vénus à la fourrure

Léopold von Sacher-Masoch

La description précise et sans retenue d'un contrat passé entre un homme et une femme, vivant une relation amoureuse passionnelle, où érotisme et sensualité se muent en un esclavage consensuel.

@SacherMasochiste

Voici ce qui m'excite : les femmes affirmées, effrontées qui n'ont pas peur de dire « Hé, chéri, tu m'appartiens, rentre dans cette boîte ».

Que dit Wanda quand elle prétend ne pas saisir qu'une pluie d'or* puisse me chauffer ? Qui ne s'excite pas d'un jet de pisse au visage ?

Wanda a appris à aimer le schéma maître-esclave. Mais elle trouve idiot de la laisser me dominer. J'ai la trique ! C'est elle l'idiote !

Être traité en esclave produit un super orgasme. Un orgasme de surhomme.

Plus la domination s'accroît plus la sensualité approche l'infini. Blague de matheux. Ingurgite-moi ce Leibniz.

* En anglais *golden shower*. La formule désigne les plaisirs sexuels (et masochistes) de l'ondinisme. [N.D.T.]

Wanda veut aller à Florence.

Si je change mon nom en Gregor et si j'agis en serviteur, c'est baroque ?

Nous créons un scénario de domination qui n'existe pas. Faire semblant fait partie du plaisir, car ce n'est pas réel. Oui maîtresse.

Comment nommer ce jeu fantastique ? Comédies sexe ? JEU DE RÔLE ! Dans le mille !

Elle a engagé une bande de filles noires pour me maltraiter. Elles me sautent pour l'argent ou sous l'effet de leur rage anticolons ?

Une Wanda triste venue chez moi. Demandé si elle voulait me parler. M'a chié dessus. Après tout ce temps, nous dialoguons encore. Sidérant.

Wanda se lève un nouveau type. Ça ne me plaît pas. Elle dit vouloir se « soumettre » à LUI. Se soumettre ? Cette garce est malade.

La pensée de Wanda se livrant à des actes pervers me casse total mon coup. J'ai vraiment pas envie de jouer la comédie du sexe aujourd'hui.

Ce nouvel homme est menaçant et humiliant. Je ne veux plus être l'esclave de Wanda. Elle pige pas que les filles passent avant les mecs ?

Suis en pétard. Je veux dominer les femmes. Nous, les hommes, on leur monte dessus, on leur dit : « Bébé, fin de la monte quand j'ai fini. »

Je comprends maintenant que les femmes doivent se soumettre. Et si tu me la faisais façon sandwich tant que tu es dessous ?

Les hommes auront toujours le dessus, jusqu'à ce que les femmes soient nos égales intellectuelles. Pas demain la veille.

En attendant Godot

Samuel Beckett

Dans un non-lieu perdu sur une route de campagne avec un arbre pour seul repère, Vladimir et Estragon attendent Godot pour la tombée de la nuit. Les deux vagabonds croisent des personnages atypiques : Pozzo maître tyrannique et hautain qui martyrise son esclave Lucky, le garçon messager de Godot annonçant son absence… La soirée s'éternise dans le recommencement.

@GodotSansQueueNiTête

Sûr que j'attends depuis un bout de temps. Vais retirer ma godasse et me détendre un peu. Mais je sais qu'un changement est proche.

Peux pas retirer ma godasse. Contrariété, comme tout dans la vie. Mais on n'y peut rien, hein ? Pourrait être pire : godasse dans le cul.

Pendu à un arbre pour bander, m'aiderait à passer le temps. Ouais, la trique, c'est drôle. Et dur. Et drôle.

Jamais entendu celle du bordel ? C'est une pro du sexe, elle entre dans un bar et — oh, attends, faut que j'aille pisser.

Il est quelle heure, d'ailleurs ? Il vient ce vent du cul ou pas ? C'était pas là que j'étais supposé le rencontrer ?

J'étais même pas censé être ici aujourd'hui, trop désolé pour ces infos casse-pieds. Quand Godot sera là, on aura des infos + marrantes.

Mangé une carotte. Une carotte délicieuse, je termine et réalise qu'on n'est pas au bout du malaise. L'indécision de l'existence persiste.

Je vois un type qui arrive au bout de la rue. Il m'a dit son nom : Pozzo. Presque aussi attardé que mon nom, Estragon. WTF ?

Je comprends pas de quoi il parle, ce cinglé. Et il vient de dire « chatte ».

Pozzo me rappelle le boiteux de *Pulp Fiction*. Mec, ça, c'était une scène bien foireuse*.

Où il est ce trou du cul ? @Vlady** Tu es sûr que c'est ce soir ? Je te le dis, il viendra pas ! Viens de tomber dans un fossé. Ça craint.

J'attends toujours. Un gars nous a dit que Godot serait en retard. OH, SÉRIEUX ?

Donc c'est un chien, il a des puces, tu sais, les puces ? Un truc de chiens, les puces. De ce chien. Il a des puces, tu sais, les chiens… ?

Seigneur. Ce qu'on a des vies nulles.

Pozzo est de retour. Il est aveugle, ce qui lui a permis de gagner en INTROspection. Jeu de mots !

* Pozzo tyrannise Lucky et forme avec lui un couple sadomaso. Allusion à la scène de viol homosexuel du film de Tarantino. [N.D.T.]

** Diminutif de Vladimir, autre personnage du duo de Beckett, Vladimir et Estragon. [N.D.T.]

Godot pas là/doit encore arriver. Songé au suicide, mais la corde était trop courte. Demain peut-être.

Toujours l'attente. J'essaie de ne pas penser à cette situation métaphorique épouvantable où on se retrouve coincés.

Aïe, je viens de perdre la partie.

Mrs. Dalloway

Virginia Woolf

Dans l'Angleterre des années vingt, Clarissa Dalloway erre tout au long d'une journée dans les rues de Londres, en proie à des questions existentielles, et tente d'échapper à la tentation du suicide.

@FilleFleur

Ah ! Ce soir, une fête ! Devrait être un truc de ouf — des rires, des amis, zéro stress, zéro gêne. Devrait être un truc de ouf quoi !

Et j'ai ces fleurs ravissantes, ravissantes. Seulement besoin de préparer la maison pour ce bel événe… oh, mon Dieu, c'est Peter.

Il s'imagine que je n'aime pas mon mari à cause de lui. Le secret, c'est que je n'aime pas mon mari parce que j'excite des nanas.

Soit dit en passant, quelqu'un a remarqué que les messages de @Septimus* sont devenus un peu plus incohérents depuis la fin de la guerre ?

* Septimus Warren Smith, ancien combattant de la Première Guerre mondiale, en proie à des hallucinations post-traumatiques. [N.D.T.]

Franchement, il aimait Shakespeare et la poésie. Maintenant, il ressemble au barde de SADford-upon-Lame-on*.

Enfin, il souffre car il n'a pas le sens des proportions. Je veux dire, presque tous ses amis sont morts, mais pensez, combien ont vécu ?

Ah, mon mari est rentré ! Il m'a rapporté un bouquet de roses ! Je parie qu'il aime sa f… enfin, bon, tout ça est un peu gênant.

Un vide existe entre mon mari et moi. C'est comme si j'étais… différente, en un sens. Enfin, je ne sais pas trop comment nommer la chose.

Et voilà cette femme épouvantable venue enseigner à ma fille. Ah, que je la déteste, cette garce. Franchement, tout le monde me stresse…

Donc, les médecins de Septimus ont tranché : il est fou. Suivant leur conseil, il a décidé de sauter le pas…

Enfin, l'heure de la fête ! Sais pas ce que ça m'inspire pour le moment, pour être honnête. Toutes ces enflures me font une vie infernale.

Enfin, je m'identifie à Septimus plus qu'à ces gens épouvantables qui exposent tant l'existence victorienne à la critique…

Oui, je ne sais pas si vous vous rendez compte, mais la vie sous Victoria est rétrograde. Vraiment rétrograde. Ces gens sont dingues.

* Shakespeare, surnommé *The Bard* (Le Barde), est né à Stratford-upon-Avon. Jeu de mots intraduisible sur cette ville, *SAD* (triste) et *lame* (vaseux). [N.D.T.]

Je devrais peut-être sauter par la fenêtre, moi aussi, cela m'affranchirait de cette société ridicule et oppressante.

Ou une rivière. Ouais, c'est ça. Une rivière*.

* Virginia Woolf s'est elle-même suicidée en se jetant dans la River Ouse, non loin de chez elle, dans le Sussex. [N.D.T.]

Crime et Châtiment

Fedor Dostoïevski

Saint-Pétersbourg, milieu du XIXe *siècle. Cherchant à commettre le crime parfait, puisque sans mobile, Rodion Romanivitch Raskolnikov tue une prêteuse sur gages. Sur place, il est aussi contraint de tuer la demi-sœur. En quête de rédemption, Rodion sombre dans la passion amoureuse avec Sonia Semionovna, mais ne trouvera le salut que dans l'aveu. Il finira déporté en Sibérie.*

@VolerPierreDonnerÀPaul

Dur d'être étudiant et pauvre — trop de taf, chambre minable, et le chapeau le plus ringard qu'on puisse trouver à l'ouest de l'Oural.

Cet homme au bar. Son histoire. En bref : « Ma fille est une prostituée, et je sais pourquoi (ouais ouais), car je suis défoncé. » Ou bourré.

Mais je dois dire que sa fille est une vraie dame. Très réconfortante, mais insiste un peu trop lourdement côté Jésus.

D'être si pauvre, ça devient un peu la routine. J'ai besoin de quelque chose pour m'éclairer l'existence, un truc excitant…

J'ai pigé. Au lieu d'accepter l'aide financière de mon ami, je vais tuer une vieille usurière de sang-froid. Pourquoi ? Vous le dirai pas.

Vraiment, vous le dirai pas. Sans doute en rapport avec ce plumitif de Tourgueniev et ces conneries nihilistes branchées, mais je me tais.

Toutefois, si vous voulez deviner mes motivations psychologiques et idéologiques des deux cents ans à venir, faites donc.

Désolé de cette diatribe. Vais tâcher d'abréger au maximum sur les monologues introspectifs.

Au passage, j'ai buté cette vieille fille en tapant ceci. Une autre pétasse vient d'entrer… elle est morte, elle aussi. Mauvais timing, LOL.

Pas de preuve, pas de mobile. La police s'imagine qu'elle va la résoudre, celle-là ? Je suis un vrai Napoléon. Je peux tout ce que je veux.

Mais on aurait pu croire qu'ayant écrit une thèse sur le meurtre et les moyens de s'en tirer à bon compte, j'aurais attiré les soupçons ?

Vous savez, je n'ai peut-être pas autant de force d'âme que je croyais. Je commence à me sentir coupable. Devrait me passer.

LÀ J'AI VRAIMENT LES NERFS PARCE QUE J'AI TUÉ UNE VIEILLE FEMME ET J'AI BEAU TWEETER MES LÈVRES SE TAISENT.

Je crois que les flics commencent à me soupçonner, car je me conduis COMME UN FOU QUI A TUÉ UNE VIEILLE.

Accordez-moi quelques heures, et je vous dirai les détails compliqués de mon simple dilemme. Tâchez d'écouter, malgré mes larmes.

J'aimerais hurler dans les rues, et puis je me dis non, car tout le monde me regarderait bizarre. Car tuer les vieilles, c'est bizarre.

J'ai craqué, tout dit @SteSofia, un choix bizarre car la deuxième dame que j'ai tuée était son amie. Pas l'air trop bouleversée, cela dit.

Jésus pourrait m'aider, sur ces histoires de culpabilité. La religion est contre mon idéal — ce même idéal qui m'a fait tuer cette femme.

Trop d'aliénation. Avoué mon crime — expédié dans une prison serbe. Seulement sept ans, notez, et Sofia m'aime, je sais pas trop pourquoi.

Encore une journée dans la cellule de cette vieille prison. D'autres prisonniers me haïssent, et y a pas grand-chose à faire.

Hé, c'est le Nouveau Testament. J'aimerais suggérer que ce livre va me changer la vie, mais en réalité c'est une histoire d'un autre temps...

Les Hauts de Hurlevent

Emily Brontë

Angleterre, fin du XVIIIe *siècle. M. Earnshaw a deux enfants, Hindley et Cathy. Un jour, il ramène de voyage un enfant abandonné âgé de 6 ans, Heathcliff. Hindley rentre très tôt en conflit avec ce nouvel arrivant qui noue une passion secrète et interdite avec sa sœur. À la mort d'Earnshaw père, Hindley devient le maître de maison. Son amour compromis par le mariage de Cathy avec le riche héritier Edgar Linton et la tyrannie de Hindley portent Heathcliff au paroxysme de la souffrance.*

@HeathBar HeathBar*

Une famille m'a trouvé, ils n'arrêtent pas de m'appeler le gitan. Je leur ai piqué leur portefeuille ? NON.

C'est tous des minables, ces gens. Ils me frappent et me traitent comme si j'étais cinglé. Ou gitan. Sauf Catherine, assez cool.

La servante est très sympa aussi, mais c'est une servante, vous voyez ? Une esclave. Et moi je suis gitan, ou pas mieux.

Catherine m'apprécie, c'est clair, et moi aussi. J'espère qu'on pourra passer le reste de notre vie ensemble.

* Jeu de mots sur le nom de Heathcliff, personnage central du roman (littéralement : Falaise-de-la-Lande). [N.D.T.]

Lâchez-la, enfoirés de ta race, sales chiens.

Apparemment c'est pas OK pour les gamins que je jure comme ça. Catherine vit dans une autre famille, et j'ai pas le droit de la voir.

Je veux la voir. Elle veut me voir. Peut pas être ensemble ? Le frère de Catherine, c'est un cul. Désolé. Un penny pour le gros mot.

Assez. Cette maison est minable. Tout le monde est cruel. Je pars. Ils vont le regretter.

Je suis devenu riche, j'ai du succès et belle allure. Ça devrait les défriser, au pays.

Je peux pas y croire. Catherine épouse ce nullard du trottoir d'en face.

Là, la maison est à moi. Le voisin a eu Catherine, et moi je vais séduire sa sœur. On verra si elle est si brave, avec HeathTrique en elle.

La fille en cloque. Catherine morte. Fin de mon monde. Je suis devenu un méchant, méchant gaillard. Je baptise mon fils Heathcliff Junior.

TOUT CE QUE JE VEUX C'EST COGNER MA FEMME. COLÈRE !! PASSION !! CHAUDE LANGUE !! CHAUDE LANDE !!

Junior pas gentil. Doit rester enfermé dans sa chambre sans manger. Petit malin. Aurais dû pousser sa mère en bas d'un escalier plus tôt !!

Je meurs, comme cette histoire. Ma vie n'a eu aucun sens, comme cette histoire. Oh Catherine !

Mon souhait de mourant : être uni en esprit avec Catherine, arpenter la lande ensemble à jamais, et Kate Bush écrit une chanson sur nous*.

* Kate Bush a écrit en effet le single *Wuthering Heights (Les Hauts de Hurlevent)*, 1978, entré dans le *Top Ten* en Angleterre. [N.D.T.]

Lolita

Vladimir Nabokov

Aux États-Unis, dans les années quarante, Humbert Humbert, lettré quadragénaire, tombe éperdument amoureux de la fille de sa logeuse, Dolores. Pour rester au plus près d'elle, il décide d'épouser sa mère, qui décède renversée par une voiture. Humbert devient l'amant de la jeune orpheline, devenue une maîtresse effrontée et diabolique. Il cherche à faire perdurer cette relation ambiguë, mais un rival manigance dans l'ombre.

@PolanskiFan106[*]

Ok les mecs, oui, je m'appelle Humbert Humbert. Tâchons de prendre ça avec un peu de maturité.

Faut que je trouve un endroit où vivre et écrire. Mon œuvre est importante. Pas d'animaux, pas de bruit, aucune distraction d'AUCUNE sorte !

Viens de voir une nymphette — mon imagination fertile d'écrivain ? Une vraie déesse du sexe, version mini. Genre SkineMax chez Gymboree[**].

* L'allusion à Polanski se passe de commentaires. Le chiffre 106 renvoie ici à un propos de Nabokov lui-même : « mariage négro-blanc retentissant et glorieux, produisant une foultitude d'enfants et de petits-enfants; et un athée endurci à la vie heureuse et utile, mourant dans son sommeil à l'âge de 106 ans » (*À propos de Lolita*, par Vladimir Nabokov). [N.D.T.]

** Skinemax (jeu de mots sur *skin*, la peau) est le surnom donné à la chaîne câblée Cinemax et ses émissions *softcore*. Gymboree est une chaîne d'articles pour enfants. [N.D.T.]

Cette fille = une déesse. Je dois louer cette chambre. Ensuite la fais venir chez moi, mets de la musique, fais péter le bouchon. Magique.

Elle s'appelle Lolita. Mais sa mère, Charlotte, est obsédée par moi. Je devrais filer, mais sa fille, un vrai cœur, est TOP.

À 12 ans, les filles de 12 ans m'excitaient. Qu'est-ce qui a changé ? Rien, que je sache. Suis dans le brouillard (ou bientôt, j'espère).

@Charlotte J'ai un journal intime sur mon bureau, le consulte pas je te prie. C'est personnel, trop compromettant. Tentée quand même ?

Problème résolu. La mère de Lolita renversée par une voiture. Dieu merci, maintenant je peux passer aux choses sérieuses.

@Lolita Il est temps de rentrer du camp de vacances. Ta maman est… euh… malade.

Oh, cet hôtel m'a l'air trop classe. *Aux Chasseurs enchantés* me paraît mythique. Serait plutôt Aux Chasseuses enchantées, non[*] ?

@Lolita Tu fumes après l'amour ? Oh attends, tu es trop jeune pour fumer. Enfin, quand même, tu fumerais… après ?

Un type qui me ressemble. Assez cool, mais il nous suit dans sa voiture. Enfin, avec un nom pareil : Clare Quilty[**]. Quoi, inquiet, moi ?

[*] Après la mort de la mère de Lolita, Humbert et la nymphette descendent à l'hôtel des *Chasseurs enchantés,* d'où ils débutent leur voyage-errance dans le Middle West. [N.D.T.]

[**] Clare Quilty, que Nabokov présente en ces termes grinçants : « Dramaturge américain [...]. Auteur de *La Nymphette*, *L'Étrange champignon*, *Amour paternel* et autres. [...] Hobbies : les voitures rapides, la photographie, les gentilles petites bêtes. » Auteur de la pièce de théâtre de l'école, où Lolita insiste pour jouer, il la séduira et la soustraira à Humbert. [N.D.T.]

Lolita doit étudier. Peut pas rester pétasse et ignorante. J'aime les filles avec une cervelle. Passé 13 ans, le look n'est pas tout.

Reçu un prospectus pour une pièce scolaire. Ça s'intitule *Les Chasseurs enchantés*. Encore ce Quilty !

Lolita malade. Faut qu'on la sorte de cette école. Ma parole, c'est Clare Couetty*. Cette fois, pour changer, le type bien c'est moi.

Non ! La petite Lo-lo a disparu de l'hôpital. Je suis son plus proche parent. Qui a autorisé tout cela ?

Je vais retrouver cet enfoiré de Quilty et le poignarder en pleine figure. C'est ce qu'il mérite pour m'avoir volé ma quasi-meuf !

Plus tard : l'ai retrouvé, Lolita pas avec lui. Elle a filé. Il voulait tourner un porno avec elle, pauvre malade. C'est qu'une gosse !

Ainsi, voyez-vous, Mesdames et Messieurs du jury, je ne suis pas si mauvais, après tout. Non, je suis quelqu'un de bien. Vous me relâchez ?

M'imaginez en prison ? Pas pour pédophilie, pour meurtre. Jamais coffré pour ce qu'on mérite. Soupir. Que je vous raconte l'histoire…

* Jeu sur Quilty et *quilt*, la couette. [N.D.T.]

Les Voyages de Gulliver

JONATHAN SWIFT

Angleterre, début du XVIIIe *siècle, l'épopée satirique de Lemuel Gulliver, qui découvre quatre pays mystérieux et leurs coutumes : l'île de Lilliput cultivant un conflit absurde avec ses voisins, l'île de Brobdingnag où le roi des géants se gausse des institutions anglaises, l'île volante de Laputa où des scientifiques dépourvus de bon sens mènent leur peuple à la ruine, et la terre de Houyhnhnms, où les chevaux dominent les humains.*

@LittleBigMan*

J'ai beau avoir fait carrière de chirurgien, j'aime les bons voyages. À notre époque, pas difficile d'acquérir navire et équipage.

En mer, tout va bien jusqu'à présent. Mes hommes sont loyaux, et je crois bien commander ce vaisseau. Oh ! UN RÉCIF !

Réveillé en terre inconnue. Le bateau et mon équipage ont disparu. Oh mince, les gens d'ici sont tout petits. Oups. Désolé du terme.

* Littéralement, « grand petit homme », allusion à Gulliver et au film *Little Big Man*, histoire de l'enfant blanc recueilli et élevé par les Indiens, et qui partage leur destin. Premier film hollywoodien à mettre en scène le massacre des Indiens du point de vue d'un Blanc situé dans leur camp. [N.D.T.]

Veux pas me vanter; je ne suis pas trop grand. Mais ces Lilliputiens sont de la taille d'une biroute de môme. Et ils m'ont capturé.

Devenu le favori de la cour de Lilliput, avec ses pitreries, version adorable et minuscule de la cour du roi George, ce joyeux crétin*.

Ces hommes minuscules sont sérieux, en pleine guerre avec leurs voisins. Et ils n'aiment pas que je les appelle « minus » et « petits ».

Les aide en volant la flotte ennemie, un gamin qui joue dans sa baignoire. Mais ils exigent: « Blefuscudian delendum est » et je dis non**.

Les Lilliputains ont voulu m'aveugler. Chance, je fais à peu près 12 fois leur taille et fuir n'a pas été compliqué. Retour en Angleterre!

Je me sens obligé de repartir. Cette fois je vais améliorer mon capitanat.

Équipage m'a encore abandonné. Me réveille, découvre un gentleman de quasi 25 m de haut. Surprise! Me voilà de la taille d'une bite.

Transformé en espèce de curiosité ambulante. J'ai même une petite maison. Tout va bien. ZUT, UN AIGLE.

De retour en Angleterre. Pourtant je me sens obligé de repartir. Ma femme l'air sceptique. J'espère que tout ira bien cette fois.

* Le roi George III, qui acheva son règne et sa vie dans la folie. [N.D.T.]
** D'après la formule latine *Delenda est Carthago* (Il faut détruire Carthage). Blefuscu est l'un des nations fictives des *Voyages de Gulliver*. [N.D.T.]

Attaqué par des pirates, m'ont laissé sur une île. « Capitaine de plusieurs navires » — comprends pourquoi*. Ne dites rien à ma femme.

Ramassé par une cité volante. Ont inventé la bombe et l'ordinateur. Au XVIIe siècle. J'en verrai peut-être la préfiguration dans 300 ans.

Retour en Angleterre. Plus jamais de voyage. Jamais. OK, peut-être encore un. Juste un.

Encore abandonné. Combien de navires ai-je perdu ? Oh et puis… Y a un type ici, monstrueux et stupide. Incapable d'un semblant de raison**.

Cette île est dirigée par des chevaux. De beaux, de merveilleux, de très intelligents chevaux. Êtres parfaits. L'homme est leur esclave.

Chevaux amusés par mes éclairs d'intelligence. Mais ma faculté de mentir « menace » leur société. Doivent m'expulser. Peux pas rester, SVP ?

Retour au bercail. Supporte pas la société humaine. Pris l'habitude de porter du crottin en sautoir car l'odeur de ma femme me répugne***.

À l'écurie, je brosse mon cheval. Devrais rester le plus clair de ma journée ici, et pour le restant de mes jours.

* Dans l'édition originale anglaise de 1726, l'œuvre s'intitulait: *Voyages dans plusieurs pays fort éloignés du monde. En quatre parties, par Lemuel Gulliver d'abord chirurgien, puis capitaine de plusieurs navires*. [N.D.T.]

** Lors de son quatrième voyage, Gulliver est abandonné sur l'île des Houyhnhnms, des chevaux superbes, maîtres des Yahoos, créatures répugnantes, en fait des humains dotés d'un « semblant de raison » dont ils n'usent que pour se livrer aux vices de leur nature. [N.D.T.]

*** De retour, Gulliver ne fréquente plus que les chevaux de son écurie. [N.D.T.]

Le Mur

Jean-Paul Sartre

Le récit de la dernière nuit d'attente de Pablo Ibbieta, prisonnier républicain espagnol, condamné à être fusillé par l'armée franquiste. Il aura la vie sauve s'il livre son camarade Ramon Gris. Comme par défi, il révèle la fausse cachette de Gris — qui se révèle par hasard être la vraie. Gris meurt, Pablo survit malgré lui.

@Tomspagnols*

Dieu que cette chambre est lumineuse. Qu'est-ce que j'ai dû picoler hier soir ? Oh d'accord, rien d'autre que l'âcre nectar de mon angoisse.

Les gardiens voulaient savoir où est Ramon Gris. Leur ai rien dit. Suis pas un cafteur, mais le mot est bien choisi. Ce que j'ai la dalle.

Cellule. Pas si mal. Sauf un gosse, sur les nerfs. Au Maroc, me dit un autre type, on écrase les prisonniers pour économiser les munitions.

@GrisJuan** Pense pas qu'ils nous écraseront. T'inquiète. Vont pas nous écraser. Sauf, tu sais, s'ils sont vraiment à court de munitions.

* Jeu de mot sur Tom, l'un des héros anglais du livre, venu combattre dans les Brigades internationales contre Franco. [N.D.T.]

** Jeu de mots sur Ramon Gris, le républicain espagnol de la nouvelle, et le peintre cubiste Juan Gris. [N.D.T.]

Condamné à mort. Jamais pensé à ça. Aucune raison. Si, j'en ai une maintenant, du fait qu'on va m'exécuter dans la matinée.

J'ai pitié du gamin, mais je ne sais pas pourquoi, son incapacité à accepter sans larmes son exécution arbitraire et cruelle me chiffonne.

Un médecin. En temps normal, je lui parlerais, mais ça ne me dit rien. Les futilités de la vie me laissent de plus en plus froid.

Le gamin tout tremblant me demande si ça fait mal, un peloton d'exécution. Sa peur de la douleur me gêne plus que ma propre exécution.

La nuit s'avance, je me dis qu'il ne serait peut-être pas si mal d'être un peu contrarié par tout ce supplice.

Je vois sans cesse l'exécution dans ma tête, comme une chanson que je n'arrête pas de fredonner — sauf que je finis avec 4 000 trous.

En un sens, je suis déjà mort. Le docteur est fascinant. Du fait qu'il n'est pas sur le point de mourir, cet homme est vraiment en vie.

Pourtant, en un sens, la mort l'attend, tout comme nous — c'est juste moins clair. La vie est assez lugubre, hein ? Peux même pas LOL.

Si j'avais su qu'on me fusillerait, je n'aurais pas passé une seconde à courir les filles ou à fréquenter les réunions d'anarchistes.

Si j'avais su, je ne les aurais pas fréquentées, je ne serais pas ici. Et j'aurais rien su. Et je serais allé à ces réunions. C'est lourd.

Je veux mourir proprement. J'ignore pourquoi. En théorie, l'insignifiance de la mort devrait invalider la dignité de la vie, non ?

C'est le grand matin. Ils vont me conduire à ce mur, ce symbole terrible de la nature absolue d'une mort inévitable.

Veulent savoir où est Ramon Gris, me promettent de me relâcher si je leur dis. Je suis un révolutionnaire. Fais face à la mort dignement.

Ce serait assez fun que je leur débite des sornettes et que j'envoie leurs soldats cavaler pour rien, hein ?

@AuxSoldats Ramon Gris ? Au cimetière. Traîne avec les macchabées, comme moi. Mortelle cocasserie, le parallélisme est vital.

Vraiment cocasse : Ramon Gris EST vraiment au cimetière. Et maintenant on va le tuer. Et donc je suis libre. MDR, si fort que j'en pleure.

Orgueil et Préjugés

Jane Austen

Dans un petit village d'Angleterre, sous le règne de George III, Mrs Bennet cherche à marier ses filles aînées Jane et Elizabeth pour assurer leur avenir. L'arrivée de MM. Bingley et Darcy dans le voisinage va chambouler les cœurs de ces dernières.

@LePremierJetSeraLeBon

D'ordinaire, un homme lègue son toit à sa femme ou à ses enfants. Ou parfois à un lointain parent et, à sa mort, tu es laissé pour compte.

Et ensuite, il y a ce prêtre fouineur d'un parent qui tente de séduire une de mes sœurs.

Vois pas pourquoi on voudrait de mes sœurs. Tout ce qu'elles visent, ce sont ces officiers — quelle guerre ils mènent à la campagne ?

Ma sœur aînée — Jane — n'est pas mal. Forcément, non ? C'est un si bon prénom, Jane. Moi, une Jane, je l'aimerais. Forcément.

La campagne anglaise, quelle grisaille, la plupart du temps. Bals locaux, famille hystérique, longs après-midi avec quasi rien à faire…

Ouh là, de riches et jeunes gentlemen viennent de se pointer. Bingo !

Il y a ce type, apparemment très intéressé par ma sœur — mais l'autre, un M. Darcy, est très froid et condescendant. Je trouve ça… attirant.

On dirait que moins il se soucie de moi, plus je me sens attirée. Le contraire de ce qu'il faudrait, non ? Oh et puis bon.

Mais j'en entends de belles sur ce M. Darcy, et ça commence à me refroidir. Rien ne gâche plus l'obsession amoureuse que les ragots.

Cet autre type a largué ma sœur, Darcy et lui ont quitté la ville. Quel méchant homme ! Horrible ! Ah, il veut m'épouser ?

Vraiment dit son fait à Darcy — sur ma sœur, et cet officier qu'il a trompé. Jamais je n'épouserai un homme pareil. Jamais. Ja-mais.

C'est cool, non, de se défendre en s'affranchissant de son sexe, non ? Toute ma famille, malgré ses tares, lutte fortement pour les femmes.

Viens de recevoir une lettre de Darcy. Je jette un œil.

Heu. Il était pas si mauvais. Peut-être que tout s'explique. Peut-être que je l'apprécie, rien qu'un peu… mieux vaut ne pas y penser.

Désolée, ça fait quelques mois. Suis sur les terres de Darcy — je visite son domaine. Assez tendue, de le revoir…

Donc Darcy est ici. Il est beau, charmant — tout. Nous étions au bord de l'ENCHANTEMENT quand ma DÉBILE de sœur a disparu avec un type !

La chasse @Lydia continue* — a-t-elle tweeté des indications sur l'endroit où elle est ? Vérifie aussi @Wickham — c'est le parasite**.

Donc en fait @Lydia et @Wickham, mariés en secret. Bon, s'ils sont mariés, leur disparition et leur escapade sexuelle, c'est bon, non ?

Jane — merveilleuse, délicieuse Jane — s'est aussi mariée. Nous tombons comme des mouches ! Après tout ça, Darcy, je crois que je l'aime.

Lui et moi mariés, installés dans notre nouvelle maison, à la campagne. J'ai l'homme, son argent, et euh… le pouvoir des femmes !

* Lydia Bennet est la cadette de la famille, flirteuse, intrigante et mondaine. Elle s'enfuit avec Wickham. [N.D.T.]

** Wickham est le vieil ami d'enfance de Darcy. C'est lui qui se répand en ragots sur Darcy et les torts qu'il lui aurait causés. [N.D.T.]

Sire Gauvain et le chevalier vert

Au royaume de Camelot, du roi Arthur et de la reine Guenièvre, Lancelot, Perceval, Tristan et Gauvain, le neveu du roi, fêtent l'année nouvelle. Un étrange chevalier vert à l'apparence terrifiante lance un défi à l'assemblée : trancher sa tête et le retrouver dans un an et un jour pour l'affronter à nouveau. Messire Gauvain relève le défi. Après avoir décapité le chevalier vert, il part achever sa mission.

@GauvainWorld

Destin cruel m'a collé dans l'équipe B du roi Arthur. Lancelot a maltraité sa damoiselle et on le sait tous, mais c'est lui le boss. WTF ?

Alors écoutez, un homme vert est entré dans la salle, veut que quelqu'un lui tranche la tête. Un défi ou quoi ? Pourrait être drôle, non ?

Voilà le deal : je lui tranche la tête et il me tranche la mienne un an et un jour plus tard. Quel bouffon, il a pas pigé qu'il sera mort ?

Ce farfadet est total décédé.

Tout semble parfait jusqu'à ce qu'Ichabod Crane tombe au sol, se relève et ramasse sa tête. Sa tête, dans ses mains. Dans ses MAINS* !

* Ichabod Crane est le maître d'école banni de la ville de Tarrytown et écarté de sa fiancée, dans la nouvelle de Washington Irving *La Légende du cavalier sans tête*, dont Tim Burton a tiré le film *Sleepy Hollow*, avec Johnny Depp. [N.D.T.]

Oh mec, j'ai vraiment trempé ma nouille, je dois dégager de Camelot, honorer ma parole et trouver ce démon, qu'il me rende la pareille.

Ça me pendait au nez. « Ouais Gauvain, viens qu'on rigole, champagne, un peu de jambon, et ça sera top. » Arthur, espèce de con.

C'est la dernière fois que je me pinte avec le Messire. Ça n'arrivera plus car je serai MORT !

Je me râpe les burnes à cheval, à la recherche de celui qui me tuera. Personne ne peut le tuer. Ah, et puis, c'est la fête de la Nativité.

J'ai trouvé ce château dans les bois. La dame des lieux veut manier mon Excalibur à pleines boules, si vous voyez ce que je veux dire.

Le proprio veut conclure un deal. Tout ce que je conquiers là-bas, je dois le lui échanger contre ce qu'il conquiert lui. Pourquoi pas.

Minute, minute, si j'enfile sa femme, alors logiquement, sur mon honneur, je devrais coucher avec lui...

Pas question. Me suis quasi fait un type, en Irlande, on voulait tuer ce dragon, j'ai cru qu'il nous restait 10 mn à vivre. C'était bizarre.

Sa meuf m'a offert un foulard. D'après ELLE, ça me protégera. Peut pas me faire de mal, d'accord. Je suis voué au malheur. Beuh, le destin.

Oublié le deal avec son mari. Vais pas lui donner un foulard qui peut me sauver. Si M. Stevie Wonder croit en la *superstition**, moi aussi.

Temps d'aller vers mon destin. J'aurais jamais dû décapiter ce type. Pourquoi j'ai rien vu venir ? Parce que c'était total imprévisible.

Tu penses qu'un type meurt si tu tranches la tête ? Pas chez Camelot. Foutu Camelot. Peut-être que le foulard aidera.

Il me la coupe ! Si seulement j'avais tenu compte du conseil intemporel de Sir Raekwon** – gaffe à ta tête. Beurk, paulvre de ma vie.

Il n'a rien fait, il m'a juste niqué. S'avère que c'était le mari de la femme. On se quitte en termes pacifiques.

Me noter ça : dans le futur, ne couper la tête à personne s'il risque de revenir me couper la mienne. Pourrait être un piège !

* *Superstition*, tube de Stevie Wonder, 1972. [N.D.T.]
** Raekwon, rappeur américain, compositeur et interprète avec le Wu Tang Clan du single *Protect ya Neck*. [N.D.T.]

Les Aventures de Huckleberry Finn

Mark Twain

Fin du XVIII*e siècle, Sud des États-Unis après la guerre de Sécession. Compagnon de Tom Sawyer avec qui il fait les quatre cents coups, Huck quitte village et tracas avec Jim, un esclave noir qui fuit sa condition et sa maîtresse Miss Watson. L'expérience du vol, de la mort, de l'argent et de l'esclavage vont marquer l'insoutenable légèreté de l'adolescence de nos protagonistes.*

@DéclindelaSivilisationOccid

Dirait que bientôt un gaillard va nous sortir « Oh l'argent, tout le monde court après* ».

Ces dames veulent me sivilizer** ? Veulent plutôt plomber ma renommée et ma fortune. @TomCulentredeuxchaises Sors-moi d'ici !

Fui la maison, mon papa ivre s'est pointé. J'imagine qu'il est super nocif pour mon développement, à m'enfermer dans son bungalow et tout.

Je veux juste être libre de vivre des aventures et tout le tremblement. Et puis, empêcher papa de toucher à mon foutu fric.

* Allusion à l'argent volé que Huckleberry Finn cache dans le cercueil. [N.D.T.]
** Huck ne dit pas « civiliser », mais « siviliser ». [N.D.T.]

Simulé ma propre mort. Descends le Mississippi. Tombé sur un ancien esclave, le chercheur d'or Jim, qui tente de fuir en Illinois.

Pas sûr de savoir comment je le prends. Pense pas qu'un esclave doive s'enfuir, sous prétexte qu'il est une propriété capitale et tout.

Trouvé une maison flottante sur la rivière. Jim a découvert un corps mais refuse de me dire qui c'est. Sûrement pas grave.

Tu sais, plus je parle à Jim, plus je finis par me dire « Mec, ces Nègres, ils sont comme les autres. On devrait peut-être pas les vendre ».

Vraiment dur, vous ne pensez pas, vous tous ? Acheter et vendre des gens, ce serait pas immoral, genre ?

Essayé de me balader en trav. Pas vraiment envie d'en parler. En bref : être une dame c'est bien plus qu'une jolie robe.

Je vis dans un monde confondant d'hypocrisie et de sottise. C'est pour ça que je me sivilise pas — la sivilisation est plus folle que moi.

OH WTF ! ILS ONT ABATTU MON SEUL AMI !! PEUX PAS TWEETER, TROP BOULEVERSÉ.

Ramassé deux types. L'un dit être roi de France, l'autre duc anglais. Bizarre. Pourquoi leurs majestés viendraient escroquer en Amérique ?

Sans rapport : vu un homme prononcer émouvante oraison sur la lâcheté de la foule lyncheuse. Rien à voir avec mon aventure, mais touchant.

Ce foutu roi est parti vendre Jim ! Tu parles d'un ami. J'ai vraiment cru pouvoir me fier à lui, puisqu'il était anglais et tout.

Coup de théâtre assez commode, il s'avère que Jim a été vendu à de vieilles relations de Tom Sawyer.

Ils me prennent pour Tom. Tom est venu, il dit qu'il est mon frère. Tom a mijoté vite fait un plan compliqué pour libérer Jim.

Besoin de réfléchir à la morale de l'esclave une dernière fois. L'esclavage... une mauvaise idée, considérant les dédommagements et tout.

Aidé Jim à se cavaler. Il est libre, je suis libre, tout a l'air d'aller pour le mieux.

Oh minute. Jim était déjà libre de par la loi, et Tom le savait. Il voulait juste vivre une aventure. LOL.

Frankenstein
Volet 1 : Docteur Victor Frankenstein

MARY SHELLEY

Début du XIXe siècle. Le jeune docteur Victor Frankenstein décide d'utiliser le pouvoir de la foudre pour donner vie à une créature à forme humaine et repousser les limites de la mort. Horrifié par sa création, le docteur doit affronter les conséquences de sa création quand le monstre se met à tuer.

@DOCNotoire*

Je pense souvent au truc le plus fou que je pourrais me permettre, avec mon diplôme de docteur en médecine.

Exhumer des morceaux de corps et les assembler me paraît démodé. Et si j'ajoutais un courant électrique d'un million de volts ?

Perpétré un viol de sépulture genre téléchargement pirate. Mon « homme » neuf sera un collage artiste. Bon moyen d'entamer la conversation.

La chose vit ! Je ferais mieux de lui latter la tête à coups d'extincteur.

* DOC pour « Docteur Frankenstein ». Un doc, c'est aussi un sale type. [N.D.T.]

Vous créez quelque chose et ça vous échappe, bon. Ça arrive ? À l'Université, s'ils apprennent ça, ils vont me virer.

Seigneur, le monstre tue des gens. Me demande si au plan professionnel, ce sera pas plus gênant que de se faire prendre avec une pute noire.

Mon frère vient d'être assassiné. C'est cette sale menteuse de servante ! Tuons-la.

Pas la servante. C'était le monstre : il a niqué les experts en trafiquant les pièces à conviction. Fortiche. Suis responsable, j'imagine ?

Cette tuerie échappe à toute maîtrise. Tu sais, comme une maîtresse que tu sautes et que tu peux pas forcer à la boucler ?

Je suis absolument pas responsable de tout ça.

Quand j'ai bricolé ce corps, c'était pour le fun. Pensais pas qu'il vivrait. Pourquoi une abomination aurait pour instinct de tuer ?

Il est temps de partir en voyage. Envie d'entendre de superbes descriptions de paysages ? Je suis poète en herbe, alors ne me jugez pas.

D ProméthéenOG* Franchement mec, relaxe max. Arrête cette tuerie bordel. Pénible. Pourrais perdre ma chaire.

Maintenant je suis malade, et en prison. T'es content ?

* OG pour *old gangster.* [N.D.T.]

Bon, liberté sous caution accordée. Il a quand même fallu que je me serve de ma carte de crédit. Au moins je vais gagner des miles.

Tu sais qui a le feu au cul ? Ma cousine. Je vais l'épouser.

Pas juste. Le monstre a tué ma cousine/épouse. C'est fini. L'un de nous deux doit la rejoindre. Ce sera lui ou moi — ou lui et moi.

J'ai suivi la piste de cet enfoiré jusqu'au pôle Nord. Peut-être que le Père Noël aura un grog pour moi.

Le monstre que j'ai pourchassé depuis des mois m'a tué, avant de se supprimer. Ironie ultime, il a fait ça sur mon bûcher funéraire. VDM.

Frankenstein
Volet 2 : La Créature

Mary Shelley

Début du XIXe *siècle. Le jeune docteur Victor Frankenstein décide d'utiliser le pouvoir de la foudre pour donner vie à une créature à forme humaine et repousser les limites de la mort. Horrifié par sa création, le docteur doit affronter les conséquences de sa création quand le monstre se met à tuer.*

@ProméthéenOG

Seigneur. Ma tête… Beurk. Qui est ce mec ? Il se passe quoi ? Il va où ? Pourquoi il court en hurlant ? Comprends pas. Me contrarie.

Seul. Croisé tant de petits. Personne ne m'aime. S'enfuient tous. Qu'est-ce que j'ai ? Je suis peut-être monstrueux pour de vrai, ou quoi ?

Une grotte obscure. Obscure comme l'âme. D'ici, je vois une maison. C'est quoi ? Dirait un livre. Vais lire. La tête comme une calebasse.

Milton qu'on m'a jeté à la tête*. Poésie somptueuse, que me chante sa plume, mots et manières raffinés sur ma douce langue.

* Milton, l'auteur du *Paradis perdu*. [N.D.T.]

Comprends maintenant que ces humains n'ont pas la même allure que moi. Je suis hideux, contrefait, condamné à une vie de mépris.

Un drame se déroule en ce *cottage* sous mes yeux. Image touchante de braves gens ruinés qui tentent d'échapper à une pente infernale.

Cela me donne peut-être espoir. Je vais pactiser avec eux et quêter les faveurs des êtres tolérants qui supporteront mon visage.

Apparemment, tolérer un Arabe ou un monstre terrifiant, ce ne serait pas kif kif. Je ne vois pas la différence. Ça me dégoûte.

Mon créateur m'a condamné à cette vie haïssable. Je dois me rendre à Genève et accabler sa maison et son foyer de haineuses querelles.

Un garçonnet ! L'innocence des enfants. Ma silhouette ne lui inspire aucune terreur ? Je dois le capturer, qu'il devienne mon compagnon.

En fait, c'était un parent de ce salopard de médecin qui m'a envoyé sur cette Terre. Donc, je l'ai assassiné, tout naturellement.

Terré dans les montagnes. *Ach !* Je vois Frankenstein approcher. Mon premier instinct, c'est de le tuer. Vais plutôt tenter la sophistique.

Lui ai parlé devoir, amour. Exigé une compagne aussi hideuse que moi. Imploré sa miséricorde, sa sagesse et sa compassion. Il a tout gobé.

Départ pour l'Angleterre, où je retrouve ma nouvelle femme. Tout excité. La vie peut être grandiose, charmante. Oh mon Dieu, que fait-il ?

Ce salopard a tué ma future épouse ! Je jure de me venger, je ne le laisserai jamais s'en tirer à si bon compte.

Tout se déchaîne. Tué le cousin du docteur et sa femme. Causé aussi la mort de son père. Me suis un peu emballé ? Possible.

Frankenstein m'a pourchassé jusqu'au pôle Nord. C'est un convaincu, à défaut d'autre chose. Et c'est aussi mon créateur, après tout.

En fait, pas si mauvais bougre. Peut-être un peu exagéré de me moquer, de le tourmenter et de tuer toutes ses connaissances et ses amours.

@Victor Désolé, cousin. J'ai la haine, parfois, tu vois ? Et de si grandes mains, je suis… désolé. Hélas, le Dr Frankenstein est mort.

Dois m'immoler sur un bûcher funéraire. Un feu dans l'Arctique ? Vois pas trop comment. Sauf miracle scientifique supérieur à ma création.

Du côté de chez Swann

Marcel Proust

France, fin du XIXe *siècle. De l'enfance à Combray et sa fascination pour la société aristocratique des Guermantes aux émois de Swann pour Odette et sa conquête des salons parisiens, la très célèbre madeleine de Marcel Proust cristallise la faculté de la mémoire adulte à relier les temps.*

@LesAventuriersduTempsPerdu*

Impatient que maman me borde. Suis trop vieux pour ça, mais quand elle approche je vois de la lumière dans le couloir et me dis « Ah ! ».

Mon père veut que j'arrête de me conduire comme un fils à sa maman devant les invités, mais de quoi je me mêle ?

Ma tante a une telle place dans ma vie. Elle me tape aussi sur le *derrière***. Mais oh, ces madeleines me chauffent tellement.

L'été est fini. Je suis triste de quitter la maison de campagne, mais j'ignore pourquoi. Les fleurs ici ont trop de sens. BTW : tante morte.

* Référence aux *Aventuriers de l'arche perdue*, premier volet de la série des *Indiana Jones* réalisée par Steven Spielberg. [N.D.T.]
** En français dans le texte, comme tout l'italique dans ce tweet. [N.D.T.]

Mon voisin Swann est un sacré type, j'ai appris que c'était un véritable étalon. Changé de nom d'utilisateur pour @BotSWAnna

Je ne suis pas trop apprécié, sauf par les grands-mères et les vieux croûtons qui m'aiment vraiment.

J'ai vu une *fille* ce soir au dîner. Total 10/10. Elle a l'air si douce. Et bien intentionnée. Et innocente.

Ramenée à la maison. Elle portait une fleur symbolique, vaginale, l'ai touchée délicatement, subtilement, imperceptiblement. Couché avec elle.

Pas oublié la fille que j'ai ramenée à la maison ? Je recommence tous les jours. J'en suis dingue. Elle est à moi, à personne d'autre.

Il s'avère que c'est une *putain* qui tapine avec d'autres et honore des mâles sur des yachts. Je l'ai appris par radio pute.

Oh mon Dieu, terrible, la pire chose qui soit jamais arrivée. Ma vie est finie, tout le monde me hait, même ma maîtresse. Je veux mourir.

Peu importe. Ce n'est même pas mon genre. Tout ce temps perdu avec une fille qui ne me fait même pas kiffer.

Changé de nom d'utilisateur pour @AventuriersduTemps-Perdu.

Quelle histoire... euh... *salopes,* c'est synonyme de suceuses et triqueuses, hein ? Suis heureux que l'enfance soit sans femmes.

J'ai croisé la fille de Swann dans la rue. C'est drôle comme j'ai un faible pour elle comme Swann avec cette autre fille.

Ma vie me semble privée de sens chaque fois que je suis loin d'elle !

Je suis un adulte, et cette femme, bon, Swann l'a épousée. Non, pas sa fille. Le temps paraît si bizarre. Il me joue toujours des tours.

… Joue avec ma perception de la réalité, pas toujours logique, ne m'appartient jamais tout à fait, à personne d'autre, mais cela reste une…

… Force de moments qui se touchent, se frottent et s'effleurent pour notre satisfaction et notre convenance.

Ouah ! Autrement dit : quand on écrit des livres, le temps passe.

L'Énéide

Virgile

Le Troyen Énée, ancêtre mythique du peuple romain, fils d'Anchise et de la déesse Aphrodite, depuis la prise de Troie jusqu'à son arrivée dans le Latium, en Hespérie. En chemin, il rencontre Didon, cette femme qui trouble sa mission, et son père Anchise, qu'il retrouve lors de sa descente aux enfers.

@TraducteurÉtalon

Reçu en cadeau un énorme cheval de bois ce jour, ici, à Troie. Vient de faire son apparition à la porte de la cité. BTW : la guerre va mal.

Surprise. Soldats dans le cheval. Pas nous qui avons allumé l'incendie ! Fantôme d'Hector m'a conseillé VTF — et d'emmener papa et le gosse.

Je suis sur un bateau. Trois générations d'Énée en périple maritime aux proportions épiques. Mhh. Me dit quelque chose…

Me suis arrêté à la Grande C.* Croisé une meuf cool. Elle a des soucis d'un précédent mariage, mais, hé, les gens changent ! Non ?

* Carthage. [N.D.T.]

Dans une grotte avec une femme trop zarrebi qui palpe… des foies ! Oh, et elle sait lire l'avenir !

La relation avance trop vite. Voulais jouer les *Champs-Élysées*, mais Carthage fait sonner les cloches de la noce. Plutôt genre glas.

@Didon Hé, fillette, toi, mon bébé, oui, je t'aime, mais j'ai une ville à fonder et Junon me prie de me bouger. Le devoir avant les suceuses.

En résumé : je lui ai dit que je partais, donc elle a allumé un feu et ça s'est fini façon… Didon #mauvaiserupture

LA GUERRE ! Pourquoi on ne peut pas être amis ??

Descends la rivière en bateau vers l'Hadès*. Tout ce voyage me fait un terrible effet de déjà-vu. Incapable de resituer la chose.

@AugustusRex Vérifie mes descendants. Tu vois, tu es le plus glorieux, si glorieux que tu finances les poètes de ton époque, j'en doute pas.

Junon très exigeante, sachant qu'elle m'a chargé de cette mission. Pourquoi les femmes font toujours le contraire de ce que vous leur dites ?

Je dois lever une armée avec le roi d'Arcadie et Elrond, le roi-elfe de Fondcombe**.

On va les buter ces Ritals*** ! Mon petit Pallas s'en charge.

* Les enfers grecs. [N.D.T.]
** Fondcombe est un poste militaire avancé du royaume de la Terre du Milieu, dans *Le Seigneur des anneaux*. Elrond, personnage de sage, choisit l'immortalité en devenant elfe. [N.D.T.]
*** En anglais *Guineas*, la pire injure pour un Italo-Américain. [N.D.T.]

Il nous faut des renforts, nos lignes se désagrègent.

Turnus veut se battre. Il est temps de le traiter façon Aaron Burr*.

Enfin, nous avons la paix. Rome est fondée. La grande fraternité des civilisations peut commencer. Pax Bromana**.

* Homme politique et figure de la Révolution américaine. Il provoqua et tua en duel Alexander Hamilton, chroniqueur qui l'avait pourfendu durant sa campagne pour le poste de gouverneur de New York en 1804 (source : *Encyclopædia Britannica*). [N.D.T.]

** Jeu de mots sur *pax romana* et *broman*, contraction de *brother man* (homme frère). [N.D.T.]

Le Diable au corps

RAYMOND RADIGUET

1917, au cœur de la Première Guerre mondiale, François vit une passion avec Marthe, dont le mari est parti au front. Leur amour impossible, traversé par l'éclat de la trahison, les conduit à un destin tragique.

@DiableauCœur

Que dire ? C'est ma faute si j'aime les femmes ? Je suis sûr qu'on va me critiquer pour ça, mais ça intéresse qui ?

Ma première rencontre sexuelle, j'étais petit. J'ai harcelé une fille par lettre. Mec, sa mère avait la haine.

Rencontré une fille, Marthe. Je vais lui emprunter ses livres. Les dames, ça leur plaît quand tu leur parles bouquins.

Il s'avère que Marthe est mariée. Ma vie est une lamentable cata. J'ai qu'une envie, rentrer chez moi pleurer !

Suis tombé sur Marthe en plein boulevard ce jour. Son mari est parti à la guerre. C'est l'occasion ou jamais !

Parfois je m'interroge sur la moralité de coucher avec une femme de soldat. Mais ça m'empêchera pas d'essayer.

Marthe veut juste qu'on soit amis. Pourquoi je reste toujours du côté ami-ami ? Peut-être que ça changera, si je la touche comme il faut pas ?

Oh *la vache** ! Elle m'embrasse. Totalement loupé les signaux, moi.

Une liaison, j'ai que 16 ans. Espère que son mari n'est pas avec les Forces Spéciales. S'il le sait, me buterait facile. Oh et elle aussi.

Je partais de chez Marthe, dans l'escalier un gamin m'a vu. Il m'a fait un grand sourire et m'a trahi.

Mes parents ont découvert la liaison. Maman bouleversée. Veut pas que je devienne une épave. Prude. Mon père, lui, il était MDR.

Ce serait pas drôle si je séduisais la meilleure amie de Martha ? Après tout, Marthe a un mari. Ce ne serait que justice.

Son amie est étrangère et ne parle pas très bien notre langue, sait même pas dire le mot « non ». On a sali les draps de Marthe.

Marthe a tout découvert. Je l'ai convaincue que son amie et moi on était juste venus traîner par là.

Marthe enceinte. Trop jeune pour être papa donneur de sperme. Pourquoi je l'ai crue pour la pilule, qu'on n'a même pas encore inventée ?

Elle veut le garder. Je lui ai dit pas moi. Elle m'a quitté. Je l'aime encore. Son mari croit qu'il est de lui. LOL, il va être surpris.

* En français dans le texte. [N.D.T.]

Marthe et moi on doit se séparer. Je veux pas, mais je pense que ça vaut mieux. Je l'aime. Pas revu Marthe depuis des mois. Ma vie est vide.

Ce jour mon frère est venu à la maison me dire que le frère de Marthe était oncle. Et moi je suis père, j'imagine.

Marthe morte. Quasi personne sait pour notre liaison. Dois continuer comme si de rien n'était. Rien du tout. Jamais. Le gosse ? Quel gosse ?

Après tant d'années, on croirait que les gens écriraient du neuf. Mais non, on aime tous lire que des histoires d'ados à problèmes.

Dracula

Bram Stoker

Le jeune clerc de notaire Jonathan Harker est envoyé en Transylvanie à la rencontre du comte Dracula. En son château, Jonathan est fait prisonnier. Dracula s'installe en Angleterre, où il charme ses victimes : Lucy Westenra et Mina Murray, fiancée de Jonathan. Le docteur Seward, amoureux secret de Lucy, demande l'aide de Van Helsing, qui décèle les prémisses d'un fléau. Ensemble, ils décident de pourchasser Dracula.

@GencivesSaignantes

Un de mes anciens étudiants m'a appelé. Il attend ma visite chez lui.

Une damoiselle saigne des oreilles et des yeux ! Elle a peur du soleil ! Comme les rousses !

Faut régler ça. C'est peut-être un vampire, mais je peux rien dire au père. Il se demande si ses « périodes » ne déborderaient pas.

Hélas, la patiente : morte. Des infos sont tombées sur une femme, une morte vivante qui terrorise les gens de la ville. Un lien ? Possible.

Son fiancé est de retour. Marrant, avec tous ces prétendants ici car, tu sais, on croyait que le fiancé serait, tu sais...

D'après le fiancé, son client transylvanien se révèle un monstre mort vivant, suceur de sang, qui va venir en Angleterre. Un lien ? Possible.

Ce monstre a l'air au courant pour le complot visant à le tuer. Il est malin. J'imagine que « monstre » n'est pas synonyme d'« attardé ».

D Mina Hé, je crois que ton nouveau petit ami est un genre de sale type. Vas-y mollo, OK ? Je suis pas trop sûr de lui.

Bien sûr, elle a été séduite par Dracula. Activité BDSM*. Ce serait plus simple de s'occuper de lui si cette pute pouvait garder sa culotte.

On lui a dessiné le visage au marqueur et rasé les sourcils, et maintenant on l'hypnotise. Pas l'air d'arranger les choses.

Sais pas trop comment, cette femme sait où est Dracula — psychiquement. Tout le monde en calèche ! On bouge !

Le truc de l'hypnose Dracu-GPS tombe en rade. Je crois que cet inconvénient stylistique va nous forcer à explorer de nouvelles options.

Nous avons atteint la Transylvanie juste avant le crépuscule. Dracula a été transporté jusque là-bas par ses romanos — forcément.

L'ai rattrapé, mais ils ont baisé le vieux Quinten. Par chance, on a réussi à tuer Dracula.

* Le BDSM, dérivé des termes « bondage et discipline », « domination et soumission » et « sadomasochiste », est un ensemble de pratiques sexuelles marginales fondées sur une relation consentante de dominant à dominé. [N.D.T.]

En fait, c'était pas si dur.

OK, OK. On s'est contenté de lui planter un couteau dans le cœur. Au bout de 1 000 ans, personne n'aurait pu y penser avant ?

Non. Pas un couteau en bois. Un couteau couteau. La gousse d'ail et la croix, on oublie. Laisse tomber.

Pourquoi le couteau ? Ça touche l'âme et le corps. Seul son cœur est fragile. Je viens de tuer le plus grand des héros romantiques, non ?

La Terre vaine

T.S. Eliot

Les 433 vers de ce poème furent écrits comme autant de séquelles des blessures de la Première Guerre mondiale. Conjuguant satire et prophétie, éclaté en narrateurs multiples, c'est un kaléidoscope où se reflètent maints auteurs, de Homère à Rimbaud. L'un des poèmes essentiels du XX*e siècle.*

@DeadFlowers

Note d'Ezra Pound : peut-être en couper 75 %* ?

Alors allons-y, Marie et moi, quand la chaleur de l'hiver se diffuse dans le ciel comme un lilas mort qui bourgeonne en avril**.

Je me souviens quand j'étais jeune on suivait le sentier hivernal jusqu'au Biergarten, et on se buvait quelques *brewskis****.

* T.S. Eliot avait demandé au poète américain Ezra Pound de relire et corriger son poème, où furent pratiquées des coupes substantielles. [N.D.T.]

** Paraphrase des deux premiers vers de *La Terre vaine* (éd. du Seuil) : « Avril est le plus cruel des mois, il engendre des lilas qui jaillissent de la terre morte. » [N.D.T.]

*** Bière. Terme apparu en 1970, surtout usité au Canada. Ce *tweet* est aussi la paraphrase de ces deux vers du poème : « Nous fîmes halte sous les portiques Et poussâmes, l'éclaircie venue, dans le Hofgarten, Et puis nous nous prîmes du café. » [N.D.T.]

Quand on était trop pétés pour continuer de boire, le barman nous disait : « Dépêchons je vous prie c'est l'heure. »

Je restais planté devant l'urinoir, saoul, à brailler « Sweet Thames, run softly, till I end my song* ».

Im zimmer die Frauen vont et viennent, *sprechen von — ach, falsch Gedicht*** !

Nous avons descendu la montagne et j'ai entendu mon cousin hurler :

« Finale, à présent. Embarque-toi, voyageur, tant d'autres choses t'attendent. »

Et j'ai traversé la vallée et l'ombre de la mort et j'ai jeté un œil sur ma vie et j'ai compris qu'il ne restait rien***.

Là, tout n'est qu'ordre et beauté**** : *Nessun maggior dolore Che ricordarsi del tempo felice* *****.

Qu'est-ce qui se passe ici ? On va où, là ? Madame Sosostris, c'est quoi ça****** ?

Super, l'heure des échecs : le passe-temps numéro un de l'Angleterre.

* Vers célèbres d'un poème de Spenser, « Douce Tamise, coule doucement jusqu'à ce que mon chant s'achève ». [N.D.T.]
** « Dans la chambre les jeunes filles vont et viennent, elles parlent de — aïe, pas le bon poème ! » [N.D.T.]
*** « And I walked through the valley and the shadow of death and take a look at my life and realize there's nothing left. » Paroles de *Gangstas Paradise*, le titre culte du rappeur Coolio. [N.D.T.]
**** Fragment d'un vers de « L'Invitation au voyage » de Baudelaire, in *Les Fleurs du mal* : « Là tout n'est qu'ordre et beauté, luxe calme et volupté. » [N.D.T.]
***** « Il n'est pas de plus grande douleur Que de se souvenir des temps heureux » (Dante, *Divine comédie, Enfer*, chant V, vers 121-122). [N.D.T.]
****** Madame Sosostris, personnage de voyante dans *La Terre vaine*. [N.D.T.]

Mon roi est mort, ma reine violée, ma tour et mon frère laissés à la flétrissure. Le reste est silence*. (Il meurt.)

Je vois maintenant les yeux d'un familier fantôme composite Intime et non identifiable tout ensemble**.

*Già contento requïevi di grande ammirazion; ma ora ammiro com'io trascenda questi corpi levi****.

Le chariot ailé du temps se presse tout près ! Ses espoirs par-delà sagesse, grâce et crainte****.

Les gloires d'ici-bas, comme des vers luisants, jettent des feux de loin, mais à les regarder de plus près, elles n'ont ni chaleur ni clarté*****.

Pourquoi m'esraches-tu****** ? Il a parlé ! Toute beauté n'est-elle pas une joie éternelle, qu'as-tu besoin de savoir de plus******* ?

*Jai Guru Deva Om, nothing's gonna change my world*********.

* Célèbre et ultime réplique de Hamlet avant sa mort. [N.D.T.]

** Reprise exacte des vers 97-98 de « Little Gidding », « Quatre quatuors », dans *La Terre vaine*. [N.D.T.]

*** « Content suis, dis-je, et déjà me sens quitte d'égarement; mais ce m'est bien merveille, comment mon poids ces corps légers surmonte. » Dante, *Divine comédie, Paradis*, chant I, 97, « La Pléiade », Gallimard, 1965. [N.D.T.]

**** Nos deux twittérateurs jouent ici au même jeu qu'Eliot dans son poème. La première moitié de ce *tweet* est tirée d'un vers d'« À sa maîtresse timide », d'Andrew Marvell, poète anglais du XVIIe siècle. La deuxième de *Macbeth*, acte III, scène V. Autrement dit, ces grands auteurs faisaient du *twitter* sans le savoir. [N.D.T.]

***** Vers de John Webster, contemporain de Shakespeare, tirés de *La Duchesse de Malfy*. [N.D.T.]

****** Dante, *Enfer*, chant XIII. L'épisode de la branche arrachée et de l'arbre qui proteste. [N.D.T.]

******* Paraphrase du vers de Keats (« Toute beauté est une joie éternelle »), extrait de son poème « Endymion ». [N.D.T.]

******** Référence au refrain d'*Across the Universe*, des Beatles. [N.D.T.]

L'Amant de lady Chatterley

D.H. Lawrence

Constance, Lady Chatterley, est mariée à un propriétaire terrien paralysé et impuissant. Pour tromper la monotonie de son quotidien, l'indifférence de son mari et sa frustration sexuelle, Constance s'amourache du garde-chasse Oliver Mellors. Ils se découvrent et s'apprivoisent, ils attendent la naissance prochaine d'un enfant. Comme dans tous les textes de Lawrence, l'amour, hétéro ou homo, est le catalyseur de toute transformation, le grand éveil de toute existence.

@NymphoPrécoce69*

Est-il il insolite, depuis que je suis d'âge mûr (c'est tout récent), de multiplier les rencontres sexuelles ?

Rencontré un homme aujourd'hui. *Baby he's a rich man too*** ! Mais il part à la guerre.

Mon mari Clifford est rentré de la guerre infirme. Fauteuil roulant. Il ne peut plus me fourrer le minou. ☹

Mon homme a décidé de jouer les trouducs : il se lance dans une carrière littéraire. Il a un peu de succès et moi, je suis un peu en chaleur.

* En anglais, *early bloomer* désigne une ado très branchée sexe. [N.D.T.]
** Citation du single des Beatles *Baby, you're a Rich Man (Magical Mystery Tour).* [N.D.T.]

Tous ses amis intellos n'arrêtent pas de passer. L'ennuiii. Ils ne parlent que de bouquins.

J'ai une liaison avec un ami écrivain de mon mari.

Pendant, il a fait que me parler sentiments et trucs intellectuels. S'imagine que les femmes aiment ça ? J'ai juste envie de baiser, moi !

Notre garçon de ferme est tellement réservé et romantique. J'ai envie de ça.

Nous devenons amis. Il n'a pas envie de me parler, à cause de nos « différences de classes ». Quelle chochotte.

On a baisé dans une cahute. La cahute à culbute, ouaf ouaf ouaf. Il m'en reste un tas, de ces jeux de mots sexe, pas de souci !

On a encore baisé par terre, dans la forêt. Partagé un orgasme. *Cum together, right now, over me**.

C'est ce que je veux. Zéro cerveau, zéro séduction, zéro sensibilité. Tjr que de la baise +++ toute la journée tous les jours.

Je suis total en cloque de son bébé.

Mon amant Oliver et moi, on a un lien tellement purement physique. Avec bondage.

La femme totalement cinglée d'Oliver est de retour et s'est mise à lui casser du sucre sur le dos.

* Détournement de la célèbre chanson des Beatles *Come together* (album *Abbey Road*). *To cum* signifie éjaculer en argot. [N.D.T.]

Il s'est fait virer de la propriété de ma famille, après la rumeur propagée par sa femme. Je quitte mon mari !

Il refuse de m'accorder le divorce. S'il savait encore se servir de sa queue, je lui collerais Lorena Bobbit*.

Je suis si malheureuse. Tout ce que je veux, c'est qu'un jour Oliver et moi on soit réunis.

Je me demande ce que fait Oliver là maintenant... encore en train de fourrer sans doute. Le fourrage, c'est son job, je crois.

* Lorena Leonor Bobbitt trancha le pénis de son époux en 1993, avant qu'on ne le lui recouse. Fait-divers mondialement médiatisé à l'époque. Lorena a ensuite fondé le Lorena's Red Wagon, association contre la violence conjugale... [N.D.T.]

Jane Eyre

Charlotte Brontë

L'orpheline Jane Eyre est recueillie par sa tante, qui la traite aussi durement que ses cousins. Afin de préserver la tranquillité de son foyer, elle l'envoie dans une modeste pension pour jeunes filles où l'on corrigera ses « vices ». Jane grandit et étudie. À 18 ans, elle quitte son pensionnat pour le manoir de Thornfield en qualité de gouvernante de la pupille du propriétaire des lieux, Edward Rochester. Au fil des jours, cet homme froid se laisse séduire par le tempérament de la jeune femme et cherche à la garder près de lui.

@L'EyreurEstHumaine

J'aurais aimé que mes parents aient une mort spectaculaire. Comme Harry Potter ; ce gosse, il en a une sacrée histoire d'orphelin.

Je dois vivre avec ma tante. La totale garc-eu. C'est comme Cendrillon. Sauf qu'il y a pas de marraine bonne fée.

Ma tante m'envoie dans un pensionnat nul, comme ceux qu'on voit dans les pubs pour *Save the Children* sur la chaîne *Histoire**.

* *Save the Children* est « le plus grand mouvement mondial indépendant œuvrant pour les enfants » (source : http://www.savethechildren.net/alliance_fr/about_us/structure.html). [N.D.T.]

Éducation comme il faut. Genre on lit des livres, mais les gosses meurent de maladie. Cet endroit est plus sinistre qu'une chatte de pute.

Donc apparemment, rien qu'en n'attrapant pas la grippe A ou la tuberculose, je me suis qualifiée pour devenir enseignante ?

Me propose un poste de gouvernante pour un papa célib flambeur. Doit changer ses manières de cavaleur. Ferait un super film avec Hugh Grant.

Idylle, idylle, ce papa Rochester veut se fourrer dans mon panty !

On est amoureux. Et on doit se marier. Cette maison, quand même une vraie boîte d'allumettes, n'arrête pas de flamber. Me demande pourquoi.

Cet homme étrange a un secret sur Rochester. Il aurait une autre femme enfermée dans le grenier !

Il y a une meuf l'âme noire et folle, une légitime qui cavale dans le grenier, un vrai numéro de bête de ménagerie.

Lol, elle s'appelle Bertha. Enfin, j'imagine qu'on sait maintenant qui allumait tous ces feux.

Il dit qu'il était défoncé à la Jamaïque, une nuit, parti pour jouer au con, et s'est fait coffrer. Encore jamais entendu un truc pareil.

Je m'en vais. Tout ça c'est trop démentiel pour moi.

Je m'enfuis dans une ferme. Ce garçon, ce John, il veut coucher avec moi, je crois.

Ces garçons de ferme sont mes cousins ? Et mon papa nous a laissé un énorme héritage. Que ça tombe bien ! Victoire du *deus ex machina* !

Je retourne vers Rochester !

Quand je l'ai trouvé, il était assis sur un tas de cendres, en larmes. Il lui manque un bras et il est aveugle.

Cette garce pyromane de Kunta Kinte* est morte. Maouage** !

* Kunta Kinte, personnage principal de la série *Racines*. Kunta Kinte, c'est aussi prendre par-derrière une femme qui a ses règles. [N.D.T.]
** *Maouage*, mariage. Dans le film de Rob Reiner *Princess Bride (Le mariage de la princesse Bouton d'Or)*, le prêtre souffre d'un défaut de prononciation. [N.D.T.]

Alice au pays des merveilles

Lewis Carroll

Alice s'ennuie en lisant un livre sans images ni dialogues et ne fait rien. Un lapin blanc aux yeux roses et en redingote rouge passe près d'elle en courant, répétant sa fameuse litanie : « En retard, en retard ! » Intriguée, Alice le suit dans un terrier où, après une chute interminable, elle entre dans un monde aux figures atypiques et absurdes.

@AliceInTheSkyWithDiamonds[*]

Comme tous les personnages des livres, je m'ennuie. Oh ! Un lapin blanc ! Pile comme dans *Matrix*. Ce film, tu sniffes, tu le kiffes.

Je descends dans le terrier du lapin ! Oh, c'est fort. Je me sens comme Neo[**].

C'est OK de boire dans une mystérieuse bouteille déjà ouverte ? Et s'il y avait des *ruffies*[***] dedans ?

Sais pas pourquoi, mais de manière typiquement féminine je laisse la confusion et le trouble déchaîner en moi un torrent de larmes.

* Détournement du titre des Beatles *Lucy in the Sky with Diamonds.* [N.D.T.]
** Personnage de *Matrix.* [N.D.T.]
*** *Ruffies,* surnom d'un puissant sédatif, le Flunitrazépam, que les violeurs utilisent pour endormir leurs proies. [N.D.T.]

Suis-je encore la même petite fille que j'étais ? Je me sens comme si mon Moi se déconstruisait. Et en TV Haute Déf, en plus.

J'ai demandé à une souris comment sécher toutes mes larmes. Elle m'a sorti une histoire à crever d'ennui.

Je suis dans la maison du lapin. Encore un autre jus mystérieux. Dois-je en boire ? Oh et puis flûte. J'espère que je ne le regretterai pas.

Les gens me jettent des pierres comme si j'étais Marie-Madeleine ? Suis une fillette, pas une prostituée biblique… euh, la femme du Christ.

J'ai trouvé une chenille arabe défoncée. S'est moquée de moi. Ah oui ? Moi, je ne mesure pas 9 centimètres avec une fringale d'allumée.

Pris le thé avec un chapelier accro à la coke. Et schizo. La folie, c'est son image extérieure. C'est lui qui dit qu'il est « ouf* ».

Le son, il y a de la distorsion. Quelqu'un m'a appelée et j'ai répondu, très lentement : « The girl with kaleidoscope eyes**. »

Ce pays est sous la terreur de la Dame de Cœur. C'est une carte. Si je lui détruisais son armée rien qu'en les mélangeant ? Rigolo, non ?

J'ai des soucis. Sais pas trop ce que j'ai fait. Ma pire journée. Me faut à boire. Plus de bouteille sans étiquette, ça, c'est fini.

* Le chapelier ne se dit pas fou, c'est le Chat de Chester qui prévient Alice de sa folie. [N.D.T.]
** L'un des vers de *Lucy in the Sky with Diamonds.* [N.D.T.]

Passe en procès. Ma pire journée. La reine m'a calomniée et me fait condamner. Si j'étais magicienne, la ferais disparaître.

Si seulement je pouvais grandir et les écraser. Attendez. Je me sens si forte, étrangement, je suis immense. Le tribunal s'effondre.

Oh, ma sœur est là. Elle me réveille pour le thé. Et elle n'a pas d'yeux en forme de kaléidoscope. Bon, je suis de retour à la maison.

Un chat qui sourit, un chapelier dérangé ? Une reine sadique, un bébé terrifiant* ? Foutoir qui envoie les gens des années en thérapie.

Seigneur c'était dingue. J'ai autant besoin de ce style d'aventure que de me tirer une balle.

* Le bébé qui se transforme en cochon, au chapitre VI. [N.D.T.]

La Tempête

William Shakespeare

Prospero, dépossédé de son duché milanais par son frère, le roi de Naples, trouve refuge sur une île avec sa fille et Ariel, l'esprit de l'air. Vengeur, il recourt aux arcanes de la magie pour provoquer une tempête surnaturelle qui fait échouer le bateau de ses usurpateurs sur son île.

@LOLspero

Tu sais l'effet que ça te fait, des années sur une île avec une fille ado et un esclave ? Non, pas l'effet que tu crois.

Tu sais, dur à gérer, cette fille... Se figure que ses règles, c'est un petit bonhomme qui meurt en elle. Enfin, il y a un peu de ça.

Quelle ironie ! Ceux qui m'ont ruiné s'échouent sur cette île ? Non ! J'ai fait ça en recourant à la magie !

Eh zut. Toute cette affaire d'échouage sur l'île marche pas comme prévu. À la place, ça se transforme en vraie comédie des erreurs*.

Mon esclave traîne avec une bande d'alcooliques. Il est saoul. C'est un souk digne d'une fête de promo étudiante.

* Titre de la seule pièce de Shakespeare dans le genre de la farce, *La Comédie des erreurs*. Désigne aussi ce style de pièce truculente, truffée de calembours, très proche de la farce à l'italienne, avec ses quiproquos, échanges d'identité et dénouements heureux. [N.D.T.]

Bien sûr, ma fille m'annonce être amoureuse d'un prince rock star qui lui promet son amour en retour. C'est une duchesse, pas une traînée !

Je conserverais un semblant d'ascendant sur ce lutin d'Ariel. Ce n'est pas un nom de fille, comme la sirène ? Il déteste cette blague*.

En fait, il ne se passe rien, hein ? Cette histoire est quand même assez géniale. Une histoire sur rien. Comme Seinfeld**.

Caliban est encore plus pinté qu'avant et il court partout en hurlant après la liberté. C'est pour ça qu'on file pas de gnôle aux esclaves.

Ma fille est bouleversée. Elle veut se marier. J'ai peur qu'elle ne tombe dans la drogue et l'adultère, et qu'elle ne revienne en rampant.

En fait, maintenant que je les vois ensemble, je crois qu'ils sont réellement amoureux. À moins que ce gamin ne soit vraiment bon comédien.

Les gosses et leur musique de déments. On n'y pige plus rien.

Le MIEUX serait qu'il se passe d'autres choses encore plus terribles, que la situation se détériore nettement. Il ne m'en faut pas plus.

Je peux plus supporter ces absurdités, il me faut un Advil et un Rennie. Couchons ça par écrit. C'EST CE QUE MA FILLE M'A DEMANDÉ.

* Le sexe du personnage d'Ariel est longtemps resté incertain. [N.D.T.]
** Quoi de plus creux, en effet, que le sitcom américain *Seinfeld*. [N.D.T.]

Aujourd'hui, j'ai dit à ma fille qu'elle pouvait épouser sa rock star de gamin.

Je trouve ça bizarre que le monde soit si effrayant, et que tout le passé ne compte plus, n'ait plus de rapport avec rien.

Ces briques, ce sable, un jour tout aura disparu. Le temps, la vie, si fugaces, hélas. Drossez-moi sur le sable avant que je ne sombre*.

Je vais jeter ce livre de sortilèges maléfiques dans l'océan.

Allez les gars, applaudissez-moi, j'ai pas été génial ? Libérez-moi, les gars. STAGE DIVING** !!!! Vous me rattrapez, SVP ?

* Jeu sur *What I am,* chanson d'Edie Brickell and the New Bohemians, et ce vers : « Choke me in the shallow water before I get too deep. » [N.D.T.]

** Plongeon du rocker à plat ventre dans le public. Le premier *stage diving* eut lieu lors d'un concert des Rolling Stones en 1964 (source : Statemaster.com). [N.D.T.]

Madame Bovary

Gustave Flaubert

Au milieu du XIXe siècle, Emma Rouault, fille d'un riche fermier, épouse Charles Bovary, un officier de santé au veuvage récent. Élevée dans un univers féerique, nourri de romans à l'eau de rose, elle décide d'organiser un bal au château de Vaubyessard, qui scellera sa désillusion. Son mari, atteint d'une maladie nerveuse, entend s'installer dans une autre bourgade : Yonville-l'Abbaye. Emma y rencontre un gentilhomme, Rodolphe Boulanger, et un clerc de notaire, Léon Dupuis. Malgré ses obligations familiales, Madame Bovary multiplie les liaisons qui la mèneront à sa perte.

@LaVraieDesperateHousewife

Rencontré un docteur ce jour. Il a réparé la jambe de mon père. Il revient demain, et le surlendemain. Il m'a l'air très dévoué à mon père.

Subitement, son épouse m'annonce qu'il ne peut plus venir. Pourquoi ? Ce n'est tout de même pas qu'il serait attiré par mon père.

Oh, attendez. J'ai complètement saisi ce qui se passe. C'est comme dans ces romans de la collection Harlequin que je lis.

La femme du docteur : morte. Il sera bientôt à ma porte. Nous voilà mariés. Je suis visionnaire. Avec mes pouvoirs, je devrais être à Vegas.

C'est un bon mari, il fait tout bien, mais quel abruti. Il s'est cogné dans une bibliothèque, provoqué un déluge de 200 livres + une urne.

Ma tristesse m'ennuie. Il me dit de changer de décor. Ça m'aidera, genre voyage en Italie qui soigne les tubards. Envie qu'on m'enfile, oui.

Avec bébé ! Autant besoin d'un bébé que de me casser une jambe. L'aime pas, ce bébé. Vais lui taper dessus à coups de cintre.

Trop nul de vieillir*. J'essaie la drogue. Aussi rencontré un étudiant en droit très chaud en ville. Il a les mêmes goûts que moi.

Me demande si parfois les hommes ne disent pas qu'ils ont les mêmes goûts que vous pour coucher. Peux pas le prouver. M'en fiche.

Peux pas ! Dois jouer les femmes au foyer. Ma morale est plus centrée sur le devoir que sur le plaisir. Comme dans *Revolutionary Road*** ?

Au moins je suis une femme bien, au moins j'ai fait ce qu'il fallait. Au moins j'ai encore une vertu. Je suis trop malheureuse !

* « What a drag it is getting old. » Première phrase de *Mother's Little Helper*, des Rolling Stones (album *Aftermath*). [N.D.T.]

** Célèbre roman américain de Richard Yates (l'auteur de *Catch 22*) paru en 1961. Le couple d'April (qui veut partir vivre à Paris) et Frank (englué dans sa carrière de petit cadre) se fracasse contre la pesanteur des banlieues résidentielles. [N.D.T.]

Aujourd'hui un homme a apporté un truc à mon mari. M'a lancé un ces regards. Vous savez, le style « envie de me mettre nu devant toi ».

Mon mari accepte de me laisser sortir à cheval avec cet homme. Oh et puis marre de la vertu.

Vous savez ce qui me branche ? Envoyer des lettres cochonnes à mon amant, et que mon mari puisse les voir. C'est risqué, mais c'est chaud.

C'est ça : je vais quitter mon époux pour mon amant.

Mon amant ne veut pas fuir et compliquer nos vies. S'est juste servi de moi pour le sexe ? Je souffre tant. Dois-je me tourner vers Dieu ?

J'ai recouvré toutes mes forces. *Dieu* ? Me tourner vers *Dieu ???* Je pensais à quoi, là ?

Ma vie est épouvantable. Envie de shopping. Envie d'acheter un tas de trucs sur ma carte de crédit, et de pointer au surendettement.

Qui paiera les dettes de mon mari ? Pas ceux avec qui j'ai couché. Vais avaler du poison. Résoudra les problèmes de tous. Enfin, les miens.

Peut-être devrais-je laisser ce pauvre docteur et sa femme tranquilles. Ou être une bonne épouse. Week-end.

La Mort à Venise

Thomas Mann

En 1911, dans une Venise qui accueille une haute société insouciante avant l'épidémie de choléra qui décimera la population, Gustav von Aschenbach, vieux compositeur allemand, se laisse troubler par un jeune adolescent polonais androgyne, Tadzio. Ce dernier incarne l'idéal de beauté qu'Aschenbach a désespérément tenté d'exprimer dans ses créations. Sa fascination pour cette figure énigmatique entraîne le compositeur dans une lente décadence.

@GustavaelJackson*

Comme les ascenseurs, les écrivains ont des hauts et des bas. Au moins, je me suis fait un nom genre aristo. Devrait me rendre baisable.

Je suis à Venise. Il y a un très vieux monsieur maquillé, fausses dents et perruque qui traîne dehors avec les gamins. Grave.

Dieu merci, suis dans le meilleur hôtel de Venise. Ma femme vient de mourir. Ces rencontres avec des hommes, je n'arrête pas. Dois être gay.

En arrivant à la réception, vu un petit gamin en vareuse de marin. Suis resté de six heures à minuit. Pas besoin de Viagra.

* Mot-valise, contraction de Michael Jackson et Gustav, prénom d'Aschenbach. L'allusion est transparente… [N.D.T.]

Je suis le gosse dans l'hôtel, ça craint ? S'il trouvait ça bizarre, il le dirait, non ? Lui acheter des bonbons ? Pour gagner sa confiance ?

Je me sens si coupé de mes désirs. Je crois que le bon plan serait de s'habiller en Michael Jackson et de traîner dans Venise la nuit.

Avertissement sanitaire sur les fruits de mer. Les Juifs avaient peut-être raison.

Oublions les Juifs. Je crois que l'intox des fruits de mer, c'est comme ma trique pour ce gamin. Ouaiche, tout ça n'a aucun sens.

Les Italiens disent que le risque vient de la chaleur. Les Angluches, que c'est le choléra. Préfère écouter les inventeurs de la pénicilline.

Éjaculation nocturne à cause du garçon. Il est temps de passer au plan B : harcèlement lourd de chez lourd.

Peur que ses parents ne m'aient repéré. Si le gamin disparaît, lanceraient un alerte enlèvement. « Cherchez une gondole et un gamin. »

Un coiffeur m'a convaincu d'adopter cette coupe ridicule.

Je dois suivre le gamin dans Venise. Je porte des vêtements plutôt assez cools, si j'ose m'exprimer ainsi me concernant.

De Dieu, je me sens à chier. Ce bogoss a besoin d'une tata. Si je lui sucrais la fraise ?

Ce gamin polak sait-il au moins qui je suis ? Je suis un écrivain, une pointure. Il devrait me faire des courbettes. Au sens littéral.

Suis allé à la plage, ai vu le garçon qui m'obsède se battre avec un autre gamin. S'est fait botter le cul.

Il marche si tranquille si lascif sur la plage. Il est si beau. Il est si sensuel. Regardez-moi cette allure: mortel, style *moonwalk**.

Il me dévisage. Il m'appelle. Il est temps de jouer ma partie à donf.

Subitement, je me sens tout chose. Je devrais peut-être m'asseoir un petit mom...

* Marche dansée des Noirs du ghetto, que Michael Jackson a rendue célébrissime dans le clip de *Thriller*. [N.D.T.]

Les Trois Mousquetaires

Alexandre Dumas

1625. Après avoir surmonté plusieurs obstacles en chemin, le jeune d'Artagnan arrive à Paris et réussit à entrer chez les mousquetaires du roi, commandés par M. de Tréville. Il devient l'ami d'Athos, Porthos et Aramis, avec lesquels il va déjouer les complots du cardinal Richelieu et le machiavélisme de Milady de Winter.

@d'ArtsDaMAN

Il est temps d'aller dans le monde, de suivre mon second rêve et de devenir mousquetaire. Apparemment, les Jedi n'existent pas en vrai.

Papa m'a écrit une lettre de reco à un capitaine. L'ai perdue. Je marche, quartier chelou. Parie que ces saletés gitanes me l'ont volée.

Rencontré le capitaine. M'a genre traité comme un attardé d'avoir perdu ma lettre. Lui ai dit que c'était les bohémiennes.

Euh, je me suis peut-être fourré dans la mélasse. Les trois mousquetaires veulent un duel. Je peux me les faire, non ?

Ah, Richelieu a proscrit les duels. Quasi mort, moi. Les hommes me veulent pour buter les keums du cardinal. Succès = roi du ghetto. Respect.

Installé dans mon nouvel appart. Le proprio est un vieux grincheux. Mais sa femme, c'est une booombe. S'est mariée pour le fric, je parie.

Suis amoureux de cette femme. Penser à l'odeur de son mari contre elle, j'ai la haine. Ah, Constance, je rêve de toi la nuit.

Anne d'Autriche a offert ses diamants à un duc. Si ça se sait, elle va avoir un blème. Parfois, les liaisons sont dangereuses.

Faut que je chourave les diams avec mes boyz. Athos roule avec moi dans la caisse.

Le cardinal veut pas qu'on s'étouffe les pierreries. Les mousquetaires ont décidé de venir quand même : peuvent pas résister à l'aventure.

Ce cardinal, il est trop naze. Parie qu'il marave les mômes. Grand temps de lancer l'intox. J'espère que ça lui collera à la peau.

Il a kidnappé Constance ! Quel bouffon. Mon équipe va régler ça.

Euh, bon, euh, ouaiche. La mission de sauvetage s'est compliquée. On a tenté de me tuer. Personne connaît le moyen de bazarder un corps ?

Dirait que couper la tête et la tremper dans de l'Omo ça marche. Personne a lu *Dorian Gray* ou regardé *Les Soprano* ?

Chaque fois que je pars à l'aventure avec les trois mousquetaires, ça vire à la rigolade. Des corps partout. Avec eux, ça rigole pas.

Porthos adore les putes. Athos veut être cool à la ferme. Aramis, curé. Peut-être pas dû dire ces saletés sur le clergé et les garçonnets ?

Je vais être officier. Qui l'eût cru, cette comédie des erreurs, des corps et du sexe va conduire un pauvre garçon au titre d'officier.

Le genre picaresque est toujours plein de bonnes choses, hein ? Euh, parfois, la vie, c'est mortel. Et j'ai des nouveaux potes.

Twilight

Stephenie Meyer

Isabella Swan, 17 ans, emménage avec son père dans la petite ville pluvieuse de Fork, État de Washington. Elle rencontre au lycée un élève de sa classe, Edmund Cullen, vampire appartenant à une étrange fratrie composée de 2 filles et 3 garçons. Un amour partagé entre deux mondes emporte Bella et Edmund.

@LeDeuxièmeSex(iste)

Suis une ado, j'espère me faire des amis à ma nouvelle école dans ma nouvelle ville. Devrait être de la balle ! Oh, le temps pourri, un max.

Ouah, suis devenue trop tendance ! Total inversion de tendance, non ? Sauf que ce type ULTRA SEXE dit que je sens mauvais.

Prend des airs vulgaires, offensants avec ses yeux profonds et salaces. Trop cliché pour que je craque. Pourquoi lutter ? Il est trop bien.

Son visage m'incendie l'esprit, et ses mains me semblent façonnées par Dieu en personne. Je capitule.

Je le savais. Il veut juste qu'on soit amis. (Remarque, rien que pour ça, notre relation m'a l'air unique, maintenant.)

Donc, je sors marcher et BOUM, une voiture a failli me renverser, sauf que mon nouvel « ami » m'a poussée à l'écart, à mains nues.

Maladie qui refroidit la peau, coupe l'appétit, avec peur de la lumière ? *Vitiligo universalis*, façon Michael Jackson* ? Ou est-ce la mort ?

Le beau gosse est un vampire. Un peu évident, mais je ressens toujours une telle attirance hormonale. Un vrai aimant à chattes.

Ce jour, demandé s'il m'aimait seulement à cause de mes nibards. M'a dit non ; c'est l'odeur de mon sang. VDM.

L'aime bien : sait lire dans la pensée de tout le monde sauf la mienne. S'il pouvait arrêter de mater mes lolos. M'en fiche. Il est si sexe.

Prétend faire partie du club On-tue-pas-les-humains. J'espère qu'il dit pas ça juste pour coucher avec moi.

Un bouffon de vampire a essayé de me tuer. Menacé d'assassiner aussi ma mère. Vous voyez. Il y en a de l'action, dans cette histoire.

Ce sale vampire a réussi à me mordre, mais mon mec l'a buté et m'a guérie. Vite réglé. Bon, maintenant, on va pouvoir être ensemble.

J'espère qu'il mord pas pendant l'amour, ça me pomperait.

Oh, et ma famille, je lui dis quoi ? On peut pas présenter un vampire comme on présente un artiste ou un SDF.

* Dépigmentation. [N.D.T.]

Lui, c'est un vampire et moi, une humaine — va devoir la travailler, la relation. Suis prête à des sacrifices, pas à me sacrifier. Clair ?

Dernièrement j'ai un peu la vie d'une fille seule en plein fantasme sexe juvénile et c'est l'hallu. Mais au moins c'est arrivé ! En vrai !

@JeunesFilles Si un type est assez chaud, et si c'est un cinglé suceur de sang, ça le fait. Soumettez-vous et contentez-le. Bon coup.

Top que ça soit arrivé. Sinon, j'aurais fini à 40 ans, avec une bouteille de vin à deux balles et un paquet de problèmes persos.

Moby Dick

Herman Melville

Ismaël part à la chasse à la baleine à bord du Pequod, *commandé par le capitaine Achab. Le bateau ne chasse pas que les baleines. Achab traque aussi Moby Dick, un cachalot monstrueux qui lui a jadis arraché une jambe.*

@GrandeBaleineBlanche

Appelez-moi Ismaël. Vous pouvez m'appeler autrement si vous voulez, mais comme c'est mon nom, il serait logique de m'appeler Ismaël.

Vous savez ce que j'ai toujours désiré ? Travailler sur un baleinier. Je sais, j'ai été maître d'école, mais là, je veux tuer des baleines.

Rencontré un homme qui dit pouvoir me trouver du taf sur le bateau du capitaine Achab. Vais dans le Massachusetts pour voir.

Mon ami est un immense harponneur du Péloponnèse. Paraît que tous les harponneurs d'Achab en sont. Des lanceurs noirs africains. Problème ?

À bord. Il se passe un truc étrange. Le capitaine a une jambe taillée dans un os de baleine, et il a l'air de terroriser l'équipage.

Capitaine obsédé, veut trouver une baleine, Moby Dick. Me fait l'effet de la pire MST, si vous voulez mon avis. Désolé, pas pu résister*.

Achab veut chasser la baleine. Starbuck veut des entreprises de pêche plus rentables. Dispute. Passion écrase capitalisme. Va comprendre.

Appareillage. Suivez @starbuck, @queequeg : longs soliloques introspectifs sur l'âme humaine. Ou @tashtego si vous aimez les chatons**.

Les membres de l'équipage reflètent la quintessence de l'esprit américain sous toutes ses facettes. L'esprit de la grande Amérique ?

Il s'avère qu'Achab avait son équipage de baleinier secret. L'un des types m'a l'air de se la jouer, façon Raspoutine.

Quelqu'un suit @Pip ? C'est un malin. Vous croyez que je plaisante quand je parle d'un petit Noir super malin ? Ne riez pas, crétins.

Croisé d'autres bateaux. En général, on se marre, mais Achab, assez coincé, se borne à demander : « Ohé ! Vous avez vu Moby Dick ? »

Queequeg est très malade. Priez pour lui s'il vous plaît. C'est grave. En ce moment même, on lui fabrique un cercueil.

Peu importe. M. Q. ayant « changé d'avis », il va survivre. Le cercueil est reconverti en canot de sauvetage. Ironie !

* Jeu de mot sur *dick* (la queue, en argot) et l'obsession d'Achab. [N.D.T.]
** Ces personnages de matelots du *Pequod*, le baleinier d'Achab, sont des brutes au langage violent. L'introspection et la grâce féline sont ici purs sarcasmes. [N.D.T.]

Ha ha ! Quelqu'un a vu la baleine blanche. Il est temps que tout le monde STFU sur la condition humaine et qu'on passe à l'ACTION.

Repéré la baleine. On s'est mis en chasse. Je subodore que ce combat de géants ne va pas bien se terminer — pour nous.

Si sa poitrine était un canon, il aurait tiré son cœur sur cette baleine. L'inverse du but recherché. C'est l'intention ? Vous pigez ?

Pas cru que des baleiniers remplis de harponneurs chevronnés seraient à la rue face à une grosse bête de baleine. Mais bon. Fin de partie.

Fin de partie, tout le monde est mort sauf moi. Je dérive sur ce qui était censé être le cercueil de Queequeg. Comme j'ai dit, IRONIE.

Il fait genre froid par ici. Quelqu'un peut passer me prendre ? N'importe qui. S'il vous plaît ?

Don Quichotte

Cervantès

Bercé d'illusions alimentées par les nombreux romans qu'il a lus dans le passé, Don Quichotte de la Manche décide de partir sauver le monde avec son fidèle écuyer Sancho Pança. Tout à sa folie, il pourchasse les moutons, combat les moulins à vents et travestit le monde à l'image de ses rêves.

@DonQuichotte

Les gens disent que la privation de sommeil, l'isolement et trop de lectures m'ont rendu cinglé. Mais je réponds que nenni ! Nenni !!!

Je suis un noble chevalier et je mène une quête ! Où est ma fidèle cavale, Rossinante, comme un Bucéphale avec la syphilis ?

Je vais lui faire ma lèche à donf et donner à cette fille un petit surnom secret tout spécial, sans qu'elle le sache.

Je vais l'appeler Dulcinée. Pigé ? Genre Doulce du Néné.

Un château ! Pas de pont-levis. Plutôt miteux, si vous voulez mon avis. Je vais prier le taulier de me faire chevalier.

C'est pas bizarre que le proprio d'un château ait un costume tout rapiécé et une pipe en épi de maïs ? Pas trop classe, pour un roi.

Il m'a fait chevalier ! Si les dames demandent qui je suis, je répondrai : « Quichotte, Don Quichotte. » Des marchands ont insulté ma femme !

Le combat ne s'est pas bien terminé. Cet enfoiré de voisin m'a ramené chez moi.

Par les burnes de Merlin ! Un sorcier, à ce que prétend ma nièce, nous a dérobé notre bibliothèque par magie. Plus de livres pour moi. ☹

J'ai promis à un certain trouduc de Sancho Villa son île à lui s'il m'aidait à m'enfuir avec ma nièce, que je puisse poursuivre ma quête.

Me voilà parti pour mon périple !

QUE FABRIQUENT CES GROS GÉANTS GIGANTESQUES ? NOM DE DIEU ILS ONT QUATRE BRAS QUI TOURNOIENT !!!

Les gens me disent que je dois solder mes dettes, mais un Don, ça paie que dalle !

Ce jour un homme m'a dit « Don Quichotte, je voulais te remercier de m'avoir invité au mariage de ta fille le jour du mariage de ta fille. »

Pour la Justice, il faut s'adresser à Don Quichotte. OK, assez joké avec Dio Brando*.

* Dans le manga *Jojo's Bizarre Adventure*, paru en France chez J'ai Lu, Dio Brando et Justice sont deux « stands » : le premier est un vampire et le second revêt la forme d'un brouillard surnaturel dont l'épicentre est un crâne. [N.D.T.]

DONC ce jour, Santo Paco, Pablo, Taco Bell — peu importe son nom — m'amène trois paysans et me dit : « Voilà Dulcinée et ses servantes. »
Eh bien Pablo Panzo, tout ce que je vois, ce sont trois putains !! MENTEUR !!

Oh je me moque de qui, c'est un bol de barbier, pas un casque. Et ce canasson, il craint.

Je suis juste un Alonso avec ses illusions de grandeur*. Je ne me sens pas trop bien. L'heure de se mettre au lit, l'heure de dormir.

* Un Alonso : un Sud-Américain. [N.D.T.]

Les Contes de Canterbury

Geoffrey Chaucer

1380. Lors d'un pèlerinage au tombeau de saint Thomas de Canterbury, une troupe de voyageurs se lance dans une série de contes oraux. À travers les récits du Chevalier, du Meunier, du Régisseur, du Cuisinier, du Juriste, de la Bourgeoise, du Frère, de l'Huissier, de l'Universitaire et de la prieure, ce sont les questions cardinales de l'univers, du pouvoir, de l'argent, de l'amour, du sexe, de l'hypocrisie, de la science et du monde qui sont posées et restent ironiquement sans réponses.

@Poissond'Avril

On taille la route en caisse les gars. Qui vient avec nous ? Si vous avez besoin de guérison spirituelle, envoyez-moi un parchemin.

Un Chevalier et son fils. Le cheval de ce type est un vrai tank. Vaut mieux rester au large de son postérieur que se mettre en danger.

Ensuite il y a le Cavalier, si basané et plein de cheveux qu'il a l'air de Tom Hanks dans *Seul au monde*.

Il y a une Prieure. Méprise les Juifs. Curieux de voyager avec une antisémite. Dès qu'on s'ennuie, elle s'écrie : « Tuons quelques Juifs ! »

Et puis, elle devrait être charitable, mais elle aime manger. Elle est un peu hypocrite. Pas apprécié ma blague sur le couvent qui explose.

Il y a aussi le Frère. Il DÉTESTE l'Huissier, ils se prennent tout le temps la tête, ces deux-là.

Aujourd'hui, le Frère était du genre : « Hé, cet Huissier, il est pas mortel ? » Il est un peu SDF. Au fond, il sent.

Le Régisseur ne veut pas cesser de jacasser — toujours à interrompre les gens.

Nous avons aussi un Mercier dans notre groupe. L'ennui total. Il confectionne des chaussettes. Prouve pas non plus qu'il soit gay.

Oh, et la Bourgeoise de Bath. Vous parlez d'une femme, elle aime se faire enfiler jusqu'au fion.

Elle s'est fait trousser aux funérailles de son époux. Un homme lui a rempli le corps sur la tombe de sa femme. Malade dans sa tête, non ?

Elle doit avoir chopé pas mal de MST, CETTE « épouse » professionnelle. Tous les autres ont un titre, un job, et elle, c'est qu'une épouse ?

Le Meunier apprécie la sodomie. Il cause que de ça. Et que je te vente du cul par-ci, et que je te défonce le colon par-là.

Le Meunier n'aime pas la vulve de la femme, mais son fion. Il nous en a raconté une bonne avec un tisonnier chauffé au rouge.

Et ensuite il y a Chaucer. Même si sa vie était à ce prix, serait pas fichu de raconter proprement une histoire.

C'était si nul qu'il a fallu le faire taire. Il peut pas nous lâcher ?

Ça craint, ce voyage. Regrette ma N64*. S'ils en avaient une, à Canterbury… Paraît qu'y a aussi un prêtre fouineur. Risque d'être fun.

* *Nintendo 64*, très ancienne console de jeux vidéo. [N.D.T.]

Sgt Pepper's Lonely Heart's Club Band

THE BEATLES*

Album-opéra écrit en 1967, où les Beatles se projettent dans un groupe de rock fictif. L'album, construit comme un concert retransmis en direct à la radio, fut le premier à marier les techniques de l'enregistrement multipistes, les truquages sonores qui firent la signature du groupe (feuilleté vocal, enregistrements passés à l'envers, au ralenti, en accéléré, etc.) et à s'appuyer sur la technique du Wall of Sound inventée par le producteur Phil Spector. Son enregistrement prit sept mois.

@JohnPaulGeorgeRingo~~Pete~~**

*It was 20 years ago today, Sgt Pepper taught the band to play****. Pepper = Brian, le démon auquel on a vendu notre âme pour la gloire*****.

Quelqu'un suit @BillyShears****** ? Il remplace cet ami à nous, vous savez, notre ami qui n'est… plus avec nous. Mais ne le dites à personne.

* Ces *tweets* détournent les paroles des chansons de l'album. Il est impossible de citer ici toutes les références à l'original. [N.D.T.]

** ~~Pete~~ désigne Pete Best, le premier batteur des Beatles, remplacé par Ringo Starr. [N.D.T.]

*** Première phrase de l'album. « Voilà 20 ans jour pour jour, le sergent Poivre apprenait la musique à son groupe. » [N.D.T.]

**** Brian Epstein, premier producteur des Beatles (Paul McCartney : « Le 5e Beatle, c'était lui. »). Epstein était visionnaire, gay, et il est mort d'overdose en 1967, quelques semaines après la sortie de l'album. [N.D.T.]

***** Le leader du *Sgt Pepper's Lonely Heart's Club Band*, alias Ringo Starr. [N.D.T.]

C'est trop ouf de traîner avec ses potes. Rouler en bagnole, essayer d'être quelqu'un, rigoler, fumer un oinje, c'est l'hallu.

Ce matin mon gamin déchaîné tenait à me montrer le tableau qu'il avait peint. À la place, décidé de prendre du LSD. Je vois des Japonaises.

J'allais écrire un poème en tétramètres dactyliques, mais je me suis défoncé. Et me voilà avec des perles de verre autour du cou*.

J'ai longtemps été vagabond et brutal. Total déchiré, total défoncé, je battais ma femme. Mais là, ça va mieux. Enfin, c'est pas pire.

Ce matin mon père veut que je répare un trou dans le toit. Si je suis charpentier, lui, c'est un morse. Le vrai Paul va-t-il se montrer** ?

Mais ensuite Paul McCartney a dit – que dalle, crétin, Paul McCartney est mort. Son cadavre est sous clef dans ma cave.

Ma voisine a fugué de chez elle ce matin, avant l'aube. Vingt livres qu'elle va finir dans la traite des Blanches.

Mes parents m'ont emmené au cirque. Vu un cheval impressionnant, et un homme exécuter des sauts carpés dans des cerceaux de feu.

* Les premiers vers de *Lucy in the Sky* sont des tétramètres dactyliques, alexandrins dont une syllabe sur trois est accentuée (« PIcture yourSELF in a BOAT on a RIVer with TANgerine TREES and MARMelade SKI-es »). S'il avait écrit ce tétramètre, John Lennon aurait ramassé des diamants. Étant défoncé, il ne ramasse que de la verroterie. [N.D.T.]

** Référence à l'épisode du Morse et du Charpentier dans *À travers le miroir*, de Lewis Caroll, et au canular « Paul is dead » imaginé par les fans et entretenu par les Beatles. Sur la pochette de *Magical Mystery Tour*, Paul portait un costume de morse et, dans le langage codé de l'époque, un morse était un mort. [N.D.T.]

Voulais acheter une voiture aujourd'hui. Distrait, j'ai acheté un sitar à la place. Super instrument pour fausse profondeur, qui a l'air d'une grosse queue.

Demandé à ma femme si elle me quitterait quand je serais un alcoolique enragé de 64 ans. M'a dit : risque pas, vivrai jamais aussi vieille.

Vu une femme seule, habillée en soldat. C'est une contractuelle. S'appelle Rita. Je crois que je vais prendre son cœur en remorque. Navré.

Quasi baisé dans le canapé avec les deux sœurs de Rita. À moins qu'un quatuor ne se prépare, c'est assez bizarre.

Bonjour, twittersphère !

Bon, j'aimerais twitter encore, mais hélas on m'a dit qu'il était temps de filer — l'Internet, ça ne dure qu'un temps, vous savez ?

Coincé dans le trafic. Tout le monde mate ce mec. 'de Dieu, sa tête me dit quelque chose.

Me suis réveillé, coiffé, chopé le bus, j'avais la monnaie. Au boulot à l'heure, coulé un bronze, un oinje et une sieste. Ma vie ordinaire.

GGGGGOOOOONNNNNNGGGGG, bzz, bzzz, bzzzz — combien de temps je dois tenir cet accord de piano après la fin de l'album… ?

GUIDE DES TERMES OBSCURS ET ÉSOTÉRIQUES

@pour les ennemis du progrès et nos aînés, qu'ils puissent aimer et comprendre l'humour et les jeux de langage de ce livre

2 et autres chiffres À lire comme cela se prononce. Phonétique new look. « 2manD » = demander. « D6D » = décider. « Koi29 ? » = Quoi de neuf ?

</3 – Cœur brisé. Oh là là ! J'avais jusqu'ici dans ma poitrine un organe pétri de l'amour le plus doux et le plus pur que j'étais prêt à donner, mais les circonstances me l'ont arraché, me l'ont déchiqueté ! Autre version : ton commentaire sur ma photo était un peu agaçant, mais je préfère le prendre super à l'ironie, parce que je suis pas le genre d'idiot à mettre un cœur en émoticon. D'accord ?

<3 Bon sang ! J'avais beau croire que mes yeux connaissaient bien cette Terre à force de la contempler, il est clair que je m'étais aveuglé. Aveuglé jusqu'au jour où j'ai posé le regard sur cette image ravissante, objet de mon affection — à partir de cette minute, je vais l'adorer sans réserve pour le restant de mes jours. Ou bien encore : ton commentaire sur ma photo était assez sympa, mais j'ai tendance à le prendre super à l'ironie, parce que je suis pas le genre d'idiot à mettre un cœur en émoticon. D'accord ?

#mots un dièse (#) signale un message destiné à un certain groupe ou à un thème et se retrouve sur les listes comprenant tous les messages précédés de ce dièse.

@Nom d'utilisateur Le pseudo d'un membre de Twitter.com. Repris dans un message, il adresse ce message à cette personne.

Alerte orange Alerte enlèvement en France. Dans sa version californienne, dès qu'il y a enlèvement d'enfant, la marque, le modèle et la plaque d'immatriculation de la voiture du ravisseur apparaissent sur les panneaux d'affichage lumineux des autoroutes. Ce système est censé peser sur la conscience du criminel chaque fois qu'il prend l'autoroute.

Ana, Mia, Bug Les trois grandes maladies de l'image corporelle : anorexie nerveuse, boulimie et se transformer en insecte géant (voir *La Métamorphose*).

Baiser, sauter, s'enfiler, etc. L'expression charnelle de l'esprit vénérien. Se pénétrer et consommer la sainte affection jusqu'à la lie, faire l'amour, s'envoyer en l'air.

BFF *Best friends forever* (Amis pour toujours). En fait, l'emploi de ce terme est un bon signal d'appartenance à la population des filles de 11 à 15 ans / fans des Jonas Brothers. En d'autres termes, la « meilleure amie » deviendra une « totale pétasse » dès que votre petit ami la mettra en cloque. Et tant pis pour le « toujours ».

Bobo (Hipster) Un jeune homme incroyablement branché. Très ironique, extrêmement insaisissable — tandis que les contre-cultures du passé se laissaient fièrement identifier, le hipster (bobo) est un expert du code masqué. Il affiche son statut de bobo dans sa tenue vestimentaire, ses moyens de transport, ses goûts et ses cigarettes, tout en niant son statut de *hipster* (bobo). Au point que l'on finirait par croire qu'ils n'existent pas. Tout est dans la sémiotique. Profond, non ?

Bromance Union des esprits chez deux messieurs hétérosexuels. Ils se rendent ensemble partout, se vernissent les ongles mutuellement et veillent tard, buvant des bières et échangeant leurs secrets. Mais leur relation n'a rien de sexuel. Rien. Du. Tout.

BTW *By the way* (Au fait, par exemple). Au fait, je te dis ça parce que ça me revient, et j'espère que tu ne relèveras pas. Mais je me sens coupable, alors il faut que je te dise, j'ai copulé avec ta sœur.

Cock-Block, cock-blocage Comme on le sait, pour que le coït survienne, le phallus doit s'introduire dans la matrice. Donc, le « cock-blocage » consiste à empêcher, par un moyen physique ou métaphorique, le phallus d'achever sa course — généralement en « cassant le coup du voisin ». Ce sport est très prisé des homosexuels et des messieurs nourrissant une colère secrète contre leur petit camarade, qui a eu le culot de courtiser une femme qu'ils se sont eux-mêmes bornés à admirer de loin.

Cousin Un type ordinaire. Porte des T-shirts ordinaires. Aime le foot le dimanche. Kiffe le barbecue et la bière. Te versera du Rohypnol dans ton verre et te violera dans la résidence de sa fraternité étudiante s'il en a l'occasion.

Crunk *Crazy drunk* (Ivre ouf). Le *crunk* est aussi une variante de hip-hop du Sud des États-Unis.

CTFO *Chill the fuck out* (On se calme).

D Nomd'utilisateur Similaire au @Nom d'utilisateur, mais pour un message direct, plus privé.

DTF *Down to fuck*, De toute façon, Dans ta face. Par exemple : « Je viens juste de voir cette femme franchir la porte, mais si elle devait s'approcher de moi et me demander très directement : "Vous voulez m'accompagner à mon appartement pour une séance de sexe ?", je répondrais : "Ben tiens ! Après tout, je suis DTF." »

Échec épique (*epic fail*, jeu des sonorités sur *epic tale,* ou épopée). Formule répandue sur Internet qui décrit le tour ironique que peuvent prendre les événements. Un échec aux dimensions si colossales qu'il inspirera les poètes pour les siècles des siècles.

ÉMO Émotionnel. Par exemple, le lycéen de premier cycle qui adore porter des lunettes à grosses montures, toutes noires, des jeans moulants et qui écoute Dashboard Confessional. Pas assez vieux pour être un jeune homme dans le vent ou pour afficher une apathie chic à la Dostoïevski. L'ado émo a quatorze ans, il a compris qu'il appartenait au monde de la petite bourgeoisie des banlieues résidentielles qui fréquente les écoles privées — le plus angoissant et le plus oppressant qui soit. Et il tient à ce que tout le monde le sache.

Flickr Site Web où des milliers de membres aspirent à devenir le prochain grand nom de la photographie téléchargée. Un enthousiasme illimité pour un nombre d'images illimité, prises avec l'appareil numérique que papa et maman leur ont acheté. Illimité jusqu'au mois prochain.

FML ou VDM *Fuck my life* ou Vie de merde. Viedemerde.fr, blog français qui chronique les désagréments de la vie quotidienne.

Chaque VDM envoyée par un membre du site est commentée par les autres membres. En janvier 2009, le site naît en version anglaise : c'est F My Life (FML).

Freud, Sigmund Infâme cocaïnomane et pédéraste. Et point de départ commode pour toute plaisanterie autour du sexe, de la mère ou (de préférence) d'une combinaison des deux.

Friandise des narines Cocaïne.

FTW *For the win*. Pour la gagne. Se lancer à fond dans une entreprise, avec exubérance. Pour la gagne exprime la grandeur de la chose. « Je suis allé faire une séance d'UV et je me suis étalé dix flacons d'huile solaire sur le corps — pour la gagne. »

GTFO, ou VTF *Get the fuck out,* ou Va te faire foutre. « Monsieur ! Ce bâtiment est en feu, et les hommes qui sont venus éteindre ces flammes sont en fait des assassins qui ont conclu un pacte du sang pour vous torturer et vous tuer. Et puis j'ai besoin d'un peu d'intimité, que ce ne soit pas gênant quand votre toute récente ex-girlfriend sortira de ma salle de bains juste vêtue d'un drap. En bref, VTF ! »

iPhone Appareil électronique. C'est ce qui est arrivé de mieux à l'humanité (quoi ? Vous ne le saviez pas ? Quel looser...) depuis que Moïse est allé chercher les tables de la Loi au pied du mont Sinaï.

IRL *In real life*. Dans la vraie vie, par opposition à la vie imaginaire où vous agissez dans le numérique, manière de compenser vos insuffisances physiques, mentales et artistiques, dans vos rencontres au jour le jour et face à face.

Ironie Auparavant, cet outil rhétorique servait à exacerber avec humour les tensions de la vie et du langage, et à démasquer les hypocrites et les sots. Aujourd'hui, c'est le prétexte fourre-tout qu'emploient les hypocrites pour justifier leur incapacité à faire preuve de goût et de discernement, ou même de la moindre faculté critique.

LOL, ou MDR *Laugh out loud,* ou Mort de rire. L'Internet, c'est le monde du texte froid. Souvent, tout ce qui est important — le rire, les larmes, le ton, l'expression — s'y perd. Le remède, ce sont ces acronymes rapides qui permettent à l'interlocuteur de saisir l'état d'esprit où vous êtes.

LSD Initiales d'une chanson célèbre de la pop culture anglaise des années soixante *[Lucy in the Sky with Diamonds]*. Avec arrangements instrumentaux expérimentaux et paroles écrites en hexamètres dactyliques, elle a grandement influencé la musique populaire du reste du siècle.

Lulz La quintessence de la comédie du Web. Quand plusieurs LOL, émanant de millions de claviers dans le monde, se relient tous, un puissant réseau métaphysique se forme et répand l'hilarité. C'est le Lulz.

MILF Femme d'un certain âge. Littéralement, *Mother I'd like to fuck* (une mère que j'aimerais sauter). Pas le style de langage à employer avec la mère de quiconque. Pas plus que votre pénis, d'ailleurs.

NM (ou N/M) *Never mind* (Laisse tomber).

OMG *Oh my God!* Sous ton aimable direction planétaire, mon Dieu, j'ai un peu les nerfs de constater qu'une situation comme celle que j'ai là sous les yeux soit ton œuvre, et donc je m'adresse à toi pour solliciter tes explications et ton réconfort. *Oh My God!*

Pinko Un communiste. Ou un socialiste. Je ne sais plus trop quelle est la différence, mais si vous voulez mon avis, ils ne font pas de bons Américains, ni l'un ni l'autre.

Poudre colombienne Cocaïne.

Poudre miracle Cocaïne.

Quelques lignes Cocaïne.

ROFL, ou MPTDR Parfois, un simple LOL (MDR) ne suffit pas. Relevant la barre du comique encore bien plus haut, *Rolling on the floor laughing* (Par terre de rire ou Pété de rire) est de premier abord un défi à l'honnêteté, vitale pour les expressions textuelles de l'émotion. On l'aura compris, l'auteur est assis bien sagement devant son clavier et c'est en esprit qu'il se contorsionne par terre, possédé par une hilarité contagieuse.

Rouquin Individu aux cheveux orange ou rouges. Cela n'a rien d'étrange, mais l'idée que sa toison pubienne soit elle aussi rouge vif fait infiniment rire certaines personnes, ce qui a généré tout un esprit comique autour de ces pauvres poil-de-carotte.

Sniff Cocaïne.

STFU *Shut the fuck up* (Ferme ta gueule). Vraiment.

STP S'il te plaît. Sans les voyelles, ces mots perdent un peu de la sincérité et de la volonté que traduit d'ordinaire cette demande, qui réclame d'être formulée en un langage si poli. En revanche, l'autre apprécie la brièveté qui permet de passer plus rapidement à l'acte désiré.

Tweet C'est le pépiement des oiseaux. Désigne le message express posté sur Twitter.com – « Bien sûr que je suis au courant du fils Sarkozy. J'ai tweeté là-dessus hier ! Tu ne me suis pas ? »

TXT Texto, envoyer un. En général au volant, puisque téléphoner en conduisant est illégal. Quitter la route des yeux pour taper sur un petit clavier est bien plus sûr, évidemment.

VD *Venereal Disease* (MST). Infection ou virus, généralement cause de folie et de mort, ou d'une difformité physique extrêmement inconfortable, que l'on contracte suite à un contact sexuel. Sujet sensible, car Notre Seigneur Dieu déteste le sexe et a donc répandu de tels malheurs sur la Terre pour en décourager la pratique.

Web MD Dans la pratique, un site Internet regorgeant de connaissances médicales issues à la fois de manuels et de professionnels, contribuant grandement à la dissémination d'informations médicales utiles. Il sert de guide à ceux qui cherchent un conseil médical sans avoir à se déplacer chez un docteur en chair et en os. C'est l'endroit rêvé pour les hypocondriaques, qui consacrent des heures à leur obsession : inventorier toutes les manières qu'ils auraient de mourir.

WTF *What the fuck ?!* (C'est quoi ce bordel ?!)

YouTube La même chose que la télévision, sauf que c'est gratuit, interactif, accessible à tout le monde, avec plus d'un million de titres à regarder. Enfin, jusqu'à preuve du contraire, rien de regardable non plus.

Remerciements

On pourrait dire bien des choses sur l'écriture d'un livre, qui n'est jamais un travail solitaire. On pourrait noircir des pages et des pages d'encre, saluer les contributions de ceux qui nous ont aidés et confortés dans ce périple : offrir au lecteur la sagesse des siècles. Sans oublier un petit clin d'œil à ceux qui auront eu le beau geste de s'aventurer dans ce volume. En revanche, tout cela nous aura appris au moins une chose : notre époque se définit par un esprit de brièveté et, pour cette raison, nous nous sentons tenus à la simplicité.

Ce livre n'aurait pas été possible sans :
Brian DeFiore, John Siciliano, Yen Cheong, Will Hammond, Joe Pickering, Mary Pachnos, André et Susan Aciman, Susan Peterson et David Rensin.

Nous souhaitons aussi remercier :
Michael et Phillip Aciman, Michael Berlin, Elise Biggers, Hana Hawker, Rebecca Roberts, Emily Beyda, Matthew et Nicholas Engel, Harry May-Kline, Marcella Zimmerman, Djobi Rojas, Ulysses Pascal, Arpy Sarkissian, Daniel Gaines et le Seigneur Jésus Christ, Amen.

Et bien sûr des remerciements tout particuliers à tous les grands écrivains — ceux qui figurent dans notre livre et les autres — de Homère à Joyce et Meyer, dont le stylo et la plume ont guidé notre pensée sur les chemins risqués de l'illumination.

* * *

L'éditeur remercie les éditions du Seuil et les éditions Gallimard pour l'usage d'extraits des œuvres suivantes :
La Terre Vaine, T.S. Eliot, « Poésie », Le Seuil, 1969.
La Divine Comédie, Dante, « La Pléiade », Gallimard, 1965.

Table

Chez le même éditeur

Les Crimes de Monsieur Kissinger – Christopher HITCHENS (2001).
La Vie rêvée des maths – David BERLINSKI (2001).
Ces comédiens qui nous gouvernent – Arthur MILLER (2002).
Lettres à un jeune rebelle – Christopher HITCHENS (2002).
Le Djihad américain – Lewis LAPHAM (2002).
Lettres de France, après le 11 septembre – Jean DANIEL (2002).
Dans l'œil du compas – Leonard MLODINOW (2002).
Le Vrai Saddam Hussein – Saïd K. ABURISH (2003).
Notre route commence à Bagdad, par les faucons de la Maison-Blanche – Lawrence F. KAPLAN et William KRISTOL (2003).
Les Anglais, portrait d'un peuple – Jeremy PAXMAN (2003).
Yasser Arafat – Saïd K. ABURISH (2003).
Jean Daniel, observateur du siècle – collectif (2003).
30 Jours au cœur du système Blair, Downing Street en guerre – Peter STOTHARD (2003).
L'Europe en otage ? Histoire secrète de la Convention – Alain DAUVERGNE (2004).
Que sont les grands hommes devenus ? – Jacques JULLIARD (2004).
L'Amérique bâillonnée – Lewis LAPHAM (2004).
Le Roman noir de la Maison-Blanche. Les révélations de Paul O'Neill, ex-secrétaire au Trésor – Ron SUSKIND (2004).
Le Clan Aburish, une saga palestinienne – Saïd K. ABURISH (2004).
Comment l'Europe va sauver l'Amérique – Charles A. KUPCHAN (2004).
Comment peut-on être américain ? – Henry Louis MENCKEN (2004).
L'Autre islam. Au cœur de l'univers chiite – Lilli GRUBER (2005).
Le Vice au pouvoir. La biographie de Dick Cheney – John NICHOLS (2005).
Maudits Français ! Trois siècles de relations tumultueuses entre la France et l'Amérique – John J. MILLER et Mark MOLESKY (2005).

La Dynamique du Japon. Histoire de la première modernité d'Asie – collectif dirigé par Jean-François SABOURET (2005).
Ils racontent la mondialisation. De Sénèque à Lévi-Strauss – anthologie par Laurent FERRI (2005).
Mr China. Comment perdre 450 millions de dollars après avoir fait fortune à Wall Street – Tim CLISSOLD (2006).
Psychanalyse de l'antilibéralisme. Les Français ont-ils raison d'avoir peur? – dirigé par Christian STOFFAËS (2006).
À la Maison de verre. L'Onu et ses secrétaires généraux – dirigé par Romuald SCIORA, préface de Jacques CHIRAC (2006).
La Terre est plate. Une brève histoire du XXIe *siècle* – Thomas FRIEDMAN (2006).
Le Grand Désastre mondial – George SOROS (2006).
Une brève histoire des maths – David BERLINSKI (2007).
L'Europe tragique et magnifique. Les grands enjeux européens – Jacques DELORS et Notre Europe (2007).
Kidnappés par la CIA. Les charters de la torture – Trevor PAGLEN et A. C. THOMPSON (2007).
Nous les Allemands. Vous pouvez nous aimer – Matthias MATUSSEK (2007).
La Vie des autres. Le film qu'il faut lire – Florian HENCKEL VON DONNERSMARCK (2007).
Nous et le reste du monde – Claude REVEL (2007).
Poutine – Le Parrain de toutes les Russies – Jean-Michel CARRÉ (2008).
Origines – L'esprit, la vie, la matière – David BERLINSKI (2008).
France-Europe – Le Bal des hypocrites – Thierry CHOPIN (2008).
Le Second Rebond de la balle. Transformez vos risques en opportunités – Ronald COHEN (2008).
La Terre à l'envers: trop plate, trop chaude, trop de monde – Thomas FRIEDMAN (2009).
L'Art d'être infidèle – Paris – New York – Tokyo – Moscou – Pamela DRUCKERMAN (2009).
Petits secrets et grandes intrigues. Complots, mensonges et trahisons à la Commission européenne – Derk-Jan Eppink (2009).
Dieu n'est pas mort. La science n'explique pas tout – David BERLINSKI (2009).

L'Empire américain. L'heure du partage – Fareed ZAKARIA (2009).
L'Irrésistible Ascension de l'argent. De Babylone à Wall Street – Niall FERGUSON (2009).
Les Américains à Paris. Vie et mort sous l'Occupation nazie 1940-1944 – Charles GLASS (2010)

Achevé d'imprimer sur les presses
de l'imprimerie Corlet
à Condé-sur-Noireau
pour le compte des
éditions Saint-Simon
en mars 2010

Imprimé en France
N° d'impression : 127559
Dépôt légal : mars 2010
ISBN 978-2-915134-47-6
957 439-5

Die Schöne und der Alligator

Auf den Spuren des tot geglaubten Rechtsanwaltes Siddi verschlägt es den Alligator nach Sardinien und tief hinein in die verzweigte Welt der Geheimdienste, des internationalen Drogenhandels und des Terrorismus. Doch die tödlichste Gefahr für den sonst so unnahbaren und rauen Privatdetektiv, Liebhaber von Calvados und melancholischem Blues, ist die schöne Gina, deren grausames Spiel er zu spät durchschaut …

Massimo Carlotto wurde 1956 in Padua geboren und lebt in Cagliari. Nach «Die Wahrheit des Alligators», 1998 bei Lichtenberg erschienen, ist dies der zweite Auftritt seines Serienhelden, der autobiographische Züge besitzt, denn auch Carlotto hat als Opfer eines Justizirrtums sechs Jahre im Gefängnis gesessen. Seine Geschichte hat in Italien für viel Wirbel gesorgt.

Massimo Carlotto

Die Schöne und der Alligator

Roman

Aus dem Italienischen
von Barbara Kleiner

Scherz

Besuchen Sie uns im Internet:
www.scherzverlag.de

Veröffentlicht im Scherz Taschenbuch,
ein Verlag der S. Fischer Verlag GmbH,
Frankfurt am Main, August 2003

Taschenbuchausgabe
Die Originalausgabe erschien 1997
unter dem Titel «Il mistero di Mangiabarche»
bei Edizioni e/o, Roma

Umschlaggestaltung: ja DESIGN, Bern: Julie Ting & Andreas Rufer
Umschlagbild: Getty Images, München
Satz: H & G Herstellung, Hamburg
Druck und Bindung: Ebner & Spiegel, Ulm
Printed in Germany

ISBN 3-502-51908-0

Für Eleonora und Angelo ...
nicht mal die Zeit, einander ciao zu sagen

A tottus is amigus de sa Sardegna
e de sa Corsica

A cussa picciocca de Is Meris.

Ein erster Sonnenstrahl bahnte sich seinen Weg durch die dichten Kronen der Pinien und jahrhundertealten Steineichen und warf einen schwachen Schein auf ein kleines Reh, eine feine Ziselierarbeit auf einem Gewehrkolben. Der Mann, der die Waffe im Arm hielt, machte mich mit dem Nagel seines Zeigefingers darauf aufmerksam.

«Wenn der Hirsch Majestät symbolisiert und das Wildschwein Kraft», flüsterte er, «so steht das Reh für Grazie und Sanftmut... Das Jagdwild par excellence, das am schwersten und aufregendsten zu jagen ist, denn es ist das scheueste Tier des Waldes: Sein Gehör ist überaus fein entwickelt, genauso der Geruchssinn und das Gehör. Der Lärm eines Flugzeugs ist ihm völlig gleichgültig, aber schon das Knacken eines Astes versetzt es sofort in Alarmbereitschaft. Die Jäger müssen vor Sonnenaufgang Position beziehen und sich dabei gegen die Windrichtung stellen. Das Reh taucht plötzlich auf, wie ein Gespenst im morgendlichen Zwielicht, und man muss blitzschnell entscheiden, ob es sich lohnt, es zu erlegen...»

Er sah mir direkt in die Augen, um die Wirkung seiner Worte zu prüfen. Ich nickte mit dem Kopf. Zufrieden zog der Mann aus einer der vielen Taschen seines Overalls ein langes Fernrohr und befestigte es mit wenigen sicheren Handgriffen an der Waffe. Dann legte er es ans Auge, um den Brennpunkt einzustellen. Es war auf die Lichtung zwischen Haus und Schweinestall gerichtet, zweihundert Meter weiter unten, die inzwischen ganz im Sonnenschein des neuen Tages lag.

Er entsicherte das Gewehr, aber da keinerlei Veränderung in der Umgebung stattgefunden hatte, setzte er sich auf einen Stein und fand sich damit ab zu warten. Die scheinbar lockere Haltung widersprach der Anspannung seines Blicks, der inmitten von Falten die Lust verriet, den Hahn abzudrücken, das Krachen des Schusses auszukosten, das die Stille des Waldes gewaltsam zerreißen würde. Die anderen Jäger hatten im Halbkreis

Stellung bezogen, ebenso reglos und still warteten sie ab, um jeden Fluchtversuch zu verhindern.

Aus dem Kamin des Steinhauses stieg eine dünne Rauchsäule auf. Es vergingen ungefähr zehn Minuten, dann trat ein kleiner, untersetzter Kerl in Schäferkleidung aus dem Haus. In der Hand einen Eimer mit Schweinefutter, im Mund eine eben angezündete Zigarette.

Der Jäger kniete nieder und nahm ihn einen Moment lang ins Visier. Meiner Aufmerksamkeit gewiss, fuhr er in seiner kurz zuvor unterbrochenen Rede fort. «Bei einem so edlen Jagdwild», flüsterte er, «ist die Wahl der Waffe ausschlaggebend: Das Gewehr darf fairerweise nur einen Schuss haben, und sein Kaliber darf die Beute nicht beschädigen. Dieser Karabiner hier ist sehr alt, ein Henry Martini aus dem englischen Heer. Er kam 1880 in Afghanistan bei der Eroberung der Festung Kandahar zum Einsatz... Ein Jahrhundert später haben die afghanischen Heckenschützen ihn verwendet, um mehr als einen sowjetischen Soldaten zu töten...»

Dann schwieg er, zielte und schoss. Der Eimer flog durch die Luft, das Männchen wurde zu Boden gerissen, das rechte Knie von der Kugel durchbohrt. Der Jäger hatte Recht: Man hätte den Schuss sauber nennen können. Wäre da nicht reichlich Blut aus der Wunde geflossen, hätte man meinen können, er habe sein Ziel verfehlt.

Es war wieder still im Wald. Von fern hörte man den immer schwerer werdenden Atem des Verletzten, der ins Haus zurückzukriechen versuchte.

«Einmal verletzt», fuhr der Mann fort, während er seelenruhig eine weitere Kugel einlegte, «versucht das Reh, so schnell wie möglich an eine Wasserstelle zu gelangen, um den Schmerz zu lindern und seine Fährte zu verwischen. Durch einen Schuss in die Wirbelsäule oder die Hüfte bricht es sofort zusammen. Ein verletztes Bein hingegen hindert es nicht, trotz der Schmerzen die Flucht zu versuchen...»

Der Finger drückte auf den Abzug, und noch bevor ich den Schuss vernahm, konnte ich sehen, wie der rechte Ellbogen des Schäfers zerbröselte wie trockenes Gebäck. Diesmal blieb der Verletzte reglos liegen und stöhnte laut, das Gesicht ins feuchte Gras gedrückt.

Ich sah mich um. Die anderen Jäger hielten ihre Maschinengewehre auf das Haus gerichtet. Wie bei ihrem Chef waren die Gesichter unter blauen Schalmützen verborgen, und sie trugen alle Overalls in derselben Farbe. Nur Benjamino – mein Partner – und ich waren weder maskiert noch bewaffnet.

Der Jagdunterricht ging weiter. «Das Reh ist ein Herdentier und sehr neugierig: Wenn eines der Männchen sich von der Herde entfernt, laufen die anderen ihm sofort hinterher, um es zu suchen … Und das ist äußerst gefährlich …»

Ein Schrei unterbrach ihn. Ein zweiter Mann, jünger und größer als der erste, kam mit einem Gewehr bewaffnet aus dem Haus gelaufen. Er erreichte seinen im Gras liegenden Freund. Wie um ihn zu beschützen, trat er zwischen ihn und den Wald und begann auf die Pinien, die Eichen, auf die Angst zu schießen. Die Jäger machten keinerlei Anstalten, sich in Deckung zu bringen. Der neu Hinzugekommene hatte eine Zwölfkaliber-Halbautomatik-Schrotflinte, und auf diese Entfernung konnte die allenfalls den Baumrinden etwas anhaben.

Er verschoss die fünf Schrotpatronen und lud zweimal nach. Dann warf er das Gewehr zu Boden und zog einen Revolver aus der Tasche. Er verschoss alle sechs Kugeln, dann schleuderte er ihn zwischen die Bäume und schrie noch lauter, bis ihm mit einem Röcheln die Luft wegblieb. Dann senkte er den Kopf und blieb reglos stehen, still – und erwartete die Kugel.

Fünf endlose Minuten lang geschah gar nichts. Schließlich legte der Jäger an. Zweimal: Die erste Kugel zerschlug den rechten Oberschenkel des Jungen, die zweite zertrümmerte den linken.

Der junge Mann schrie noch lauter. «Rehe haben mehr Würde», kommentierte der Jäger angewidert und schoss wieder, um ihn zum Schweigen zu bringen. Diesmal war der Schuss tödlich, er drang durch die rechte Wange ein, erfasste Zähne und Stücke der Zunge und trat auf der linken Seite des Gesichts wieder aus. Der Kopf zerplatzte wie eine Wassermelone, die aus dem sechsten Stock auf den Boden fällt.

«Wir haben die Handlanger erwischt», rief der Mann zu mir und meinem Partner gewandt. «Die, die uns interessieren, müssen schon seit ein paar Stunden weg sein ...»

«Gilt unsere Abmachung nach wie vor?», fragte ich.

«Sicher», antwortete er. «Wenn wir sie finden, könnt ihr sie vernehmen, bevor wir sie hinrichten.»

Zum ersten Mal machte Benjamino den Mund auf «Denen hier stellt ihr keine Fragen?» Er deutete auf die beiden Verletzten.

«Tiere können nicht reden», antwortete der andere verächtlich.

«Sie haben immerhin ein Recht auf den Gnadenschuss», bemerkte ich.

«Das hat Zeit.», erwiderte er mit rauer Stimme. Er kam näher und sah mir direkt in die Augen. «Wie lang hat mein Bruder zum Sterben gebraucht?», fragte er.

«Zu lang», antwortete ich ruhig.

«Und er, hat er den Gnadenschuss bekommen?»

«Nein», räumte ich ein.

«Dann sollen sie gefälligst auch warten mit dem Sterben. Danach werden sie begraben. Meinem Bruder war nicht einmal das vergönnt: Sie haben ihn den Schweinen vorgeworfen ...»

Der Mann war erregt, innerlich von einem tiefen, verzehrenden Schmerz aufgewühlt. Der Jagdunterricht, an dem wir eben teilgenommen hatten, war der deutlichste Beweis dafür.

Ich versuchte, ihn zu einer Reaktion zu bewegen. «Was für ein schrecklicher Brauch, eure Vendetta!», rief ich in abschätzigem Ton.

Er richtete das Gewehr auf meine Magengrube. Benjamino

zuckte zusammen: In seinem Blick las ich Zweifel an meiner Zurechnungsfähigkeit und Verärgerung darüber, dass er nicht bewaffnet war.

Ein paar Sekunden lang maßen wir uns mit Blicken, dann ließ der Jäger das Gewehr sinken und entgegnete mit einem Kopfnicken: «Was wollt ihr. Man tut nur seine Pflicht.» Dann war die Wut verflogen, und müde setzte er hinzu: «Ein literarisches Zitat, italienischer Freund, aber Maupassant hat nie auch nur die Bohne von unserer Insel begriffen.»

Er trat beiseite und befahl einem Teil seiner Leute, ins Haus einzudringen. Wie erwartet war niemand mehr da. Draußen hatte ein Grüppchen angefangen, eine breite und tiefe Grube auszuheben. Wenige Meter davon entfernt mähte ein Mann mit einer einzigen Gewehrsalve sämtliche Schweine im Koben nieder.

«Sie werden sie zusammen mit den Schweinen begraben.»

«Sie haben es nicht anders gewollt», bemerkte Benjamino.

Jemand winkte uns heran. «Wir zünden jetzt gleich das Haus an, wenn ihr euch noch mal umschauen wollt...»

Wir traten in einen Raum, den einzigen im Haus, wo es nach Rauch und Schafskäse roch. Vier Feldbetten, ein langer Tisch, ein paar Stühle, eine Kredenz, ein Schrank und der Kamin. Die Jäger hatten alle Gegenstände, die ihnen interessant erschienen, auf dem Tisch aufgehäuft. In einer Plastikfolie fand ich ein Foto – der ältere Schäfer in Gesellschaft einer lächelnden, dicken Frau mit drei Kindern an ihren Rockzipfeln – und ein vierfach gefaltetes Blatt karierten Papiers. Ich faltete es auseinander. Mit der unsicheren Schrift eines Erwachsenen, der die Grundschule nicht beendet hat, hatte jemand einen scheinbar sinnlosen Satz darauf geschrieben, ohne Abstand zwischen den Wörtern zu lassen: Mangiabarche. *Zum zweiten Mal stieß ich auf dieses merkwürdige Wort. Ich reichte das Blatt meinem Partner.*

«Eines ist sicher: Dieses Mangiabarche *wird langsam zum Ohrwurm», kommentierte er lakonisch.*

Zwei Pistolenschüsse setzten den Leiden der beiden Hausbewohner ein Ende.

Eine Stunde später, wieder bei unseren Autos, war es Zeit, uns zu trennen.

Der Anführer der Jäger kam näher, und bevor er uns die Hand gab, nahm er die Schalmütze ab. Ich wusste die Geste zu schätzen. Er war um die fünfzig, das offene Gesicht war umrahmt von einem noch pechschwarzen Bart.

Keiner von uns sagte etwas. Die korsische Vendetta ist ein uralter Brauch, bei dem nur der Tod und das schmerzliche Schweigen der Überlebenden einen Sinn haben.

All dies geschah in der Gegend von Cartalavonu, im Wald von Ospèdale im Süden Korsikas. Die Vermummten waren Kämpfer der FLNC, der Korsischen Befreiungsfront, einer Untergrundorganisation, die Frankreich den Krieg erklärt hatte. Damals waren sie noch vereint, heute ist alles anders, es ist ein Bruderzwist daraus geworden, und es fällt ihnen immer schwerer, den wahren Feind zu erkennen.

In diesen Krieg waren mein Partner und ich rein zufällig hineingeraten, als wir eine Spur verfolgten, die von Sardinien ausging.

Eins

«Das kann 'ne nette Schaukelpartie werden heut Nacht», begann der Matrose.

Ich sah ihn an und schwieg. Ich hatte mir den langen und vor allem verlassenen Korridor an der Heckseite des Schiffes ausgesucht, um diese Nacht möglichst meine Ruhe zu haben. Aber offenbar machte ich den Eindruck von einem, der Gesellschaft braucht, denn der neu Hinzugekommene hatte sich, keineswegs entmutigt, neben mich gesetzt.

Noch einmal hoben die Wellen das Schiff in die Höhe, ließen es einen Moment lang wie im Leeren hängen, bevor der Bug erneut untertauchte.

«Da, hören Sie, wie es stampft?», fuhr er fort. «Ich arbeite jetzt schon zehn Jahre auf dieser Linie, mittlerweile kenne ich das Meer wie meine Westentasche, und ich weiß sofort, wann es uns die Überfahrt versaut. Wir werden mit mindestens zwei Stunden Verspätung ankommen.»

Durch ein Kopfnicken gab ich ihm zu verstehen, dass ich den Ernst der Lage durchaus begriff, dass mich aber weitere Ausführungen zu diesem Thema überhaupt nicht interessierten. Nach ein paar Augenblicken des Schweigens ging er sichtlich verärgert davon.

Gleich darauf kam eine klapperdürre Frau mit langer Adlernase auf mich zu. Sie hatte einen hautengen, schwarzen Overall an, auf dem billiger Modeschmuck funkelte.

«Ich kann nicht schlafen…», jammerte sie. «Unmöglich, bei diesem Seegang. Zum Glück habe ich nichts gegessen, sonst würde ich jetzt…»

Ich ignorierte sie und starrte unbeirrt auf das Werbeplakat

für den Schafskäse Brigante, das an der gegenüberliegenden Wand hing.

«Ich fahre zu meiner Schwester», fuhr sie fort. «Sie hat einen Finanzbeamten aus Viterbo geheiratet, der nach Sardinien versetzt wurde …»

«Hier ist gerade ein Matrose vorbeigekommen», unterbrach ich sie und deutete den Korridor hinunter, «der hatte auch so ein großes Mitteilungsbedürfnis. Laufen Sie ihm nach. Ihr seid wie füreinander geschaffen.»

«Schweigsame Männer sind mir lieber. Sie geben einem das Gefühl, dass sie einem zuhören», flüsterte sie und versuchte, mir in die Augen zu schauen.

«Zieh Leine, du Schnepfe!», schnauzte ich sie an. «Wenn's so weitergeht, fängst du noch an, mir von deiner Magersucht zu erzählen: Ich habe keine Lust, mir von dir die Nacht verderben zu lassen.»

Sie errötete heftig, und einen Moment lang rang sie nach Worten. Dann schob sie eine Haarlocke zur Seite und ging empört davon, sich immer an dem Handlauf im Korridor festhaltend, um nicht hinzufallen.

«He», rief ich ihr nach. «War nicht persönlich gemeint. Ich bin bloß schlechter Laune.»

Das war ich wirklich.

Um weitere Annäherungsversuche von vornherein zu verhindern, streckte ich mich auf einer der Fensterbänke aus und tat so, als schliefe ich. Ich schloss die Augen und fragte mich, ob es wirklich eine so gute Idee gewesen war, mich auf dieser Fähre einzuschiffen. Sechs Monate zuvor, im Zuge von Ermittlungen, die mich gezwungen hatten, Padua zu verlassen – und zwar vermutlich für immer –, hatte ein Musiker aus Cagliari Kontakt zu mir aufgenommen. Er übergab mir eine eher seltene Blues-Platte – Blues ist meine große Leidenschaft –, ein Geschenk von jemandem, der mich engagieren wollte und dessen Name nicht genannt wurde.

Ich wusste nur, dass es sich um einen «heiklen» Auftrag handelte. «Bei uns ist alles heikel», hatte der Typ betont.

Es war viel Zeit vergangen, und der Kunde rechnete womöglich gar nicht mehr mit mir, aber da ich momentan nichts Besseres zu tun hatte, beschloss ich, es zu riskieren, umsonst hinzufahren. In Sardinien war ich schließlich noch nie gewesen.

Nach der Flucht waren mein Partner und ich in Korsika untergetaucht, wo er einen Schmuggler kannte, der ihm einen Gefallen schuldig war. In Padua hatten wir eine Menge Dreck aufgewühlt und uns der Gefahr ausgesetzt, unsere Neugier teuer zu bezahlen. Kontaktleute im Veneto hatten uns versichert, dass Bullen und Richter nicht nach uns suchten. Ganz im Gegensatz zu den Leuten, die wir in Schwierigkeiten gebracht hatten, und die waren als Feinde wesentlich gefährlicher als die Justiz. Deshalb war es noch nicht ratsam, sich in der Gegend blicken zu lassen.

Mit der Zeit hatte ich es aber satt, meine Tage in einer Bar im alten Hafen von Bastia zu verbringen, die auf dem Schild zwar den Namen eines Seevogels trug, aber im Milieu nur *Au roi des bandits* hieß. Dort pflegte ich Calvados zu trinken in Gesellschaft von korsischen Gangstern, denen die Pistole recht locker im Gürtel saß. Also war ich über Marseille nach Italien zurückgekehrt. Dann hatte ich einen D-Zug nach Civitavecchia genommen und mich von dort aus nach Sardinien eingeschifft. Etwas verschlungene Wege, aber ich hatte nicht die Absicht, meinen Schlupfwinkel bekannt zu geben.

Ich versuchte mir auszumalen, wer an einem Ort, den ich nicht kannte, meine Dienste benötigen könnte, und einen Augenblick später war ich eingeschlafen.

Die Stadt wirkte wie eine fette alte Frau, die weich und träge auf einem Hügel hingebettet war und die laue Sonne eines Januarmorgens genoss.

Ich betrachtete sie schon eine Weile, während ich an einer Leiter der Kommandobrücke lehnte und den zweiten Kaffee des Tages schlürfte. Im Golf von Cagliari war das Meer plötzlich ruhig geworden, und die Fähre glitt über die Wasserfläche dahin, die nur ein Fallwind vom Land leicht kräuselte.

Das Anlegemanöver war langwierig und umständlich, und erst eine halbe Stunde später stieg ich den Landungssteg hinunter, wo mich ein Drogenhund zerstreut beschnüffelte.

Ich folgte der Gruppe von Senegalesen, die mich, wie ich vermutet hatte, in eine Pension der untersten Kategorie führten, wo man es mit Ausweispapieren nicht so genau nahm.

Ich kaufte mir eine Flasche Calvados, schloss mich im Zimmer ein und wartete auf die Nacht.

Dank der Erklärungen des Sohnes der Hotelbesitzerin, eines pickeligen Zwanzigjährigen, der Heavy Metal hörte, gelangte ich ins Marina-Viertel am Hafen, wo ich an der Tür eines Lokals klopfte, *Le Lune d'Urano.*

Es war klein, ohne Fenster und bestand aus zwei Räumen mit Tonnengewölbe. Die Tische waren aus Metall und im Fischgrätmuster angeordnet. Ein angenehmer Schuppen, der genau die richtige Menge an Rauch, Musik und Alkoholika bot. Ich setzte mich auf den einzigen freien Hocker an der Theke, und als der Barkeeper, ein Blonder mit Pferdeschwanz, seine Unterhaltung mit einer Gruppe von Gästen beendet hatte, winkte ich ihn heran und fragte ihn, ob er Alberto Cabiddu kenne, das war der Musiker, der mich kontaktiert hatte.

«Klar. Vor ein paar Tagen war er noch hier. Ich weiß, dass er auch im *Jazzino* verkehrt, im *Charanga, im Cuba Libre* und im *Libarium…*»

«Das nenn ich eine präzise Angabe!»

«Hier in Cagliari ziehen die Leute dauernd von einem Lokal ins andere...», gab der junge Kerl zurück und zuckte die Achseln.

Ich fand ihn im *Charanga*, wo er gerade mit seiner Band, den «Superpartes», auftrat; sie spielten *Volando voy*, den vielleicht schönsten Song, den El Camarón de la Isla je geschrieben hatte.

Als ich ihn kennen lernte, hatte ich den Eindruck, er müsse ein guter Musiker sein. Ich hatte mich nicht getäuscht. Seine Stimme hatte ein schönes, warmes Timbre, und besonders am Schlagzeug war er gut. El Camarón wäre zufrieden gewesen. Auch mit der Gruppe. Ausgezeichnete, gut aufeinander eingespielte Profis: ein Gitarrist mit Flamenco-Sound, ein tadelloser Bass, ein Schlagzeuger, der jazzig angehaucht war, ein klassischer Pianist, der den *son cubano* echt beherrschte, und schließlich noch ein wirklich begabter *timbalero* als zweiter Schlagzeuger.

Kaum hatte Cabiddu mich gesehen, zwinkerte er mir zu und wies auf einen Tisch, wo ein schönes Mädchen mit langen schwarzen Haaren saß und Bier trank.

«Annalisa», stellte sie sich vor und hielt mir die Hand hin.

«Marco.»

«Bist du ein Freund von Alberto?»

«Wir haben einen Abend lang zusammen getrunken.»

Cabiddu griff zum Mikrofon. «Einem fremden Gast zu Ehren schließen wir den Abend mit einem Lied der Kubaner Los Compadres, *Mi son oriental*, das von Kaimanen erzählt, die bekanntlich zur Familie der Alligatoren gehören.»

Ich warf ihm einen fragenden Blick zu: Ich wäre lieber unbeachtet geblieben. Er antwortete mit einem Lächeln und begann sein Stück.

«Du bist der Alligator», stellte das Mädchen fest.

«Ja.»

«Alberto hat mir von dir erzählt. Er hat gesagt, du trinkst nur Calvados und warst früher mal Blues-Musiker.»

«Ja.»

Als Alberto zu uns kam, drückte er mir herzlich die Hand.

«Ich freue mich, dich zu sehen. Ich hoffe, du bist nicht beleidigt wegen der Begrüßung.»

«Nein, aber ich würde es lieber vermeiden, zu viel Aufmerksamkeit auf mich zu ziehen ... Ich habe beschlossen, den Mandanten zu treffen, von dem du mir erzählt hast. Vorausgesetzt natürlich, er hat nicht in der Zwischenzeit jemand anderen beauftragt.»

«Nein. Er ruft mich jede Woche an und fragt nach dir. Es ist ein Anwalt. Er heißt Genesio Columbu.»

Die Kanzlei des Anwalts lag im dritten Stock eines Hauses in der Via Tuveri, nur ein paar Schritte vom Gericht entfernt. Eine alte Frau machte mir auf; sie sah mütterlich aus, und bestimmt taten ihr die Beine weh. Sie stellte sich als Sekretärin des Anwalts vor und musterte mich eingehend, als ich ihr meinen Namen nannte. Sie wusste, wer ich war und weshalb ich da war. Endlich entschloss sie sich, mich zu dem Büro zu führen, wo ich den Anwalt treffen würde. Sie öffnete die Tür, dann kehrte sie wieder ins Halbdunkel des langen Korridors zurück.

Hinter einem mächtigen alten Kirschholzschreibtisch saß ein zierlicher alter Herr mit einem ungefähr zwei Tage alten weißen Stoppelbart. Er hielt die Hände auf dem Bauch verschränkt und sagte kein einziges Wort, bis ich mich setzte.

«Sie haben sich Zeit gelassen, Signor Buratti.»

«Das ist ein schlechter Anfang, Herr Anwalt. Wir hatten keinerlei Abmachung. Wenn Sie es eilig hatten, hätten Sie sich ja an einen Schnüffler vor Ort wenden können.»

«Die Detektive in dieser Stadt waren alle früher bei der Polizei und kommen ohne deren Unterstützung nicht zurecht. Ich brauche jemanden wie Sie, der sich in gewissen Milieus gut auskennt.»

Er griff nach einer Mappe mit einem Fax darin und fing an zu lesen:

«‹Marco Buratti, genannt Alligator, geboren und wohnhaft in Padua. Früher Musiker und Blues-Sänger. Wurde Opfer eines Justizirrtums und hat sieben Jahre wegen Mitgliedschaft in einer terroristischen Vereinigung abgesessen. Während der Haft übernahm er die Rolle des Vermittlers und Friedensstifters zwischen den einzelnen Fraktionen der organisierten Kriminalität. Wieder auf freiem Fuß, begann er, ohne Lizenz als Privatdetektiv mit verschiedenen Strafrechtlern zusammenzuarbeiten. Er ist geeignet für diskrete Ermittlungen, bei denen es darum geht, zu gewissen illegalen Kreisen Kontakt aufzunehmen …›

Ich brauchte so jemanden wie Sie», erklärte er zufrieden und schloss die Mappe. «Hier auf der Insel gab es niemanden, der geeignet gewesen wäre. So habe ich schließlich auf dem Kontinent gesucht. Ein Kollege aus Padua …»

«Lesen Sie doch auch den Rest vor», unterbrach ich ihn. «Sie haben die letzten Zeilen weggelassen.»

«Vielleicht, weil Sie sie nicht so gerne hören würden.»

«Machen Sie sich keine Sorgen. Es ist doch Ihr Beruf, schlechte Nachrichten mitzuteilen.»

Er fing wieder an zu lesen.

«‹Absolut zuverlässig und gewissenhaft, obwohl er trinkt. Führt seine Ermittlungen mit wenig orthodoxen und oft illegalen Methoden durch, über die er seinen Auftraggebern keine Rechenschaft ablegt. Gewöhnlich arbeitet er mit einem Vorbestraften zusammen, einem gewissen Benjamino Rossini, der Schmuggler, Räuber und einer der prominentesten Vertreter der älteren Mailänder Unterwelt ist.›»

«Ist das alles?», fragte ich schnaubend.

«Ja.»

«Gut. Dann erklären Sie mir jetzt, weshalb Sie mich geholt haben.»

Der alte Jurist nahm die Brille ab und stützte die Ellbogen auf den Schreibtisch.

«Tonio, mein Sohn, ist seit mehr als fünf Jahren untergetaucht, aus politischen Gründen. Wie Sie wurde er wegen Mitgliedschaft in einer terroristischen Vereinigung verurteilt. Nur, dass er tatsächlich einer dieser Gruppierungen angehörte, die sich eingebildet haben, mit der Waffe in der Hand ließe sich die Welt verbessern. Eine Art hiesige Ausgabe der *Brigate Rosse.* Der übliche Kronzeuge hat sie dann alle verpfiffen … Seit zwei Jahren haben wir keine Nachricht mehr von ihm, und seine Mutter macht sich große Sorgen.»

«Ist das vielleicht Ihre Sekretärin?», unterbrach ich ihn.

«Wie haben Sie das herausgefunden?»

«Intuition … Wenn ich recht verstanden habe, wollen Sie mich engagieren, um ihn wieder zu finden. Wie Sie ja schon wissen, habe ich Ärger gekriegt, weil ich einen Typen bei mir aufgenommen habe, von dem ich nicht wusste, dass er gesucht wird. Meine Bekanntschaften in diesen Kreisen stammen also aus meinen Gefängnisjahren, und es ist nicht gesagt, dass sie mir ermöglichen, Ihren Sohn ausfindig zu machen.»

«Ich möchte, dass Sie sich der Sache annehmen.»

Ich sah ihm in die Augen, und sein Blick befahl mir, nicht weiterzufragen. Ich hatte das Gefühl, als ob noch mehr dahinter steckt, aber ich fühlte, dass es in diesem Moment keinen Sinn hatte, Erklärungen zu verlangen.

«Haben Sie sich schon bei seinen früheren Kameraden nach ihm erkundigt?», fragte ich.

«Ja. Sie wissen nichts. Eine Weile war er in Paris, dann ist er verschwunden. Es sieht so aus, als hätte er dort eine Frau kennen gelernt und wäre ihr irgendwohin gefolgt.»

Ich zündete mir eine Zigarette an und dachte in aller Ruhe über das nach, was ich soeben erfahren hatte.

«Hören Sie, Herr Anwalt», erklärte ich schließlich, «alles

was wir haben, ist eine zwei Jahre alte Spur. Ihr Sohn kann wer weiß wohin gegangen sein, und ich kann bestimmt nicht alle fünf Kontinente nach ihm absuchen. Alles was uns bleibt, ist ein Versuch. Telefonisch. Ich glaube, in den nächsten zwei Tagen kann ich Ihnen schon mehr sagen.»

Während ich die Tür zum Hinausgehen öffnete, hielt Columbu mich zurück.

«Die Platte, die ich Ihnen geschickt habe, gehörte Toni. Er hat sie immer gehört», sagte er wehmütig.

Ich sagte nichts und ging hinaus, ohne die Sekretärin-Mutter noch einmal zu Gesicht zu bekommen.

Mit einer vollen Flasche Calvados und einem Vorrat an Zigaretten verbarrikadierte ich mich in meinem Zimmer in der Pension. «Irgendwas stimmt da nicht», dachte ich, während ich mir das erste Glas eingoss. «Wenn man etwas über politische Flüchtlinge in Erfahrung bringen will, muss man sich an ihre Anwälte und Verwandten halten. Unmöglich, dass der alte Columbu das nicht weiß.»

Ich fragte mich weiter nach dem Grund, dem wahren Grund, weshalb ich kontaktiert worden war, bis der Abend hereinbrach und die Flasche leer war. Ich ging also hinaus, um neuen Schnaps zu kaufen und das Telefonat zu führen, das ich dem Anwalt versprochen hatte.

Im «Internat» hatte ich einen pausbäckigen Comasken kennen gelernt, einen gewissen Alessio Sperlinga, genannt «Kirsche». Den Spitznamen verdankte er einem runden roten Muttermal, das mitten auf seiner rechten Wange prangte. Wie so viele andere Idealisten hatte auch ihn der übliche Kronzeuge in den Knast gebracht. Die ersten Monate hatte er sich darüber den Kopf zerbrochen, wie ausgerechnet dieser eine Genosse hatte umfallen können, den doch alle für den Besten, für den Härtesten gehalten hatten. Und wie er ausgerechnet ihn, seinen besten Freund, hatte verpfeifen können. Zum Schluss war ihm klar geworden, dass die Gefängnisse voll sind mit Leuten, die, bevor sie dort landeten, für die Treue ihrer Freunde ihre Hand ins Feuer gelegt hätten, und schließlich hatte er sich damit abgefunden. Vor seiner Inhaftierung war er Fachmann für Informatik gewesen. Nach der Entlassung hatte er es vorgezogen, nach Frankreich auszuwandern, statt in seiner Stadt noch einmal von vorne anzufangen. Ich wusste, dass er seit Jahren Material für ein Buch über die Geschichte des politischen Exils sammelte, ein monumentales Projekt, das er – da war ich mir sicher – nie abschließen würde. Er war der richtige Mann, um mir weiterzuhelfen.

Ich hatte Glück und erreichte ihn zu Hause.

«Hallo», meldete er sich mit perfektem Pariser Akzent.

«Ich bin dein früherer Mitbewohner aus Zelle 112», stellte ich mich vor.

«Oh, ciao, Alligator», begrüßte er mich überrascht. «Du hast ja schon seit Ewigkeiten nichts mehr von dir hören lassen.»

«Da hast du Recht, aber ich trage dich immer in meinem Herzen, Kirsche. Wie könnte ich sie je vergessen, die Nächte, in denen du mich mit deinem lieblichen Geschnarche wach gehalten hast?»

«Und du bist immer noch derselbe Idiot», kicherte er. «Rufst du mich zum Vergnügen an oder geschäftlich?»

«Geschäftlich. Ich suche einen Flüchtling aus der Terroristenszene, einen gewissen Antonio Columbu, genannt Toni. Kennst du ihn?»

«Seit wann suchst du denn Politische?», fragte er misstrauisch.

«Seitdem ihre Eltern mich darum bitten, Schwachkopf von einem comaskischen Gebirgler», erwiderte ich spitz. «Vor zwei Jahren war er in Paris. Anscheinend hat er dort ein Mädchen kennen gelernt. Dann ist er verschwunden.»

«Der Name sagt mir nichts. In welcher Gruppe war er aktiv?»

«Eine lokale Gruppierung, nichts von Bedeutung.»

«Ruf mich morgen Nachmittag an», beendete Kirsche kurzerhand das Gespräch.

In einer Imbissstube, wo Soldaten auf Ausgang verkehrten, würgte ich zwei Panini hinunter, dann schlenderte ich durch die Altstadt in Richtung Castello. Ich hatte keine Lust, in dieses schäbige Hotelzimmer zurückzukehren. So beschloss ich, ins *Libarium zu* gehen, ein Lokal in reinstem Jugendstil, in das ich am Abend zuvor, als ich Cabiddu, den Musiker, suchte, schon kurz reingeschaut hatte. Ich sah mich um: voll, laut und mit einer großen Auswahl an Hochprozentigem. Eindeutig was für Trinker.

Der Kellner servierte mir den ersten Calvados in einem Cognacschwenker über einer Steingutschale voll kochend heißem Wasser mit Malvenaroma, dazu eine Zigarre als Präsent des Hauses.

»Ich habe vor, einige davon zu trinken», maulte ich ihn an. «Die nächsten will ich ohne diesen Schnickschnack serviert kriegen.» Empört sah er mich an. Um ihn zu beruhigen, flüsterte ich ihm vertraulich zu: «Ich trinke, um zu vergessen ...»

Am nächsten Tag wachte ich am frühen Nachmittag auf, in der Gewissheit, mit einem Haufen Leuten geredet zu haben. Ich erinnerte mich auch noch vage an die Themen der Unterhaltung, aber die Gesichter hatte ich völlig vergessen.

Ich trank zwei reichlich mit Calvados versetzte Kaffee und rief Sperlinga an. «Gib mir bitte keine schlechten Nachrichten, Kirsche. Das Erwachen heute Morgen war schon schlimm genug», fing ich an.

«Ich fürchte, es lässt sich nicht vermeiden. Antonio Columbu ist tot. Ermordet. Er hat Paris zusammen mit einer Turinerin von *Prima Linea* verlassen, ihr Ziel war Puerto Escondido.

Sie wollten dort ein Restaurant eröffnen. Um ihr Budget aufzubessern, kamen sie aber auf die brillante Idee, mit Marihuana zu handeln, und beim ersten Ankauf ist Toni an irgendeinen Pedro Navaja geraten, der ihm ein paar gut platzierte Messerstiche verpasst hat. Er ist unter falschem Namen begraben, und die Turinerin ist daraufhin durchgedreht.»

Das war ein harter Schlag für mich. Ich hatte keine Lust, mit dieser Nachricht bei dem Alten aufzukreuzen, und ich bereute es, Korsika verlassen zu haben. «Kennst du seinen Namen als Toter?»

«Klar doch, ich hab ihn sogar archiviert ... Das sind Geschichten, Alligator, die eines Tages erzählt werden müssen. Unsere Generation muss den Mut finden ...»

«Kirsche», unterbrach ich ihn, «das ist nicht der richtige Zeitpunkt ... Gib mir den Namen, und ich bin dir für alle Ewigkeit dankbar.»

Von der Telefonzelle aus steuerte ich Genesio Columbus Kanzlei an. «Besser, ich bringe es gleich hinter mich», dachte ich. «Ich gehe hin und sage ihm: ‹Ihr Sohn ist tot. Es tut mir Leid usw. usf. ...› Wenn ich mich beeile, kann ich noch die Sechs-Uhr-Fähre erreichen.»

Als ich der Sekretärin-Mutter gegenüberstand, bekam meine Entschlossenheit einen ersten Dämpfer. Als ich dann aber dem viel zu mageren und traurigen Alten gegenübersaß, fühlte ich mich nur noch elend.

«Nun?», fragte er in rauem Ton, um seine Angst zu überspielen.

«Gute Nachrichten, Anwalt», hörte ich mich sagen und war selber erstaunt darüber. «Ich habe erfahren, dass es Antonio gut geht, er ist verlobt und hat ein Restaurant eröffnet ... Leider kann ich Ihnen nicht sagen, wo ... aus Sicherheitsgründen ... nun, sagen wir in Mittelamerika. Ich fürchte, aus demselben Grund wird er keinen Kontakt mehr zu Ihnen aufnehmen. Das Wichtigste ist aber doch, dass es ihm gut geht ...»

Der Anwalt bedeckte sein Gesicht mit den knochigen Händen. «Sie lügen, Buratti. Antonio ist tot. Um nichts in der Welt hätte er den Geburtstag seiner Mutter vergessen. Ich habe Sie engagiert, damit Sie herausfinden, wo und wie er gestorben ist, Sie hingegen spielen hier die Rolle des romantischen Privatdetektivs. Tue ich Ihnen etwa Leid? Oder haben Sie mich mit General Sternwood aus *Der große Schlaf* verwechselt?»

«Schon gut, Anwalt, schon gut», unterbrach ich ihn. «Unseren Chandler haben wir alle gelesen... Ich geb's zu, Antonio ist tot. Er hat sich mit ein paar Mexikanern angelegt, die das Messer locker sitzen hatten, und jetzt ist er in Puerto Escondido begraben, unter diesem Namen», platzte ich heraus und schob ihm den Zettel über den Schreibtisch, auf den ich den Namen gekritzelt hatte.

Beim Aufstehen versetzte ich dem Stuhl einen Tritt. «Das hätten Sie mir aber auch gleich sagen können, dass Sie geahnt haben, dass er tot ist», rief ich empört. «Gewöhnlich belüge ich meine Klienten nie, und ich weiß auch nicht, was diesmal in mich gefahren ist.» Mit einem weiteren Tritt beförderte ich den Stuhl gegen die Wand und verließ grußlos den Raum. Beim Hinausgehen konnte ich es mir nicht verkneifen, verstohlen nach Columbus Frau zu spähen: Sie weinte leise, den Kopf auf die alte Olivetti im Vorzimmer gelehnt.

Ich schiffte mich nicht ein. Stattdessen ging ich in eine Bar in der Via Roma. Von dort aus konnte ich die Fähre sehen, die ich hätte nehmen sollen, und ich betrank mich, in der Hoffnung, wieder etwas ruhiger zu werden. Ich war wütend auf mich selbst. Ich hatte mich absolut unprofessionell verhalten und versucht, meinen Klienten zu betrügen. Schwankend verließ ich die Bar und verlief mich ein paarmal auf dem Weg ins Hotel. Als ich endlich auf meinem Zimmer war, schottete ich mich vom Rest der Welt ab und legte eine

Kassette in den Walkman ein. Bei einem schwülen Louisiana-Blues, *Raining in my heart,* gesungen von Slim Harpo, schlief ich ein.

Mitten in der Nacht wachte ich wieder auf. Ich hatte das Bedürfnis, mit jemandem zu reden, und der Einzige, von dem ich mit Bestimmtheit wusste, dass er um diese Zeit wach sein würde, war Maurizio Camardi, ein Freund aus Padua und Jazz- Saxophonist, bekannt auch als wahrer Kenner schöner Frauen. In der Nähe des Hotels gab es eine Telefonzelle. Ich trat ein und wählte die Nummer.

«Maurizio, was für Musik hörte deiner Meinung nach Chandler, als er 1939 *Der große Schlaf* schrieb?»

«Jazz, Alligator. Guten schwarzen Jazz für seine weißen Ohren ... Damals war das so ...»

«Also gib mir einen Rat: Ich muss einem Typen eine Platte schenken, etwas, was mit Mexiko zu tun hat, mit Tod und Trauer, Vätern und Söhnen ...»

«Nichts leichter als das. *Tijuana Moods* von Charles Mingus. Charles liebte Mexiko, er ist 1979 dort sogar gestorben. In Cuernavaca, um genau zu sein. Das ist die richtige Platte ... Aber ich verstehe nicht ...»

«Das ist eine lange Geschichte, Maurizio, ich erzähl sie dir ein andermal ... Sagen wir so, ich habe einen Klienten getroffen, der mich mit Marlowe verglichen hat, und nichts geht mir mehr auf den Geist.»

«Nun, Alligator, besser, man hält dich für einen fahrenden Ritter der Moderne als für einen durchgeknallten und versoffenen ehemaligen Blues-Musiker, der den Privatdetektiv spielt, weil er 'ne Schraube locker hat, seit er im Gefängnis war.»

«Gut, ich sehe schon, du hast immer noch die größte Achtung vor meiner Person», kicherte ich.

«Du weißt, was ich sagen will: Du solltest wieder singen und Musik machen», fuhr er unbeirrt fort. «Das ist dein Leben. Der Tag, an dem rauskommt, dass du bloß die leere Hülse einer Bluesmelodie bist, sperren sie dich ein, Alligator, und entwickeln dir zu Ehren eine neue Technik der Lobotomie...»

Wir plauderten weiter, bis die Telefonkarte aufgebraucht war, und ich kehrte ins Hotel zurück. Vor dem Badezimmerspiegel versuchte ich zu singen. Ich probierte den Anfang von *My Babe* von Little Walter. Die Begleitung legte los, Leonard Caston und Robert Junior Lockwood an den Gitarren, Willie Dixon am Bass und Fred Below am Schlagzeug. Aber aus meiner Kehle kam kein Ton. Die Band wurde es leid, den Anfang des Songs ständig zu wiederholen, und verschwand aus meinem Kopf. Um wieder richtige Musiker zu hören, schaltete ich den Walkman ein.

Kurz vor Mittag kreuzte ich wieder in Columbus Kanzlei auf. «Herr Anwalt», begann ich, «wissen Sie, dass Sie aussehen, als hätten Sie Ihr ganzes Leben auf diesem Stuhl und hinter diesem Schreibtisch verbracht.»

Mit einer müden Geste zog er die Brille auf die Nasenspitze herunter. «Buratti, sind Sie gekommen, um sich zu entschuldigen?»

«Ja, und ich habe Ihnen ein Geschenk mitgebracht, damit Sie mir verzeihen», sagte ich, und hielt ihm die eben gekaufte Platte hin.

Er drehte sie in den Händen. «Hat die irgendeine Bedeutung, die ich verstehen sollte? Ich bin kein Jazz-Kenner...», entschuldigte er sich.

Ich zündete mir eine Zigarette an und erzählte ihm von Mingus und seiner Musik.

Er lächelte. «Und Sie meinen, das Anhören gibt mir gute Schwingungen, wie ihr in den siebziger Jahren gesagt habt, und das würde den Schmerz über den Tod von Toni lindern?»

«Sehr gut, Anwalt», pflichtete ich ihm bei und stand auf. «Sie haben den Sinn der Sache erfasst, und ich nutze den Moment, um aufs Festland zurückzukehren.»

Mit einer Geste hielt er mich zurück. «Nicht so eilig, Buratti. Auch ich muss mich bei Ihnen entschuldigen ... Setzen Sie sich wieder, bitte.»

Das war der richtige Augenblick, um meinen Verdacht zu äußern. «Die Suche nach Ihrem Sohn ist nicht der wahre Grund, weshalb Sie mich rufen ließen, stimmt's? Sie als Strafrechtler mussten wissen, dass man ganz andere Wege gehen muss, wenn man untergetauchte politische Flüchtlinge ausfindig machen will ...»

«Ja. Jedenfalls wollte ich die nicht einschlagen. Mit den Kreisen, die für Tonis Untergang verantwortlich sind, will ich nichts zu tun haben ... Er ist immer schwach gewesen, schon als Kind ... Ich konnte mir denken, dass er tot ist. Wie ich Ihnen schon sagte, ist es noch nie vorgekommen, dass er den Geburtstag seiner Mutter vergisst. Die beiden hatten immer eine sehr enge Beziehung zueinander. Aber das waren natürlich nur Vermutungen. Ich brauchte Gewissheit ... und wollte Sie mir etwas näher ansehen ... um zu kapieren, was für ein Typ Sie sind, Buratti.»

«Und sind Sie nicht enttäuscht?», fragte ich tonlos.

«Warum denn? Sie haben bewiesen, dass Sie Ihr Handwerk verstehen ... und dass Sie ein Mann sind, der Respekt vor dem Alter hat. Das ist nicht wenig, heutzutage.» Er stand auf und ging zu dem Fenster, das auf das Gerichtsgebäude hinausging, einen hässlichen grauen Bau aus der Zeit des Faschismus. «Ich bin von einigen Mandanten beauftragt worden, einen Privatdetektiv zu engagieren; es geht um besonders heikle Nachforschungen ...»

«‹Heikel›, hm», unterbrach ich ihn sarkastisch. «Nach allem, was ich verstanden habe, bedeutet das in dieser Gegend ‹besonders haarig› ...»

Der alte Rechtsanwalt wandte sich vom Fenster ab und sah mich an. «Buratti, wenn Ihr Ruf der Wahrheit entspricht, müsste das einer der Fälle sein, die Sie lieben: unschuldige Opfer und eine sorgfältig verschleierte Wahrheit... Und Sie wissen selbst besser als ich, dass der Ausdruck ‹heikel›, bei derartigen Angelegenheiten äußerst zutreffend ist.»

Diesem alten Fuchs war es gelungen, meine ganze Aufmerksamkeit zu wecken. Ich machte es mir auf dem Stuhl bequem und zündete mir eine Zigarette an. Ich wollte nicht den Eindruck erwecken, als verginge ich vor Neugier, aber das Lächeln, das über Genesio Columbus Gesicht huschte, sagte mir, dass es mir misslungen war. «Ich habe den Auftrag, Ihnen den Fall in groben Zügen zu schildern. Wenn er Sie interessiert, werden Sie die Mandanten treffen, andernfalls bekommen Sie wie vereinbart das Honorar für Ihre bisherigen Bemühungen ausbezahlt...»

«Schildern Sie, Herr Anwalt, schildern Sie...», forderte ich ihn auf.

«Vor ungefähr zehn Jahren wurden drei rechtschaffene Männer wegen Mord und Drogenhandel angeklagt. Natürlich hatten sie mit den beiden Anklagepunkten nicht das Geringste zu tun, aber um ihre Unschuld erwiesen zu sehen, mussten sie fast zwei Jahre lang auf das Urteil warten, und zwar im Gefängnis. Sie mussten einen Prozess mit hundertdrei Verhandlungen über sich ergehen lassen...»

«Sie wurden freigesprochen», unterbrach ich ihn etwas verwundert und enttäuscht. «Und außerdem, nach so vielen Jahren, was wollen sie da mit einem Privatdetektiv, der zu allem Überfluss vom Kontinent kommt?»

Genesio Columbu kam näher, sein Gesicht war nur noch wenige Zentimeter von meinem entfernt. Er legte eine wohldosierte, wirkungsvolle Pause ein, dann sagte er in einem Zug: «Jemand behauptet, den Toten getroffen zu haben. Vor kurzem. Und er kam ihm nicht sonderlich tot vor. Es ist nicht das erste Mal, dass solche Gerüchte auftauchen, und meine Mandanten haben beschlossen, sie endgültig auf ihre Stichhaltigkeit zu prüfen… Und weil sie nun schon mal dabei sind, würden sie auch gerne wissen, wer sie hereingelegt hat.»

«Warum ausgerechnet ich?», fragte ich ihn unvermittelt.

«Es heißt, Sie seien der Beste im Aufspüren von alten, auch Jahre zurückliegenden Fährten.»

Das war nicht die Wahrheit. Das spürte ich. Der Alte schmeichelte mir mit der ganzen durchtriebenen Geschicklichkeit des Strafrechtlers, der sich bei einem eitlen und dummen Richter einschmeicheln möchte. Das Ganze hieß in meine Sprache übersetzt nur eines: Er brauchte einen Kreuzritter; mit anderen Worten: die Art von Detektiv, der sich kopfüber in Ermittlungen stürzt, entweder, weil er nichts zu verlieren hat oder weil er nicht ganz richtig im Kopf ist. Ich wusste, dass die Juristen, mit denen ich in der Vergangenheit zusammengearbeitet hatten, beides von mir dachten. Und das hatte sich herumgesprochen… offenbar… Ich hätte aufstehen und gehen sollen. Es bleiben lassen sollen. Vergessen sollen. Aber ich tat es nicht. Seit Monaten schon hatte ich keine Arbeit, und ich brauchte Geld. Und Nachforschungen. Ja, ich wollte einen Fall. Und ob ich ihn wollte. Und so hörte ich voller Befriedigung, wie ich ein erstes Treffen mit den neuen Klienten vereinbarte.

Es waren drei Rechtsanwälte. Das war eine echte Überraschung. Anwälte, die wegen Mord und Drogenhandel im Knast landen, das war mir noch nie begegnet. Sie waren zwischen fünfzig und sechzig. Was bedeutete, dass man sie auf dem Höhepunkt ihrer beruflichen Laufbahn eingebunkert hatte. Gabriele Vargiu war kräftig gebaut und ein Zigarrenraucher. Vincenzo Pontes war mager und nervös und rauchte eine Zigarette nach der anderen. Er war der typische Knastraucher: Der Glimmstängel als Mittel, die Zeit einzuteilen. Bei Ignazio Moi musste der Arzt das Laster verboten haben, sein viel zu weiter Hemdkragen schlotterte geradezu um den mageren Hals. Er war so dürr, dass es ganz nach Krankheit aussah, eine von jenen, die einen auszehren.

Er las die Diagnose in meinen Augen und bestätigte sie: «Signor Buratti, glauben Sie, dass die Haft für das Auftreten von psychosomatischen Krankheiten verantwortlich gemacht werden kann?»

«Ja, Herr Anwalt. In sieben Jahren hatte ich die Gelegenheit, mich davon zu überzeugen.»

«Ich habe Leukämie ... aus Empörung. Ich will Sie nicht langweilen mit pathetischen Vorträgen darüber, wie die Krankheit schneller fortschreitet als das Leben, aber ich sage Ihnen klipp und klar, dass für mich der Zeitpunkt gekommen ist, die Wahrheit herauszufinden. Ich weiß, dass ich hiermit auch im Namen meiner hier anwesenden Freunde und Kollegen und ... ehemaligen Mithäftlinge spreche.»

Bevor er das Wort ergriff, drückte Vargiu die Zigarre aus. «Zwanzig Jahre lang habe ich in meinen Plädoyers die Richter immer wieder daran erinnert, dass wir Italiener ein Volk in Freiheit auf Bewährung sind: Bei dieser inquisitorischen Prozessordnung, bei der geradezu zwanghaften Bespitzelungsmoral und dem Fehlen jeglicher Ermittlungstechnik kann es jedem passieren, unschuldig im Gefängnis zu landen ... Und dann ist es mir selbst zugestoßen, und ich konnte es nicht fassen. Ein Albtraum von zweiundzwanzig Monaten. Acht Jahre sind seither vergangen, und ich weiß jetzt, dass unser Leben, sowohl beruflich als auch privat, nie wieder dasselbe sein wird. Wie Ignazio schon gesagt hat: Der Moment ist gekommen, die Wahrheit ans Licht zu bringen.»

Ich verlor die Geduld. «Meine Herren, das Leben und die Justiz haben mir auch übel mitgespielt. Ich weiß daher alles über dieses Thema. Also sollten wir uns die Präliminarien sparen und lieber gleich zur Sache kommen. Ich bin hier, um zu entscheiden, ob ich einen Auftrag annehme oder nicht, kurz: Ich würde gerne wissen, was Sie von mir wollen. Rechtsanwalt Columbu hat mir etwas angedeutet, aber wie Sie sich vorstellen können, ist das zu wenig, um die Situation korrekt einzuschätzen.»

Alle drei wandten sich um und sahen den alten Anwalt an, der wie gewöhnlich hinter seinem Schreibtisch saß. Offenbar hatte er ihnen noch vor diesem Treffen meine Bereitschaft zugesichert. Columbu zuckte die Achseln. «Unser Freund der Detektiv kann es kaum erwarten anzufangen. Jetzt ziert er sich und tut ganz widerspenstig, aber den Fall würde er nie und nimmer abgeben», sagte er und sah mich dabei verschmitzt an.

Teufel von einem Anwalt. Genauso war es. Aber ich wollte nicht gleich in den ersten fünf Minuten den Mandanten den Eindruck geben, dass ich nach dem Auftrag lechzte. «Also?», forderte ich sie auf.

Zum ersten Mal ergriff Vincenzo Pontes, der Jüngste in dem Terzett, das Wort. «Die Geschichte ist lang und kompliziert. Damit wir sie Ihnen nicht umsonst erzählen, sollten wir Ihnen lieber gleich sagen, was wir von Ihnen erwarten. Wir wollen, dass Sie Folgendes herausfinden: Erstens, ob Giampaolo Siddi, für dessen Tod wir verantwortlich gemacht wurden, noch am Leben ist, wie es den Anschein hat; zweitens, den Grund, weshalb wir in diese Ermittlungen hineingezogen wurden; drittens, wer uns diesen üblen Streich gespielt hat.»

An diesem Punkt hätte ich sie wie üblich fragen müssen, welchen Gebrauch sie von eventuellen Informationen, die ich ihnen liefern würde, machen wollten. In einem solchen Fall konnte Rache ein ausreichendes Motiv sein, um einen Privatdetektiv ohne Lizenz wie mich zu engagieren. Aber dieser Gedanke streifte mich nicht einmal. Das sah man auf einen Kilometer Entfernung, dass sie Ehrenmänner waren, und denen gegenüber wollte ich es nicht an Respekt fehlen lassen. Jeder Einzelne von ihnen verkörperte die Figur des sardischen Rechtsanwalts alter Schule, von dem ich im Gefängnis so viel gehört hatte. So beschloss ich, endlich zum Kern der Sache zu kommen und Auskünfte über das Opfer einzuholen.

«Dieser Giampaolo Siddi», fragte ich, «wer war das? Was hat er gemacht?»

«Er war Anwalt, ein Zivilrechtler am Gericht von Cagliari.»

Ich war dermaßen überrascht, dass ich mich an meinem Zigarettenrauch verschluckte. Beim Husten dachte ich, dass Cabiddu schon Recht hatte – die Sache war wirklich «heikel».

«Ein angeblich ermordeter Anwalt, drei Kollegen im Knast und im Hintergrund Drogenhandel», fasste ich besorgt zusammen. «Vielleicht ist es besser, wir gehen der Reihe nach vor. Was halten Sie denn davon, wenn wir ganz von vorne anfangen?»

«Ja, aber nicht hier», meinte Vargiu, der Dicke mit der Zigarre. «Es ist Zeit zum Abendessen, und die Geschichte ist lang. Gehen wir.»

Ich hielt ihn zurück. «Schauen Sie, ich esse wenig und schlecht. Ich ernähre mich vorwiegend von Flüssignahrung, und meine Anwesenheit ist absolut unnütz, ich würde sogar sagen, sie wirkt sich negativ auf die Kreativität der Köche aus.»

Belustigt sah der Anwalt mich an. «Sie sind wirklich ein Barbar, Buratti», kommentierte er gutmütig und hakte mich unter.

In kaum weniger als drei Stunden erfuhr ich alles über den Fall Siddi. Trotz der angestrengten Arbeit meiner Magensäfte – meine Gastgeber beharrten darauf, mich unzählige

Fischspezialitäten probieren zu lassen –, entging mir kein Wort von dem, was mir da auf so eingängige Weise dargelegt wurde. Die drei Anwälte erwiesen sich als präzise und fesselnde Erzähler: Pontes setzte mich über den chronologischen Ablauf der Ereignisse ins Bild, Moi legte die Untersuchung und den Prozessverlauf vom juristischen Standpunkt dar, Vargiu schließlich berichtete von den Gerüchten und den «man sagt» und «es scheint», die sie im Laufe der Jahre zusammengetragen hatten.

Zum Schluss sah ich sie an und kommentierte beinahe strahlend: «Dass ihr mich nicht missversteht, wenn ihr hört, was ich jetzt sage, denn zweifellos seid ihr Opfer eines schrecklichen Justizirrtums geworden, und niemand kann euch die Jahre eures Lebens wiedergeben, die ihr im Gefängnis verloren habt, blablabla, aber verdammt noch mal, Jungs, solche Ermittlungen sind der Traum jedes Detektivs!» Nach einem Moment betretenen Schweigens zwangen sie sich zu einem förmlichen kleinen Lächeln. Meine Bemerkung war nicht gut angekommen, aber sie sahen höflich darüber hinweg. Columbu musste ihnen gesagt haben, dass ich ein etwas schräger Typ war.

Ich nahm einen großen Schluck Calvados und zündete mir eine Zigarette an. Es war der Zeitpunkt gekommen, die Gedanken zu ordnen.

«Sehen wir mal, ob ich alles richtig verstanden habe», begann ich und schlug einen professionellen Ton an. «Vor zehn Jahren, am 22. April, verlässt Giampaolo Siddi, einundvierzig Jahre, Anwalt für Zivilrecht, verheiratet, Vater von drei Kindern, um acht Uhr früh sein Haus.» Ich zog tief an der Zigarette. «Zum Mittagessen lässt er sich nicht blicken. Die Ehefrau wird wütend, dann aber, als immer mehr Zeit vergeht und ihr Mann nichts von sich hören lässt, fängt sie an, sich Sorgen zu machen. Sie ruft die Sekretärin in der Kanzlei an, die mit Bestimmtheit erklärt, sie habe gesehen, wie er das

Büro gegen zehn Uhr verlassen habe, in Gesellschaft eines Mandanten, mit dem er sich zuvor eine Stunde lang unterhalten hatte. Dieser, ein gewisser Leon Benoit, Belgier und ehemaliger Leutnant auf dem NATO-Stützpunkt von Decimomannu, hatte den Dienst quittiert, um in Cagliari einen kleinen Supermarkt zu eröffnen. Auf Befragen erklärt er, der Anwalt habe ihn zum Wagen begleitet, den er in der Nähe der Kanzlei geparkt hatte, und seither habe er nichts mehr von ihm gehört.

Bei der anschließenden Rekonstruktion der Ereignisse ergibt sich, dass Benoit der Letzte war, der Siddi gesehen hat.

In den frühen Morgenstunden des 23. April findet die Polizei in der Nähe des Hauptfriedhofs den Mercedes des Anwalts. Der Wagen ist offen, ohne Schlüssel. Auf dem Rücksitz werden eine Ausgabe der Zeitung *Unione Sarda* vom Vortag und eine Plastiktüte mit Obst und Brot gefunden.

Die Maschinerie der polizeilichen Ermittlungen setzt sich in Bewegung. Die Suche führt in verschiedene Viertel der Stadt und in die Provinz, aber ohne Ergebnis. Alle Möglichkeiten werden in Erwägung gezogen, von der Entführung bis zum Selbstmord. Unterdessen werden Verwandte, Freunde, Kollegen und Mandanten verhört, und es stellt sich heraus, dass Giampaolo Siddi seinen Beruf nur ziemlich sporadisch ausübte und viel lieber undurchsichtigen Geschäften nachging. Neben Wucher und Bestechung im Zusammenhang mit öffentlichen Aufträgen kommt heraus, dass er häufig Gast auf der NATO-Basis von Decimomannu war, sein Verbindungsmann dort war Leon Benoit. Ein italienischer Unteroffizier erzählt dem Richter von einer Partie Chivas-Whisky im Wert von 100 Millionen Lire, die im Schwarzhandel von einigen deutschen Soldaten gekauft und in D-Mark bezahlt wurde. Das Geld wurde in aller Eile von Siddis Freunden zusammengekratzt, später bestätigten sie die Richtigkeit dieser Aussage. Benoit wandert wegen Schmuggels und falscher Zeugenaussage ins Gefängnis. Er wird zum Hauptverdächtigen, und seine Position verschlechtert sich noch weiter, als einigen Informanten aus der Drogenszene Gerüchte über einen Drogenhändlerring zu Ohren kommen, der angeblich von Anwälten geführt und von deutschen Militärs der erwähnten Basis beliefert wird.

Wie in jeder typisch italienischen Story», ich unterbrach kurz, um mir Calvados nachzuschenken, «kommen nun die Geheimdienste ins Spiel: verschiedene Personen von Geheimdiensten unterschiedlicher Länder, darunter eine Spanierin, die für den deutschen Nachrichtendienst arbeitet.

In der Stadt hat niemand Zweifel: Das Verschwinden Siddis steht im Zusammenhang mit seinen Geschäften auf dem NATO-Stützpunkt. Am 7. Juni wird an der Küstenstraße zwischen Cagliari und Villasimius die Leiche eines Vorbestraften, eines gewissen Gianni Mereu, 37 Jahre, gefunden, und zwar in fortgeschrittenem Verwesungszustand.

Nach den Freundschaften ihres Sohnes befragt, nennt die Mutter des Opfers den Namen eines gewissen Gavino Perra, ‹su professori›, 45 Jahre und Französischlehrer, ein Liebhaber starker Emotionen und Stammgast in der Bar *Cristallo,* einem Treffpunkt für Kleinkriminelle vom Schlage des Toten.

Bei der Vernehmung auf dem Präsidium erzählt dieser mit der größten Selbstverständlichkeit, Mereu sei von zwei anderen Gästen der Bar, die seine Komplizen im Drogenhandel waren, ermordet worden. Es handelt sich um einen gewissen Pinuccio Cau und einen Denis Pilia. Das Motiv: Er hatte ein halbes Kilo Heroin unterschlagen.

In den folgenden Vernehmungen verwickelt der Zeuge sich in zahlreiche Widersprüche, die Fülle an Details, mit der er die Tatsachen schildert, bewegt den Untersuchungsrichter dazu, Haftbefehl gegen ihn zu erlassen, wegen Mordes, Beseitigung der Leiche, Drogenhandel und krimineller Vereinigung.

An dieser Stelle widerruft Perra, behauptet, er habe alles nur erfunden, aber man glaubt ihm nicht. So enden auch Cau und Pilia im Gefängnis.

Einige Monate später, am 29. September, verspricht ‹su professori›, die ganze Wahrheit zu sagen: Er behauptet, derselben Bande anzugehören wie Cau, Pilia, Mereu und andere, deren Namen er nennt, und sagt aus, mit Giampaolo Siddi, seinem Heroin-Lieferanten, in Kontakt gestanden zu sein. Weiter erklärt er den Ermittlungsbeamten, dass Mereu und Beppe Puddu, ein weiteres Mitglied der Gang, am Tag, an dem der Anwalt verschwand, mit diesem in der Nähe des Friedhofs verabredet gewesen seien. Dort hätten sie ihn abgeholt, ihn gezwungen, in ihren Wagen einzusteigen, und anschließend in der Nähe des Restaurants *Tavernetta* in Campo Omu mit Pistolenschüssen getötet. Über den Verbleib der Leiche liefert er drei Varianten. In der ersten wird sie angeblich ins Meer geworfen, in der zweiten zerstückelt und anschließend auf verschiedene Müllcontainer der Gemeinde Quartu Sant' Elena verteilt, in der dritten schließlich wird sie in die Müllverbrennungsanlage von Cagliari geworfen. Etwas später sollen Puddu und Pilia Mereu getötet haben, wegen des schon erwähnten Diebstahls von einem halben Kilo Heroin.»

Ich hatte eine trockene Kehle vom vielen Reden und bestellte mir weiteren Schnaps. Anwalt Moi nutzte die Gelegenheit und sagte: «An diesem Punkt ist klar, dass Gavino Perra absolut unglaubwürdig ist, ein Geschichtenerzähler mit eindeutig psychiatrischen Problemen. Und dennoch schenken die Ermittler ihm nicht nur Glauben, sondern sie greifen geradezu begeistert die Version von Siddis Tod auf, sodass die Fährte des NATO-Stützpunkts in Decimomannu ein für alle Mal fallen gelassen wird: Nach Eröffnung des Prozesses wird sie überhaupt nicht mehr erwähnt. Und das alles – was für ein Zufall! ausgerechnet kurz vor der Vernehmung des deutschen Vizekommandanten, Otto Schleier...»

«…der ein paar Tage später auf eine andere Dienststelle versetzt wird», betonte Vargiu ironisch.

«Perra ist bestimmt unglaubwürdig», machte ich wieder weiter. «Aber da sein Geständnis Glauben findet, wird die ganze Bande mit hineingezogen. Und so beginnt schon bald in deren Reihen der Wettkampf ‹wer gesteht mehr›. Efisio Piredda, der Einzige der Gruppe auf freiem Fuß, ein Junkie im Endstadium, wird in Modena verhaftet. Kaum in Sardinien, widerspricht er der Aussage Perras und gesteht, selbst der Mörder von Mereu zu sein.

Als ein weiterer Mitangeklagter, Giovanni Azuni, von Pireddas Geständnis hört und glaubt, dieser habe ihn beschuldigt, lässt er sich seinerseits dem Untersuchungsrichter vorführen und liefert eine weitere Version der Tatsachen. Dabei bringt er Leute ins Spiel, die bisher mit der Sache überhaupt nichts zu tun hatten und widerspricht den Aussagen der ersten beiden Geständigen … die versuchen, ihre Glaubwürdigkeit wiederzugewinnen. Während also Piredda einen Raubüberfall gesteht, den er in der Zeit seiner Flucht begangen haben will, pokert Perra ganz hoch: Er setzt alles auf die Story mit den heroinhandelnden Rechtsanwälten, eine These, die den Richtern über die Maßen gut gefällt, und so bringt er euch ins Spiel.

Vor den Richtern wartet er zum x-ten Mal mit seinem ‹ich will die ganze Wahrheit sagen› auf und erzählt, Puddu hätte ihm anvertraut, dass der hier anwesende Ignazio Moi, ein überaus angesehener Cagliaritaner Strafrechtler, der Kopf der Organisation sei und als solcher den Mord an Ciampaolo Siddi in Auftrag gegeben habe, da letzterer 200 Millionen Lire unterschlagen hätte, die Moi gehörten. Puddu und Cau waren die Handlanger und Ausführenden beim Mord. Was den Mord an Mereu angeht, hält er sich an die vorige Version, ändert nur hie und da einen Namen und den Umfang der Beute.

Eure Kanzlei ist auf alle drei zugelassen. Anfänglich kam es dem Staatsanwalt seltsam vor, dass zwei von euch mit der Sache gar nichts zu tun gehabt haben sollen; aber als er die geständigen Piredda und Azuni befragte, hatte er auch gleich den Beweis für die Beteiligung von Vargiu und Pontes.

Piredda behauptet, von Beppe Puddu erfahren zu haben, dass Moi der Auftraggeber war, und dass Rechtsanwalt Gabriele Vargiu der Ausführende war. Er behauptet, Vargiu habe Siddi in der Nähe des Friedhofs kaltgemacht, und Puddu und Mereu hätten die Aufgabe gehabt, die Leiche nach Oristano zu schaffen, um sie dort zu begraben. Er ändert dann auch seine Version über den Mord an Mereu, für den er sich anfangs selbst angeklagt hatte. Er sagt, er habe sich ‹geirrt› ... denn jetzt erinnert er sich, dass die Mörder Puddu, Pilia und Cau sind.

Auch Azuni zieht seine Aussage zurück, da ‹der Moment gekommen ist, seine Ehre als Mann wiederherzustellen›. Seine Absicht ist es, Pontes mit hineinzuziehen, dem er als dem jüngsten Mitglied der Anwaltskanzlei nur den Vertrieb der Drogen anlastet. Am 2. Dezember ergeht Haftbefehl gegen euch drei, und ihr findet euch im Gefängnis wieder, mit der Anklage des Mordes, des Drogenhandels und der kriminellen Vereinigung.

Der Albtraum beginnt, der perverse Mechanismus des Justizirrtums setzt sich in Bewegung. Zweiundzwanzig Monate und mehr als hundert Verhandlungen werden nötig sein, um zu beweisen, dass die Bande ein Teil eines bedeutungslosen Rauschgiftrings war, der wohl für den Mord an Gianni Mereu verantwortlich war, dass aber keines der Mitglieder dieser Bande Siddi ermordet haben konnte, ganz einfach ... weil sie ihn gar nicht kannten. Wie sie auch euch nicht kannten. Trotz der Unhaltbarkeit der Anklagepunkte und der prompten Widerlegung durch die Verteidigung wärt ihr mit größter Wahrscheinlichkeit verurteilt worden, wenn nicht einer der Geständigen, Giovanni Azuni, sich für seine Niedertracht geschämt hätte und seine Anschuldigungen euch gegenüber während der Verhandlung zurückgezogen hätte … Und auch später noch empfand er die Schande als so groß, dass er zwei Jahre später im Berufungsverfahren, als er auf der Anklagebank saß, einen Infarkt erlitt.

Nach dem Freispruch bewegte alle nur eine Frage: Warum ausgerechnet ihr? Nun … alles fing mit einer alten Geschichte an, es hatte Reibereien, Konflikte und Querelen mit der Staatsanwaltschaft gegeben, und zwar wegen eines politischen Prozesses, in dem jemand bloßgestellt wurde, der nun Rache nehmen wollte … Habe ich etwas vergessen?», fragte ich abschließend.

«Ein paar Details, aber nichts Wesentliches», stellte Moi haarspalterisch fest.

«Wie Sie sehen, Buratti», schaltete sich Pontes ein, «der Fall Siddi existiert nicht, oder besser, er hat vom ermittlerischen Standpunkt aus nie existiert. Nachdem man die Spur des NATO-Stützpunkts in Decimomannu fallen gelassen hatte und nur noch die von drei Kleinkriminellen verfolgt wurde, kam es zu einer beeindruckenden Serie von Ablenkungsmanövern. Je abenteuerlicher die Geständigen fantasierten, umso mehr Glauben schenkte man ihnen. Aber sicher wären sie nie auf unsere Namen gekommen, wenn ihnen die nicht jemand eingeflüstert hätte. Natürlich konnten diese Richter es kam glauben, dass sie uns endlich festnehmen konnten, aber wir sind ganz sicher, dass sie nicht von sich aus gehandelt haben … Da steckt jemand anderes dahinter, und wir wollen wissen, wer und warum.»

«Um das herauszufinden, muss man den Fall Siddi noch mal ganz von vorne aufrollen», ergänzte Vargiu. «Genauer gesagt, vom Tag seines Verschwindens an. Man müsste die Ermittlungen weiterführen, die über die Anfänge nicht hinausgekommen sind.»

Das Personal im Restaurant hatte angefangen, den Saal aufzuräumen, schien aber völlig unbeeindruckt davon, dass wir keine Anstalten machten zu gehen – offenbar waren meine Klienten hier Stammgäste. Wir bestellten den x-ten Calvados für mich, Filu e Ferru und Mirto für Pontes und Vargiu. Moi dagegen hatte den ganzen Abend lang an einem Glas Weißwein genippt und es nicht einmal halb ausgetrunken.

«In diesen Jahren zirkulierten öfter Gerüchte, dass der verschwundene Anwalt am Leben sei. Aber ihr, was glaubt ihr ... Lebt er oder ist er tot?», fragte ich unvermittelt.

«Er lebt. Ich fühle es», antwortete Pontes mit Bestimmtheit.

Die anderen zuckten die Achseln. «Schwer zu sagen», erwiderte Moi skeptisch. «Unseres Wissens sind beide Hypothesen nicht unfundiert. Die Hypothese des Mordes ist sinnvoll, denn er war in bestimmte Geschäfte verwickelt, und in solchen Kreisen ... Für ein freiwilliges Verschwinden hingegen sprechen im Wesentlichen die Zeugenaussagen von Leuten, die glauben, ihn wiedererkannt zu haben, und seine als sicher geltende Zugehörigkeit oder Verbindung zu Geheimdiensten ...»

«Es ist euch doch klar, dass viele Jahre vergangen sind und dass sich alte Fährten nicht immer aufspüren lassen ...»

«Spielen Sie nicht den Bescheidenen, Buratti. Wir alle wissen, dass genau das Ihre Spezialität ist. Wir sind sicher, dass Sie uns nicht enttäuschen werden», bemerkte Anwalt Moi ironisch, und sein Tonfall verriet, dass er das Gespräch für beendet erklärte. «Ich danke Ihnen für das Vertrauen», erwiderte ich und deutete eine Verbeugung an. Auf eine Serviette schrieb ich eine Zahl und zeigte sie meinen Klienten. «Pro Tag. Plus Spesen natürlich.»

«Kein Problem», willigte Vargiu ein.

«Ich brauche einen Assistenten ...»

«Benjamino Rossini, wir wissen schon», sagte Pontes.

«Irgendein Problem mit der Person?»

«Überhaupt keins, Buratti, machen Sie sich keine Sorgen», beeilte sich Vargiu, mich zu beschwichtigen.

«Dann wären da noch zwei Kleinigkeiten, um die ich bitten muss, und dann können wir alle schlafen gehen. Ich brauche eine unauffällige Wohnung, ein Handy und ein Auto.»

«Daran haben wir schon gedacht», antwortete wieder Vargiu, und zwinkerte mir zu. «Die Schlüssel hat Genesio.»

«Noch ein Tipp», sagte Moi und legte mir eine Hand auf den Arm. «Wir sind alte Strafrechtler und kennen die Gepflogenheiten auf der Insel. Ändern Sie Ihren Look. So wirken Sie wie ein Außenseiter, ein Künstler... Kurz, das könnte Ihnen hinderlich sein...»

«Ich habe verstanden», unterbrach ich ihn pikiert. «Ich werde mich als normaler Mensch verkleiden.»

«Gut. Hier zählt das Aussehen sehr. Setzen Sie alles auf die Spesenrechnung», fuhr er fort. «Wann immer Sie wollen, nehmen Sie Kontakt zu Anwalt Columbu auf, das ist, als würden Sie mit uns sprechen. Wir werden uns bis zum Abschluss der Ermittlungen nicht mehr sehen... Uns ist das lieber so.»

Ich hatte mich von ihnen verabschiedet und war ein paar Meter in Richtung Hotel gegangen, als ich Mois Stimme fragen hörte: «Was meinen Sie, lebt er oder ist er tot?»

Er hatte meine Gedanken gelesen. Just in dem Moment hatte ich beide Möglichkeiten gegeneinander abgewogen... Aber meine Blues-Seele fühlte, dass er lebte.

«Ein Detektiv mit Lizenz würde jetzt die Arme ausbreiten», antwortete ich, «und sagen, dass es noch zu früh sei, um Vermutungen anzustellen. Ich habe keine Lizenz und kann mir daher erlauben zu sagen, dass dieser Hurensohn lebt.» Ich zündete mir eine Zigarette an und kostete die Pause aus. «Nicht nur, weil ich es fühle... mir will auch dieses

Detail mit der Zeitung und der Plastiktüte mit Brot und Obst darin, die auf dem Rücksitz des Wagens gefunden wurden, nicht aus dem Kopf. Das riecht nach Inszenierung. Einer wie Siddi, der die städtischen Angelegenheiten besonders aufmerksam verfolgt, kauft seine Zeitung frühmorgens, sobald er aus dem Haus geht. Brot und Obst dagegen sind die klassischen Einkäufe auf die letzte Minute, kurz vor Geschäftsschluss, wenn man schon auf dem Nachhauseweg zum Mittagessen ist. Siddi ist um zehn Uhr vormittags verschwunden. Zu früh für diese Art von Einkäufen.» Während ich mich mit einem Kopfnicken verabschiedete, las ich in ihren Augen eine Mischung aus Interesse und Respekt. Und das freute mich.

Die Verbindung war schlecht, aber die Verärgerung meines Freundes übertönte das Hintergrundrauschen.

«Das muss also schon wieder einer von deinen beknackten Fällen sein. Auch wenn ich nichts darüber weiß, ich fühle, dass er haarig wird wie der letzte, der uns gezwungen hat abzuhauen... Und dabei waren wir wohlgemerkt die Guten...»

«Einverstanden, Benjamino», erwiderte ich konziliant. «Kein Problem. Ich komme allein zurecht...»

«Sei kein solches Ekel, Marco», regte er sich auf. «Du musst sofort nach Bastia zurückkommen und deine Gentleman-Anwälte vergessen. Wenn du dort bleibst, zwingst du mich nachzukommen und den Detektiv zu spielen...»

«Niemand zwingt dich!», unterbrach ich ihn und wurde laut dabei.

«Doch, und du weißt das. Ich bin immer noch in deiner Schuld, weil du mir im Knast das Leben gerettet hast, und dann bin ich dein bester Freund. Zu wissen, dass du alleine unterwegs bist und Unheil anrichtest, ohne dass ich dir den Rücken decke, macht mir Angst, und wenn ich so drauf bin, dann leiden die Geschäfte darunter, und mein Schwanz will dann auch nicht mehr so richtig... Ich bin immerhin dreiundfünfzig...»

«Wann kommst du?», schnitt ich ihm das Wort ab.

Er seufzte resigniert. «In drei Tagen in Santa Teresa di Gallura. Mit der Abendfähre. Übrigens, Marco...»

«Sprich, Partner.»

«Ich kenne nur einen einzigen Ausdruck auf Sardisch, ich hab ihn im Knast gelernt von Leuten, die die Weisheit des Zuchthäuslers besaßen: *zente istranza,* das heißt ‹Fremde›. Verstehst du, was ich sagen will?»

«Sicher. Es heißt, dass wir extrem vorsichtig vorgehen müssen.»

«Genau», betonte er. Nach einer kurzen Pause setzte er noch hinzu: «Und das tust du leider nie.»

Vor Rossinis Ankunft nahm ich das Auto entgegen, einen unauffälligen hellblauen Panda, sowie die Wohnung, eine Zweizimmerwohnung in Pitz'e Serra, einem Neubauviertel in Quartu Sant'Elena, dem nächsten Ort im Umland; dort wohnen diejenigen Cagliaritaner, die sich die Preise in der Stadt nicht mehr leisten können. Dutzende völlig gleicher Wohnblocks und ebenso viele im Bau befindliche; das Gelände zwischen ihnen ist baumlos und ganz mit gelbem, vom Wind verdorrtem Gras bedeckt. Jeden Morgen leeren sich die Wohnungen. Daheim bleiben nur Hausfrauen, Rentner und die Kinder, die noch zu klein sind für den Kindergarten. Das Viertel ist zu neu, um schon ein eigenes Leben entwickelt zu haben. All das missfiel mir ganz und gar nicht. Im Gegenteil, das war genau die Art von Umgebung, wo ich gerne ständig leben würde, weil sie einem erlaubt, unbemerkt zu bleiben. Und ich fühlte mich nicht von der «Metropolenangst» geplagt, von der mir eine langweilige Tussi mit den Allüren einer postmodernen Philosophin fast eine Stunde lang die Ohren voll gequatscht hatte. Ich hatte sie um zehn Uhr morgens in einer nichts sagenden Bar getroffen, wo sie ihren Campari trank.

Abends füllen sich die Straßen mit Autos, die dicht an dicht geparkt stehen, eins hinter dem anderen und jedes mit seiner Alarmanlage, die sich durch die Tonlage der Sirene von der des Nachbarautos unterscheidet. Cagliari ist eine Stadt, in der es sehr viele Autodiebstähle gibt; und die geliebten Fahrzeuge mit immer raffinierteren Mitteln vor Diebstahl zu schützen, ist zu einem echten Wettkampf ausgeartet, auf den die Besitzer nie verzichten würden, wie mir Columbu erklärte, während er mir die Funktionsweise der Alarmanlage des Panda erklärte. Auf jeden Fall rührt der größte Teil der nächtlichen Geräuschkulisse in diesem Viertel ganz einfach vom Wind her. Der Anwalt hatte noch hinzugefügt, dass die Spezialisierung auf den Autosektor seiner Ansicht nach die lokale Unterwelt davon abhalten würde, Banküberfälle zu machen, die tatsächlich prozentual hier weniger häufig vorkämen als anderswo. Ich war ganz und gar nicht einverstanden, aber ich hütete mich wohl, das zum Ausdruck zu bringen, denn ich hatte überhaupt keine Lust, eine soziologische Diskussion über die Entwicklung der insularen Kriminalität vom Zaun zu brechen. Ich musste meinen Kleidungsstil ändern, und das stimmte mich überhaupt nicht froh.

Als sich die Einkäufe nicht länger aufschieben ließen, ging ich in Richtung Zentrum, auf der Suche nach einem wenig besuchten Geschäft, das mir ein komplettes Outfit bieten würde, von den Schuhen bis zum Hut.

Ich entdeckte eines in der Via Deledda in der Stadtmitte; es war ein schicker Laden, der sehr modisch aufgemacht war. Über die ganze Front prangte in Riesenlettern die Ankündigung, dass der größte Ausverkauf aller Zeiten im Gange sei. Geduldig wartete ich, bis der Laden leer war, und trat dann ein, wobei ich ein strahlendes Lächeln aufsetzte. Die Verkäuferin, eine Blondine um die achtzehn, vom Typ «voll durchgestylt», erwiderte meine Freundlichkeit nicht, sondern beeilte sich, den Geschäftsführer zu rufen. Es kam ein

Fünfunddreißigjähriger mit einem Gesicht wie ein Dobermann; er hatte jenen Ansatz von Glatze, der typisch ist für Kerle, die an nichts anderes denken als ans Reichwerden und daher alle anderen außer ihresgleichen und diejenigen, die es schon geschafft haben, verachten.

Er musterte mich, als wäre ich eine Küchenschabe, die es gewagt hatte, seine reinliche Boutique zu verpesten. Sein abschätziger Blick fing bei meinen Python-Stiefeln an, musterte die Jeans, die ich nun seit drei Wochen anhatte, wurde durch gerunzelte Augenbrauen verstärkt, als er auf dem eher lebhaften Violett meines Louisiana-Nigger-Hemds aus Rohseide verweilte, und glitt schließlich in einer langen Totalen über meine original amerikanische Fliegerjacke mit synthetischem Pelzkragen. Ich wusste, dass sie schon eine Weile aus der Mode war und überhaupt nicht zum milden cagliaritanischen Januar passte, aber sie war für mich wie ein unzertrennlicher Freund, mit dem ich nun schon seit Jahren dem Winter trotzte.

Bevor der Dobermann auf die Idee kommen konnte, etwas Unerfreuliches zu sagen, das mich in Rage gebracht hätte, zog ich die silberne Geldspange in Form eines Alligators aus der Tasche – es war das Geschenk eines Klienten, dem ich seine sechzehnjährige Tochter wiedergebracht hatte, die mit einem dreimal so alten Handelsvertreter durchgebrannt war. In der Spange klemmten lauter Fünfzig- und Hunderttausendlire-Noten, die ich als Vorauszahlung von den Anwälten bekommen hatte. Ich ließ das Geld mehrmals durch die Finger laufen. «Ich bin von meiner Yacht ins Wasser gefallen, und der philippinische Frachtdampfer, der mich aufgelesen hat, hatte keine besonders gut bestückte Garderobe... Man hat mir gesagt, hier könnte ich mein Problem vielleicht lösen», sagte ich in einem Atemzug und mit lächerlichem Mailänder Akzent.

Das genügte, um jeden Vorbehalt mir gegenüber aus dem

Weg zu räumen, und eine Stunde später verließ ich das Geschäft bepackt mit Tüten voller Klamotten, die ich nie zuvor auch nur im Traum angezogen hätte, aber in denen ich «echt geil aussah», wie es der Verkäuferin entschlüpfte, als ich die Million überschritt. Ich wusste, dass eine Geschichte dieser Art die Laune des alten Rossini heben würde, und so erzählte ich sie ihm am Telefon.

Er lachte ein paarmal und versprach, seine besten Kleidungsstücke mitzubringen. Ich kannte seine Art von Eleganz. Einen Moment lang war ich versucht, ihm zu raten, sein Outfit doch durch etwas Schlichteres zu ersetzen, aber dann überlegte ich es mir anders. Er wäre bestimmt beleidigt gewesen. Das Problem bei Benjamino war, dass seine Art sich auszustaffieren noch mehr ins Auge stach als meine Aufmachung als Blues-Musiker.

Meine Befürchtungen bestätigten sich, als ich ihn von der Fähre kommen sah, im langen, kamelhaarfarbenen Mantel, unter dem ein blauer Nadelstreifenanzug hervorleuchtete. An den Füßen trug er ein Paar schwarzweiße Schuhe.

«Benjamino, du siehst aus wie ein Gangster», begrüßte ich ihn.

«Ich bin ein Gangster... Du dagegen siehst aus wie ein Bankangestellter. Und du bist keiner. Was ist schlimmer?», erwiderte er, und schüttelte den Kopf über meinen graugrünen Cordsamtanzug.

«Wir fallen auf», beharrte ich.

«Wir fallen so oder so auf. Wir sind *zente istranza,* und wir werden nie auch nur von ferne einem Sarden ähnlich sehen.»

«Fängst du jetzt an, den abgeklärten Kriminellen zu spielen?», foppte ich ihn.

«Dieser Ohrring ist zu groß, das passt nicht. Du bist entschieden unglaubwürdig», bemerkte er, überging damit meine Frage und zeigte auf mein linkes Ohr. «Du wirkst wie einer von diesen Bankräubern, die sich als Angestellte verkleiden, dabei aber ein wichtiges Detail vergessen und sich dann wundern, dass der Überfall schief gelaufen ist... Sie verbringen den Rest ihres Lebens damit, sich zu fragen, warum die Alarmanlage so schnell losgegangen ist... Hast du etwa je einen Bankangestellten mit Piratenohrring gesehen?»

Ich schüttelte den Kopf, um ihm zu verstehen zu geben, dass ich den Ohrring nie abnehmen würde. «Nein, und was willst du damit beweisen?»

«Nichts», sagte er seelenruhig und zuckte mit den Achseln. «Aus der Ferne sind wir passabel.»

Dann versuchte er noch einmal, mich umzustimmen und dazu zu bewegen, unsere beschaulichen Barbummel im Hafen von Bastia auch hier zu wiederholen. Noch bevor ich den Fall geschildert hatte, war Benjamino überzeugt, dass er aussichtslos war. Wie jedes Mal. Das war mittlerweile zum festen Ritual zwischen uns geworden. Anfangs war er widerspenstig, aber dann doch unfähig, die Vorstellung zu ertragen, dass ich mich ohne seinen Schutz in eine Sache begab; vor allem glaubte er aber, dass ich ohne seinen Rat nicht auskommen würde, da er überzeugt war, ich wäre nicht imstande, mich in Situationen zurechtzufinden, in denen die Erfahrung der Straße und eine gewisse professionelle Kriminalität erforderlich sind. Da hatte er völlig Recht. Ohne seine Hilfe hätte ich die Mehrzahl meiner Fälle nicht lösen können. Nur durfte ich das nicht zugeben, er hätte das ausgenutzt. Daher tat ich so, als würde ich mich verantwortungslos auf schwierige und gefährliche Fälle einlassen, und er, als wäre er gezwungen, an den Ermittlungen mitzuarbeiten. Ein bisschen aus Freundschaft, ein bisschen, weil ich ihm im Gefängnis das Leben gerettet hatte. Er hielt mir das immer wieder vor, aber wir wussten beide, dass er diese Schuld schon hundertfach abgegolten hatte. In Wirklichkeit liebte er ganz einfach das Abenteuer. Mit seinen dreiundfünfzig Jahren war er ein gut situierter und angesehener Gangster, er konnte sich jederzeit zur Ruhe setzen, aber da hätte er sich alt gefühlt... und schon allein die Vorstellung, älter zu werden, war ihm verhasst. Im Milieu wurde er «der alte Rossini» genannt, aber nie in seiner Gegenwart und nur, um ihn von seinen zahlreichen Brüdern zu unterscheiden, die wie er in derselben Branche tätig waren. Dass er überhaupt nichts für das unausweichliche Verrinnen der Zeit übrig hatte, sah man an dem fast zwanghaften Kult, den er seinem Körper widmete, um ihn «à la Moser» fit zu halten, wie er das selbst gerne nannte: schlank, durchtrainiert und immer gebräunt. Vielleicht übertrieb er etwas, denn er färbte seinen Schnurrbart à la Xavier Cugat und die wenigen Haare, die ihm noch verblieben waren; aber in puncto männlicher Schönheitspflege hatte er ganz präzise Vorstellungen, die in Frage zu stellen gefährlich werden konnte.

Als ich ihn auf der Reise vom Norden in den Süden Sardiniens endlich über den Fall Siddi ins Bild setzte, tat ich das sehr präzise, fast peinlich genau, denn auch die Details sind wichtig.

«Wie willst du vorgehen?», fragte er.

«In zwei Richtungen: einerseits das Privatleben des verschwundenen Anwalts erforschen, andererseits Monsieur Leon Benoit und seine soldatischen Knaben ins Visier nehmen.»

Es war Liebe auf den ersten Blick zwischen Rossini und Anwalt Columbu. Jeder erkannte im anderen genau das, was er war: hier ein Krimineller und dort ein Anwalt der alten Schule, die beide im Respekt vor den Regeln, den Traditionen und dem gegebenen Ehrenwort groß geworden waren. Männer, bei denen ein Händedruck genügte, um sich lebenslang an eine Verpflichtung zu erinnern. «Heute ist das nicht mehr so», war in der ersten halben Stunde ihrer Unterhaltung immer wieder zu hören.

Ich war gezwungen, ihre Idylle zu stören, um sie zur Realität des Falls Siddi zurückzuholen. Ich schnaubte lange, dann fing ich an: «Ich habe sämtliche Artikel über die Sache gelesen. Mir ist aufgefallen, dass sich darin überhaupt kein Klatsch über das Privatleben des Verschollenen findet. Damals war er einundvierzig Jahre alt, hatte Frau und drei Kinder. Hardliner wie Siddi, die haben doch mindestens eine Geliebte oder ein paar ‹harte› Laster... Das ist charakteristisch für diesen Typ Mann», erklärte ich und sah Columbu in die Augen.

«Ist das die Spur, die ihr verfolgen wollt?», fragte dieser.

«Nicht nur. Unser Sherlock hat beschlossen, auch der Spur zu der NATO-Basis in Decimomannu nachzugehen», ergänzte Benjamino.

Ich wartete, bis der Anwalt das Ritual des Brille-Zurechtrückens abgeschlossen und sie bis auf die Nasenspitze heruntergezogen hatte. «Sie haben Recht, Buratti. Siddi hatte tatsächlich eine Geliebte. Die Verteidigung hat es immer gewusst, aber es handelte sich um eine verheiratete Frau – heute ist sie verwitwet –, daher hielt man es nicht für nötig, sie als Zeugin aufzurufen. Man wollte einen möglichen Imageverlust vermeiden. Außerdem war die Ehefrau, obwohl sie keine Anklage erhoben hatte, immer anwesend, und die Geschworenen hätten sich durch ihre ‹Schmach› unweigerlich peinlich berührt gefühlt. Eine Frau» – er machte eine kurze Pause –, «die ganz Hausfrau und Mutter war und nicht die geringste Ahnung von den Aktivitäten ihres Mannes hatte. Sie hob während des ganzen Prozesses nie die Augen vom Boden.» In der Stimme schwang ein gewisses Mitleid mit Signora Siddi mit.

«Und die Geliebte? War die anwesend?», fragte mein Partner.

«Nein. Fiorenza Vadilonga ist immer ganz am Rande der Sache geblieben. Auch die Ermittler haben sich nie um sie gekümmert. Sie ist Angestellte in einem Notariat. Nach 19 Uhr könnt ihr sie in der Via Roma in einer Bar an einem Tischchen sitzen sehen. Jeden Tag macht sie dort Halt, um langsam einen Aperitif zu trinken und mit verlorenem Blick auf die Passanten zu sehen.»

«Durchgedreht?», fragte ich besorgt.

«Nein», beeilte sich der Anwalt richtig zu stellen. «Ich würde eher sagen unruhig... als ob sie auf ein wichtiges Ereignis warten würde.»

«Wie zum Beispiel das Wiederauftauchen ihres früheren Geliebten», spekulierte ich.

«Vielleicht haben sie nie aufgehört, sich zu sehen, und sie leidet die Liebesqualen einer Frau, die weiß, dass zwischen einem Treffen und dem nächsten viel Zeit vergehen wird», ergänzte der alte Rossini schlau.

«Die Ermittler seid ihr», sagte Columbu mit einem Achselzucken.

«Ermittler gibt es hier nur einen», korrigierte Benjamino aufgebracht. «Ich bin nur aus Freundschaft hier und weil einmal...»

«Ich glaube nicht, dass unsere Beziehung den Anwalt interessiert», unterbrach ich ihn und schwächte den polemischen Ton durch ein Lächeln ab.

«Ich wollte nur klarstellen, dass ich mich in meinem Leben mit ganz anderen Dingen befasse... Weshalb möglichst nicht überall bekannt werden sollte, dass ich gezwungen bin, den Schnüffler zu spielen», fügte er gekränkt hinzu.

«Und von Leon Benoit, was erzählen Sie mir da?», fragte ich, um das Thema zu wechseln.

«*Accozzatto*. Diesen Ausdruck müssen Sie lernen, Buratti. Hier in Cagliari ist er wichtig. Er bedeutet: gut eingeführt, protegiert, mit Beziehungen. Nachdem er als den Dingen ‹fern stehende Person› aus der Haft entlassen wurde, kehrte er in seinen Supermarkt und zu seinen Geschäften zurück. In den letzten Jahren ist er sehr reich geworden und hat viel in Immobilien investiert. Das ist alles. Für uns war es immer unmöglich, ihn an die Angel zu kriegen … Ich weiß nicht, ob Sie mich verstehen.»

«Vollkommen», erwiderte ich und stand vom Stuhl auf. «Wenn Sie so freundlich wären, uns die Adresse des Supermarkts auf ein Stück Papier zu schreiben, dann werden wir uns verabschieden.»

Auf der Straße fragte mich Benjamino, wohin wir gehen würden. Ich antwortete, es sei fast Zeit für den Aperitif und dass wir ihn in Gesellschaft der Witwe Vadilonga einnehmen könnten.

Wir sahen uns an. Ab jetzt begannen unsere eigentlichen Ermittlungen. Mein Freund lächelte selbstgefällig und versuchte sich in einer Bogart-Imitation: «Holen wir uns diese Laus aus dem Pelz, Partner.» Der Krampf, der mir den Mageneingang zuschnürte, hinderte mich daran, genauso lässig zu sein. Um mich zu entspannen, flüchtete ich mich in den Blues. Ich setzte die Kopfhörer des Walkmans auf: Bo Didley sang *I'm a man.* und ich erinnerte mich daran, wer ich war und was ich vom Leben erwarten konnte.

Im Sommer wie im Winter haben die Bars in der Via Roma ihre Tischchen im Freien aufgestellt, unter den hohen Laubengängen entlang der Straße. An diesem Abend jedoch wirkten die Gäste entschieden vermummt; unter dem Vorwand der nur etwas niedrigeren Temperatur hatten sie endlich Gelegenheit, ihre Wintergarderobe vorzuführen, die bisher in Schubladen und Schränken verstaut gewesen war. Den Kontrast dazu bildeten die Kellner, die bloß in Hemdsärmeln in den Lokalen ein und aus liefen und dabei geschickt den Passanten auswichen. Die präzise Beschreibung des Anwalts erlaubte uns, Fiorenza Vadilonga auf Anhieb auszumachen. Sie nippte an einem Aperol, und in regelmäßigen Abständen streckte sie die Hand nach einem Tablett mit Erdnüssen und Salzgebäck aus. Wir setzten uns neben sie. Wir wären gern etwas mehr auf Distanz geblieben, aber es war nichts anderes frei. Wir vermieden es, sie zu beobachten, bis wir bedient wurden. Eine unnötige Vorsichtsmaßnahme: Wie uns Columbu erzählt hatte, galt ihr Interesse einzig und allein dem Strom der vorüberziehenden Passanten.

Sie war um die fünfzig, wirkte aber eigentlich zehn Jahre älter. Der verbrauchte Körper war formlos und steckte in betont jugendlicher Kleidung, was grotesk wirkte: ein Kunstpelz mit Leopardendruck, ein eher kurzes Kleidchen mit Schottenmuster, Feinstrumpfhosen und ein Paar Schuhe aus schwarzem und grünem Lack mit mindestens zehn Zentimeter hohen Absätzen. Sie musste aber früher ziemlich gut ausgesehen haben. Das sah man noch an dem goldbraunen Teint, den feinen Gesichtszügen, den nussbraunen Augen und dem leichten Silberblick, den die Männer bezaubernd gefunden haben mussten.

«Sie säuft», urteilte Benjamino. Dann sah er mich an: «Auch du wirst so enden: alt, verblödet und noch immer angezogen wie ein Teenie.»

«Ich kann's kaum erwarten», erwiderte ich trocken. «Deine Beobachtung ist aber ein guter Hinweis. Sie trinkt, weil die Sehnsucht sie verzehrt. Sie ist unglücklich, unbefriedigt, aber nicht in Trauer. Je länger ich sie mir ansehe, desto mehr bin ich davon überzeugt, dass Giampaolo Siddi am Leben ist.»

Benjamino schenkte mir ein säuerliches Lächeln. «Ich weiß schon, worauf du hinauswillst: Dein Blues hat in ihrer Seele gelesen …»

«Genau», erwiderte ich gelassen. «Wenn du nicht an meine Musiker-Sensibilität glauben willst, dann vertrau der des Säufers. Die sagt mir nämlich, dass die Signora süppelt, um durchzuhalten, nicht um zu vergessen … Sie ist nicht in Trauer, das ist klar.»

Die Frau trank drei weitere Aperitifs, dann verlangte sie die Rechnung. Ihr zu folgen war leicht: Sie ging langsam, ab und zu blieb sie stehen, um sich die Auslagen in den Schaufenstern anzusehen. Über eine Stunde lang schlenderte sie so herum. Endlich führte sie uns nach Hause: ein zweistöckiges Haus in der Via Giuseppe Giusti, direkt hinter der Piazza Giovanni XXIII.

Mit nervtötender Langsamkeit öffnete sie die Haustür. Sie schien alles andere als begeistert, in ihre häuslichen vier Wände zurückzukehren.

«Wir müssen uns an einem der nächsten Tage mal da drin umsehen», sagte ich zu meinem Partner und wies mit dem Kinn auf das Haus.

Er schüttelte den Kopf. «Ich habe sie mit zwei Tresorschlüsseln herumhantieren sehen. Wenn du da rein willst, ohne dass sie es merkt, müssen wir einen Spezialisten hinzuziehen. Ich krieg diese Schlösser zwar auf, aber nicht, ohne einen gewissen Schaden anzurichten ...»

«Hast du eine Idee?»

«Die eine oder andere. Aber bevor ich darüber rede, möchte ich mir den Belgier genauer ansehen.»

Wir betraten den Supermarkt um zehn Uhr morgens. Er war klein, aber mit einem breiten Angebot an ausländischen Spezialitäten. Ausländisch war auch die Kundschaft, vorwiegend Ehefrauen von NATO-Militärs. Mit einem Einkaufswagen ausgerüstet, nutzten wir die Gelegenheit zum Einkaufen, unser Kühlschrank war noch gähnend leer. Das Büro des Belgiers, eine kleine Box aus Glas und Aluminium, lag zwischen der Obst- und Gemüseabteilung und den Truhen mit der Tiefkühlkost. An einem Schreibtisch saß ein Mann – rote Haare, Schnurrbart im unverwechselbaren Militärschnitt, rundes Gesicht und untersetzte Statur – und war in eine liebenswürdige Konversation am Telefon verwickelt. Er lächelte unentwegt und entblößte dabei zwei nikotinfleckige Eckzähne. Ein zweites Individuum saß der Tür gegenüber. Er war jünger als der erste, die Augen hinter schweren dunklen Brillengläsern versteckt, mit leichten Geheimratsecken, pockennarbiger Haut und kräftigem, muskulösem Körperbau. Er sah dermaßen bedrohlich aus, dass jeder, der mit dem Gedanken spielte einzutreten, die Bitte, Platz zu machen, am besten möglichst taktvoll vortrug.

«Leibwächter?», fragte ich meinen Freund.

«Eindeutig. Und von der fiesen Sorte obendrein. Findest du nicht auch, dass seine Anwesenheit übertrieben ist, bei einer so geringen Geschäftstätigkeit?»

«Ja», pflichtete ich ihm bei, «das stinkt nach Scheinaktivität. Wer weiß, ob in diesem Büro nicht auch noch über ganz andere Sachen Buch geführt wird als über Delikatessen.»

Wir warteten in unserem blauen Panda und behielten den Hintereingang im Auge. An diesem Morgen ließ sich niemand blicken, und die beiden kamen erst nach Ladenschluss heraus. Die Haltung des Leibwächters war locker und gelöst wie bei einem Tänzer. «Das ist ein Profi in Kampfsportarten», urteilte Benjamino. Der Belgier war fünfzig oder fünfundfünfzig und hatte das Gehabe eines gerissenen Geschäftsmanns. Sie stiegen in einen Rover Coupé und fuhren gemächlich in Richtung des Sant'Avendrace-Viertels, was es uns leicht machte, ihnen auf den Fersen zu bleiben. Sie hielten vor einem Restaurant, dessen Leuchtreklame schnelles und günstiges Essen versprach. Benoit wartete ab, dass der andere ausstieg und die Situation kontrollierte, bevor er die Wagentür öffnete. Benjamino und ich sahen uns erstaunt an. Das war das umsichtige Verhalten eines Kriminellen, der Probleme mit der Konkurrenz hat. Ein Element, das wir in Zukunft wahrscheinlich würden verwerten können.

Der Kellner, der uns empfing, versuchte uns in einen anderen Raum zu lotsen als den, wo die beiden saßen. Diskret steckte ich ihm zwei Zehntausenderscheine zu, um ihn umzustimmen. Uns war sofort klar, dass dieses Lokal das zweite Büro des ehemaligen Militärs war. Der Leibwächter saß mit dem Rücken zur Wand, was ihm den totalen Überblick gewährte, sein Chef saß ihm gegenüber, den Kopf über einen Teller Spaghetti mit Meeresfrüchten gebeugt. Neben ihm ein leerer Stuhl, der von wechselnden Typen eingenommen wurde, die gerade so lange sitzen blieben, bis sie ihm ein paar Sätze zugeflüstert und Bündel von Geldscheinen auf das über seine Knie gebreitete Tischtuch gelegt hatten.

«Drogenhandel. Ein gut organisierter Rauschgiftring, ohne Zweifel», flüsterte Rossini mir zu.

«... und mit Protektion von oben», ergänzte ich. «Columbu hatte Recht. Ich habe schon lange keinen Drogenhändler mehr gesehen, der am hellllichten Tag seine Einnahmen einstreicht. Seine Akte auf dem Polizeipräsidium muss mit einem dicken Stempel versehen sein: ‹Tabu›.»

Mein Partner machte ein nachdenkliches Gesicht. «Wir brauchen Unterstützung von vor Ort, Marco. Diese Leute sind gefährlich, und wir können uns nicht erlauben, Fehler zu machen. Sonst enden wir als Zierteppich auf dem Grund des Golfs von Cagliari.»

«Soll das ein festes Mitglied der Mannschaft werden oder ein Externer sein wie der Einbrecher, den wir brauchen, um ins Haus der Vadilonga zu kommen?»

«Festes Mitglied. Ich will einen, der uns verlässliche Informationen geben kann ... und mit jeder Art von Situation fertig wird.»

«Ich käme lieber ohne aus», sagte ich. «Ich habe ungern andere Leute um mich herum. Es ist schon schwer genug, dich zu ertragen, geschweige denn noch einen Gangster.»

«Wir haben keine andere Wahl, Sherlock», erwiderte er. «Als du hierher gekommen bist, hast du eine der fundamentalen Regeln deines Metiers verletzt: Wühl nie Scheiße auf in einer Stadt, die du nicht kennst. ‹Ein Detektiv, der sich außerhalb seines Reviers bewegt, ist wie ein Blinder, der sich anschickt, eine Autobahn zu überqueren› ...»

«Wo hast du denn das gelesen?», fragte ich erstaunt.

«Benjamino Rossini, Ausgewählte Werke, Band eins.»

«Okay», ergab ich mich. «Ich sage unseren Klienten Bescheid, dass ein Gehalt mehr zu zahlen ist.»

In diesem Moment stand der Belgier auf, ließ in scheinbar zerstreuter Manier zwei Fünfzigtausend-Lire-Scheine auf dem Tisch liegen und steuerte auf die Tür zu, sein Leibwächter ihm voraus. Vor Benjamino verlangsamte er den Schritt. Einen Moment lang sahen die beiden sich in die Augen. Die Botschaft war klar: Sie hatten einander als Profis der Gewalt erkannt, und jeder meinte, stärker zu sein als der andere.

«Jetzt wird er deine Visage nie wieder vergessen», schnaubte ich.

«Entschuldige, Marco... Ich habe Scheiße gebaut, aber ich senke vor niemandem den Blick, und schon gar nicht vor dem erstbesten dahergelaufenen Van Damme», murmelte er zerknirscht. Dann setzte er eisig hinzu: «Von mir aus kann er sich sein Kung-Fu sonstwohin stecken.»

Unsere Verfolgung führte uns wieder zurück zum Supermarkt. Die beiden gingen wie zuvor durch die Hintertür hinein.

«... und bis heute Abend ist das Geld schon gewaschen und bereit, in der Bank deponiert zu werden», konstatierte ich.

«Ich hasse Drogenhändler, Marco. Du weißt es. Sie haben die Unterwelt kaputtgemacht», zischte Rossini hasserfüllt.

Ich drehte mich zu ihm herum und sah ihn an, besorgt: «Und was willst du damit sagen?»

Er schenkte mir ein verdächtig sanftes Lächeln: «Nichts... nichts... lass gut sein.»

Der alte Rossini bestand darauf, mich zu der Wohnung in Pitz'e Serra zu begleiten. Er wollte mich nicht dabeihaben, wenn er das künftige Mitglied unserer Mannschaft aussuchen ging. Der Gedanke daran gefiel mir überhaupt nicht, aber ich war mir sicher, dass er die richtige Person auswählen würde. Als ich Anwalt Columbu telefonisch kontaktierte, begrüßte er diese Initiative vorbehaltlos und fügte hinzu, auch seine Kollegen würden nichts dagegen einzuwenden haben. Ich bekam Durst, und so beschloss ich, auf die Rückkehr meines Freundes in der Bar zu warten. Dort traf ich wieder dieselbe Tussi, die an Metropolenangst litt und die als Mittel dagegen gläserweise Campari pur in sich hineinschüttete. Sie lud mich ein, an ihrem Tisch ein paar davon gemeinsam zu kippen. Wir begannen eine entschieden nichtssagende Unterhaltung, und am Ende bot sie mir einen sicher ähnlich verheißungsvollen Fick an. Ich lehnte das Angebot freundlich ab und flüchtete mich in die Lektüre der lokalen Tageszeitung.

Mein Freund stieß zwei Stunden später wieder zu mir und hatte den befriedigten Gesichtsausdruck der ganz großen Gelegenheiten.

«Ich habe den richtigen Mann gefunden. Hoffen wir, dass er Ja sagt...»

«Kenne ich ihn?», fragte ich misstrauisch.

«Nein. Wir waren in Porto Azzurro zwei Jahre lang Zellennachbarn, ein ‹Internat›, das zu besuchen du nicht das Privileg hattest. Er ist in Ordnung, ein erstklassiger Einbrecher, aber nicht so zimperlich im Umgang mit Waffen wie die meisten anderen in seinem Beruf...»

«Wie heißt er?»

Benjamino verkniff sich ein Lachen. «Heute Abend wirst du ihn kennen lernen, Marco... Mach dir bloß keine falschen Vorstellungen von dem Mann... Ich garantiere für ihn.»

Mehr war nicht aus ihm herauszubekommen. Jedes Mal, wenn ich das Thema streifte, erregte ich nur seine Heiterkeit. So war ich zum Zeitpunkt des Treffens neugierig, nervös und verärgert. Ich hasse Überraschungen. Der ausgemachte Treffpunkt war die Endstation der Autobuslinie in Calamosca, ein kleiner Platz oben auf einem Hügel, der im Sommer wegen des Ausblicks und des nahe gelegenen Strands sehr überlaufen ist, im Winter aber völlig verlassen. An diesem Tag hatte sich freilich ein Pärchen dort niedergelassen. Benjamino brauchte nur zwei Sekunden, um sie mit seinen üblichen ausdrucksvollen Gesten davon zu überzeugen, dass sie sich besser eine andere Stelle suchen sollten, um sich bedingungslose Liebe und ewige Treue zu schwören. Ein paar Minuten später sah ich den Lichtkegel eines Motorrads die steile Straße heraufkommen. Der Panda stand genau in der Mitte des Platzes, und der Motorradfahrer umkreiste ihn einmal, bevor er stehen blieb.

«Das ist er doch hoffentlich nicht, oder?»

Als Antwort stieg Rossini kichernd aus dem Wagen, ging dem Typen entgegen und streckte ihm die Hand hin. Im Sattel einer alten Ducati 250, gelb-schwarz lackiert wie eine Wespe, die auf Hochglanz poliert war und fabrikneu wirkte, saß ein Vierzigjähriger mit ausgeprägt mediterranen Zügen und gekleidet wie Marlon Brando in *Der Wilde.* Hinten auf der schwarzen Lederjacke prangte sogar die Aufschrift *Black Rebels.* Als ich näher kam, hörten die beiden auf zu reden, und Benjamino stellte mich vor: «Marco Buratti, genannt der Alligator.»

Mit einem breiten Lächeln zog sich der Motorradfahrer den Handschuh aus und hielt mir die Hand hin: «Marlon Brundu. Aus Sant' Elia. Das schönste Viertel von Cagliari. Und das beschissenste.»

Ich sah Rossini an. «Marlon Brundu?», wiederholte ich in der Hoffnung, falsch verstanden zu haben. Er antwortete mit einem Kopfnicken.

«Entschuldigen Sie mich einen Augenblick.» Ich hakte meinen Freund unter, und wir gingen ein paar Meter zur Seite.

«Bring ihn wieder dahin zurück, wo du ihn hergeholt hast», flüsterte ich ihm ins Ohr.

«Ich habe dir gesagt, ich garantiere für ihn», erwiderte er hitzig.

«Er heißt Marlon Brundu und spielt vierundzwanzig Stunden am Tag den ‹Wilden›: Das ist doch eine Witzfigur, wir dagegen brauchen einen Profi», entgegnete ich.

«Marco, mach mich nicht wütend. Er versteht seine Sache und kann den Mund halten. Wenn er Ja sagt, ist das nur von Vorteil für uns.»

Ich versuchte meine letzte Karte. «Wir drei zusammen wirken wie die lebende Werbung für eine Agentur von Filmkomparsen. Findest du nicht, dass wir mächtig auffallen?»

«Doch. Aber das ist ja der übliche Zirkus bei deinen beknackten Ermittlungen... Und jetzt überzeug ihn, denn sonst fahren wir zurück nach Bastia», schloss er knapp.

Zum Glück entpuppte sich Marlon als aufgeweckter und gut informierter Typ. Er hatte den Fall verfolgt und kannte fast alle Hauptpersonen in der Sache. Insbesondere hasste er Leon Benoit, weil er sein Viertel mit Heroin voll pumpte. Um seine Einwilligung zu geben, verlangte er Benjaminos Ehrenwort, dass keine Informationen an die Bullen gehen würden, dann streckte er uns mit feierlicher Geste die Hand entgegen. Ich fixierte ihn. Der alte Rossini hatte Recht: Er war in Ordnung.

Er stieg aufs Motorrad und machte uns Zeichen, ihm zu folgen. Er hielt vor dem *Ribot,* einem Bierlokal an der Piazza Pascoli, unter Trinkern bekannt, da es zu jeder Tages- und Nachtzeit geöffnet war. Wir hatten schon in Padua davon gehört, von einer Gruppe von Musikern. Das Lokal war nur schwach von einer Reihe blauer und roter Neonlichter erhellt, die ohne erkennbare Logik hier und da angebracht waren. Brundu versicherte uns, dass Eigentümer und Gäste sich um ihre eigenen Angelegenheiten kümmern würden. Wir setzten uns an einen Tisch im Halbgeschoss und bestellten Calvados und Bier. Nach den obligaten Trinksprüchen entwarfen wir einen Plan für die Ermittlungen. Wir verabredeten uns für den nächsten Tag um 16 Uhr beim Haus der Witwe Vadilonga.

In einer Viertelstunde hatte Marlon die Alarmanlage und das Schloss des Hauses geknackt. Wie versprochen. Er blieb dann mit dem Handy draußen und passte auf; ein einzelnes Klingeln des Telefons bei der Signora würde uns vor eventuellen Problemen warnen.

Es war eine rund 80 Quadratmeter große Wohnung auf zwei Ebenen. Mit Chirurgenhandschuhen begannen wir unsere Durchsuchung, zunächst im Schlafbereich im ersten Stock. Eigentlich wussten wir nicht so recht, wonach wir suchen sollten, um herauszufinden, ob Giampaolo Siddi tot oder lebendig war. Aber eine bloße Vermutung genügte nicht länger, wir brauchten Beweise oder wenigstens eine Spur.

Das Schlafzimmer sah genauso traurig und grotesk aus wie seine Bewohnerin. Ein mächtiger Fernsehapparat thronte vor einem ungemachten Bett voller Krümel, das fast zur Hälfte von einem riesigen Plüschbären eingenommen wurde. Ich trat näher, um ihn mir genauer anzusehen: Um den Hals des Tiers war der Stoff abgewetzt. Ich stellte mir die Frau vor, wie sie in ihren einsamen Nächten eng umschlungen mit dem Teddy schlief. Über allem lag eine Staubschicht. Die Wände hätten dringend einen frischen Anstrich gebraucht und die Vorhänge einen Gang durch die Waschmaschine. In der Küche hing ein ranziger Geruch von schlecht gespültem Geschirr. Der allgemeine Eindruck war der von einer Frau, die nichts mehr vom Leben erwartet.

Beim Öffnen der Schränke und bei Durchsicht der Schubladen zeigte sich eine ganz andere Seite der Persönlichkeit von Witwe Vadilonga, die uns überraschte. Die Kleidungsstücke waren zahlreich, neu, wohl geordnet und parfümiert. Die Intimwäsche war vom Feinsten, mit einem Hauch raffinierter Sinnlichkeit. Wir fanden einen eleganten, halb gepackten Koffer, wie für eine unmittelbar bevorstehende Reise.

In einem als Arbeitszimmer eingerichteten Raum brach Benjamino vorsichtig das Schloss eines Schrankes auf, der in verschiedenen Fächern ordentlich aufgeschichtet etliche Gegenstände des verstorbenen Signor Vadilonga enthielt. Erinnerungen, die für immer beiseite gelegt worden waren. Das große Bücherregal war voll mit verstaubten Bänden. Außer einem. Sofort streckte ich die Hand danach aus. Auf dem Titelblatt des monumentalen Bandes stand: «Geschichte des französischen Films.» Die abgegriffenen Seiten machten den Eindruck, als würde das Buch immer wieder zur Hand genommen. Eine plötzliche Eingebung ließ mich nach einer Widmung suchen.

Als Entschuldigung für die vielen Male,
bei denen ich im Kino eingeschlafen bin.
In Liebe, Giampaolo.

Das Datum war der 20. April vor genau zehn Jahren, das war zwei Tage vor Siddis Verschwinden. Vermutlich war dies das letzte Geschenk. Wieder stellte ich mir die Frau vor, wie sie jeden Abend in diesen Raum kam, nach dem Buch griff, und – verzehrt vor Sehnsucht – immer wieder darin blätterte.

«Schau mal hier», rief der alte Rossini mir über den Schreibtisch zu.

In strikt chronologischer Reihenfolge breitete er auf dem Tisch einige Ausgaben des *Baratto* aus, eines lokalen Wochenmagazins für kostenlose Privatanzeigen. Benjamino nahm sie nacheinander in die Hand und machte mich auf zwei Details aufmerksam: das Datum und die Seiten, die gelesen worden waren. Es waren die letzten neun Ausgaben, von denen jeweils nur die letzten drei Seiten durchgeblättert worden waren. Es waren Zeitungen mit einem Umfang von 64 Seiten, die bis zur einundsechzigsten Seite unberührt geblieben waren, wie frisch aus der Druckerei.

Die bevorzugten Rubriken der Signora waren die Nummer 47 (Kontakte/Botschaften) und 48 (Heiraten/Freundschaften).

«Die Signora gehört zum Kreis der einsamen Herzen», urteilte mein Freund lakonisch.

Ich dachte an die knapp sitzende und jugendliche Kleidung und nickte. «Könnte sein.»

«Könnte? Ich habe einen Schrank voll mit diesen Zeitungen gefunden», erwiderte er und deutete mit dem Daumen hinter sich.

Ich öffnete die Türen und fand mich kompletten Jahrgängen des *Baratto* gegenüber, die akkurat mit rosa kartoniertem Papier voneinander getrennt waren, auf dem mit blauem Filzstift der Jahrgang der Ausgaben geschrieben stand. Die erste Nummer der Sammlung war vom Mai vor zehn Jahren. Etwa zehn Tage nach dem Verschwinden von Anwalt Siddi.

Ich wies Benjamimo darauf hin. Wir kamen zu demselben Schluss: «Ein Code», rief der alte Rossini triumphierend, und nahm mir damit das Wort aus dem Mund, «die Anzeigen sind ein Code für Botschaften und die Vereinbarung von Treffen.»

«Richtig, Watson», bestätigte ich und schnippte mit den Fingern vor Befriedigung. «Lass uns sehen, wie das funktioniert.»

Keiner von uns beiden hatte je auf dem Gebiet der Einsamkeitsbekämpfung irgendwelche Erfahrungen gesammelt. So mussten wir also zunächst versuchen, die Funktionsweise dieser Annoncen zu verstehen. Ich rief bei der Zeitung an. Eine nette, wenn auch spürbar gelangweilte Dame erklärte mir die Prozedur, die die einsamen Herzen durchmachen mussten, um zueinander zu finden. Der Anzeigentext wird gewöhnlich vom Anrufbeantworter der Redaktion aufgezeichnet und erscheint dann in der Rubrik 48. Die Anzeige kann folgende Kontaktadressen nennen: ein Postfach, Postlagernd, eine Partnerbox in der entsprechenden Serviceabteilung des Blattes oder, in der Mehrzahl der Fälle, die Zeitung selbst. In diesem Fall muss der Inserent ein Kennwort auswählen, das mit den Buchstaben RIF. anfängt, gefolgt vom Namen, meist einem Fantasienamen.

Wer antwortet, tut das gewöhnlich in der Rubrik 47 der für Kontakte und Botschaften, unter Verwendung desselben Kennworts. Einige geben eine Handy-Nummer an, aber in solchen Fällen handelt es sich meist um Prostitution.

«He, Marco, ich wette, du vergehst vor Neugier, dass ich dir die eine oder andere vorlese.»

«Stimmt.»

«Hör dir das an: *Von früheren Erfahrungen enttäuschter Mann,* 36, *gut aussehend, wünscht warmherzige Frau kennen zu lernen, attraktives Äußeres. Äußerste Diskretion erbeten und geboten. Telefon erwünscht. Zuschriften an Postfach* 2029, *Cagliari.*

Unternehmer, 50, *sucht Bekanntschaft mit Paar oder Freundinnen, eher üppig, für Abende im Zeichen wirklicher Erotik. Für Gewerbliche und Verklemmte zwecklos. PA Nr. AA*3785110, *Postlagernd, Cagliari.*

Attraktive Frau mit devoten Neigungen oder Vorliebe für Dehnungen: Gut aussehender Dreißigjähriger ist bereitwillig dabei. Allmähliche Annäherung. Partnerbox 301.

Junge Frau, 25, *sucht gut situierte reifere Herren für gelegentliche Treffs. Übernachtungsmöglichkeit. Nur ernsthafte Angebote.* 03 68/31 67 11.

Ernsthafte, hübsche Frau, 30, *sucht Bekanntschaft mit*

Mann, maximal 42, zwecks Freundschaft, eventuell engere Verbindung. Zuschriften an Il Baratto, *RIF. Giada ...*»
Er faltete die Zeitung zusammen und warf sie auf den Tisch. «Wir sind jetzt fast zwei Stunden hier... Genauso lang haben wir noch, bis die Frau zurückkommt... Aber das ist nicht genug, um Hunderte von Anzeigen durchzugehen.»

«Du hast Recht», stimmte ich ihm mit einem Blick auf die Uhr zu. «Besser wir suchen nach Quittungen für die Miete von Postfächern oder Partnerboxen, Briefen oder Nummern von persönlichen Dokumenten. Um die Inserate kümmern wir uns morgen. Wir gehen in eine Zeitschriftensammlung und ...»

«Hoffentlich haben wir Glück, Marco. In jeder Ausgabe stehen Hunderte davon. Wir riskieren, einen Haufen Zeit damit zu verplempern», beschwerte sich Rossini.

«Wir haben keine andere Wahl. Das ist die einzige Spur... Immer vorausgesetzt, dass wir uns nicht getäuscht haben», entgegnete ich skeptisch.

Die Durchsuchung ging langsam voran. Wir waren gezwungen, mit äußerster Vorsicht vorzugehen: Wir konnten uns nicht erlauben, dass die Witwe Vadilonga etwas von unserem Besuch bemerkte. Meine Hände schwitzten in den Gummihandschuhen, und das ekelhafte Gefühl steigerte noch meine Lust auf eine Zigarette und einen guten Calvados.

Abgesehen von einer Personalausweisnummer fanden wir nichts Brauchbares. Unsere einzige Hoffnung war, dass die Frau als Kontakt eine Postlagernd-Adresse benutzte.

Zwei Tage später zerschlug sich auch die. Wir hatten ganze Tage mit der Durchsicht der letzten drei Jahrgänge der Zeitung zugebracht, ohne auch nur den geringsten Hinweis auf die Existenz der Fiorenza Vadilonga zu finden. Irgendwann beschloss ich, mich auf die wiederkehrenden Inserate zu beschränken, in der Hoffnung, dass das nur wenige wären. Da hatte ich mich aber getäuscht: Die Stammkunden unter den einsamen Herzen waren viele, und sie waren methodisch und ausdauernd.

Wir beschlossen, uns im *Ribot* mit Marlon Brundu zu treffen, um die Situation zu klären. Während er an einem Panino mit Pferdebeefsteak – der Spezialität des Lokals – herumkaute, meinte der alte Rossini, dass wir eine andere Fährte verfolgen sollten: «Wir haben schon zu viel Zeit verloren, ohne herauszufinden, was die Frau mit der Zeitung verbindet, geschweige denn auch nur die entfernteste Spur eines Codes ... Das Einzige, was man tun kann, ist, sie rund um die Uhr zu beschatten, in der Hoffnung, dass sie uns zu einem dieser Treffen führt.»

Ich war nicht einverstanden. «Und wenn das nächste Treffen in einem Monat ist? Oder in sechs Monaten? Wer verfolgt unterdessen die Spur des Belgiers, wenn wir uns ausschließlich der Vadilonga widmen? Wir riskieren, die ganzen Ermittlungen platzen zu lassen.»

«Seid ihr sicher, dass die Inserate mit dem Fall zu tun haben?» fragte Brundu.

«Da bin ich mir sicher», antwortete ich nachdrücklich. «Das kann kein bloßer Zufall sein, dass sie seit zehn Jahren andächtig sämtliche Nummern aufhebt und nur zwei Rubriken daraus liest ...»

«Ich weiß nicht», unterbrach mich Marlon. «Sie könnte ja auch leicht pervers sein ... Eine, die sich beim Lesen der Anzeigen aufgeilt ... Sie ist allein, sie trinkt ...»

«Nein. Auch ich bin überzeugt, dass es da eine Verbindung geben muss», bemerkte Rossini.

«Wann erscheint die nächste Nummer?», fragte ich.

«Sie ist heute erschienen», antwortete der Sarde. «Wie jeden Mittwoch. Wenn du Lust hast, in der Via Roma ist ein Zeitungsstand, der hat die ganze Nacht offen ...»

Ich hatte keine Lust. Und wechselte das Thema. «Und über den Belgier, was hast du da erfahren?»

Brundu nahm einen großen Schluck Bier, bevor er antwortete, als müsse er seine Gedanken ordnen. «Also», begann er, «hier in Sardinien ist der Drogensektor frei, das heißt, dass es bei uns keine Organisationen gibt, die Kontrolle über ein gewisses Gebiet hätten. Wer mit Drogen handeln wollte, konnte das tun, und keiner hatte was dagegen. In dieser Situation hat Benoit immer den Ring der ‹Anwälte› betrieben ...»

«Dann gibt es ihn also doch», rief ich überrascht aus. «Ich dachte, das sei bloß eine Erfindung der Geständigen im Prozess gewesen.»

«Das ist die einzig wahre Aussage, die sie gemacht haben. Nur dass sie die falschen Anwälte beschuldigt haben», antwortete Marlon. «Ich habe mich umgehört und Bestätigung für ein Gerücht bekommen, das schon damals umlief: Dieser Handel existiert, und er wird von dem Belgier kontrolliert, aber die wahren Bosse sind ‹angesehene› Leute, Akademiker, die in all diesen Jahren im Verborgenen geblieben sind.»

«Und die Drogen kommen vom NATO-Stützpunkt Decimomannu», ergänzte Benjamino.

«Genau. Wie übrigens ein Haufen anderer Schmuggelware auch», fuhr der Cagliaritaner fort. «Die Deutschen lassen sie aus dem Ausland kommen, das heißt von anderen amerikanischen Stützpunkten, und geben sie Benoit, der den Vertrieb übernimmt. Anscheinend war es Siddi, der den Handel geplant und aufgebaut hat, natürlich im Auftrag der Anwälte, die seit damals, so heißt es, die Drogengelder in Immobiliengeschäfte investieren. Nur dass seit zwei Jahren die Sizilianer aufgekreuzt sind, und die wollen ihre Nase überall hineinstecken, auch in die Geschäfte der ‹Anwälte›. Anscheinend haben sie auch mit Benoit Kontakt aufgenommen, aber der hat sie zum Teufel geschickt.»

«Was macht denn die Mafia auf Sardinien?», fragte ich ziemlich erstaunt.

«An der Costa Smeralda gibt es sie schon eine Weile lang. Anscheinend hat ein Boss der venezianischen Unterwelt sie dort eingeschleppt, der im Gefolge einiger Bauunternehmer aus dem Norden hier an Land gegangen ist. Nur logisch, dass sie auch hierher gekommen sind ... Cagliari ist ein fetter Brocken.»

«Scheinbar... anscheinend ... es heißt... So kommen wir nicht weiter... und die Zeit vergeht. Vielleicht sollten wir die Situation ein bisschen aufmischen ...», meinte mein Partner mit einem merkwürdigen Leuchten in den Augen.

Ich wusste, was das bedeutete. «Du möchtest dem Belgier einen Besuch abstatten, hm?», fragte ich.

«Mir scheint, es bleibt uns keine andere Wahl», versetzte er mit scheinbar gleichgültiger Miene.

«So hättest du Gelegenheit, dich mit seinem Gorilla zu messen, mit dem, der es gewagt hat, dir zu tief in die Augen zu schauen», zog ich ihn weiter auf.

Er sah mich schief an. «Außer, du willst das übernehmen», erwiderte er spitz.

«Ganz ruhig, Benjamino. Ich denke ja gar nicht daran. Sag mir lieber, wie willst du vorgehen? Wir können nicht bei Benoit aufkreuzen und ihn fragen, was er über den Fall Siddi weiß. Risiken oder Vorteile einer solchen Operation können wir überhaupt nicht absehen.»

«Ich will bloß den Supermarkt überfallen, sobald am Nachmittag wieder aufgemacht wird, nachdem Benoit das Geld von den Dealern kassiert hat.» Er machte einen Moment Pause, um das Staunen auf unseren Gesichtern auszukosten. «Der ehemalige Leutnant und seine Bosse werden es für einen Schachzug der Sizilianer halten, die sie zwingen wollen, den Kuchen zu teilen; wir aber können uns bei dieser Gelegenheit den Belgier vorknöpfen und zu den ‹Anwälten› vordringen.»

«Sehr gute Idee», pflichtete Brundu ihm bei und versuchte, seine Begeisterung zu verbergen.

«Ja. Unsere Kunden wollen wissen, wer sie da reingezogen hat, und ohne Zweifel waren das die Chefs von Benoit», sagte ich. «Aber ich will die Spur der Witwe nicht aufgeben. Wenn Siddi am Leben ist, ist das der logischste Weg, um zu ihm zu gelangen, und wir sollten ja nicht vergessen, dass unser Hauptziel ist, ihn ausfindig zu machen.»

«Ist gut», stimmte mein Partner zu und kicherte in seinen Schnurrbart. «Gehen wir und kaufen *Il Baratto*. Heute Nacht wirst du dir jede Menge einsame Herzen zu Gemüte führen.»

Ich überhörte ihn, wandte mich dem Sarden zu und wechselte das Thema: «Marlon, ich will dich ja nicht beleidigen, aber du hast einen ausgefallenen Namen …»

«Keine Sorge, Alligator», antwortete er prompt. «Alle fragen mich danach. Ich bin '55 geboren, das Jahr, in dem *Der Wilde* in die Kinos kam. Marlon Brando war das Idol von allen, auch von meinen Eltern … Sicher haben sie ein bisschen übertrieben. Schließlich bin ich mit dem Wunsch groß geworden, so zu sein wie er: von der Kleidung bis zur Frisur», schloss er.

«Und die Ducati?»

«Das schönste Motorrad der Welt», antwortete er schwärmerisch. Dann sah er mich an: «Und du, aus welchem Film kommst du überhaupt?»

Ich musste lachen. «Das Kino hat nichts damit zu tun. Früher hab ich mal in einer Blues-Gruppe gesungen und gespielt, den *Old Red Alligators*. Kennst du Blues …»

«Entschuldigt, wenn ich euch unterbreche», redete der alte Rossini dazwischen, «aber wir haben noch keine Entscheidung gefällt. Wann räumen wir ihn aus, diesen beknackten Supermarkt?»

«Morgen, ist das okay?», schlug ich vor.

Die anderen beiden waren damit einverstanden.

Brundu wandte sich an meinen Freund: «Soll ich im Auto bleiben und Schmiere stehen?»

«Nein, du kommst mit mir rein. Draußen muss er bleiben … der Herr Detektiv.»

Mit einem Kopfnicken willigte Marlon ein.

In jener Nacht entdeckte ich, dass die Lektüre solcher Anzeigen durchaus schlaffördernd sein kann. Nach ungefähr zehn Minuten kippte mein Kopf schon nach vorn, und ich wäre beinahe mit der brennenden Zigarette in der Hand eingeschlafen. Zum Glück fiel mir das Schnapsglas aus der Hand, und das zwang mich, die Augen wieder zu öffnen. Ich beschloss, dass es vorerst reichte, und ging ins Bett. Am nächsten Morgen machte ich mich wieder an die Arbeit; das war ein nützlicher Zeitvertreib, während ich darauf wartete, dass Benjamino das Bad räumte. Ich erfuhr nichts Neues dabei, aber zumindest hielt mich die Lektüre davon ab, die Badezimmertür einzutreten.

Der Plan zu dem Überfall wurde im *Ribot* ausgearbeitet. Für einen Experten wie den alten Rossini war das eine Lappalie. Er und der Sarde würden durch den Haupteingang hineingehen, gleich bei der Nachmittagsöffnung – so würde verhindert werden, dass ihnen zu viele Kunden in die Quere kämen. Sie würden direkt auf das Büro zusteuern, die Schalmützen übergezogen. Dort würden sie den Leibwächter an der Tür außer Gefecht setzen und alles vorhandene Bargeld einpacken, nicht ohne sich zuvor den guten Benoit sachgerecht vorgeknöpft zu haben. Das ist der klassische Ablauf einer Einschüchterungsszene zwischen kriminellen Banden.

«Du», sagte Rossini zu mir gewandt, «kommst nach uns herein und bleibst bei den Kassen stehen. Sobald du uns in das Büro gehen siehst, rennst du raus, nimmst den Wagen und wartest am Seiteneingang auf uns.»

«Und warum nicht gleich?», fragte ich verwundert.

Er sah mich mitleidig an. «Die üblichen Fragen des Anfängers. Weil dort ein großes Schild steht mit der Aufschrift ‹Privatparkplatz›, und weil dich die Brüder dort womöglich bemerken und Verdacht schöpfen würden.»

«Wie steht's mit den Waffen?», fragte Brundu in professionellem Ton.

Er schüttelte den Kopf. «Keine Schießeisen. Wir müssen die Rolle der Stärkeren spielen, die eine dermaßen potente Organisation hinter sich haben, die es sich erlauben kann, zwei Handlanger zu schicken, bewaffnet bloß mit Schlagstöcken… Wenn auch fünf Kilo schweren», sagte er, wobei er die letzten drei Worte betonte.

Ich sah ihn an. Um nichts in der Welt hätte ich der Leibwächter von Leon Benoit sein wollen.

Im Laufe des Vormittags stahl Marlon einen fünftürigen Fiat Uno und versteckte ihn in der Nähe des Supermarkts. Um Punkt 16 Uhr sah ich ihn und Benjamino den Supermarkt betreten. Bemüht, gleichgültig zu wirken, folgte ich ihnen sofort. Schnell und mit geübten Handgriffen zogen sie sich die Schalmützen über und holten unter den Mänteln zwei Schlagstöcke mit langen Holzgriffen hervor. Benjamino schwang seinen mit voller Wucht gegen die verglaste obere Hälfte der Bürotür. Er zielte auf den Schädel des Gorillas, der auf der anderen Seite saß und ihm in diesem Moment den Rücken zuwandte. Nur dank einer Intuition spürte er die Gefahr. Er zuckte zur Seite und wich dem Schlag auf den Kopf aus, aber die fünf Kilo Stahl zertrümmerten ihm die Schulter. Deutlich hörte ich das Splittern der Glasscheibe, die in tausend Scherben zerbarst, gefolgt vom Geräusch brechender Knochen und schließlich den angsterfüllten Schrei der Überraschung, den der Belgier beim Anblick der beiden Vermummten ausstieß. Es war Zeit, den Wagen holen zu gehen.

Nach genau drei Minuten kamen Rossini und Brundu ohne Hast durch die Seitentür heraus. Letzterer trug in der linken Hand eine Plastiktüte. Der Regenmantel meines Freundes war auffällig mit Blut befleckt. Wir kamen problemlos weg, aber am angespannten Schweigen meiner Beifahrer merkte ich, dass etwas passiert sein musste. Ich warf Rossini, der neben mir saß, einen fragenden Blick zu.

«Er hat mich wiedererkannt», schnaubte er und zuckte die Achseln. «Ich war schon beim Rausgehen, da zeigt dieser Mistkerl von einem Gorilla mit dem Finger auf mich und sagt: ‹Du bist der aus dem Restaurant.›»

«Und du?», fragte ich.

«Ich hab die Mütze abgenommen», strahlte er.

Ich sah ihn an, als ob er den Verstand verloren hätte. «Kannst du mir erklären, warum du einen derartigen Schwachsinn gemacht hast?»

«Aus Respekt vor seinem Mumm, Marco. Er lag am Boden, war ziemlich übel zugerichtet und hatte trotzdem den Mut, mir zu sagen, dass er mich wiedererkannt hat …»

«Und wie hat er das gemacht? Wie hat er kapiert, dass du das bist?», fragte der Sarde.

Ich antwortete anstelle des alten Rossini: «Die Augen. Vor einigen Tagen im Restaurant haben sie gespielt, wer böser guckt, und der hatte jede Menge Zeit, sie sich gut einzuprägen.»

Ich schüttelte den Kopf. «Ich werd ihn nie begreifen, euren Gangsterkram … Und das, was ist das?», fragte ich dann und wies auf das Blut an seinem Mantel.

«Benoits Nase.»

Ich hatte eine Stinkwut auf Benjamino und seinen absurden Ehrenkodex eines Ganoven alter Schule, aber ich wusste, dass darüber zu streiten absolut zwecklos war.

«Jetzt werden sie Jagd auf uns machen, und wir sind gerade mal am Anfang unserer Ermittlungen … Vielleicht ist es das Beste, alles liegen und stehen zu lassen und nach Bastia zurückzukehren», provozierte ich ihn.

«Kommt überhaupt nicht in Frage, Marco. Jetzt … gibt es kein Zurück mehr.»

«Los, Jungs», sagte Marlon in versöhnlichem Ton. «Während ihr hier diskutiert, habe ich das Geld gezählt. Das sind über dreißig Millionen Lire … Ich weiß ja nicht, wie das bei euch ist, aber ich hab schon ein Weilchen nicht mehr so viel Geld auf einem Haufen gesehen.»

«Hübsches Sümmchen», dachte ich. Dann konzentrierte ich mich aufs Fahren. Die Zukunft sah düster genug aus: Ein Autounfall hätte da gerade noch gefehlt.

Wir hatten geplant, Leon Benoit nach dem Überfall ständig zu überwachen, in der Hoffnung, dass er uns endlich zu den Anwälten führen würde. Wir hatten schon bis ins Detail den Überwachungsplan für den Supermarkt, das Restaurant, wo er die Einnahmen aus dem Handel kassierte und für seine Wohnung aufgestellt. Mit etwas Geduld … Der Belgier machte uns jedoch durch einen überraschenden Schachzug einen Strich durch die Rechnung: Unmittelbar nach dem Einbruch von Rossini und Brundu stieg er in seinen Rover und verschwand im Nichts. Er dachte nicht einmal daran, seinem Leibwächter zu Hilfe zu eilen.

Es war klar, dass dies keine spontane Handlung war, sondern dass er die Flucht längst vorausgeplant hatte: Sie war als Reaktion gedacht auf eventuelle Übergriffe der Sizilianer. Wir durchsuchten jeden Winkel von Cagliari. Brundu redete sich die Kehle heiser beim Versuch, aus den Leuten des Gangstermilieus Informationen herauszuquetschen. Keiner wusste, wo Benoit sich versteckt hielt.

Am dritten Tag unserer Suche gingen wir wieder ins *Libarium,* um unsere Gedanken zu ordnen. Je mehr Zeit verging, desto nervöser wurde Rossini: Unablässig zwirbelte er seinen Xavier-Cugat-Schnurrbart und spielte mit den vielen massiven Goldkettchen an seinem linken Handgelenk. Ich hatte mich nie getraut zu fragen, was sie zu bedeuten hatten. Als ich ihn im Gefängnis kennen lernte, trug er zwei oder drei davon, jetzt bedeckten sie einen guten Teil des Handgelenks.

«Diese Geschichte gefällt mir immer weniger», begann er. «Der Belgier hat sich versteckt... Er ist nicht geflohen. Das bedeutet, dass er auf ein Zeichen wartet, um die Nase wieder herauszustecken.»

Ich nickte ernst. «Unseren Tod zum Beispiel. Nach deiner Heldentat, die Mütze abzunehmen, weiß er auch, nach wem er suchen muss ...»

«Alligator, hör auf», unterbrach mich Marlon. «Benjamino hat richtig gehandelt. Unter Männern mit Mumm in den Knochen ist diese Geste des Respekts ein Muss.»

Mit diesen beiden Museumsstücken von Ganoven zu diskutieren, war vergeudete Zeit. So konzentrierte ich mich darauf, die halbe Flasche Calvados zu leeren, die der Barmann, ohne die Bestellung abzuwarten, auf den Tisch gestellt hatte. Fast sofort erreichte ich einen angenehm beduselten Zustand – das ist die Art Rauschzustand, die ich am liebsten mag. Gewöhnlich habe ich dann den Eindruck, ich säße auf einem Watteberg und könne die Welt aus einer beruhigenden Distanz betrachten. Dann habe ich ein schlaues und altkluges Lächeln im Gesicht. Mit diesem Lächeln verabschiedete ich mich beim Hinausgehen vom Wirt.

«Wird es denn nie kalt in dieser Stadt?», fragte Benjamino.

«Heimweh nach dem lombardovenetischen Nebel?», fragte ich. Brundu sah uns an, als wären wir übergeschnappt. «Heute ist es sehr kalt», wagte er einzuwenden, «... wir sind mitten im Winter.»

Zwischen den beiden entspann sich eine hitzige Diskussion über den Begriff «Winter». Ab und zu versuchte ich, mich zu beteiligen, aber wenn ich einen Gedanken auf die Reihe gebracht hatte, musste ich jedes Mal feststellen, dass mein Mund zu trocken und die Zunge zu schwer waren, um ihn auszudrücken. Unterdessen waren wir auf den Platz vor der Festung gelangt, von wo aus man einen Blick über den Großteil der Stadt hat. Ich hätte mich gerne auf eine Bank gesetzt, um meinen Rausch vergehen zu lassen und den Ausblick zu genießen; es war mir fast gelungen, da packte mich Benjamino beim Jackenärmel und schrie mir zu, ich solle weglaufen.

Instinktiv drehte ich mich um und sah gut ein Dutzend große, blonde, kräftige Männer, die mit Baseballschlägern bewaffnet waren und mit eindeutig kriegerischen Absichten auf uns zugelaufen kamen. Im Bruchteil einer Sekunde war mir klar, dass Benoit die Freunde vom NATO-Stützpunkt Decimomannu auf uns gehetzt hatte. Ich hatte das Gefühl, schnell zu laufen, aber natürlich war genau das Gegenteil der Fall, und so gefährdete ich die Flucht von allen dreien. Immerhin gelang es uns, die Treppen der Befestigungsanlage hinunterzulaufen und die Straße zu überqueren. Benjamino zwang mich, über eine Brüstung zu klettern und hinunterzuspringen, wo eine Straße entlangführte – und genau in dem Moment holten sie uns ein.

Marlon und Rossini stellten sich sofort mit dem Rücken zur Mauer, und in ihren Händen kamen zwei lange Messer zum Vorschein. Ich für mein Teil war unbewaffnet, und mein Reaktionsvermögen war vom Alkohol viel zu beeinträchtigt, um irgendeine Verteidigung zu unternehmen. Es gelang mir lediglich, die Arme schützend über den Kopf zu heben. Der erste Schlag zertrümmerte mir das Handgelenk, der zweite die Elle des rechten Arms. Ich machte den Fehler, den Arm wegzuziehen, und wurde am Kopf getroffen. Ich fiel auf die Knie und fühlte einen Moment später, wie mir Blut in die Ohren floss. Nur gut, dass ich betrunken war, das ersparte mir einiges an Schmerzen.

«Marco!», brüllte der alte Rossini erschrocken; mit einer Finte und einem Stoß machte er sich von einem seiner Aggressoren los und verpasste ihm eine tiefe Schnittwunde am

Schenkel. Der schrie auf, ließ den Schläger fallen und griff sich mit den Händen an die Wunde. Benjamino nützte den Augenblick, packte ihn bei den Schultern und setzte ihm die Klinge an die Kehle.

«Ich schlag euch 'nen Deal vor», zischte er den Militärs zu. «Ihr zieht ab, und ich töte euren Freund nicht.»

Plötzlich trat Stille ein. Brundu benutzte dies, um zu mir herüberzukommen und nach mir zu sehen. Einer der Schläger machte Anstalten, ihn anzugreifen. Da betrachtete der alte Rossini den Waffenstillstand für beendet. Blitzschnell hieb er das Messer tief in die rechte Hinterbacke seiner Geisel. Der Mann schrie so laut auf, dass der vermeintliche Anführer die Bedingungen akzeptierte. Sie legten die Schläger am Boden ab und wichen etwa hundert Meter zurück, im Rückwärtsgang, um den Rücken nicht ungedeckt zu lassen.

Als sie in sicherer Entfernung waren, ließ Benjamino die Geisel los – der Mann fiel auf die Knie. Benjamino und der Sarde packten mich unter den Achseln, hoben mich hoch und schleiften mich schnell weg. Zum Glück war der Wagen in der Nähe, denn die Soldaten hatten sich nicht an die Abmachung gehalten, waren an den Ort der Auseinandersetzung zurückgekehrt und hatten sich ihre Schläger zurückgeholt.

«Mir geht's schlecht, Benjamino. Bring mich ins Krankenhaus.»

«Das kann ich nicht. Marlon sucht einen Doktor für dich.»

«Ich will keinen Doktor», jammerte ich. «Ich will ein Krankenhaus.»

«Du dürftest nur zwei Knochenbrüche und eine Gehirnerschütterung haben, zu wenig für die Notaufnahme.»

«Im Film ist es immer der Verletzte, der nicht ins Krankenhaus will, aber sein Freund hört nicht auf ihn, und so kann er ihn retten. Also, sei mein Freund und lass mich von den hübschesten Krankenschwestern Cagliaris pflegen.»

«Du bist im falschen Film, Marco. Diesmal ist es ein Doktor der Unterwelt, der den Helden rettet.»

Angesichts von so viel Verständnislosigkeit beschloss ich, um meine Empörung zum Ausdruck zu bringen, in Ohnmacht zu fallen, und ich tat es mit dem allergrößten Vergnügen. Als ich die Augen wieder aufschlug, stand über mir eine Frau um die vierzig. Sie trug einen weißen Kittel mit einem Schildchen daran, das mich belehrte, dass ich in der Kleintierklinik *Cocco e Pes* in Behandlung war.

«Keine Sorge», sagte sie mit einer unangenehm rauen Stimme, «Säugetiere gleichen sich alle ... mehr oder weniger.»

Ich hätte gerne die Kraft zum Streiten gehabt, aber ich musste mich damit begnügen zu fragen, wie ich dorthin geraten war.

«Weil ich gut bin und Kokserin», antwortete sie säuerlich. «Folglich behandle ich Meerschweinchen und Banditen mit dem gleichen Engagement.»

Sie war mir nicht sympathisch. «Ich bin kein Bandit», erwiderte ich pikiert. «Ich bin Privatdetektiv.»

«Oh, Verzeihung», sagte sie spöttisch. «Das hätte ich an der Platzwunde am Kopf erkennen sollen ... Alle Detektive bekommen in der Mitte des Films eine verpasst.»

Die Sache gab mir zu denken. «Mir passiert das zum ersten Mal ...»

«Und wenn der Schlag etwas fester gewesen wäre, auch zum letzten Mal», unterbrach sie mich. «Ich habe Sie ordentlich zusammenflicken müssen, aber eine Woche Bettruhe müsste reichen ... Innerlich, scheint mir, ist nichts kaputt. Der Arm dagegen ist an zwei Stellen gebrochen, und Sie müssen einen Monat lang Gips tragen.»

Erst in diesem Moment bemerkte ich, dass ich vom Handgelenk bis zur Schulter eingepackt war. Das Entsetzen darüber ließ den Schmerz wieder stärker werden, und ich fiel noch einmal in Ohnmacht, vielleicht sogar mit noch mehr Überzeugung. Ich erwachte im Bett, in unserem Unterschlupf in Quartu. Benjamino und Brundu saßen auf dem Sofa, rauchten und plauderten leise.

«Wir brauchen die passende Ausrüstung, um diesen Krauts eine Lektion zu erteilen», sagte der erste.

«Sicher», pflichtete der zweite bei. «Ich kann dir besorgen, was du willst, auch wenn ich für besondere Gelegenheiten was Spezielles habe ... zwei M3.»

Die Augen des alten Rossini leuchteten. «Zwei M3? Du hast zwei Detroiter Spritzen?»

«Ja», antwortete der Sarde stolz, «zwei nagelneue *cake decorator* mit Reservemagazin.»

«Das war das Lieblingsgewehr der Partisanen in meiner Gegend. Weißt du, dass ...»

Ich beschloss einzugreifen. «Krauts, Spritzen, Magazine ... was für ein Kauderwelsch redet ihr denn da?»

«Willkommen unter den Lebenden, Marco. Wie fühlst du dich?», fragte mein Partner.

«Wie einer, der schwer verwundet ist und von einer unsympathischen und kokainsüchtigen Tierärztin – ich betone Tierärztin – behandelt wurde.»

«Sei doch nicht immer so polemisch», entgegnete Benjamino. «Im Krankenhaus hätten wir der Polizei eine Menge Erklärungen geben müssen, und das konnten wir uns nicht leisten. Marlon hat mir versichert, dass Carla Pes gut ist und den Mund hält.»

«Ich hätte dich an meiner Stelle sehen wollen ... In der Kleintierklinik aufzuwachen ...», gab ich schmollend zurück. «Aber sag lieber», fuhr ich fort, «was heckt ihr da aus?»

«Wir sind dabei, einen Gegenschlag für die Krauts von der NATO vorzubereiten», antwortete Brundu gelassen.

«Warum?», fragte ich.

«Wie, warum?» gab der Sarde erstaunt zurück. «Sie haben uns angegriffen, sie haben dich verletzt, und sie haben den Waffenstillstand gebrochen… Das kann man doch nicht so einfach durchgehen lassen.»

«Wenn's nach mir ginge, ja», antwortete ich entschlossen. «Es hat auf beiden Seiten einen Verletzten gegeben, und ihrer ist schwerer… will ich jedenfalls hoffen. Wir aber haben einen Auftrag durchzuführen, in dem eine Kriegserklärung gegen die NATO nicht vorgesehen ist.»

Marlon sah mich ungläubig an, dann wandte er sich Hilfe suchend an Rossini und erhielt als Antwort ein Zeichen der Zustimmung.

«Das ist wieder das Übliche, Marco», sagte Letzterer. «Die Unterwelt hat ihre Regeln. Die Regulären haben die ihren. Du versuchst, zwischen beiden zu stehen, aber nicht immer ist das möglich, und das hier ist einer dieser Fälle… Deutsche Soldaten, Benoits Partner im Drogenhandel, haben versucht, uns aus der Welt zu schaffen. Das war ein Fehler. Sie hätten nicht einmal daran denken dürfen… Und jetzt reißen wir ihnen den Arsch auf. Das ist alles.»

Ich seufzte. «Die Unterwelt hatte ihre Regeln, das war mal so. Jetzt seid ihr wirklich nur noch wenige, die sich daran halten…»

Er verlor die Beherrschung und fing an zu brüllen: «Das ist es ja! Denn jetzt ist das Milieu verseucht mit lauter Gesocks, das bloß daran denkt, Drogen zu verkaufen, wegen Lappalien mordet und, sobald es eingesperrt wird, singt wie ein ganzer Gebirgschor… aber solange ich am Leben bin, benehme ich mich wie ein Mann…»

«Ich auch», schloss Brundu sich in feierlichem Ton an.

Umsonst versuchte ich, die beiden zur Vernunft zu bringen. Am Ende konnte ich sie nur dazu überreden, dass sie, während ich meine Kopfwunde auskurierte, ihren Rachefeldzug ausführen würden und dass wir uns danach gemeinsam wieder um unsere Ermittlungen kümmern würden.

Am nächsten Morgen schaute ich in den Spiegel. Ich sah nicht gut aus, und außerdem war es mit dem Gips und einem Mullverband als Turban auf dem Kopf entschieden ratsam, mich draußen nicht blicken zu lassen. Ich verzichtete auf meinen üblichen Besuch in der Bar und bat die beiden Racheengel, mir ausreichend Zeitungen und Calvados mitzubringen.

Der Alkohol in Verbindung mit den Schmerzmitteln, die ich in hoher Dosis einnahm, betäubte mich so sehr, dass ich einen guten Teil des Tages im Bett verbringen konnte. Die übrige Zeit las ich Zeitung und sah fern.

Als ich wieder klar im Kopf war, kehrten meine Gedanken zu unserem Fall zurück, insbesondere zu Fiorenza Vadilonga. Ich kam immer mehr zu der Überzeugung, dass sie die einzige Person war, über die wir herausbekommen konnten, ob Anwalt Siddi noch am Leben war. Eine Neugierde, die meine Klienten zu Recht befriedigen wollten, schließlich hatten sie wegen dieses Mordes ohne Leiche zwei Jahre lang im Gefängnis gesessen.

Ich dachte gerade an die Witwe, als im Fernsehen, das auf einen Lokalsender eingestellt war, ein Bericht über die kulturellen Aktivitäten der Stadt lief. Am Anfang gab es ein Interview mit dem Präsidenten von *Tredici Lune*, einem Verein von Cineasten, der eine Vorführungsreihe mit französischen Filmen anpries.

In Gedanken kehrte ich in das Haus der Frau zurück. Das einzige Buch im Bücherregal ohne eine Spur von Staub handelte eben vom französischen Film. Ich dachte wieder an Siddis unregelmäßige Schrift:

Als Entschuldigung für die vielen Male,
bei denen ich im Kino eingeschlafen bin.
In Liebe, Giampaolo.

Ich konzentrierte mich vor allem auf das Datum: 20. April, genau zwei Tage vor seinem Verschwinden. Ich versuchte, mir die Szene vorzustellen, die Begegnung zwischen den beiden Liebenden, und wie er ihr das Geschenk überreicht. Das letzte Geschenk. In meinem Job ist es oft eine instinktive Hellhörigkeit für Misstöne, die einem hilft, das Knäuel zu entwirren. Und dieses Buch unter all den anderen, das war tatsächlich ein Misston.

An jenem Tag im Haus der Frau hatte ich die Indizien nicht nüchtern betrachtet; ich hatte mich in die Irre führen lassen von der Vorstellung, wie sie melancholisch und traurig vor dem Schlafengehen noch einmal ins Arbeitszimmer geht, das Buch in die Hand nimmt und darin die schönen Erinnerungen an vergangene Zeiten sucht.

Je mehr ich darüber nachdachte, desto klarer wurde mir, dass die einzigen nicht von Staub bedeckten Gegenstände nicht nur das Buch, sondern auch die neun Ausgaben des *Baratto* waren, die fein säuberlich auf dem Schreibtisch aufgestapelt lagen. Was also suchte Fiorenza Vadilonga auf den Seiten jener monumentalen «Geschichte des französischen Films»?

Ich nahm einen kräftigen Schluck Calvados. Auf meine Gesundheit. Ich hatte endlich begriffen, wo der Schlüssel zum Code der Botschaften in der Rubrik der einsamen Herzen zu suchen war: in diesem Buch. Da war die Spur versteckt, die zu Giampaolo Siddi führte. Ich musste mir unbedingt ein Exemplar davon besorgen. Ich strahlte, aber meine Begeisterung verflog sofort wieder, als ich mich daran erinnerte, dass ich, um den Fall weiterzuverfolgen, abwarten musste, bis diese idiotische Vergeltungsmaßnahme erledigt war. Ich beschloss, geduldig zu sein. Im Grunde hatten mein Kopf und mein Arm noch Ruhe nötig.

Benjamino und Marlon ließen sich kaum blicken, so sehr waren sie von der Organisation ihres Rachefeldzugs in Anspruch genommen. Die NATO-Militärs wohnten vorwiegend in Wohnanlagen entlang der Küstenstraße, die von Quartu Sant' Elena nach Villasimius führte. Es war eine einzige Straße, gut kontrollierbar. Am dritten Tag entdeckten sie die Militärs in einem olivgrünen Kleinbus der NATO. Für den Sarden war es ein Kinderspiel, sie auf seinem Motorrad bis zum Eingang des *Marina Residence zu* verfolgen. Er und Benjamino verbrachten zwei Nächte mit Pläneschmieden. Am Ende beschloss Benjamino, trotz der gegenteiligen Meinung Brundus, der für einen direkten Zusammenstoß mit Maschinengewehrsalven plädierte, am nächsten Tag einen Autounfall zu inszenieren.

Kurz bevor sie aufbrachen, kam er zu mir, um sich zu verabschieden.

«Weißt du, dass die Deutschen mal meine Mutter erschießen wollten?», begann er in tieftraurigem Ton. «Sie hatten sie geschnappt, als sie mit einer Ladung Reis von der Schweizer Grenze herunterkam. Damals stand auf Schmuggel die Todesstrafe ...»

«Und wie ist das dann ausgegangen?», fragte ich neugierig. Die Gestalt seiner Mutter, einer legendären baskischen Schmugglerin, hatte mich immer fasziniert.

«Sie haben sie in eine Kaserne gebracht, die in der Nacht bombardiert wurde, und sie konnte fliehen.»

«Eine schöne Geschichte. Was willst du damit sagen?»

«Der Schmuggel fehlt mir, Marco. Er fehlt mir wirklich. Wir könnten eine hübsche Gesellschaft gründen und uns ein bisschen amüsieren ... Wir haben's verdient.»

«Ich lass es mir durch den Kopf gehen, ich verspreche es», log ich. «Und jetzt geh und reiß der NATO den Arsch auf.»

Ich bin ein Typ, der zu Melancholie neigt, und das einzige Mittel, das ich kenne, um mich da rauszuziehen, ist der Alkohol. Besser gesagt, Alkohol, Zigaretten und Musik. Trinken,

Rauchen und Blues sind die Dinge, die ich am liebsten tue. Gleich danach kommt Vögeln.

An diesem Abend war ich traurig und besorgt um meinen besten Freund, der sein Leben oder eine Gefängnisstrafe riskierte. Mein Blues-Soundtrack fing an mit *No shoes* von John Lee Hooker, dann ging's weiter mit *My country sugar mama* von Howlin Wolf, *Bad influence* und *Got to make a comeback* von Robert Cray und *No hard feelings* von Lowell Fulsom. Dann war ich nicht mehr imstande, die Kassette im Walkman umzudrehen.

Im Traum bekam ich Besuch von Robert Johnson, dem König des Delta-Blues, der im August 1938 mit sechsundzwanzig von einem eifersüchtigen Ehemann vergiftet wurde – das war in Greenwood, Mississippi. Groß und mager, mit sehr langgliedrigen Händen, die ständig in Bewegung waren, lief er im Zimmer auf und ab und summte dazu *Crossroads Blues.* Zum Schluss bemerkte er mich und beschimpfte mich: «Du bist wirklich ein Weißer, Alligator.» Dann ging er fort.

Einige Zeit später weckte mich plötzlich mein revoltierender Magen. Ein stechender Schmerz zwang mich aufzustehen und in die Küche zu gehen, wo ich einen ansehnlichen Vorrat an Aluminium-Hydroxid-Pastillen für diese Fälle aufbewahrte.

Dort stieß ich auf Marlon und Benjamino, die gerade Kaffee kochten. Auf dem Tisch stand ein Tablett mit einem Berg ofenfrischer Hörnchen darauf.

«Wie spät ist es?», fragte ich, mich räkelnd.

«Halb acht an einem strahlenden Januarmorgen», antwortete mein Partner mit einem schiefen Grinsen, auf halbem Weg zwischen schlau und grausam.

Die Befriedigung stand ihnen ins Gesicht geschrieben. Es war klar, dass sie's den Deutschen gezeigt hatten und es kaum erwarten konnten, mir davon zu erzählen. Ich meinerseits kam um vor Neugier und war froh, sie gesund und wohlauf zu sehen. Aber ich beschloss, sie erst mal ein bisschen auf die Folter zu spannen.

«Ich glaube, ich habe den Schlüssel zu dem Code entdeckt, den die Vadilonga für die Inserate im *Baratto* benutzt», verkündete ich.

«Und welcher ist das?», fragte der alte Rossini sofort interessiert.

«Der französische Film. Zur Ver- und Entschlüsselung der Botschaften benutzt sie ein Nachschlagewerk zum Thema. Eine wirklich geniale Idee ...»

«Du meinst dieses abgegriffene Buch, das im Arbeitszimmer im Bücherregal stand?»

«Genau das ...»

Brundu unterbrach mich: «Alligator, willst du denn gar nicht wissen, wie es mit den Krauts gelaufen ist?», fragte er verärgert. Ich beschloss, bei meinem Spiel zu bleiben. «Nicht besonders. Die Tatsache, euch hier zu sehen, bedeutet, dass ihr die feindlichen Kräfte geschlagen habt, und ich sehe schon kommen, dass dies Thema Nummer eins der Woche sein wird ...», brummte ich zerstreut und lutschte konzentriert an zwei von meinen Pastillen.

Marlon warf dem Mailänder einen empörten Blick zu, der lachte laut auf und biss mit Appetit in ein Hörnchen. «Vergiss ihn, Marlon, der Alligator ist ein Idiot, er spielt den Abgeklärten, dabei kann er's kaum erwarten zu hören, wie es gelaufen ist. Los, erzähl's ihm ...»

Das ließ er sich nicht zweimal sagen; aufgeregt sprang er auf. «Wir haben am Ortsausgang von Quartu auf sie gewartet, in einem von einer Baufirma ausgeliehenen Kleinlaster, beladen mit einem hübschen Bündel Betoneisen ... weißt du, diese Profileisen, die man für Stahlbeton benutzt ...»

Ich hatte verstanden und bedeutete ihm weiterzumachen.

«Gut ... Ich war am Steuer und er auf der Ladefläche ... Als ich sie kommen sah, hab ich mich vor sie gestellt, und als sie auf der Höhe des *Marina Residence* abbiegen wollten ...»

«Hat dieser verrückte Mailänder», fuhr ich an seiner Stelle fort und deutete mit dem Kinn auf den alten Rossini, «den Deutschen den Lanzentrick gezeigt ... Er hat das Tau durchgeschnitten, das die Profileisten zusammenhielt, du hast rasch mal Gas gegeben, und die Eisenstäbe haben sich in die Fahrerkabine des Kleinbusses der NATO gebohrt.»

«Genauso war es», rief der Sarde stolz.

Ich sah Benjamino an. «Wie viele Tote?», fragte ich.

«Sicher die drei, die in der Fahrerkabine saßen ... Dann ist das Fahrzeug von der Straße abgekommen und hat sich überschlagen. Wenn wir mehr wissen wollen, müssen wir die Regionalnachrichten um 14 Uhr im Dritten Programm abwarten ...»

Untröstlich schüttelte ich den Kopf und kehrte ins Bett zurück. Nach einer Weile kam mein Freund mir nach und setzte sich an den Bettrand.

«Was ist los?», fragte er.

«Sinnlose Tote, Benjamino, absolut sinnlos. Ihr und eure bescheuerten Kriege ...», murmelte ich, und ein Stich im Magen verlieh meiner Aussage noch mehr Nachdruck.

«Oh, jetzt reicht's aber. Du gehst mir wirklich auf den Keks», brauste er auf. «Das Problem ist, dass du dich verantwortlich fühlst, denn erstens», er fuchtelte mit seinem rechten Daumen vor meiner Nase herum, «ist es deine Idee gewesen, diesen Auftrag anzunehmen, und zweitens», jetzt streckte er auch den Zeigefinger aus, «wärst du nicht besoffen gewesen wie immer, hätten wir es wahrscheinlich geschafft zu fliehen, und es wäre gar nicht nötig gewesen, einen Krieg gegen diese Einfaltspinsel vom Zaun zu brechen.»

Er hatte ins Schwarze getroffen: Ich fühlte mich verantwortlich, wollte es aber nicht zugeben. So setzte ich noch eins drauf: «Eine Lektion hätte doch gereicht... Was weiß ich... ein paar gebrochene Beine...»

Er packte mich beim Handgelenk. «Hör mal, Marco», zischte er und versuchte, die Ruhe zu bewahren, «die wollten uns zu Hackfleisch machen, weil der Belgier es ihnen befohlen hatte... Ihre Absicht ist es, den Drogenhandel zu schützen... Wär da nicht dieser Zusammenstoß gewesen, hätten wir die Sache mit ein bisschen Versteckspielen durchziehen können; und unterdessen hätten wir versucht, Benoit zu schnappen und ihn auszufragen... Leider ist es aber so gekommen, und niemand, ich wiederhole, niemand hier drin hat sich etwas vorzuwerfen.» Er sah mir unverwandt in die Augen und wartete auf eine Reaktion von mir. Ich beschloss, lieber das Thema zu wechseln, meine Schuldgefühle würde ich ohnehin nicht wieder los. «Jetzt können wir weitermachen mit unseren Ermittlungen, und wir haben eine gute Spur, um die Vadilonga zu beschatten.»

«Kann sein», gab er wenig überzeugt zurück. «Wir sollten aber den Belgier und seine Chefs nicht vergessen. Es besteht nämlich die Gefahr, dass wir noch weitere Überraschungen erleben, und es ist nicht gesagt, dass wir beim nächsten Mal wieder so glimpflich davonkommen...»

«Wem sagst du das», bemerkte ich ironisch und schwenkte den eingegipsten Arm.

Aus den Nachrichten erfuhren wir, dass es unter den NATO-Soldaten vier Tote und zwei Verletzte gegeben hatte, drei waren unverletzt geblieben. Die Polizei fahndete auf den zahlreichen Baustellen der Gegend nach dem fahrerflüchtigen Lastwagen. Ein Oberst der Straßenpolizei legte Statistiken vor, die bewiesen, dass die durch unsachgemäß gesicherte Ladungen verursachten Unfälle ständig im Zunehmen begriffen waren.

«Wie unachtsam doch diese Lastwagenfahrer sind», brummte Benjamino und spielte mit seinen Kettchen.

Am Spätnachmittag rief ich Anwalt Columbu an. In seinem Namen und in dem seiner Klienten beklagte er sich über die spärlichen Nachrichten zum Gang der Ermittlungen. Da ich ihm vom Überfall auf den Supermarkt und allem, was daraus gefolgt war, nicht erzählen konnte, sah ich mich gezwungen, die Rolle des anmaßenden und arroganten Detektivs zu spielen, dessen, der immer weiß, was Sache ist. Ich beendete das Gespräch, indem ich ihm sagte, ich sei bekannt dafür, dass ich immer das entdeckte, wofür ich bezahlt würde, und diesmal würde das auch nicht anders laufen.

Dann musste ich mich unwillkürlich schämen für die bescheuerte Figur, die ich vor dem alten Anwalt abgegeben hatte; es gelang ihm doch jedes Mal, mich in Verlegenheit zu bringen. Vielleicht, weil er einem alten Freund von mir ähnelte, den ich vor vielen Jahren enttäuscht hatte, was ich mir nie hatte verzeihen können.

Zwei

Am Tag, als mein wiederhergestelltes Aussehen mir erlaubte, die Nase aus unserem Unterschlupf in Pitz'e Serra hinauszustrecken, geschah etwas Merkwürdiges: Zum Zeichen seiner großen Freundschaft und mit unverkennbarem Stolz schlug Marlon Brundu vor, uns auf einen Besuch nach Sant' Elia, in sein Viertel mitzunehmen. Wir gingen nur darauf ein, weil die Sache unserem sardischen Freund wirklich am Herzen zu liegen schien.

«Sind denn in ehemaligen Knacki-Kreisen jetzt Führungen zu den Orten der Herkunft üblich?», fragte ich Rossini.

«Ganz und gar nicht. Wir sind es gewohnt, die Zähne zu zeigen und unsere Wunden im Verborgenen zu lecken... Aber hier ist das anders...», antwortete er rätselhaft.

Von Sant'Elia hatte ich vor vielen Jahren schon mal gehört, es war das einzige Viertel in ganz Italien, wo der Papst mit Steinwürfen empfangen worden war. Die anschließende Polizeiaktion hatte zur Festnahme und jahrelangen Inhaftierung von Leuten geführt, die – wie hätte es anders sein können – überhaupt keine Steine geworfen hatten.

An diesem Sonntagvormittag war Markttag, Marlon in seiner Black-Rebel-Jacke fuhr auf seinem Motorrad voraus, wir folgten ihm mit dem Auto. Sarden, Senegalesen und Polen verdienten sich ihr tägliches Brot alle ziemlich mühsam. Die Häuser waren verlotterte Sozialbauten, von den Fensterläden bröckelte die grüne Farbe, von den Hauswänden die weiße Tünche. Was ich da sah, war etwas mehr als bloß ein heruntergekommenes Viertel am Rande einer großen Stadt. Ich verstand nicht, was dieses Etwas war, und ich fragte Brundu danach, der zuckte bloß die Achseln und sagte einfach: «Es ist eben Sant' Elia.»

Marlon war hier ein respektierter Mann, und wir tranken Vernaccia und schüttelten die Hände von Männern, die ihre Messer – *sa arresoja* – im Gürtel trugen, und es konnte keinen Zweifel geben, dass sie die auch sachgerecht und ohne lange zu fackeln gebrauchten. Als der Moment gekommen war aufzubrechen, fragte uns der Sarde, ob uns sein Viertel gefallen habe. Ich suchte noch nach den richtigen Worten, als Benjamino in feierlichem Ton sagte: «Es ist beschissen. Es ist wirklich beschissen, man müsste mit ein paar Planierraupen herkommen, alles dem Erdboden gleichmachen und neu aufbauen, aber… das wäre dann nicht mehr dein oberbeschissenes Viertel, die Leute wären nicht mehr dieselben, und dein Leben würde sich ändern … Alle Achtung, Marlon, es ist wirklich genau im richtigen Maß beschissen.»

Innig sahen sich der Mailänder und der Sarde in die Augen, umarmten sich gerührt und drückten sich zwei Küsse auf die Wangen. In dem Moment war mir klar, dass ich trotz meiner sieben Jahre Gefängnis und trotz meines Berufs anders war als sie. Einige Dinge würde ich nie verstehen. Ich zündete drei Zigaretten an und verteilte sie: Im Milieu bedeutete diese Geste Vertrauen und gegenseitige Achtung. Schweigend rauchten wir. Erst nach diesem Ereignis nahm ich die Stadt Cagliari wahr und war beeindruckt von ihrer Schönheit. Es ist mein Job, die Wahrheit aufzuspüren, und ich habe gelernt, dass diese sich immer unter dem Teppich befindet, zusammen mit dem Dreck. Ich war lange Zeit zu sehr damit beschäftigt gewesen, mir den Rücken freizuhalten oder den eines anderen zu beschatten, und ich hatte es mittlerweile völlig verlernt, unbeschwert und ziellos herumzulaufen. Diese Stadt war der richtige Ort, um wieder damit anzufangen. Zwei Tage lang schlüpfte ich in die Rolle des Touristen. Dann tat Marlon einen Informanten auf, der für die bescheidene Summe von fünf Millionen Lire bereit war, uns zu verraten, wo Leon Benoit untergeschlüpft war. Wir trafen ihn in der Bar Nobel in der Via Biasi. Es war ein schmächtiger Kerl mit schwarzen Fingernägeln, der Menthol-Zigaretten rauchte und in einem übertrieben dicken Lammfellmantel steckte.

Benjamino konnte es sich nicht verkneifen zu brummen: «Also, es ist doch wirklich auf niemand mehr Verlass», als der Mann uns erklärte, er sei der Klempner des Belgiers und habe beschlossen, ihn zu «verkaufen», weil der Kunde ihm noch die Summe für den Einbau eines Jacuzzi schuldete. Er war ein Exhäftling und verstand genau, was Rossini mit seinem Kommentar meinte. Tatsächlich zögerte er einen Moment, als Brundu ihm die vereinbarte Summe hinhielt.

«Jetzt ist es zu spät, um sich zu schämen», bemerkte der alte Rossini traurig und schüttelte den Kopf.

Der ehemalige Offizier wohnte nicht weit weg, in der Via Molise 16, in einem Viertel mit vornehmen, etwas anonymen Mehrfamilienhäusern, in denen teils Wohnungen, teils Büros untergebracht waren. Der Klempner hatte uns verraten, dass er im zweiten Stock wohnte und dass auf dem Klingelschild der Name eines gewissen Antonio Cottiglia stand. Als er das Türschloss sah, nahm unser sardischer Freund seine mit Nieten beschlagene Ledermütze ab und kratzte sich nachdenklich am Kopf. «Das ist ein Schloss von der fiesen Sorte, das mit einem noch fieseren Alarmsystem verbunden ist. Da brauche ich mindestens eine halbe Stunde», flüsterte er untröstlich.

«Also, dann schauen wir morgen Nacht wieder vorbei», griff mein Partner ein. «Freitagabend gehen alle aus, um sich zu amüsieren, und wenn unser Belgier nach Hause kommt, findet er uns hier wartend vor, und wir werden alles tun, um ihm den Rest der Nacht zu versüßen.»

Aber so weit kam es nicht. Der Belgier tat immer das Gegenteil von dem, was wir von ihm erwarteten. An jenem Abend war er zu Hause, vor dem Fernseher; bequem saß er in seinem Sessel, der auf den ersten Blick erheblich mehr gekostet hatte als die fünf Millionen Lire, die sein Verräter kassiert hatte. Er war bereit zum Schlafengehen. Das sahen wir an der Kleidung: ein schöner Seidenpyjama in den Farben der belgischen Flagge und ein eleganter nachtblauer Schlafrock mit einem NATO-Symbol bestickt. Was wir nicht sofort erkennen konnten, war, zu welchem Gegenstand der Griff gehörte, der aus dem linken Auge herausragte und der ihn sicher mit einem Schlag getötet hatte.

Es handelte sich um ein Rechteck aus grauem, druckgepresstem Plastik, wie Benjamino pingelig feststellte, anderthalb Zentimeter dick und am Ende harmonisch abgerundet.

«Das kommt mir nicht wie ein Messer vor», setzte mein Partner hinzu. «Der Griff ist nicht auf einer Linie mit dem Rest.»

«Das stimmt», pflichtete ich ihm bei. «Ich würde sagen, sie bilden einen Winkel von fünfzig Grad.»

«Warum ziehen wir es nicht heraus und sehen nach, was es ist?», fragte der Sarde mit Unschuldsmiene.

«Wenn wir es dann wieder an seinen Platz zurücktun ...», antwortete ich.

Der alte Rossini nickte. «Abgemacht. Nach Hause nehm ich das Ding bestimmt nicht mit.»

Er trat näher, packte den Griff mit zwei Fingern und begann vorsichtig zu ziehen. Trotz dieser Umsicht traten sofort Stücke vom Augapfel und Gehirnmasse aus und tropften auf den Schlafrock.

«Das wird dem Gerichtsmediziner Kopfzerbrechen bereiten», grinste er. «Wer weiß, was für eine beknackte Theorie der sich ausdenkt ... Die sind berühmt dafür, dass sie sich immer alles Mögliche zusammenreimen.»

«Nun, er wird feststellen, dass die Waffe *post mortem* entfernt wurde», bemerkte ich.

Brundu brach in Gelächter aus. «Und er wird dem Richter erzählen, der Mörder sei zurückgekommen, um noch mal nachzustechen, aus Angst, dieser Knallkopf hier könnte nicht ganz tot sein.»

Der Mailänder hielt in seiner Arbeit inne und wandte sich zu uns. «Wisst ihr, wie das wirklich ausgehen wird?», und er schwenkte den Zeigefinger der behandschuhten Rechten. «Der Bulle, der ihn als Erster findet, wird einen schönen Anschiss kriegen. Sie werden glauben, er hätte die Finger nicht weglassen können, vor Neugier...»

«Das erfüllt mich aber mit tiefer Trauer...», spottete ich.

Der Rest der Waffe war nichts weiter als ein spitz zulaufender Plastikkegel.

«Sieht aus wie 'ne Eistüte mit Griff», sagte der alte Rossini und drehte den Gegenstand in den Händen. «So was hab ich noch nie gesehen.»

«Ich auch nicht», pflichtete ich ihm bei.

«Aber ich weiß, was das ist», bemerkte Brundu strahlend. «Das ist ein Pflanzholz.»

«Was für ein Holz?», fragte ich überrascht.

«Ein Pflanzholz. Zum Einsetzen von Blumenzwiebeln. Früher habe ich mal bei einem Gärtner gearbeitet...»

«Eine ausgefallene Waffe», unterbrach ihn mein Partner. «Bisher habe ich in der Wohnung nur Grünpflanzen gesehen, wer weiß, ob auch Blumen da sind... Da wir schon mal dabei sind, schauen wir doch gleich nach, ob er wirklich ein so leidenschaftlicher Gärtner war.»

Mir war sofort klar, was er meinte. Es war wichtig zu wissen, ob der Mörder eine Waffe benutzt hatte, die er im Haus vorgefunden hatte – in diesem Fall wäre es eine Affekthandlung gewesen –, oder ob er sie mitgebracht hatte. In diesem Fall war das Verbrechen vorsätzlich und präzise vorausgeplant worden. Leon Benoit hatte keinen grünen Finger: Die wenigen Pflanzen, die es in der Wohnung gab, waren lieblos und ohne Sachverstand gepflegt.

«Soll ich dir was sagen?», fragte mich Benjamino mit einem merkwürdigen Leuchten in den Augen.

«Ich weiß es schon», kam ich ihm zuvor. «Der Mörder ist ein professioneller Killer von der Sorte ‹Mit Fantasie und immer feste auf die Eier›.»

Ich begegnete dem fragenden und verwunderten Blick von Marlon. «Ein Pflanzholz ist nur dann tödlich, wenn es durchs Auge ins Gehirn gestoßen wird», erklärte ich ihm. «Der Mörder hat genau diese Waffe gewählt, weil es ihm Spaß machte, sie zu benutzen – wer weiß, aufgrund irgendwelcher abwegiger Gedanken, und dann auch, weil er sicher war, dass er den Belgier auf diese Weise ermorden konnte.»

«Absolut sicher», bemerkte Rossini und trat an die Leiche heran. «Schau», sagte er zu dem Sarden gewandt, «auf dem Gesicht rund ums Auge gibt es keinen Bluterguss, was bedeutet, dass der Killer nur einmal zugestochen hat. Direkt und präzise. Der gute Kerl hat nicht mal gemerkt, dass er stirbt...»

«Soll jetzt ich dir was sagen?», unterbrach ich ihn.

«Ich weiß schon. Das waren nicht die Sizilianer. Wenn die töten, sind sie nicht so raffiniert, im Gegenteil, sie neigen eher zum brutalen Abschlachten...»

«Genau, Partner. Der Befehl, den Belgier zu beseitigen, kam direkt von den ‹Anwälten›. Sie wollten das Bindeglied ausschalten, das sie mit dem Rauschgifthandel vom NATO-Stützpunkt Decimomannu in Verbindung bringen könnte. Lieber opfern sie ihren wichtigsten Mann...»

«Oder sie wollten ihn bestrafen, weil er es nicht geschafft hat, uns zu beseitigen...», vermutete Brundu seinerseits.

«Kann sein», stimmte ich zu. «Jedenfalls müssen wir diese

Spur dann wieder fallen lassen… es sei denn, wir finden etwas Interessantes.»

Während mein Partner das Pflanzholz wieder gewissenhaft in die Augenhöhle des verstorbenen Leutnants steckte, begannen Marlon und ich uns umzusehen. Wir fanden nichts außer ein paar flüchtigen Spuren von einer gründlichen Durchsuchung. Ich informierte den alten Rossini darüber, und der erklärte, dass man drauf hätte wetten können, dass wir nichts Kompromittierendes finden würden, und er äußerte die Vermutung, Benoit sei seit mindestens einem Tag tot.

Um sechs Uhr morgens saßen wir noch immer in Gesellschaft des lieben Verstorbenen, tranken und rauchten. Die beiden anderen wollten gehen, aber ich ließ mir immer neue Vorwände einfallen, um noch ein bisschen in der Wohnung zu bleiben. Da war etwas, was mir entging, und ich spürte, dass ich es nur finden konnte, wenn ich dort blieb. Die mittlerweile völlig zerstreuten und gelangweilten anderen beiden vertrieben sich die Zeit, indem sie sich zum Spaß ausdachten, wie man die Ermittlungen behindern könnte, zum Beispiel, indem man dem Belgier das Pflanzholz in die Hand drückte, um einen Selbstmord vorzutäuschen, und andere Nettigkeiten der Art. An einem bestimmten Punkt, nachdem ich die Leiche zum x- ten Mal betrachtet hatte, wurde es mir plötzlich klar. Ich schnalzte mit den Fingern, um auch die anderen beiden aufmerksam zu machen. «Schaut mal her» sagte ich triumphierend und wies auf die Sitzfläche des Sessels zu beiden Seiten der Schenkel des Toten. Das teure weiche Leder wies zwei Vertiefungen auf. «Als er ihn ermordete, kniete der Mörder auf ihm.»

Die beiden kamen näher, und nachdem Benjamino es sich aufmerksam angesehen hatte, begann er seinen Schnurrbart zu zwirbeln. «Ich dachte, er sei beim Fernsehen überrascht worden, das hier dagegen bedeutet, dass er dem Mörder erlaubt hat, sich auf seinen Schoß zu setzen. Was soll das bedeuten, Sherlock?»

«Dass alles komplizierter wird, Watson», antwortete ich besorgt. «Der Tote erwartete eine Geste der Zuneigung und nicht, mit einem Blumentopf verwechselt zu werden ... Entweder war er homosexuell, oder der Mörder ist eine Frau.»

«Verwischen wir die Spuren unserer Anwesenheit und gehen wir in eine Bäckerei zum Frühstücken», trieb Rossini uns an. «Dann schlafen wir eine Runde, und am späteren Vormittag gehen wir jemanden im Krankenhaus besuchen.»

«Und wen denn, in aller Welt?», fragte ich in zuckersüßem Ton, kannte die Antwort aber schon.

«Den Gorilla des Belgiers ... Ich möchte der Erste sein, der ihm die Nachricht überbringt, dass er arbeitslos ist.»

Das Städtische Krankenhaus Brotzu war einer jener typischen, gigantischen Betonklötze, auf den man früher oder später in jeder Stadt stößt; er war eingekeilt zwischen einem Autobahnzubringer, billigen Hotels und kleinen Läden, die von den wenigen Bedürfnissen der Patienten leben. Im Aufzug standen wir neben einer Familie, die wegen des Tods einer Tante in Tränen aufgelöst war. Die Sache stank uns mächtig. Wer im Gefängnis war, für den ist die Vorstellung, im Krankenhaus zu sterben, eine Grausamkeit ersten Ranges, eine zusätzliche Strafe. Denn es bedeutet, sich mit einer langen Agonie abzufinden, zu leiden unter Fremden in Uniform – auch wenn die weiß und sauber ist –, in Zimmern, die wie Zellen nummeriert sind. Besser, man kratzt plötzlich ab, womöglich auf der Straße, nimmt Abschied vom Leben mit dem Geschmack von Blut und Asphalt im Mund.

Wir fanden den Leibwächter im Zimmer Nummer acht der Orthopädischen Abteilung. Vier Betten und ebenso viele Schwerverletzte: ein Wirrwarr von eingegipsten oder aufgehängten Armen und Beinen. Sobald ich ihn sah, wurde mir klar, dass er wirklich übel zugerichtet war. Ich hatte nur vom Stockhieb auf die Schulter erfahren, vom rechten Knie hatten die beiden mir nichts erzählt.

«Wie geht's?», fragte der alte Rossini friedfertig.

«Gut», log der andere mit Überzeugung.

«War nicht persönlich gemeint», fuhr der Mailänder fort.

«Sicher, sicher... Aber wenn ich dich erwische – und eines Tages erwische ich dich –, bekommst du die Freundlichkeiten zurückgezahlt. Mit Zins und Zinseszinsen natürlich», versprach der Gorilla, als würde er übers Wetter reden.

«Ich steh dir immer zur Verfügung. Bis dahin iss recht viel Pasta und versuch, ein bisschen schlauer zu werden», erwiderte Benjamino kurz.

Bis dahin hatten die anderen drei Bettlägerigen den Wortwechsel mit Interesse verfolgt, als ihnen aber seine Bedeutung aufging, wurden sie schlagartig vom Schlaf übermannt.

«Wir sind gekommen, um zu reden, nicht, um uns deine allerdings berechtigten Rachepläne anzuhören. Bist du einverstanden, wenn wir ein wenig plaudern?», fragte ich, um das liebenswürdige Geplänkel zu unterbrechen.

«Ihr seht nicht aus wie Sizilianer», fühlte er vor.

«Wir sind keine, und wir arbeiten nicht für sie.»

Die Antwort schien ihn zu beruhigen. «Nun, dann kommt es aufs Thema an», antwortete er vorsichtig.

«Dein Chef ist tot», sagte Benjamino langsam.

«Du?», fragte der andere und schluckte.

«Nein. Wir sind gestern Abend zu ihm nach Hause, um ihm einen Besuch abzustatten, und wir haben ihn tot vorgefunden – man hatte ihm ein Pflanzholz ins Hirn gerammt.»

Der Gorilla wurde bleich vor Angst. Mein Partner nützte das aus: «Vielleicht stehst ja auch du auf der Liste... Nichts leichter für einen Killer, als in dieses Zimmer zu kommen und dich abzumurksen... Ein Opfer, das nicht fliehen und sich nicht wehren kann… eine nette, kleine Arbeit, gut bezahlt…»

Ich fing einen Blick meines Partners auf, das war das Zeichen, auf das ich wartete, um meinerseits die Rolle des guten Samariters zu übernehmen. «Wir sind hier, um dir zu helfen», beschwichtigte ich ihn. «Wenn du willst, können wir dich von hier wegbringen und dich abliefern, wo es dir am liebsten ist, oder eine Person deines Vertrauens benachrichtigen… Dafür musst du uns nur ein paar Kleinigkeiten sagen…»

«Einverstanden», willigte er erleichtert ein. «Aber dieses Abkommen begleicht nicht die Rechnung, die ich mit dem Alten noch offen habe», stellte er in einem letzten Anflug von Stolz fest. Rossini warf ihm einen hasserfüllten Blick zu: Die Drohung war ihm egal, aber er ertrug es nicht, «Alter» genannt zu werden.

«Aber das versteht sich doch von selbst», gab er giftig zurück.

«Wer, glaubst du, hat ihn umgebracht?», fragte ich.

«Die Sizilianer», antwortete er mit Bestimmtheit. «Es ist schon ein Weilchen, dass sie ein Stück vom Kuchen wollen.»

«Nein. Die waren es nicht», erwiderte ich.

«Dann habe ich nicht die geringste Ahnung. Bevor ihr aufgetaucht seid, ist nie was Ernsthaftes vorgefallen», sagte er und griff sich an den Gips, der ihm die Schulter stützte. «Ich bewachte ihn Tag und Nacht. Außer donnerstagabends: Einmal in der Woche musste ich aus dem Haus verschwinden, von acht Uhr abends bis zwei Uhr nachts.»

Bei dieser Neuigkeit sahen mein Partner und ich uns an. Nach unseren Berechnungen war der Belgier genau Donnerstagnacht ermordet worden.

«Wer kam ihn besuchen?», fragte ich.

«Das hat er mir nie gesagt. Manchmal war der Aschenbecher voller Kippen, und mehrere benutzte Gläser standen rum, als hätte es eine Versammlung gegeben … Andere Male roch es nach Frau.»

«Sicher, dass es nach Frau roch?», drang ich in ihn.

«Ja», gab er pikiert zurück. «Der Boss war schließlich keine Schwuchtel.»

Der alte Rossini wechselte das Thema. «Schon mal was von den ‹Anwälten› gehört?»

«Nein.»

«Sicher?»

«Völlig sicher. Ich wurde nur bezahlt, um ihn zu beschützen. In diesen drei Jahren, die ich bei ihm war, hat er mir nie was von seinen Geschäften erzählt.»

«Du bist nicht aus Cagliari», stellte Marlon fest und machte damit zum ersten Mal den Mund auf.

«Meine Eltern sind Sarden, aber ich bin in Turin geboren und groß geworden.»

«Dann geh dahin zurück!», stieß der andere böse hervor. «Hau ab und handel bei dir zu Hause mit Drogen.»

Es war Zeit zu gehen. Der Gorilla gab mir eine Telefonnummer und eine Nachricht für eine gewisse Lorella mit.

Wir zogen uns ins Zwischengeschoss des *Ribot* zurück, um die Lage zu rekapitulieren. Nach der Ermordung von Leon Benoit sah es gar nicht gut aus. Es blieb uns lediglich die Spur der Witwe Vadilonga: Ich hatte den kinobezogenen Schlüssel zu den chiffrierten Botschaften gefunden, aber die nächste Nummer des *Baratto* würde erst in vier Tagen herauskommen, und es war nicht gesagt, dass ausgerechnet in dieser Nummer die Anzeige erscheinen würde, die sie betraf. Wir waren mutlos und ein bisschen besorgt, weil ein professioneller Killer auf dem Plan erschienen war, der womöglich bezahlt war, um auch uns zu erledigen. Benjamino und Marlon beschlossen, immer ihre *cake decorators* – die beiden M3-Maschinengewehre – bei sich zu tragen, und sie waren sich einig über die Notwendigkeit, die Augen offen zu halten... vor allem im Hinblick auf mich, «weil ich ein Anfänger war», wie mein Partner mehrmals unterstrich.

Wir organisierten die Überwachung der Geliebten des verschwundenen Anwalts Giampaolo Siddi. Wir spielten alle nur erdenklichen Szenarios durch, und nach zwei Stunden angestrengter Diskussion waren wir ganz zufrieden mit den Ergebnissen.

«Gut, für heute sind wir fertig», meinte der alte Rossini. Dann setzte er hinzu: «Es ist Samstag, spätnachmittags, und hiermit teile ich euch mit, dass ich gedenke, mich zu amüsieren. Ein schönes Abendessen, ein klasse Nachtlokal und ein Fick erster Güte... Marlon, bist du mit dabei?»

«Sicher», antwortete der Sarde begeistert. «Und er?»

«Hoffnungslos», der Mailänder schüttelte den Kopf. «Der amüsiert sich nicht wie alle anderen Sterblichen... Er verbringt den Samstag damit, Calvados zu trinken und seine scheußliche Musik zu hören, und am Sonntag kuriert er dann sein Kopfweh... da ist nichts mehr zu machen.»

Ich stand auf, zwinkerte meinen beiden Partnern zu und ging. Ich kam ins Castello-Viertel, durchstreifte die engen Gassen und sah mir die Auslagen der vielen Antiquariate an. Ich hatte nicht die Absicht, irgendetwas zu kaufen, ich wollte nur diese schönen und nutzlosen Dinge betrachten. Früher einmal hatte ich ein Haus bewohnt, das voll davon gewesen war. Orte und Menschen kamen mir wieder in den Sinn, und die Melancholie packte mich, und es schmerzte fast unerträglich. Das war Absicht. Seit Jahren hatte ich herausgefunden, daß die Calvados- und Blues-Räusche befriedigender sind, wenn sie die Erinnerung an bessere Zeiten niederkämpfen müssen.

Ich beschloss, methodisch vorzugehen. Als Erstes musste ich mir eine «Grundlage» schaffen, also etwas Anständiges in den Magen bekommen, um dem Alkohol so lang wie möglich standzuhalten. Ich ging in eine Paninothek und ließ mir ein Baguette mit Käse zubereiten, ungeachtet der inständigen Bitten des Geschäftsinhabers, der wollte, dass ich seine Spezialitäten, die Frucht jahrelanger Experimente, kostete. Er rächte sich, indem er mich vollaberte mit seinem Gefasel über die Veränderungen in der italienischen Gesellschaft seit der Einführung des Polypanino, das an die Stelle des Monopanino getreten war, in welches ich soeben hineinbiss. Er war ein wahrer Philosoph der Kombination von Gorgonzola mit Palmenherzen, und als ich ihm das sagte, war er fast gerührt. Er wollte mir um jeden Preis die Hand drücken und verzieh mir von ganzem Herzen.

An jenem Abend wurde mir klar, dass Blues-Konzerte in Cagliari eine echte Seltenheit waren. Damals waren Musiker und Sänger anderer Rhythmen in Mode, die natürlich alle Achtung verdienten, nur dass das nicht meine Musik war. Ich flüchtete mich ins *Libarium,* wo ich entdeckte, dass ein paar Stunden später Alberto Cabiddu mit seinen Superpartes auftreten würde. Ich war schon ganz schön beschickert, als ich ihn kommen sah. Ich begrüßte ihn mit einem trockenen «Das hast du mir nicht gesagt, dass in dieser Stadt kein Blues gespielt wird».

«Du hast mich nicht danach gefragt, Alligator», antwortete er lächelnd und fragte dann, plötzlich ernst: «Erinnerst du dich an den Rat, den ich mir erlaubt habe, dir zu geben?»

«Sicher. Das Musikgenre zu wechseln... der Blues hätte meine Seele angefressen...»

«Nun, heute Abend wirst du Gelegenheit haben, andere Klänge kennen zu lernen... Auch die gehen dir direkt an deine verfluchte Seele und werden dir gut tun... Sie werden sie einlullen, sie erwärmen.»

Ich glaubte nicht daran, aber da ich früher selbst Musiker war und die Arbeit der Kollegen respektierte, wusste ich schon, dass ich mir seine Musik anhören würde. Schlimmstenfalls würde ich mich langweilen. Das erste Stück, *Sa ena,* in sardischer Sprache, erzählte die Geschichte einer Rose, die am Morgen erblüht, in einem Land aus Traum und Schmerz, wo die Türme Ruinen und die Bäume entwurzelt sind. Ich beging den Fehler, die Augen zu schließen, um besser zuhören zu können, und musste feststellen, dass ich sogar durch die gesenkten Lider die Musiker spielen sah. Das zweite Lied, *Milonga blanca,* war voll argentinischer Klänge und erzählte die Erlebnisse eines Mannes, der nach Hause kommt. Bei der dritten Strophe kam es mir vor, als ob die Musiker drei Hände hätten. Beim Blues muss man seine Seele dem Teufel verkaufen, um besser als gut zu sein, aber in dieser Musik lag etwas anderes. Ich entdeckte es bald: Es war Musik, die von weither kam, aus der Karibik, aus Afrika und aus dem Inneren Sardiniens. Sie kam von überall her, aber sie wollte nirgendwohin. Ich wusste, dass dieser Zauber, der tatsächlich meine Seele einlullte, nur so lange vorhalten würde, wie das Konzert dauerte, und dass ich dann wieder zu meinem geliebten, verzehrenden Blues zurückkehren würde, aber ich war froh, in diesem Moment an diesem Ort zu sein.

Ich befand mich wirklich in einem seltsamen Zustand der Gnade, war glücklich darüber, dass ich meine Melancholie in einem Calvados angemessenen Reifegrades ertränkt hatte. Vielleicht war ich deshalb vom Donner gerührt wie schon lange nicht mehr, als diese Blondine ihre Hände auf die Tischkante stützte und ihre Lippen meinem Ohr näherte: «Wusstest du, dass das Alligatoren-Weibchen bei der Liebe einen Schrei ausstößt, der wie ein Trommelwirbel klingt?», flüsterte sie. Ich sah sie an. Volle Lippen, Stupsnase und eine dunkle Brille wie 'ne Mieze aus den dreißiger Jahren – ich schob sie ihr von der Nase und sah in zwei grüne Augen voller Goldreflexe. Während sie sich an meinen Tisch setzte und dabei ihre Brille zurechtrückte, fiel mir die Frage wieder ein, die sie mir gestellt hatte, und ich beeilte mich zu antworten: «Nein. Das mit den Trommeln habe ich noch nie gehört.»

Sie streckte ihre Hand nach meinem Calvados aus, nahm einen großen Schluck und leckte zum Schluss den Rand des Glases ab. «Und wusstest du, dass sie es im Wasser treiben?», fragte sie weiter. Ich schüttelte verneinend den Kopf. Ich hörte ihr gerne zu: Sie lispelte leicht, wie manchmal Kinder es tun.

«Zuerst schauen sie sich mit hochgerecktem Kopf und aufgerissenem Rachen an, dann verfolgen sie einander, den Schwanz über Wasser. Das Männchen packt das Weibchen mit den Zähnen und zwingt es, im Kreis zu schwimmen – da lässt sie den ‹Trommelwirbel› hören... Zum Schluss ruhen sie sich aus und schwimmen nebeneinander her.»

«Du kennst dich aus mit Alligatoren, hm?»

«Ich weiß alles darüber, was wissenswert ist, Alligator. Vorhin habe ich gehört, wie einer der Musiker dich so nannte, und das hat mich neugierig gemacht... ich habe angefangen, dich zu beobachten... Und was ich gesehen habe, gefällt mir, weißt du das?»

Sie trug eine weiße Jacke und eine blaue Seidenbluse, die ihren prächtigen Vorbau in Größe C voll zur Geltung brachte.

Sie sah jemandem ähnlich, den ich vor Jahren gesehen hatte, aber ich konnte mich nicht mehr erinnern, wer das war. «Wie heißt du?»

«Gina», antwortete sie. «Gina Manès.»

Da fiel es mir plötzlich ein. «Weißt du, dass du den Namen einer Figur aus ‹Diabolik› hast, aber ‹Satanik› ähnelst, ja, du siehst genauso aus wie sie.»

Sie nahm es als Kompliment auf und lächelte; dabei entblößte sie eine Reihe von kleinen, weißen Zähnen. In dem Moment verliebte ich mich in sie. Zunächst bemerkte ich die Symptome, dann war ich mir sicher, als ich den kleinen

Panikanfall heranrücken fühlte, der typisch ist für Menschen, die nach einem nicht verwundenen Schicksalsschlag an diese Art von Emotionen nicht mehr gewöhnt sind. Ich fasste Mut und sagte den nettesten Satz, der mir in den Sinn kam.

«Ich bin zu besoffen zum Vögeln.»

Seufzend erhob sie sich vom Tisch. «See you later, Alligator», grüßte sie mich mit einer Strophe aus einem amerikanischen Song.

«In a while, Crocodile», trällerte ich als Antwort.

Nachdem sie mir die Wange gestreichelt hatte, entfernte sie sich und zeigte mir dabei ihre anderen Reize. «Ich bin ein bisschen aus der Übung», dachte ich, während ich mit einer Handbewegung den Kellner zu Hilfe rief.

Am nächsten Tag blieb ich im Bett, wie mein Partner vorhergesehen hatte, um meinen Rausch auszuschlafen. Unentwegt dachte ich an Gina. Ich überzeugte mich sogar davon, dass es ein schöner Name war. Montagmorgen zum Kaffee ließ ich mich wieder blicken. Brundu hatte ein Tablett ofenfrische Hörnchen mitgebracht und achtlos auf ein Maschinengewehr gestellt.

Die beiden begrüßten mich, dann sahen sie mich schweigend an.

«Was habt ihr denn?», fragte ich gereizt. Ich bin morgens nie guter Laune.

«Was hast du?», erwiderte der Cagliaritaner. «Du kommst mir so komisch vor.»

Der alte Rossini, der mich seit vielen Jahren kannte, zeigte mit dem Finger auf mich und grinste schief: «Du bist verliebt», rief er.

Ich strahlte übers ganze Gesicht, und er fasste sich an den Kopf. «Da lässt man dich gerade mal einen Abend allein, und siehe da, was du anstellst», murmelte er untröstlich.

«Sie ist schön, Benjamino», flüsterte ich. «So schön …»

«Und du möchtest Kinder mit ihr…», unterbrach er mich abrupt, dann sagte er zu Marlon gewandt: «Man muss ihn verstehen… Das ist ihm schon so lange nicht mehr passiert… Marco gehört zum Typ ‹auf ewig gebrochenes Herz› …»

«Sie weiß alles über das Liebesspiel der Alligatoren …», bemerkte ich voller Stolz.

«Noch so eine bescheuerte Studentin», kommentierte mein Partner boshaft, dann setzte er hinzu: «Gut, kommen wir zum Geschäftlichen. Wie hatten wir unsere Aufgaben heute verteilt?»

Er und der Sarde gingen auf die Suche nach einer Fotoausrüstung, mit deren Hilfe wir die Treffen von Fiorenza Vadilonga verewigen wollten, ich hingegen sollte ein Exemplar des Buches über die Geschichte des französischen Films auftreiben, das meiner Theorie zufolge den Schlüssel zum Code der Anzeigen enthielt. Ich klapperte sämtliche Buchhandlungen ab vergeblich. Erst am späten Nachmittag kam ich auf die kluge Idee, mich an den Verein der Cineasten zu wenden, der den Vorführungszyklus mit alten Streifen aus Frankreich organisierte. An jenem Abend traf ich im Zirkel *Tredici Lune* einen sympathischen jungen Mann namens Antioco an, der sofort begriff, welches Buch mich interessierte, und sich erbot, mich zu einem Copy-Shop zu begleiten, um es zu fotokopieren. Ich kehrte in unsere Wohnung nach Pitz'e Serra zurück. Auf dem Tisch im Wohnzimmer hatten meine Partner Fotoapparate, Objektive, Filme und alles Nötige zum Entwickeln und zum Druck der Negative aufgestapelt. Ich fügte die gehefteten Fotokopien hinzu. Wir waren bereit. Wir mussten nur noch Mittwoch abwarten.

Wir passten den Lieferwagen mit den Zeitungen im Panda sitzend ab. In der Luft lagen Anspannung und Rauch. Ich hatte in sämtlichen Lokalen der Stadt nach meiner Gina gesucht, aber ohne Erfolg. Ich dachte schon wieder an sie, als Benjamino die Autotür öffnete. «Er ist da», sagte er und stieg aus, um die Zeitung zu kaufen.

Wir kehrten in die Wohnung zurück, und es begann eine langwierige, geduldige Suche, die dadurch erschwert wurde, dass meine beiden Freunde mich ständig fragten. ob ich denn etwas gefunden hätte. Ich las die Anzeigen und suchte dann im alphabetischen Register des Buches nach einem möglichen Anhaltspunkt.

Am Anfang übersah ich die Anzeige, weil ich an einen französischen Namen dachte. Als ich denselben Namen dann aber auch in der zweiten Rubrik wiederholt sah, schaute ich genauer hin.

Rubrik Nummer 47, Kontakte/Botschaften: *BETR. ANNABELLA* – Erwarte dich Donnerstag, 19 Uhr 15 am gewohnten Ort. A. D.

Rubrik Nummer 48 Heiraten/Freundschaften: *Dame, 50, mit Namen ANNABELLA würde gern gleichaltrigen Herrn kennen lernen, gute finanzielle Position, angenehmes Äußeres Voraussetzung. Zuschriften an* Baratto.

«Vielleicht habe ich was gefunden», verkündete ich.

Annabella tauchte zweimal auf... Der Name erschien im Register, und auf Seite 72 wurde enthüllt, dass das der Künstlername von Suzanne Charpentier war, einer berühmten französischen Schauspielerin aus den zwanziger Jahren. Das konnte natürlich ein schrecklicher Schlag ins Wasser sein, aber die Tatsache, dass der Name auch in der Rubrik 48 auftauchte, ließ mich vermuten, dass die Vadilonga die Anzeige jede Woche aufgab. Die Person, mit der sie sich treffen wollte, antwortete dann zum gegebenen Zeitpunkt in der Rubrik Nummer 47.

«Dann beschatten wir sie, wie ausgemacht», meinte Benjamino.

Fiorenza Vadilonga kam um Punkt 18 Uhr 45 aus der Kanzlei. Wir folgten ihr, ich zu Fuß, Benjamino im Panda und Marlon auf dem Motorrad. Der Gebrauch von kleinen Walkie-Talkies ermöglichte uns die Koordination untereinander. Wir befürchteten, dass sie versuchen würde, uns abzuhängen, beispielsweise indem sie plötzlich in ein Taxi stieg. Dagegen führte die Frau uns mit der größten Seelenruhe zu einem Tisch in einer Bar an der Piazza Yenne. Sie bestellte den üblichen Aperol, dann begann sie die Passanten zu mustern. In ihren Augen erkannte ich nicht wie sonst einen abwesenden Ausdruck. Sie machte den Eindruck, als hielte sie nach einem ganz bestimmten Gesicht Ausschau.

Ich konnte meinen Ärger nicht unterdrücken, als ich einen Mann sah, der sich neben sie setzte: Er sah Giampaolo Siddi auch nicht im entferntesten ähnlich.

«Das ist er nicht, stimmt's?», fragte der alte Rossini.

«Leider nein.»

Wir fotografierten ihn mit einem Infrarotfilm. Zwanzig Fotos ungefähr, um kein Risiko einzugehen. Ungefähr 1,75 Meter groß, mit Bauch; ein paar grau melierte Koteletten umrahmten ein Gesicht, das so rund und glatt war wie ein Kinderpopo. Wir waren in einem Hauseingang versteckt und rund dreißig Meter von dem Paar entfernt. Wir konnten ihre Worte nicht verstehen, aber es war zu erkennen, dass die Unterhaltung keineswegs herzlich war.

Die Witwe sprach erregt, und oft unterstrich sie ihre Sätze mit Wut in der Stimme. Der Mann versuchte sie zu beschwichtigen, und ab und zu griff er nach ihrer Hand und streichelte sie. Plötzlich stand er auf und verabschiedete sich, indem er ihre Schultern umfasste und mit den Lippen ihre Wange streifte.

Sie blieb reglos sitzen und wartete mit geschlossenen Augen, dass er ging.

Wir folgten ihm mit derselben Technik, die wir bei der

Frau angewandt hatten. Hier hatten wir es mit einem Profi zu tun, das merkten wir sofort: Wenn auch mehr aus Gewohnheit als aus dem Grund, dass er uns bemerkt hätte, versuchte er uns ein paarmal abzuhängen. Zuerst ging er in eine Bar, die einen Hinterausgang zur Parallelstraße hatte. Dann machte er plötzlich kehrt und ging fünfzig Meter zurück, wobei er den Passanten genau ins Gesicht schaute. Schließlich bog er rasch in eine verlassene Gasse ein. In beiden Fällen löste Brundu das Problem, indem er Gas gab und durch die Parallelstraße ans Ende der Gasse fuhr. Er gab uns die Koordinaten unseres Jagdwilds über Sprechfunk durch, und von dem Moment an verloren wir ihn nicht mehr aus den Augen.

Vor dem Eingang zum Messegelände bog er in einen langen, schmalen Hof ein, der zu einem erleuchteten Schaufenster führte. Das Schild zur Straße hin informierte uns, dass es eine Weinhandlung war.

«Da gibt es keinen Hinterausgang», teilte Marlon uns mit.

«Dann hat er hier eine Verabredung», sagte ich. «Ich geh mal nachschauen, mit wem.»

Das Geschäft war groß und bestand aus zwei Räumen. Im ersten fand ich unseren Mann wieder, der eingehend das Etikett einer Flasche Weißwein studierte, in Gesellschaft eines anderen Kerls mit weißen Haaren und einem Trenchcoat wie der von Oberstleutnant Sheridan. Dieser hier konnte auch nicht Giampaolo Siddi sein. Sie redeten schnell und intensiv, hielten dabei die Augen offen und starrten mich sofort an, sobald ich in ihr Blickfeld geriet. Um sie nicht misstrauisch zu machen, steuerte ich entschlossen auf ein Regal zu, griff mir eine Flasche heraus und machte mich damit auf den Weg zur Kasse.

Ich erstattete meinen Mitarbeitern kurz Bericht, und wir versteckten uns, um auch den zweiten Mann zu fotografieren. Es gelang uns nicht. Er kam heraus mit einem tief über die Augen geschobenem Borsalino und einer Pfeife im Mund, die einen schönen Schlagschatten auf das Gesicht warfen. Flink und behände wie einer, der täglich joggt, überquerte er die Straße und verschwand auf einem dunklen Parkplatz. Wir mussten uns mit ein paar weiteren Fotos von dem Typen mit den Koteletten begnügen.

Am nächsten Morgen ging ich zu früher Stunde in die Kanzlei von Anwalt Columbu. Wie immer wurde ich an der Tür von seiner Frau empfangen, wie immer begrüßten wir uns mit niedergeschlagenen Blicken und abgerissenen Sätzen.

«Ich sehe, Sie haben den Ratschlag des Kollegen Moi befolgt und Ihren Look geändert», begrüßte mich der Anwalt.

«Ja.»

Auf meinen eingegipsten Arm deutend setzte er mit einem unbestimmten Lächeln auf den Lippen hinzu: «Die Straßen von Cagliari sind voller Gefahren. Man kann wirklich leicht hinfallen.»

«Ja», wiederholte ich und warf dabei einen Umschlag mit den Fotos vom Tag zuvor auf den Tisch.

Er betrachtete sie aufmerksam. Dann kratzte er sich gemächlich die schlaffe Haut am Hals und fixierte dabei einen nicht näher bestimmbaren Punkt an der Zimmerdecke. Ich wusste: Bevor er nicht die Brille bis auf die Nasenspitze heruntergeschoben hatte, würde er den Mund nicht aufmachen und mir nicht sagen, wer der Kerl war. «Es ist eindeutig, dass er ihn kennt», dachte ich und zündete mir eine Zigarette an. Er nahm sich Zeit, um die Präsenz dieses Typen im komplizierten Puzzle des Falles Siddi an die richtige Stelle zu platzieren. Aber letztendlich gelang ihm das nicht. Enttäuscht räusperte er sich, spielte mit der Brille, und ich war bereit, aufmerksam zuzuhören.

«Diesem Herrn bin ich einmal begegnet», begann er, «sagen wir mal vor vier oder fünf Jahren … während einer Ge-

genüberstellung nach amerikanischem Muster zwischen einem Mandanten von mir und einem Kronzeugen, der ihn anklagte, in Ogliastra an einer Entführung beteiligt gewesen zu sein... Ein scheußlicher Prozess... trotz des völligen Fehlens von Beweisen und meiner lückenlosen Verteidigung...»

«Herr Anwalt!», ermahnte ich ihn und holte ihn in die Wirklichkeit zurück.

Er sah mir in die Augen. «Ach ja. Entschuldigen Sie... Nun also, der Begleitschutz des Kronzeugen wurde von diesem Herrn angeführt», erzählte er, «der sich mit falschem Namen, mit einem Decknamen vorstellte: Alberto Dedonato. Er war ein Funktionär des SISDE – des italienischen Geheimdienstes – in der Sondereinheit zum Schutz für Kronzeugen.»

«Nun, dann ist für mich der Zeitpunkt gekommen, von der Bühne abzutreten», sagte ich und stand auf. «Ich übernehme keine Fälle, in die Bullen oder Richter unmittelbar verwickelt sind. So arbeite ich nun mal... Das wissen alle.»

«Setzen Sie sich wieder», befahl er mir freundlich, «und versuchen wir, über diese Sache nachzudenken. Ich bin genauso überrascht wie Sie... wenn nicht noch mehr. Aber sagen Sie mal, Sie haben nicht zufällig was angestellt, was die Aufmerksamkeit der Polizei erregt haben könnte?», fragte er und warf mir dabei einen durchdringenden Blick zu.

«Nein, Herr Anwalt. Von Bullen weit und breit keine Spur.»

Ich begann also, ihm von meinen Nachforschungen zu berichten: Ich erzählte ihm nur den Teil, der sich auf die Witwe Vadilonga bezog, und vom Austausch von Botschaften im *Baratto*.

«Das klingt wie eine Bestätigung, dass Siddi am Leben ist», kommentierte er.

«Ja. Und die Anwesenheit von Dedonato könnte bedeuten, dass sie ihn drankriegen wollen und die Frau als Köder benutzen...»

Der alte Anwalt begann wieder, mit seiner Brille zu spielen, und ich nutzte die Gelegenheit, um mir noch eine Zigarette anzuzünden.

«Und wenn Dedonato und Siddi, aus Gründen, die mir im Augenblick unbekannt sind, unter einer Decke steckten? Vielleicht sogar von Anfang an …», sagte er und beugte sich zu mir herüber.

«Und das Verschwinden des Anwalts wäre bloß eine Inszenierung der Geheimdienste, die Unschuldige ins Gefängnis bringen und ihr Leben zerstören, bloß um eine ihrer üblichen Schweinereien zu decken, vielleicht unter dem Deckmantel der NATO?», kombinierte ich scharfsinnig.

«Genau, Buratti. Genau das wollte ich sagen.»

Ich sah ihm unverwandt in die Augen. Dieser alte Gauner stellte mir den Fall von einer zu verlockenden Seite dar, als dass ich ihn hätte aufgeben können.

«Scheiße dieser Art aufzuwühlen, das kommt nicht alle Tage vor», murmelte ich nachdenklich. Genesio Columbu machte eine befriedigte Miene. Er wirkte wie eine Spinne, die soeben angefangen hatte zu verdauen.

«In Ordnung, Anwalt, ich mach weiter, aber …», und ich streckte meinen Zeigefinger in Richtung seiner Nase aus, «sollte sich herausstellen, dass wir offiziellen Ermittlungen in die Quere kommen, dann schmeiß ich alles hin.»

«In Ordnung, Buratti», gab er sich einverstanden, und hielt mir die Hand hin.

«Ich möchte Sie vor Gericht nicht als Gegner haben. Sie sind ein echtes Schlitzohr. Ein Rechtsverdreher ersten Ranges, gefährlich wie eine Klapperschlange», verabschiedete ich mich von ihm, und auf dem Weg zur Tür ahmte ich Jack Nicholson in der Rolle von Detektiv J. J. Gittes nach.

Ich hörte ihn lachen. Zum ersten Mal. Ein volles, zufriedenes Lachen, rund und fett. Eines von denen, die aus tiefster Seele kommen.

Die Sekretärin-Ehefrau warf mir einen fragenden Blick zu, auf den ich mit einem unmerklichen Achselzucken antwortete.

Benjamino ließ mit zunehmendem Alter nach: Er wurde von Tag zu Tag wehleidiger. Ich sagte es ihm und wusste dabei, dass ich ihn damit beleidigte, aber ich konnte sein Gejammere einfach nicht mehr hören. Als ich ihm erzählte, dass das mit der Witwe Vadilonga befreundete «einsame Herz» jemand vom Geheimdienst war, sprang er vom Stuhl auf.

«Ein Bulle vom SISDE?», hatte er gefragt, in der Hoffnung, falsch verstanden zu haben.

Nach meiner einsilbigen Bestätigung fing er an, dem völlig verdatterten Marlon Brundu sämtliche Gelegenheiten aufzuzählen, bei denen ich ihn seiner Ansicht nach in all diesen Jahren in Schwierigkeiten gebracht hatte, und damit wollte er offenbar beweisen, dass ich ein verantwortungsloser Irrer war. Ich ließ ihn ausreden, und dann verwendete ich meinerseits Columbus Schmeicheltaktik. Zuerst erklärte ich, was ich mit dem Anwalt ausgemacht hatte, dann holte ich zum entscheidenden Schlag aus: «... Sicher, wenn die Theorie des Anwalts stimmt, dann wäre das doch eine einmalige Gelegenheit, ein paar Leuten des entarteten Zweigs der Geheimdienste einen Arschtritt zu versetzen ... ihr wisst schon, den Urhebern der Attentate, bei denen unschuldige Zivilisten ihr Leben verloren haben ...»

Ich sah, wie er die Ohren spitzte. Ich wusste, weil er es mir unzählige Male erzählt hatte, dass ein Freund von ihm aus Kinderzeiten, ein Anarchist, zu Unrecht beschuldigt worden war, eine Bombe in einer Bank platziert zu haben. Obwohl er ihn seit mehr als vierzig Jahren aus den Augen verloren hatte, hatte Benjamino es doch nie verwinden können, dass seinem Sandkastenfreund eine solche Ungerechtigkeit widerfahren war.

«Na gut», brummte er. «Machen wir weiter mit den Ermittlungen, aber nur aus Respekt vor diesem Ehrenmann, dem Rechtsanwalt Columbu. Aber sobald es nach Bullen oder Richtern riecht, fahren wir nach Bastia zurück, einverstanden?»

«Einverstanden», versprach ich feierlich. Und ich konnte nur befriedigt kichern: Benjamino hatte genau das wiederholt, was ich kurz zuvor gesagt hatte. Aber ich hütete mich wohl, ihn darauf aufmerksam zu machen.

«Und du?», fragte ich Marlon.

«Oh, Alligator», antwortete er nach Art der Cagliaritaner. «Was für Fragen du mir stellst... Ich, ich bin ein Gangster aus Sant'Elia... Bullen können mich mal...»

An diesem Tag wollte ich zu Hause essen. Ich hatte keinen Hunger und wollte die Spur Vadilonga noch einmal überprüfen. Ich nahm mir noch einmal die Anzeigen vor. Diejenige, die sich auf das Treffen mit der Witwe bezog, war einfach mit A. D. unterzeichnet, Alberto Dedonato, der Deckname, von dem Anwalt Columbu mir erzählt hatte. Ich nahm die Fotokopien des Buches über den französischen Film zur Hand und ging das Register durch. Dieser Name kam nicht vor, aber es erschien ein Albert Dieudonné, wie Annabella war auch er ein Schauspieler aus den zwanziger Jahren. Zufälle gibt es nur im normalen Leben bei normalen Leuten, in der Unterwelt nie. Dies überzeugte mich davon, dass Dedonato nichts anderes war als die Übersetzung von Dieudonné und dass er mit Annabella einer Bande angehörte, in der alle Mitglieder Namen von berühmten Schauspielern dieser Zeit trugen. Ich ging in die Küche, wo der Mailänder und der Cagliaritaner ein Risotto alla pescatora zubereiteten und über die alten Zeiten der Haft in Porto Azzurro plauderten.

«Fiorenza Vadilonga», unterbrach ich ihr Gespräch, «weiß eine Menge Dinge, die wir nicht wissen. Vielleicht sollten wir hingehen und uns ein bisschen mit ihr unterhalten.»

Die beiden Gangster rümpften die Nase bei der Vorstellung, die Frau zu befragen.

«Ich übernehme das», beruhigte ich sie. «Und da die Kommunikation mit dem Bullen im Wochenrhythmus erfolgt – ich bezweifle, dass es da eine Notfall-Variante gibt, denn die Frau dürfte letztlich nicht so wichtig sein –, will ich die Tage bis zum nächsten Erscheinen der Zeitung nutzen und die Vadilonga mit dem Gespenster-Trick weich klopfen.»

Der alte Rossini ließ seine Goldkettchen klimpern. «Ausgezeichnete Idee, Partner. Ich hätte sie mir nur ungern vorgeknöpft … das ist eine arme Irre.»

Wie oft in diesen Tagen sah der Cagliaritaner uns mit fragendem Blick an. Ich sagte ihm, er solle Geduld haben, er würde am nächsten Tag schon verstehen, wenn er mich am Werk sähe.

Ich passte die Witwe am Ausgang des Notariats ab, wo sie arbeitete. Während sie die Tür hinter sich schloss, ging ich auf sie zu. «Guten Abend, Annabella», begrüßte ich sie mit einem breiten Lächeln.

Sie wurde bleich, wie gelähmt sah sie mir nach, als ich davonging. Nach etwa zwanzig Metern drehte ich mich um und winkte ihr freundlich zu. Später, in der üblichen Bar, war der Blick der Frau noch abwesender als sonst, und sie fuhr auf ihrem Stuhl in die Höhe, als sie mich schon wieder vor sich auftauchen sah. Ich blieb einen Moment lang stehen und fragte sie dann: «Ist der Aperol hier besser als in der Bar an der Piazza Yenne, wo Sie sich mit Dedonato getroffen haben?»

Sie antwortete nicht, dafür zuckte ihr Unterarm in einer plötzlichen nervösen Reflexbewegung, und der Aperitif schwappte auf ihren leopardenbedruckten Kunstpelz. Sie würde meine Tour nicht lange aushalten, das stand fest. Aber ich durfte nicht übertreiben. Es war Freitag, und sie würde mich das ganze Wochenende über nicht zu Gesicht bekommen. Ich würde ihr die nötige Zeit lassen, damit Angst und Beklemmung noch weiter stiegen. Ich sah sie vor mir, schlaflos, den Plüschbären im Arm, wie sie sich fragte, wer der Mann war, der Dinge wusste, die er nicht hätte wissen sollen, und sie dadurch in Gefahr brachte. Montag würde ich ihr dann weiter zusetzen, und Dienstag war die Abrechnung fällig. Das war grausam, aber es war die am wenigsten gewalttätige Methode. Wenn man aus Leuten Geheimnisse herauskitzeln will, verwendet man in unseren Kreisen nur dann Handschuhe, wenn man keine Fingerabdrücke hinterlassen will.

Wie am vorherigen Wochenende machten meine Freunde sich wieder piekfein und zogen aus zur Eroberung exotischer Bardamen. Ich meinerseits steuerte direkt das *Libarium* an, in der Hoffnung meine Gina dort zu treffen.

Ich hatte mir vorgenommen, nicht zu viel zu trinken, um nicht wieder so eine jämmerliche Figur abzugeben wie in der Woche davor, und die ersten beiden Stunden litt ich darunter wie ein Hund. Als sie endlich hereinkam, steuerte sie direkt auf meinen Tisch zu.

«Gefalle ich dir so?», fragte sie und vollführte eine Pirouette. Sie trug ein zweireihiges Kostüm mit Nadelstreifen – die weibliche Version der Anzüge, in die der alte Rossini sich gewöhnlich kleidete. Da ich mit der Antwort zögerte beschrieb sie mit dem Zeigefinger der linken Hand einen Bogen in der Luft, führte ihn an den Saum des kurzen Rockes und hob diesen langsam hoch, bis der nachtblaue Rand ihrer halterlosen Strümpfe sichtbar wurde.

«Du bist wirklich elegant, Gina. Und schön obendrein», hofierte ich sie mit verträumtem Blick.

«Du hast gesagt, ich seh aus wie ‹Satanik›, und da wollte ich mich anziehen wie sie», versetzte sie kokett.

«Das hast du gut gemacht. Warum setzt du dich jetzt nicht hin, dann kann ich unterm Tisch ein bisschen die Hand ausstrecken?»

«Ich liebe deine Gentleman-Manieren, Alligator.»

Sie bestellte einen Manhattan ohne Angostura, und dann fing sie an, mir die Geschichte ihres Lebens zu erzählen. Sie war Römerin, vierunddreißig Jahre alt, hatte vor zwei Jahren einen Luftfahrttechniker geheiratet, «nett, aber schrecklich langweilig», von dem sie vor ungefähr drei Wochen weggelaufen war. Nach Cagliari war sie gekommen, um ihn zu vergessen und von vorne anzufangen.

«Männer sind wirklich blöd», urteilte sie abschließend.

«Ich weiß», stimmte ich ihr zu. «Außerdem sind wir Verräter und Mistkerle und tun euch nur weh ... Willkommen im Club der enttäuschten Frauen», räumte ich ein, um das Thema endgültig zu beenden.

Sie fügte noch hinzu, dass sie zum Zeitvertreib einen Flamenco-Kurs besuchte, den zwei Meister des Fachs, Anita La Maltesa und Ramón Ruiz, in der Stadt abhielten. Sie erklärte mir, ihr größter Traum sei es, Berufstänzerin zu werden und hackenschlagend und kastagnettenklappernd durch die Welt zu ziehen.

Mit vierunddreißig Jahren an so was zu denken, war der helle Wahnsinn. Ich fand, sie war im richtigen Maß verrückt: die Frau meiner Träume.

«Und du, womit beschäftigst du dich, Alligator?»

«Ich bin so eine Art Privatdetektiv», antwortete ich wahrheitsgetreu.

«Ich habe zwischen den Bettlaken einen Ohrring verloren. Wärst du imstande, ihn wieder zu finden?»

«Solche Fälle sind meine Spezialität.»

«Also gehen wir. Zeig mir, wie gut du bist.»

Wir brauchten eine Dusche, um die Wirkung des Alkohols fortzuwaschen. Meinen eingegipsten Arm schützte sie vor dem Wasser, indem sie ihn mit Frischhaltefolie umwickelte, als wäre es ein Stück tiefgekühltes Fleisch. Im Bad zogen wir uns gegenseitig aus. Sie hatte eine glatte Haut und einen weichen, vollen Körper. Ein paar Gewebenarben an den Brüsten und am Po ließen auf eine gefräßige Jugend schließen. Als sie mich fragte, ob sie mir gefiele, antwortete ich, ja, sie habe einen Körper, der mich an die *Grande Odalisque* von Ingres erinnere, und dass ich es kaum erwarten könne, ihn an mich zu drücken.

Unter dem Wasserstrahl wurde das Einseifen zum Vorwand, sich etwas intimer kennen zu lernen. Ich versuchte, ihr die Sonnenbrille abzunehmen, aber sie hielt meine Hand bestimmt und mit festem Griff zurück.

«Ich nehme sie nie ab, Alligator.»

«Aber sie wird doch nass», protestierte ich.

«Nein. Sie wird nur mit mir gewaschen ... Das ist was anderes.» Später stellte ich fest, dass sie einen ganzen Vorrat an Lebensmitteln und Calvados eingekauft hatte: Wir konnten uns das ganze Wochenende über vom Rest der Welt isolieren.

Montagmorgen fuhr ich aus dem Schlaf hoch. Ich war zu spät dran, und ich war in der falschen Wohnung. Am späten Vormittag kam ich in Pitz'e Serra an und traf auf einen miserabel gelaunten Rossini. «Ich habe die ganze Nacht kein Auge zugetan, Marco», fing er an. «Die Abmachung war, dass wir uns gestern Abend hier wiedertreffen, und du kommst über zwölf Stunden später... Da draußen läuft ein Killer herum, und was glaubst du, wie ich mich gefühlt hab, die ganze Zeit?»

Ich entschuldigte mich, aber ich musste mir den Sermon schon noch eine Weile anhören. Er hatte Recht, ich hatte mich unmöglich verhalten, aber ich konnte mich einfach nicht schuldig fühlen. Ich war glücklich. Wie nur die Liebe glücklich machen kann.

«Also, los geht's», sagte er abschließend. «Heute hast du eine Witwe zu knacken.»

Ich verwandelte mich wieder in das Gespenst und erwartete Fiorenza Vadilonga in der Mittagspause am Ausgang ihres Büros. Vorsichtig öffnete die Frau die Tür bereit, sie wieder zu schließen, falls sie mich in der Umgebung sehen würde. Erleichtert ging sie raschen Schritts nach Hause. Ich ließ ihr einen gewissen Vorsprung, dann überfiel ich sie von hinten, indem ich sie freundschaftlich unterhakte: «Guten Tag, Annabella. Warum waren Sie denn letzten Donnerstag so böse auf Dedonato?», fragte ich. Dann ließ ich sie ebenso schnell wieder los und verschwand in einer Seitenstraße.

Um vier Uhr kam sie mit dem Taxi wieder ins Büro. Das war vorherzusehen gewesen. Als sie den Lift betrat. fand sie mich darin vor – ich empfing sie lächelnd. Sie versuchte zu entkommen, aber ich zog sie am Arm herein. Dann drückte ich den Knopf zum zweiten Stock, wo die Kanzlei lag, und begleitete sie wortlos an ihr Ziel. Sie weinte zu heftig, als dass sie mich hätte hören können.

Ich hatte mir vorgenommen, sie am Ende ihres Arbeitstags wieder abzupassen. Die Gewohnheit und die Lust zu trinken waren für sie zwei zu starke Gründe, um auf die Bar in der Via Roma zu verzichten. Ich war mir sicher, sie wusste, dass ich dort wieder auftauchen würde, aber das war der einzige Moment des Tages, in dem sie sich lebendig fühlte: Nicht einmal ein Gespenst hätte sie dazu bringen können, darauf zu verzichten. Als ich mich an ihren Tisch setzte, zitterte ihre Unterlippe völlig unkontrolliert, trotzdem fand sie die Kraft, mich zu fragen, was ich wolle. Das mochte ja der rechte Moment sein, aber der Ort, eine der belebtesten Straßen Cagliaris, war mit Sicherheit falsch. Ich beschränkte mich auf eine indirekte Annäherung.

«Vorerst will ich nur eins wissen: Giampaolo und seine Frau, verstanden die sich?»

«Nein», antwortete sie bestimmt.

«So wenig, dass er sie samt den drei Kindern hätte sitzen lassen, ohne Gewissensbisse zu kriegen?»

«Er hasste sie. Genauso wie diese drei kleinen Bastarde», zischte sie grausam.

Sie zitterte am ganzen Leib. Der Zeitpunkt war gekommen, sie zu fragen, ob ihr Geliebter noch am Leben war. Mit dem unfehlbaren Gespür für den falschen Zeitpunkt kam der Kellner an unseren Tisch.

«Alles in Ordnung, Signora?», fragte er und sah mich dabei schief an.

Ich stand auf. «Ja, machen Sie sich keine Sorgen», antwortete ich an ihrer Stelle. «Ich bin ihr Steuerberater und habe ihr keine guten Nachrichten gebracht. Ach, die Steuern ...», seufzte ich laut. «Sie werden dieses Land noch zugrunde richten.»

«Wie ist es gelaufen?», fragte Benjamino, der wenig entfernt zusammen mit dem Cagliaritaner wartete.

«Gut, sie ist im richtigen Grad weich gekocht. Morgen passen wir sie zu Hause ab; sobald sie mich dann sieht, wird sie mir in einem Atemzug ihre ganze Lebensgeschichte erzählen.»

«Apropos, ich möchte noch einmal in die Wohnung von Benoit. Er ist seit elf Tagen tot, und der Mord ist noch nicht entdeckt worden ...»

«Stimmt», pflichtete ich ihm bei. «Das ist allerdings merkwürdig. Er war doch auch Inhaber eines Supermarkts, und seine Angestellten müssten sich eigentlich schon seit einer Weile Sorgen machen.»

Nicht nur die Leiche war verschwunden, sondern auch der Sessel.

Sprachlos standen wir alle drei ein paar Augenblicke lang da und starrten auf die leere Stelle.

Der alte Rossini fasste sich als Erster. «Das ist echtes Profitum, Jungs… keine Spuren zu hinterlassen ist eine Wissenschaft.»

Ich fing an zu begreifen. «Sie wollten, dass nur wir den Toten finden.»

«Ich kapiere den Sinn der Botschaft nicht, Sherlock.»

«Sie wollen uns zu verstehen geben, dass sie die Stärkeren sind, Watson. Dass sie wissen, wer wir sind, während wir nicht die blasseste Ahnung haben, und dass sie uns verschwinden lassen können wie den Belgier.»

Brundu ließ die Feder des Schalldämpfers an dem Maschinengewehr, das er immer unter der Jacke trug, einschnappen.

«Ich kann's kaum erwarten, dass sie das versuchen», sagte er in drohendem Ton.

Schon ab dem frühen Morgen behielten wir die Witwe Vadilonga ununterbrochen im Auge. Wir wollten nicht das Risiko eingehen, dass sie womöglich abtauchte, ausgerechnet an dem Tag, an dem sie uns alles erzählen sollte, was sie über das Verschwinden von Anwalt Giampaolo Siddi und über seine merkwürdigen Bekanntschaften wusste.

Der Abend kam, und die Frau ging auf ihren Dämmerschoppen in die Bar. Sie kippte fünf Aperitifs und verzehrte ebenso viele Schälchen mit Erdnüssen und Salzgebäck. Dass sie die Dosis erhöht hatte, konnte nur von Vorteil sein: Mit benebeltem Kopf beichtet man besser und verrät leichter Geheimnisse.

Die Via Dante ist von Bäumen gesäumt, sie ist breit und ziemlich lang, mit zahlreichen Geschäften und Auslagen. In dem Moment waren sie schon alle geschlossen und nur noch wenige, eilige Passanten waren unterwegs. Benjamino und ich hielten uns in einem Abstand von ungefähr fünfzig Metern von der Frau. Marlon fuhr im Panda neben uns her: Auf dem Beifahrersitz lag unter einer Zeitung das Maschinengewehr.

Ich war angespannt und ging noch einmal die Fragen durch, die ich der Vadilonga gleich stellen wollte. Plötzlich fuhr mit wiegendem, elastischem Schwung ein junger Mann auf Inline-Skatern an uns vorbei. Er steckte in Markensportklamotten, und auf dem Kopf trug er eine dieser Baseballkappen, wie sie gerade in Mode waren.

«Zu meiner Zeit gab es diese Superrollschuhe noch nicht», beklagte sich mein Partner in wehmütigem Ton. «Das waren klobige Eisenteile mit Holzrädern dran und jeder Menge Riemchen und Schnüre ...»

«Ich erinnere mich auch noch daran. Jedes Mal, wenn man andere Schuhe anzog, brauchte man eine halbe Stunde, bis man sie neu eingestellt hatte.»

Unterdessen war der Rollschuhläufer auf Höhe der Frau angelangt. Elegant packte er sie am Handgelenk und schwenkte sie einmal im Kreis um sich herum. Dann schleuderte er sie mit Gewalt gegen eine Hausmauer. Die Frau schlug mit dem Kopf auf; während sie wie leblos an der Wand herabglitt, stieß der junge Kerl ihr zwei gestreckte Finger in den Solarplexus. Nachdem er die Handtasche an sich gerissen hatte, verschwand er ebenso elegant, wie er gekommen war.

Für mein Reaktionsvermögen war das alles viel zu schnell gegangen. Als ich zur Vadilonga stürzte, war Benjamino schon fast bei ihr, und Brundu verfolgte den Mörder.

«Die hat's erwischt», murmelte Benjamino und stützte ihren Kopf.

Die Lippen der Frau bewegten sich.

«Ich glaube, sie will was sagen», keuchte ich, noch außer Atem vom Laufen.

Der alte Rossini brachte sein Ohr an ihren Mund. Sie flüsterte etwas, und ein paar Sekunden später starb sie.

«Was hat sie gesagt?», drängelte ich.

«Verrückte Alte...», kommentierte er. «Sie hat gesagt: ‹Schade... es hat nicht mehr viel gefehlt... *Mangiabarche.*›» Er schüttelte den Kopf. «Wenn einer stirbt, sollte er doch was Vernünftiges sagen, findest du nicht auch?»

Mit quietschenden Reifen kam der Cagliaritaner zurück. «Er ist mir entwischt», sagte er.

«Los, hauen wir ab», forderte uns der alte Rossini auf, «bald werden jede Menge Bullen hier sein.»

Als wir im Wagen saßen, drehte er sich um und sah uns an. «Mord, getarnt als Handtaschenraub, alle Achtung. Die Bullen kriegen das nie raus... Und wir haben eine völlig bescheuerte Figur abgegeben. Wenn wir diese Leute weiterhin unterschätzen, dann kriegen die uns auch noch ganz übel dran...»

«Ja», erwiderte ich. «Sie haben uns noch mal schön an der Nase herumgeführt. Und wir können jetzt wieder ganz von vorne anfangen», murmelte ich wütend.

Mein Freund drehte sich noch einmal um. «Marco, bevor wir wieder anfangen, sollten wir unseren Arsch in Sicherheit bringen... Die haben die Witwe erledigt, einen Augenblick bevor wir sie zum Reden bringen wollten...»

«Wanzen?», unterbrach ich ihn. Mir dämmerte was.

«Sie werden sie in der Wohnung oder im *Ribot* angebracht haben. An diesen Orten haben wir den Plan durchgesprochen.»

Eine Wanze fanden wir in der Lampe im Esszimmer der Wohnung in Pitz'e Serra, zwei weitere unter den Tischen, an denen wir gewöhnlich im *Ribot* saßen. Erstklassige Arbeit, die einen Gegenschlag erforderte.

Während Brundu nach einer neuen, sicheren Wohnung suchte, verbrachten mein Partner und ich die Nacht zwischen Wohnung und *Ribot* und mimten die enttäuschten Detektive, die den Fall aufgeben wollen; damit hofften wir, diejenigen, die uns abhörten und unsere Gespräche aufzeichneten, abzulenken. Wir brauchten zwei Tage, um uns neu zu organisieren.

Um neun Uhr morgens kam der Sarde uns abholen und brachte uns unter tausend Sicherheitsvorkehrungen in unseren neuen Unterschlupf, nicht weit vom Zentrum von Cagliari, in der Via Galassi 3, ein grünes Gebäude, in dem vorwiegend Büros untergebracht waren. «Tagsüber gehen die Leute hier ein und aus, nachts ist es praktisch verlassen», erläuterte er, als er die Tür zu der Mansarde aufschloss. Es waren drei Zimmer mit Küche, Bad und Gästetoilette, die mit den üblichen Restbeständen von Möbellagern eingerichtet waren. Wir konnten einen Monat lang dort wohnen, für die bescheidene Summe von fünf Millionen Lire. Wortlos setzten wir uns an den Küchentisch, um die Lage zu rekapitulieren.

«Also?», forderte Benjamino mich auf.

Ich zündete mir eine Zigarette an, und erst nachdem ich gut die Hälfte davon geraucht hatte, entschloss ich mich zu antworten. «Also stecken wir in der Scheiße. Mit dem Tod von Benoit und der Vadilonga haben wir keine Spuren mehr, die wir verfolgen könnten.»

«Lass dir was einfallen, Marco», brauste der Mailänder auf. «Ich weiß nicht, ob du dir darüber im Klaren bist, wir mussten mit ansehen, wie vor unserer Nase eine Dame mittleren Alters ermordet wurde, während wir sie beschatteten. Ich möchte nicht, dass man im Milieu anfängt, über uns Witze zu reißen. Eine solche Blamage kann dir deine ganze ruhmreiche Karriere ein für alle Mal ruinieren, weißt du … Wir müssen den Kerl mit den Skatern finden und umlegen.»

«Er hat Recht, Alligator», griff Brundu ein. «Außerdem hat der Rollschuhfahrer eine Regel verletzt: keine Frauen und keine Kinder. Wenn wir ihn finden, müssen wir ihn daran erinnern, bevor wir ihn mit Blei voll pumpen. Kennst du den Film *Léon der Profi* …»

Ich sah ihn an, verkniff mir aber jeden Kommentar. «Mir soll's recht sein. Durchlöchert den Killer nur… Wenn wir ihn finden, bedeutet das zumindest, dass der Fall teilweise gelöst ist, und das ist für mich das Wichtigste …»

«Sind wir uns sicher, dass der Killer derselbe ist, der auch den Belgier erledigt hat?», fragte Brundu. «Denn das wäre dann ja ein Mann, und der Belgier tatsächlich eine Schwuchtel.»

«Es sieht ganz so aus …», antwortete ich zögernd.

«Und ich sage euch, das ist ein Verrückter», unterbrach mich Benjamino, seinen eigenen Gedanken nachhängend. «Die Idee vom klassischen Auftragskiller könnt ihr vergessen, und schon gar die von dem Typen ‹Mit Fantasie und viel Mumm›, wie wir nach dem Mord an Benoit vermutet haben. Das hier ist ein ganz gemeiner psychopathischer Killer, einer von denen, die Spaß am Töten haben.»

«Bist du sicher?», fragte ich erstaunt.

«Absolut», erwiderte er. «Er ist in zwei Meter Abstand an mir vorbeigerauscht, und ich habe ihn nicht ‹gespürt›. Wäre das einer gewesen, der sich bloß seine Brötchen damit verdient, da hätte ich seine Anspannung gefühlt… das ist mein Metier, ich hab mein ganzes Leben auf der Straße verbracht… Der hier dagegen war völlig ruhig und gelassen, gut gelaunt… als würde er sich auf den Augenblick freuen, in dem er die Witwe kaltmacht.»

Ich dachte noch einmal an die Szene. «Könnte sein», meinte ich. Dann kam mir plötzlich ein anderer Gedanke. «Und wenn er gewollt hätte, dann hätte er uns mit einer hübschen Pistole mit Schalldämpfer abknallen können … Als er an uns vorbeifuhr, waren wir völlig ungedeckt… Er spielt mit uns und mit unseren Ermittlungen, aus eigener Initiative oder im Auftrag von jemandem … Ich verstehe aber den Grund dafür nicht …»

«Weil wir die Situation nicht mehr im Griff haben … Wir wissen nicht einmal, wann sie uns ‹angezapft› haben», schaltete mein Partner sich ein. «Deshalb müssen wir uns beeilen und irgendeine neue Spur finden, um sie zu erwischen, bevor sie uns erwischen … Ein psychopathischer Mörder ist der schlimmste Feind, den man sich denken kann.»

«Da hast du Recht. Aber wie ich vorhin gesagt habe, durch die Ermordung des Belgiers und der Witwe haben sie uns den Boden unter den Füßen weggezogen … Bliebe noch die Spur Dedonato, aber der ist ein Bulle vom SISDE, und um den sollten wir möglichst einen großen Bogen machen.»

«Vielleicht finden wir eine Spur», wagte sich schüchtern Brundu vor. «Den Anfang der ganzen Geschichte macht ein berühmter Prozess, und unter den Experten gehen Gerüchte um … Die Leute machen sich so ihre Gedanken …»

«Ich kann dir nicht folgen, Marlon. Was willst du sagen?», fragte ich neugierig.

«Er schlägt vor, sich an einen ‹Bestechlichen› zu wenden», kam der alte Rossini ihm zuvor. «Einen korrupten Bullen, der damals bei den Ermittlungen dabei war und sich in diesen Kreisen immer noch gut auskennt.»

«Kommt überhaupt nicht in Frage», entgegnete ich barsch. «Mit denen wollte ich noch nie was zu tun haben … Mit einer Hand streichen sie das Geld ein, mit der anderen rammen sie dir das Messer in den Rücken.»

«Ganz ruhig, Marco. Vielleicht sollte man diesmal doch einen Gedanken darauf verschwenden … Wir stecken wirklich in der Scheiße.» Dann, an den Sarden gewandt: «Hast du eine bestimmte Person im Kopf?»

«Ja. Einen Carabinieri-Marschall von der Einheit, die zum Gericht abgeordnet ist. Seit zwanzig Jahren ist er an den heißesten Fällen dran …»

«Und was ‹fehlt› ihm?», fragte ich.

Marlon machte die Geste des Kartenspielens. «Poker», flüsterte er verschwörerisch. «Und ich kenne denjenigen gut, der ihm so viel abgewonnen hat, dass er ihn für den Rest seines Lebens in der Hand hat.»

Der alte Rossini und ich sahen uns lange an.

«Versuchen wir's», forderte mich der Mailänder auf.

«Einverstanden. Wir haben keine andere Wahl.»

Brundu setzte seine lederne Motorradfahrermütze auf und ging zur Tür. Ich folgte ihm.

«Wohin gehst du?», fragte mich Rossini barsch.

«Zu meiner Gina», antwortete ich mit meinem schönsten Lächeln.

«Hab ich mir's doch gedacht», sagte er angewidert. «Die beknackte Studentin, die so gut über das Liebesleben der Alligatoren Bescheid weiß ... Und wann gedenkst du wieder zurück zu sein?»

Ich konnte mir ein Grinsen nicht verkneifen. «Weiß ich nicht.»

«Lass mich wissen, wo du bist», sagte er besorgt. «Der Killer, mit dem wir es zu tun haben, verspeist dich doch zum Frühstück, so einen Anfänger wie dich.»

Mein Mädchen war nicht zu Hause. Im Panda wartete ich eine halbe Stunde auf ihre Rückkehr. Dann wurde der Wunsch, sie zu sehen, so dringend, dass ich zu überlegen begann, wo ich sie finden konnte. «Im Grunde bin ich doch Detektiv, es sollte mir nicht schwer fallen, sie ausfindig zu machen», dachte ich und trommelte nervös mit den Fingern aufs Lenkrad. Die Lokale waren noch zu. Es blieb mir nichts anderes übrig, als sie in der Tanzschule zu suchen, wo Ramón Ruíz und Anita la Maltesa ihren Flamenco-Kurs abhielten. Eine Stunde später parkte ich den Wagen unter dem Fenster einer Turnhalle, aus der Lärm von klappernden Absätzen drang.

Ich kam in einen großen neonbeleuchteten Saal mit Parkettboden. Sie auszumachen war nicht schwer: Sie war die Einzige, die mit Sonnenbrille tanzte. Sie bildete ein Paar mit einem steifen Typen, der sich sehr ernst zu nehmen schien. Ich beobachtete sie ein paar Minuten lang und musste zur Kenntnis nehmen, dass meine Gina für diese Art von Tanz überhaupt keine Begabung besaß. Sie wirkte wie ein Lausebengel, der mit der Klassenbesten tanzen muss.

Zum Schluss kam sie erschöpft zu mir, ein paar Schweißperlen standen ihr auf der Oberlippe. Ich küsste sie ihr weg.

«Ich möchte essen gehen, mich betrinken und vögeln. Genau in dieser Reihenfolge. Was hältst du davon, schöner Alligator?»

«Ich kann es kaum erwarten, mich den Punkten zwei und drei zu widmen.»

Sie wollte, dass ich sie in ein Restaurant außerhalb der Stadt begleitete, das nicht nur für die Qualität, sondern auch für die Quantität seiner Gerichte berühmt war. Eines dieser Lokale, wo du dich hinsetzt und eifrige Kellner ein Gericht nach dem anderen auftragen, bis du um Gnade bittest – und um die Rechnung.

Wie üblich beschränkte ich mich darauf, hier und da ein bisschen was zu knabbern, weil ich zu sehr davon in Anspruch genommen war, mein Wasserglas mit dem Calvados nachzufüllen, den ich sorgsam unter dem Tisch versteckt hielt.

Gina hingegen schüttete zwischen den einzelnen Bissen gläserweise eisgekühlten Vermentino in sich hinein. Sie aß gierig und mit Genuss. Ihre Augen glänzten, und ab und zu beugte sie sich über den Tisch, um mich mit ihren Lippen, die nach Meeresfrüchten schmeckten, zu küssen.

Nach dem Abendessen zogen wir ins *Libarium,* das Lokal, wo wir uns kennen gelernt hatten. Dort fiel mir ein, dass ich Benjamino anrufen musste. Er antwortete am Handy mit einem Grunzen und machte mir gehörige Vorwürfe, weil ich mich nicht früher gemeldet hatte.

Wir saßen an einem Ecktisch und verbrachten unsere Zeit damit, zu trinken und uns zärtliche und sinnlose Sachen ins Ohr zu flüstern. Da sah ich aus den Augenwinkeln den alten Rossini und Marlon, die sich mit gleichgültiger Miene an den Nachbartisch setzten.

Gina beobachtete sie aufmerksam. «Das Publikum in diesem Lokal fängt an, schlechter zu werden», bemerkte sie, ohne die Stimme im geringsten zu senken.

Benjamino schenkte ihr ein giftiges Lächeln, und ich beschloss, dass der Zeitpunkt gekommen war, sie miteinander bekannt zu machen. «Gina, diese Herren sind zwei meiner besten Freunde.» Sie gaben sich die Hand, ohne aufzustehen, streckten einfach nur die Arme aus. Benjamino bemerkte etwas und hielt ihre Hand fest, drehte die Innenfläche langsam nach außen, bis ihr Puls sichtbar wurde.

«Schön, diese Tätowierung in Form eines Pik», kommentierte er tonlos.

Ich reckte den Hals, um das Zeichen zu sehen. Es war mir bisher nicht aufgefallen. Ich wusste nicht, ob es angeboren war oder nicht, auf jeden Fall sah es perfekt aus: Es wirkte wie das Pik einer Spielkarte.

Mit einem Ruck zog Gina die Hand zurück. «Das ist ein Muttermal, keine Tätowierung», berichtigte sie ihn mit einer Aggressivität, die ich an ihr nicht kannte.

Sie starrten sich lange in die Augen. Sie mochten sich nicht, und der von beiden Seiten zu lange ausgehaltene Blick ähnelte schon einer Herausforderung.

«Ihr habt noch nicht bestellt», bemerkte ich, um die Spannung aufzulockern.

Benjamino sah mich an. «Wir wollten gerade gehen. Wir sind nur gekommen, um dir zu sagen, dass wir ‹unseren Freund› morgen Nacht sehen.»

Die beiden standen auf und gingen grußlos davon. Der Vorfall hatte mich traurig und ärgerlich gemacht. Gina hingegen hatte ihn in wenigen Sekunden vergessen und war wieder ganz die süße Schnecke von zuvor. Wir waren die letzten Gäste, die das Lokal verließen, und wir konnten uns erst dazu entschließen, als der Kellner, der den Boden aufwischte, mit dem Lappen fast über unsere Schuhe wischte.

Nach der Dusche und einer guten Dosis Sex, den wir in Ruhe genossen, wünschten wir uns eine gute Nacht; in dem Moment fing es draußen schon an zu dämmern. Im Halbschlaf ertappte ich mich bei dem Gedanken, dass es schön wäre, jeden Abend so mit ihr an meiner Seite einzuschlafen. Vor Schreck fuhr ich im Bett hoch. Mein Mädchen schnarchte leise und hatte dabei einen schmollenden Ausdruck im Gesicht. Ich betrachtete sie fünf Minuten lang, dann zog ich mich leise an und ging.

Als ich die Tür zur Mansardenwohnung in der Via Galassi aufschloss, brannte in der Küche noch Licht. Ich fand Rossini und Marlon in eine Partie Siebzehnundvier vertieft – Zigaretten, Schnaps und die Maschinengewehre waren in Reichweite.

«Diese Frau wird dir wehtun», fing Rossini an, ohne den Blick von den Karten zu heben. «Und du bist dann deprimiert, machst von morgens bis abends ein langes Gesicht, säufst Calvados wie ein Loch und gehst mir mit deinem Liebeskummer auf den Geist.»

Ich schnaubte und wandte mich an Brundu, der die Rede mit großem Interesse verfolgt hatte. «Fang du nicht auch noch an», warnte ich ihn.

«Ich denke ja gar nicht daran, Alligator. Wir hier stecken unsere Nase nicht mal in Angelegenheiten zwischen Sarden, geschweige denn in die von Leuten vom Festland», beruhigte er mich mit einem gewissen Ton der Überlegenheit.

Ich zeigte mit dem Finger auf meinen Partner. «Da kannst

du was lernen ... Das ist echtes Benehmen», sagte ich, spielte den Beleidigten und ging. Ich schlief ein paar Stunden unruhigen Schlafes. Kaum war ich wach, überkam mich auch schon wieder die Anspannung wegen des Treffens mit dem ‹Bestechlichen›, das für diese Nacht vereinbart war. Der Gips fing an, mir unerträglich lästig zu werden, und ich beschloss, dass es an der Zeit war, ihn abzunehmen.

Als ich das überfüllte Wartezimmer der Kleintierklinik betrat, machte sich erstauntes Schweigen breit: Allen fiel auf, dass ich das obligate Kleintier nicht dabeihatte. Ein keineswegs nebensächliches Detail, an das ich absolut nicht gedacht hatte. Das Schweigen hielt ein paar Sekunden lang an, doch dann begannen die Anwesenden wieder darüber zu reden, wie hübsch ihre Putzis waren, und wie teuer doch die Staupeimpfung bei Welpen geworden war.

Als die Dottoressa Carla Pes meine Anwesenheit bemerkte, winkte sie mich mit einer resoluten Handbewegung zu sich und schob mich kurzentschlossen in die Besenkammer.

«Banditen empfange ich nur nachts», fing sie an. «Warum sind Sie gekommen?»

«Wie ich Ihnen schon sagte, bin ich kein Bandit, sondern Detektiv, und ich hab den Gips satt», antwortete ich und gab mir Mühe, freundlich zu sein.

«Das ist riskant ... Es ist noch keinen Monat her, und ich bezweifle, dass die Knochen verheilt sind ... Aber das ist Ihre Angelegenheit. Kommen Sie heute Nacht, und ich nehme ihn Ihnen ab.»

«Heute Nacht geht das nicht ... Es muss jetzt passieren ...»

Sie verschränkte die Arme. «Das ist doch wohl nicht Ihr Ernst ... Was glauben Sie, werden die anderen Kunden denken, wenn Sie ohne Gips herauskommen?»

«Ich könnte doch warten, bis Sie die Praxis zumachen ...»

«Schon gut, schon gut», lenkte sie ein. «Aber das nächste Mal schnappen Sie sich bitte auf der Straße irgendeine Katze oder einen Hund... Ich meine, führen Sie sich auf wie in einer Tierklinik... Sonst stellen meine Kunden mir Fragen...»

«Sie können ja immer antworten, meine Läuse hätten Schuppen... oder mein Bandwurm ein Magengeschwür.»

Sie brach in ein hysterisches Gelächter aus und widmete sich wieder einem Kanarienvogel, der auf den Namen Jimmy hörte und eine schlimme Infektion an einer Kralle hatte.

Das Röntgenbild zeigte, dass die Ärztin sich getäuscht hatte. Die Knochen waren ausreichend verheilt, aber der Verlust an Muskeln machte zumindest ein Minimum an Rehabilitation erforderlich. Es tat mir höllisch weh, aber ich musste auf Schmerzmittel und auf Calvados verzichten: In dieser Nacht musste ich unbedingt einen klaren Kopf haben.

Das Treffen mit dem «Bestechlichen» war für 23 Uhr ausgemacht, auf dem leeren Parkplatz eines Einkaufszentrums im Stadtrandviertel Pirri. Die Vereinbarung sah vor, dass die Wagen aus entgegengesetzter Richtung kommen und an einer gut beleuchteten Stelle halten würden, und dass nur er und ich uns genau in der Mitte treffen würden.

Alberto Fazio, Carabinieri-Marschall, erschien mit einer Viertelstunde Verspätung und kam mit misstrauischer Langsamkeit auf mich zu. Ich wusste, dass er sich so verhalten würde: Die Summe, die wir ihm angeboten hatten, war wirklich verführerisch, aber die Tatsache, dass das Angebot von Unbekannten kam, vom Festland obendrein, musste ihn nicht wenig beunruhigen: Es war ja nicht auszuschließen, dass wir Fahnder auf der Jagd nach korrupten Carabinieri waren.

«Du bist nicht allein gekommen», sagte er und wies auf den Panda, in dem man die Umrisse von Marlon und Benjamino erkennen konnte, die – wie ich wusste – Maschinengewehre auf den Knien hielten.

«Was macht das schon?... Du hast die Umgebung erkundet und weißt, dass es nichts zu befürchten gibt.»

Er kam näher und tastete mich auf der Suche nach Mikrofonen ab. Während er die Hände mit professioneller Routine an meinem Körper herabgleiten ließ, konnte ich ihn mir näher ansehen.

Fünfzig Jahre, übergewichtig, fliehende Gesichtszüge, Kraushaar und Spitzbart, beides grau meliert. Ich ordnete ihn in die Kategorie «schmieriger und arroganter Bulle» ein. Ein echter Widerling.

Er streckte die Hand aus und zählte das Geld. «Was willst du wissen?»

«Ich will, dass du mir ... alles erzählst, was du über den Fall Siddi weißt und über einen Kollegen von dir beim SISDE, einen gewissen Alberto Dedonato.»

Er gab mir das Päckchen Banknoten zurück und schüttelte den Kopf. «Die paar Kröten reichen da nicht ... Die Auskünfte, die du willst, sind wesentlich mehr wert.»

Auch das war vorherzusehen gewesen. Der alte Rossini war sich sogar ganz sicher gewesen, dass es so kommen würde. Er hatte mir erklärt, dass ein echter Korrupter, einer, der nicht für fünf Lire seine Großmutter verschachert, gerne wie ein echter Geschäftsmann verhandelt, und wenn man sich erst mal darauf einlässt, dann kann das dauern. Wir hatten aber keine Zeit mehr für Spielchen dieser Art.

«Wenn das so ist ...», antwortete ich lakonisch. Ich kehrte ihm den Rücken zu und ging in Richtung Wagen.

«Denk dran, nur ich kann dir diese Informationen geben ... Du solltest dein Sparschwein schlachten und mit einer anständigen Summe wiederkommen», fing er wieder an.

Ich ignorierte ihn und ging weiter.

«He, Freund ...»

Mit einem Ruck drehte ich mich um. «Ich bin nicht dein Freund, und ich habe nicht die Absicht, dir auch nur eine Lira mehr zu geben. Das oder gar nichts.»

Ich war im Begriff, die Wagentür zu öffnen, hatte mich

schon damit abgefunden, dass unser Versuch fehlgeschlagen war, als er mir zubrüllte: «Komm zurück... ich nehme an.»

Ich gab ihm das Geld wieder. «Zuerst Siddi oder der Agent vom SISDE?», fragte er mich. Ich wollte erst von Dedonato wissen.

Und dann hagelte es Überraschungen. Die erste war, dass Alberto Dedonato ein Exbulle war. Er war zum «Boss» der alten Geheimdienste avanciert und mit wenig sauberen Operationen betraut worden; nach der Reform der Geheimdienste war er «pensioniert» worden. Fazio setzte hinzu, seiner Meinung nach würde ich nur Zeit verlieren, wenn ich ihn in Sardinien suchen wollte, weil er schon seit geraumer Zeit im Ausland war. Das heißt, seit ungefähr drei Jahren, seit seiner letzten Mission. Er wusste schon damals, dass er auf der Abschussliste stand, er hatte es aber trotzdem übernommen, den ihm anvertrauten Auftrag – zwei Kronzeugen außer Landes zu bringen – zu Ende zu führen. Das waren zwei Schäfer, die sich bei den Ermittlungen über die Entführung einer bekannten Persönlichkeit aus dem Showbusiness kooperativ gezeigt und durch ihre Gesprächigkeit die Verhaftung und Verurteilung des Rests der Bande ermöglicht hatten.

Dedonato sollte sie in ein bestimmtes Land bringen und denen übergeben, die sich ihrer annehmen sowie ihnen eine neue Identität, Unterkunft und Arbeit besorgen würden. Aber an ihrem Ziel sind sie nie angekommen, sie verschwanden regelrecht im Nichts. Alles geschah auf einem Flughafen: Während die anderen Agenten die Zollformalitäten abwickelten, machten sich Dedonato und die beiden Kronzeugen aus dem Staub. Die Sache wurde geheim gehalten, um den Sicherheitsdienst zum Schutz von Kronzeugen nicht in Verruf zu bringen. Die Suche nach ihnen hat nie zu irgendwelchen konkreten Ergebnissen geführt.

Vom Reden war ihm die Kehle ausgetrocknet, und er verstummte, gerade so lange, um einen Kaugummi aus dem Papier zu wickeln. Ich nutzte die Gelegenheit, ihn nach Dedonatos Angehörigen zu fragen. «Die Frau und die Kinder leben in der Umgebung von Mailand, aber unser Mann hatte schon seit Jahren mit ihnen gebrochen, lange bevor er nach Sardinien kam, als er noch nicht Dedonato hieß... Gerüchten zufolge soll er mit einer jungen Frau zusammenleben, halb Deutsche, halb Spanierin, die irgendwie mit dem deutschen Geheimdienst verbandelt ist.»

Ich überlegte, dass ich von dieser Frau schon mal gehört hatte, dann erinnerte ich mich, dass meine Klienten mir erzählt hatten, in den allerersten Ermittlungen im Fall Siddi, noch vor der Vertuschung der NATO-Spur, sei eine junge Frau vom deutschen Geheimdienst aufgetaucht.

«Wenn du keine weiteren Fragen hast... ich bin mit dem Thema Dedonato fertig und würde zum Anwalt übergehen», meinte Fazio und sah dabei ostentativ auf die Uhr, wie um zu betonen, dass seine Zeit kostbar war.

«Nur keine Eile. Du arbeitest für mich», betonte ich. «Sag mir, an welchen Orten der gute Alberto auftauchen würde, wenn er sich entschließen sollte, nach Cagliari zurückzukehren.»

Er dachte nach. «Ich kenne nur einen Ort: Das Spiellokal im Viale Merello. Da ist er immer hingegangen. Es ist das beste in Cagliari, aber ich kann mich dort nicht blicken lassen... Da verkehren bestimmte Leute, die nichts erfahren dürfen...», setzte er traurig hinzu.

«Deine Krankheit ist der Poker. Und seine?»

«Roulette. Er hat mehrmals ein Vermögen damit verloren und fast immer Geld vom Staat.»

Ich zündete mir eine Zigarette an. «Kommen wir zu Giampaolo Siddi.»

Auch er zündete sich eine an. Von seinen. Keiner von uns war zu Höflichkeiten aufgelegt. Auch bei diesem Thema fehlte es nicht an Überraschungen. Fazio war ebenfalls überzeugt, dass Siddi lebte. Ja, er war sich da eigentlich sicher. Er verriet mir, dass die Ermittler zuletzt auch zu dieser Überzeugung gelangt waren, aber die Prozessmaschinerie war nun einmal angelaufen, und so hatten am Schluss viele erleichtert aufgeatmet, als die drei Anwälte nach «nur» zwei Jahren Gefängnis von der Anklage auf Mord freigesprochen wurden.

Er sagte, er kenne auch den Grund für das Verschwinden und das anschließende prozessuale Ablenkungsmanöver: Siddi hatte eine beträchtliche Summe Geld unterschlagen, anscheinend in Form von Inhaberpapieren, das seinen Chefs, den ‹Anwälten›, gehörte.

Als ich ihn fragte, ob er deren Namen kenne, schüttelte er den Kopf. «Schön wär's! Da hätte ich reich werden können», erwiderte er. «Die Kreise, die in Cagliari ‹wirklich› Geschäfte machen, bestehen aus einer Mischung von Freimaurern, Bauunternehmern, großen Geschäftsleuten, aber an der Basis von allem ist die Unterwelt, sie liefert das Geld zum Waschen und ist teils sardisch, teils vom Festland. Ein integerer Richter – eine Nervensäge von einem sardischen Dickschädel – hat mir gesagt, die ‹Anwälte› seien beruflich wirklich Anwälte, und sie ausfindig zu machen, sei extrem schwierig, weil sie innerhalb dieser Kreise noch einmal einem geheimen Zirkel angehören ...»

«Und Siddi hat sie übers Ohr gehauen und ist mit der Kasse durchgebrannt ...», kommentierte ich nachdenklich.

«Genau.»

«Hast du eine Idee, wo er sich versteckt haben könnte?»

«Die Welt ist groß ...», sinnierte er und zuckte mit den Achseln. Ich wollte ihn schon fragen, was er über die Witwe Vadilonga wusste, aber ich hielt mich zurück. Besser so tun, als würde ich sie nicht kennen. Ich wollte nicht, dass er auf dumme Gedanken kam. So fragte ich ihn, ob sich Siddi und Dedonato kannten.

«Das ist möglich», antwortete er. «Beide hatten mit der NATO-Basis in Decimomannu zu tun.»

«Und das Wort *Mangiabarche,* sagt dir das was?», fragte ich absichtlich gleichgültig.

«Nein. Nie gehört.»

Ich vergrößerte die Flamme des Feuerzeugs und zeigte ihm die Fotografie des Typen mit den grauen Haaren und dem Trenchcoat à la Oberstleutnant Sheridan, den Dedonato in der Weinhandlung getroffen hatte. Er schüttelte verneinend den Kopf.

Mit einem Zeichen gab ich ihm zu verstehen, dass unsere Unterredung beendet war, und kehrte zum Wagen zurück.

«Wie ist es gelaufen?», fragte der alte Rossini ungeduldig.

Ich drehte mich zu dem Sarden um. «Bravo, Marlon», lobte ich ihn. «Das war eine ausgezeichnete Idee, sich an den Marschall zu wenden… Er hat mir die Spur gezeigt, die uns zu Siddi führt, dem lebendigsten Toten, den es gibt… Auf dem Weg dorthin werden wir auch dem Killer begegnen… und einem Haufen anderer netter Leute.»

Rechtsanwalt Genesio Columbu war miserabler Laune, das hörte man deutlich am Telefon. Also beschloss ich, in Begleitung von Benjamino zu ihm zu gehen, weil ich wusste, dass die beiden sich achteten und verstanden, und ich hoffte auf seine Vermittlung. Kaum saßen wir in seiner Kanzlei, pfefferte uns Columbu zwei Lokalzeitungen vor die Nase, die den Mord an der Witwe Vadilonga auf der ersten Seite brachten: *Auch Handtaschendiebe töten. Barbarischer Mord an einer Angestellten mitten im Stadtzentrum,* titelte die erste. *Clockwork Orange in der Via Dante: Handtaschendieb auf Inline-Skatern massakriert wehrlose Witwe,* war die andere Schlagzeile.

Ich wechselte einen Blick des Einvernehmens mit meinem

Partner: Wie wir vorhergesehen hatten, verfolgten die Ermittler die Spur des mörderischen Handtaschendiebs.

«Ein Freund von mir, der im Polizeipräsidium arbeitet», fing der Anwalt in scharfem Ton an, «hat mir anvertraut, eine Zeugin habe ausgesagt, sie hätte zwei Männer gesehen, die sich der am Boden liegenden Frau genähert hätten und dann mit einem Panda, der von einem dritten gesteuert wurde, geflohen seien ... Und das ist noch nicht alles. In Gesprächen habe ich auch vom Verschwinden Leon Benoits erfahren, das durch die Angestellten seines Supermarkts zur Anzeige gebracht wurde. Die Polizei nimmt an, er sei Opfer der Mafia geworden ...»

Er machte eine Pause, um es sich in Ruhe auf seinem Sessel bequemer zu machen, die Brille auf die Nasenspitze hinunterzuschieben und die Hände über dem eingefallenen Magen zu verschränken.

«Und jetzt will ich wissen, was hier vorgeht», fuhr er gebieterisch fort. «Ich will wissen, warum all diese Personen, die in den Fall verwickelt sind, plötzlich sterben. Und auch meine Klienten wollen das wissen ...»

«Das sind auch meine Klienten», unterbrach ich ihn im selben Tonfall, aber dann verstummte ich. Ich hatte keine Lust, mich mit diesem alten Herrn zu streiten, und überließ es Benjamino, das einzurenken. Sie sprachen dieselbe Sprache: Ich war sicher, dass sie sich verstehen würden.

«Herr Anwalt», begann mein Partner in respektvollem Ton, «Marco hat so seine eigenen Arbeitsmethoden ... Während der Ermittlungen beklagen sich die Klienten – das weiß ich aus Erfahrung –, aber am Schluss sind sie immer zufrieden ... Augenblicklich sind wir an einem heiklen Punkt angelangt, wir können Sie nicht über sämtliche Einzelheiten informieren, aber ich bin mir sicher» – und während er das sagte, sah er mich mit Nachdruck an –, «dass das, was Ihnen mein Freund jetzt erzählen wird, ausreichen wird, um Ihre

Neugierde zu befriedigen.» Die Gesichtszüge des alten Anwalts entspannten sich unmerklich: Es war Rossini gelungen, ihn zu beschwichtigen.

«Ich werde noch mehr tun als das», begann ich. «Ich will Ihnen meine Theorie über den gesamten Fall erklären, und so können Sie sich einen Spaß daraus machen, den Advocatus Diaboli zu spielen.»

Er warf mir einen ausdruckslosen Blick zu, den ich als Zeichen der Zustimmung und als Aufforderung weiterzumachen deutete.

«Giampaolo Siddi lebt: Sein Verschwinden war eine bloße Inszenierung, die Ermittler wie Familienangehörige in die Irre führen sollte. Denn zur Familie hatte er kein gutes Verhältnis. Der Grund für diese Flucht ist ein Haufen Geld, anscheinend Inhaberpapiere, die dieser Herr seinen Brötchengebern, den ‹Anwälten›, entwendet hat. Im Zuge seiner Geschäfte mit der NATO-Basis von Decimomannu hat er Alberto Dedonato kennen gelernt, einen undurchsichtigen Agenten des SISDE, der für die Sondereinheit zum Schutz für Kronzeugen arbeitete. Ein wahrer Spezialist im Verschwindenlassen von Personen – er verschaffte ihnen eine neue Identität. Dedonato ist der ideale Komplize für Siddis Plan, und sicher hat er ihm dabei geholfen, sich ins Ausland abzusetzen. Aber das ist noch nicht alles. In diesen Jahren hat Dedonato sich auch um den Kontakt zur Geliebten des Anwalts, Fiorenza Vadilonga, gekümmert. Durch ein kompliziertes, aber sicheres System von Kontaktanzeigen für einsame Herzen – der Code basiert auf Namen des französischen Kinos – ist es ihm gelungen, die beiden ständig in Kontakt zu halten. Von Anfang an. Das bedeutet, dass zwischen ihm und Siddi eine kriminelle Komplizenschaft entstanden ist, die bis heute anhält.

Vor drei Jahren verschwindet Dedonato. Auf einem Flughafen. Mit zwei Kronzeugen, die er mit einer neuen Identität in ein neues Land führen sollte. Anfangs verstand ich nicht, warum sie alle drei gemeinsam abgetaucht waren. Jetzt glaube ich, dass Dedonato ihnen etwas Passenderes oder – um es deutlicher zu sagen – Lukrativeres angeboten hat als ein Wiedereingliederungsprogramm: beispielsweise, in eine neue Bande einzutreten. Ich habe keine Ahnung, auf welchem Sektor der Kriminalität diese Bande operiert, aber ich weiß, dass sie existiert. Da bin ich mir sicher. Wie auch über die Tatsache, dass sie hauptsächlich im Ausland aktiv ist.

Nach Cagliari ist Dedonato meiner Meinung nach immer wieder gekommen, um mit der Vadilonga zu reden und sie hin und wieder zu ihrem Geliebten zu begleiten. Dann sind wir auf der Bildfläche erschienen: Wir haben unsere Nasen überall reingesteckt und die Bande in Alarm versetzt, was sie gezwungen hat wiederzukommen. Sie haben uns beschattet, ohne dass wir es merkten, sie haben Mikrofone an den Orten platziert, an denen wir verkehrten, sie sind uns zuvorgekommen und haben all diejenigen ausgeschaltet, die ihnen gefährlich werden konnten. Zuerst Benoit, der uns als alter Komplize Siddis hätte enthüllen können, dass er noch am Leben ist, und dann die Witwe, über die wir bis zu ihm hätten gelangen können …»

«Seid ihr sicher, dass der Belgier tot ist?», fragte Columbu.

«Ja, wir haben ihn mit eigenen Augen gesehen», antwortete Rossini.

«Wenn die Bande sich jetzt in Sardinien aufhält, dann könnte auch Siddi hier sein», mutmaßte der Anwalt.

«Das bezweifle ich. Für ihn ist das zu gefährlich. Einige sind bestimmt zurückgekommen», erläuterte ich, «mit Sicherheit Dedonato, der Typ mit den weißen Haaren, von dem wir nur ein Foto haben, und der Killer, der die beiden Morde verübt hat. Nach seiner Vorgehensweise zu urteilen ist mein Partner überzeugt, dass es sich um einen Psychopathen handelt, der aus Lust tötet, nicht wegen Geld.»

«Wie wollt ihr weiter vorgehen?», fragte Columbu.

«Dedonato abfangen, um über ihn an Siddi heranzukommen, und ihn nach den Namen der ‹Anwälte› fragen.»

«So gesagt, hört sich das ja recht einfach an.»

«Das wird es aber nicht sein, doch wir haben keine andere Wahl», griff Rossini ein. «Mit unseren Ermittlungen haben wir einen Mechanismus ausgelöst, der die Beseitigung verschiedener Personen vorsieht ...»

«Von euch beiden, zum Beispiel.»

«Es könnte auch Sie betreffen, Herr Anwalt», gab mein Freund zurück, «... wie übrigens auch Ihre Mandanten ... Ihr könntet alle im Visier des Killers sein. Wer immer etwas weiß, mit dem sich beweisen lässt, dass Siddi am Leben ist, schwebt derzeit in Lebensgefahr.»

Gedankenverloren kratzte sich der Anwalt ausgiebig mit beiden Händen den Bauch. «Ihre Rekonstruktion, Buratti, ist grob, in einigen Punkten lückenhaft und an anderen wenig klar. Im Übrigen gibt sie nicht auf alle Fragen, die meine Mandanten Ihnen vorgelegt haben, eine Antwort ... Aber die Grundstruktur Ihrer Überlegungen scheint mir verlässlich ... Sie könnten sogar Recht haben.»

Drei

«Woran denkst du?», fragte ich Benjamino.

«Das sag ich dir nicht.»

«Ich kenne dich schon zu lange, um nicht zu merken, wann du was im Schilde führst ... Und ich glaube, ich habe auch erraten ... was dir da im Kopf herumspukt.»

«Los, Sherlock ... beeindrucke mich mit deinem detektivischen Scharfsinn», hänselte er mich.

«Du willst das Spiellokal ausrauben.»

«Ganz genau ... Eine nette Arbeit, leicht und einträglich, nach der auch keiner zur Polizei rennt, um sich zu beschweren», grinste er.

«Kommt überhaupt nicht in Frage», lehnte ich ab, in einem Ton, der keinen Widerspruch zuließ.

Seit vier Stunden saßen wir nun schon – den dritten Tag in Folge – im Laderaum eines Lieferwagens japanischen Fabrikats mit verspiegelten Scheiben; wir hatten den Wagen gegenüber dem Spiellokal geparkt, in der Hoffnung, Alberto Dedonato aufkreuzen zu sehen.

Die Überwachung zu organisieren, war nicht schwer gewesen. Marlon hatte sofort kapiert, welchen Tempel des Glücksspiels Marschall Fazio gemeint hatte. In zwei Tagen hatte er das Fahrzeug aufgetrieben, das wir mit Ferngläsern, Fotoapparaten, zwei bequemen Sesselchen, einer Minibar, Schnäpsen und Zigaretten ausstatteten. Außerdem hatte ich auch wie immer meinen Walkman und mehrere Blues-Kassetten dabei, für den Fall, dass keiner der beiden Lust zum Plaudern hatte. Benjamino verging die Lust zu sprechen nämlich schlagartig, sobald ich auch nur den Versuch machte, das Thema Gina anzuschneiden. Von meinem Mädchen wollte er nicht einmal den Namen hören.

Unser Beobachtungsposten lag im Viale Merello, einer von Bäumen gesäumten Straße, die sich sanft in den oberen Teil der Stadt hinaufschlängelt. Die glücklichen Besitzer der oberen Etagen in diesen vornehmen und diskreten Wohnhäusern genießen einen einzigartigen Blick über die Bucht von Cagliari. Vor einem dieser Häuser parkte Brundu den Lieferwagen jeden Abend gegen 21 Uhr. Er stieg aus und ging zu Fuß weiter bis zu seinem Motorrad, das er in der Nähe abgestellt hatte. Benjamino und ich blieben allein im Laderaum zurück und hatten die Aufgabe, den Eingang des Spiellokals zu überwachen. Ließ der Exagent sich blicken, sollten wir Brundu über Funk Bescheid geben, sodass wir ihn dann sowohl mit dem Lieferwagen als auch mit dem Motorrad verfolgen konnten.

Der alte Rossini ging noch einmal zum Angriff über. «Um diese Zeit kommen langsam die Leute, die wirklich hoch pokern... Dicke Limousinen, schmuckbehängte Frauen... Man hört das Knistern der Hunderttausender-Noten förmlich bis hierher...»

Als Antwort setzte ich die Kopfhörer auf und hörte mir Peggy Scott und Jo Jo Benson an, die *I want to love you baby* sangen.

Mit einer raschen und scherzhaften Handbewegung nahm er sie mir ab.

«Hör mal, Marco», flüsterte er in einem Ton, der überzeugend klingen wollte. «Die Idee zu dieser kleinen Arbeit ist mir beim Gedanken an Marlon gekommen. Ich hab den Jungen richtig lieb gewonnen, und mir vorzustellen, dass er, wenn der Fall gelöst ist und wir nach Hause fahren, allein zurückbleibt und sich wieder mit kleinen Gelegenheitsdiebstählen durchschlagen muss... Erinnerst du dich, als wir den Belgier abkassiert haben, wie Marlon da beeindruckt war von diesen 30 Millionen? Da hat er doch gesagt, er hätte schon ein Weilchen nicht mehr so viel Geld auf einmal gesehen ...»

Ich machte Anstalten, mir die Kopfhörer wieder aufzusetzen, aber er hielt mich am Arm fest.

«Komm, Marco, sei kein Idiot ... Er kommt auch langsam in die Jahre, und du weißt, wie wenig ich es leiden kann, wenn gute Kerls, tapfere Kerls, die wissen, wie man sich benimmt, es so schwer haben, sich beruflich zu verwirklichen ... Während diese Mistkerle von Drogenhändlern schlagartig Millionäre werden ... Je niederträchtiger sie sind, desto besser verdienen sie ...»

«Versteh ich dich richtig, du willst einen Raubüberfall organisieren, um Marlons ‹Karriere› zu sichern?», fragte ich ungläubig.

«Sicher», antwortete er. «Er ist ein Freund.»

Ich wandte mich ab, damit er mein Lächeln nicht sah.

«Je älter du wirst, desto kitschiger und romantischer wirst du», sagte ich und tat ganz angewidert. «Du machst einen Überfall, auch wenn du das Geld überhaupt nicht brauchst, und womöglich bist du auch noch imstande, dem Sarden irgendeinen Quatsch zu erzählen, bloß damit du ihm die ganze Beute zustecken kannst ... Ich bin nicht einverstanden, aber wenn du mir versprichst, dass du die Lösung des Falles und meine Abreise von der Insel abwartest, dann kann ich dich bestimmt nicht daran hindern ...» Befriedigt klopfte er mir auf die Schulter und wandte sich wieder seinem Plan zu.

«Wie viel Geld, meinst du, ist da drin?», fragte ich neugierig.

«Schwer zu sagen», antwortete er und zwirbelte seinen Schnurrbart. «Aber ich glaube, dass wir gegen drei Uhr morgens alles in allem – an Bargeld, Uhren und Schmuck – so an die 100 Millionen Lire abräumen könnten.»

«Und du meinst, wenn die uns kommen sehen, lassen sie

uns so anstandslos abkassieren? ... Die werden doch ein Sicherheitssystem haben.»

«Cagliari ist nicht Mailand, und die sind hier an derartige Raubüberfälle nicht gewöhnt», erklärte er altklug. «Mittlerweile habe ich das gesamte Personal überprüft, einschließlich der beiden Wachposten: zwei Hohlköpfe ohne jede Persönlichkeit ...»

Alberto Dedonato tauchte einen Tag später auf. Er kam im Wagen, einem schneeweißen Passat, und parkte ihn nur wenige Meter von unserem Beobachtungsposten.

«Hoffentlich bleibt er nicht die ganze Nacht drin», brummte ich.

«Das wäre aber besser. Je später er rauskommt, desto müder ist er ... dann passt er weniger auf und sieht sich nicht so genau um ...»

Er war der Letzte, der das Spiellokal verließ, um sechs Uhr früh. Vom Viale Merello fuhr er in Richtung Stadtmitte, ruhig und gelassen, also fiel es uns leicht, ihm zu folgen. Auf der Höhe der Via Telesio jedoch, einem Reihenhausviertel, beschleunigte er mit einem Mal, und im Nu hatten wir seine Spur in einem Labyrinth von völlig gleichen Straßen verloren.

Miserabel gelaunt kamen wir in unseren Unterschlupf zurück. Ich war sicher, dass er uns bemerkt hatte, während Rossini und Brundu meinten, er hätte aus Gewohnheit so gehandelt, er hatte ein Abschüttelungsmanöver eingelegt, eine völlig normale Sicherheitsmaßnahme bei einem Flüchtigen.

«Das ist auch wieder wahr», musste ich einräumen. «In meinem Kopf ist er nach wie vor ein Bulle und kein gesetzlich gesuchter Verbrecher.»

Benjamino breitete den Stadtplan von Cagliari auf dem Tisch aus und begann das Gebiet, wo der Mann verschwunden war, aufmerksam zu studieren, wobei er mit einem Stift hier und da ein paar Straßenzüge einkreiste.

«Dedonato wohnt nicht weit von der Stelle, wo er uns abgehängt hat», bemerkte er. «Rings um die Via Telesio liegen kleine Wohnviertel, und in einem von ihnen hält sich unser Mann versteckt... Wenn er den Wagen nicht in einer Garage abgestellt hat, können wir versuchen, ihn zu finden ... er ist ja schön weiß, da sieht man ihn gut... und das müssen wir natürlich jetzt tun», setzte er grinsend hinzu, «während er schläft.»

Wir trennten uns, um bei der Suchaktion Zeit zu sparen. Ich nahm den Panda, Rossini den Lieferwagen und der Sarde seine unzertrennliche Ducati. Nach etwa zwanzig Minuten bestätigte eine Funkmeldung von Marlon, dass der alte Gangster richtig getippt hatte: Der Passat stand auf dem Parkplatz in der Via Pitagora, genau im Mittelpunkt eines Viertels mit Straßen, die in konzentrischen Ringen verliefen. Wir stiegen alle drei in den Lieferwagen und nahmen die Überwachung auf, abwechselnd immer einer von uns, während die anderen beiden etwas Schlaf nachzuholen versuchten.

Um 16 Uhr 30, als der Exagent sich endlich entschloss, wieder in seinen Wagen zu steigen, waren wir schon seit einem Weilchen wach und hungrig. Außerdem hatten wir Angst, womöglich noch viel länger warten zu müssen. Die Überzeugung, von einem sicheren Ort aus zu fahren, ließ ihn alle Sicherheitsmaßnahmen vergessen, und diesmal hatten wir keine Schwierigkeiten, ihm zu einer Bar in der Via Sassari zu folgen. Dort traf er den Typen mit den weißen Haaren. Wir beschlossen, unsere Aufmerksamkeit ganz auf den Letzteren zu konzentrieren. Zwei Stunden später verabschiedeten sich die beiden am Ausgang des Lokals und entfernten sich in entgegengesetzte Richtungen.

Weißhaar ging zu Fuß. Er schlenderte gemächlich dahin, die Hände auf dem Rücken verschränkt, und trat in ein nahe gelegenes Hotel. Ich näherte mich dem Eingang, und als ich ihn mit dem Zimmerschlüssel spielend in den Aufzug gehen sah, steuerte ich auf die Rezeptionsdame zu. Sie war ungefähr fünfundzwanzig, hatte dunkle Haare, eine Brille mit sehr leichtem Metallgestell, schmale Lippen, frisch lackierte Nägel und ein ansehnliches Dekolleté.

«Es ist nichts frei», begrüßte sie mich umstandslos.

«Ich muss unbedingt wissen, wie der Typ mit den weißen Haaren heißt», sagte ich und deutete auf den Aufzug. «Was muss ich tun, um diese Information zu bekommen? Ihnen einen Fünfzigtausender rüberschieben, Sie küssen, Sie zum Abendessen einladen, Ihnen eins überziehen ...?»

Sie blieb völlig ungerührt. «Ich würde sagen, zwei Fünfzigtausender könnten reichen.»

Ich gab ihr den ersten, den anderen hielt ich zwischen Zeige- und Mittelfinger der linken Hand gut sichtbar in die Höhe. «Für alle beide reicht der Name allein nicht», feilschte ich.

Das Mädchen zeigte sich einsichtig. Sie schlug das Gästebuch auf und drehte es auf der Theke um, sodass ich es lesen konnte, und wies mit einem Stift auf eine Zeile. Abel Gance, Nationalität französisch, geboren in Lyon am 25. September 1942, wohnhaft in Ajaccio, Korsika. Beruf: Handelsvertreter.

«Das Zimmer ist für weitere zwei Tage reserviert», verriet sie mir. «Er ist gestern mit einem Renault Espace mit korsischem Kennzeichen aus Ajaccio angekommen, der steht in der Tiefgarage – falls Sie einen Blick darauf werfen wollen, man kommt über die Treppe hier links hinunter», schloss sie und hielt mir die offene Hand hin, in die ich den Rest der vereinbarten Summe legte.

Der Wagen war grün und sah sehr gepflegt aus. Und er war offen, die Schlüssel steckten im Zündschloss, damit der Parkwächter damit rangieren konnte, falls andere Autos vorbei mussten. Im Seitenfach auf der Fahrerseite fand ich ein

Rückfahrticket Bonifacio–Santa Teresa di Gallura. Nach dem, was da geschrieben stand, würde der Franzose sich in zwei Tagen um 14 Uhr 30 einschiffen. Ich notierte mir das Nummernschild und kehrte zufrieden zu meinen Freunden zurück: Die Spur Dedonato begann sich als fruchtbar zu erweisen.

«Ich versteh nicht, was das für eine Bande ist», murmelte Rossini nachdenklich, nachdem ich ihm alles erzählt hatte, was ich über Abel Gance wusste. «Was haben denn ein ehemaliger Geheimagent, ein verschwundener Anwalt, zwei Kronzeugen und dieser Franzose, der ebenfalls nach Bulle stinkt, was haben denn die miteinander zu tun …?»

«Keine Ahnung», antwortete ich. «Aber jetzt wissen wir, dass sie einen Stützpunkt in Korsika haben, und dass es sich lohnt, an Gance dranzubleiben. Wer weiß, vielleicht führt er uns zu Siddi.»

«Kommt dir Korsika nicht ein bisschen zu nah vor für einen, der sich für tot ausgeben will?», fragte Brundu skeptisch.

«Ja und nein. Die beiden Inseln sind nur durch eine Meerenge voneinander getrennt, aber sie gehören zu zwei verschiedenen Staaten und stehen daher auch unter unterschiedlicher Polizeihoheit. Meiner Ansicht nach ist Korsika genau der richtige Ort, um sich zu verstecken. Wir selbst haben es ja auch so gemacht», ich deutete auf Rossini und mich. «Und dann, jede Wette, dass Siddi und die Vadilonga sich genau dort getroffen haben. Dedonato holte sie ab und nahm sie mit über die Grenze. Mit der Fähre. Vielleicht ist es nicht der ständige Aufenthaltsort des Anwalts, aber ich bin sicher, dass wir dort auf seine Spur stoßen.»

«Wir brauchen einen Plan, Marco», bemerkte der alte Rossini lakonisch.

«Ich habe mir einen ausgedacht. Einfach, aber effektiv:

Marlon bleibt hier in Cagliari und behält Dedonato weiter im Auge, während wir beide noch heute nach Bonifacio fahren, damit du Zeit hast, deine korsischen Kontakte aufzufrischen, die wir womöglich brauchen werden; sobald Monsieur Gance wieder in Korsika ist.»

«Nicht schlecht, Sherlock», war sein Kommentar.

Wir fuhren in die Wohnung in der Via Galassi und packten unsere Sachen für die Reise. Beim Öffnen einer Nachttischschublade fiel mein Blick auf die Fotokopien des Buches über den französischen Film, das die Bande benutzte, um mit der Witwe Vadilonga in Kontakt zu bleiben.

«Ich möchte wetten, dass ich da auch Freund Abel drin finde», dachte ich und nahm den Band zur Hand.

Ich hatte mich nicht getäuscht. Das Namenregister gab Abel Gance als Regisseur, Drehbuchautor und Schauspieler an und verwies mich für weitere Auskünfte auf die Seite 147. Der Platz, der im Buch dieser Persönlichkeit gewidmet wurde, machte mir sofort klar, dass wir mit ihm den größten Fisch an der Angel hatten. Er war Regisseur, Drehbuchautor und Schauspieler: lauter Führungsrollen eben. In seiner Eigenschaft als Regisseur hatte er 1926 den ersten französischen Kolossalfilm gedreht *Napoléon.* In zwei Jahren wurden 450 000 Meter Film verdreht, um das Leben des korsischen Kaisers von der Jugend bis 1796, dem Jahr des Italienfeldzugs, zu erzählen. Im Film spielte Gance auch eine Rolle, die des Saint-Just. Die Rolle Napoléons verkörperte Albert Dieudonné.

«Da ist ja unser Exagent vom SISDE: Alberto Dedonato in Italien, Dieudonné im Ausland. Wenn Gance der Chef ist, dann muss er sein Vize sein: der General», dachte ich. In dem Moment wurde mir klar, dass die gesamte Bande in dem Film zu finden sein musste. Das bestätigte sich sofort, als ich auf Annabella stieß, das Pseudonym der Fiorenza Vadilonga, sie spielte Violine, eine proletarische Gastwirtstochter.

Ich musste lachen. «Jungs, ihr seid geliefert», rief ich laut aus und las weiter die Namen der anderen Schauspieler. Antonin Artaud (Marat), Edmond Van Daële (Robespierre) und die unvergessliche Gina Manès in der Rolle der Joséphine Beauharnais…

Mir stockte das Blut, aber ich suchte weiter, um ihre Stellung innerhalb der Bande auszumachen: Joséphine war Napoléons Frau, und Marschall Fazio hatte uns gesagt, dass Napoléon/Dedonato mit einer spanisch-deutschen jungen Frau liiert war, die auf dem NATO-Stützpunkt von Decimomannu für den deutschen Geheimdienst arbeitete. Außerdem erinnerte ich mich, dass meine Klienten von ihr als von einer der Personen gesprochen hatten, die in die allerersten Ermittlungen über das Verschwinden Giampaolo Siddis verwickelt waren, als man noch der Spur der Beziehungen zum Militär nachging.

Jetzt war mir auch ihre Rolle klar – ich lief ins Bad und musste kotzen. Als ich wieder rauskam, wartete Benjamino auf mich. Er hielt mir eine Flasche Calvados hin.

«Was ist passiert?», fragte er ruhig.

«Ich hab mit dem Killer gevögelt», flüsterte ich tief beschämt.

«Mit wem hast du gevögelt?», rief er fassungslos.

Ich antwortete nicht und hielt ihm den Text hin, den ich noch bei mir hatte. Auch er brauchte nicht lang, um zu begreifen. «Marlon!», rief er. «Zieh dich an und mach die Schießeisen fertig…» Dann, zu mir gewandt: «Wo wohnt sie?»

Augenblicklich war mir klar, was er vorhatte. Ich hätte gerne etwas Zeit gehabt, um meine Gedanken zu sortieren, aber in dem Augenblick war das wirklich unangebracht.

«Via Bacone 5, im Erdgeschoss. Es gibt auch nach hinten raus Fenster. Vom Eingang her kommend besteht die Wohnung aus Wohnzimmer, Küche, zwei Zimmer und Bad», murmelte ich und lieferte damit die für einen Einbruch nützlichen Informationen.

«Wenn ich sie finde, leg ich sie um», teilte Rossini mir lakonisch mit.

«Ich weiß. Soll ich auch mitkommen?», fragte ich zögernd. «Mir würde sie aufmachen, ohne Verdacht zu schöpfen.»

«Der Einzige in dieser Geschichte, der nie Verdacht schöpft, das bist du, Marco. Nicht mal, wenn du solltest, zum Beispiel mitten in einem Fall ...», knurrte er verärgert. «Da kommt so eine Tussi daher und macht dich in einer Bar an, und du fragst dich nicht mal, ob die nicht vielleicht Hintergedanken hat ... Du hast dich reinlegen lassen wie der letzte blutige Anfänger ... ‹Meine Gina›», äffte er mich nach, «‹weiß alles über das Liebesspiel bei Alligatoren› ... ‹Ich bin verliebt› ... Und unterdessen hat die rings um uns reinen Tisch gemacht ... Sobald eine dir schöne Augen macht, begreifst du überhaupt nichts mehr, und das wissen mittlerweile alle ... Sie eingeschlossen. Schließlich ist sie nicht zu mir oder zu Marlon gekommen, die ist direkt auf dich los und war sich absolut sicher, dass du anbeißen würdest.» Er unterbrach seine Tirade nur eben mal zum Luftholen. «Die Möse ist der älteste Trick der Welt, und du fällst da immer noch drauf rein ... das setzt der Blödheit wirklich die Krone auf ... Marlon, wo zum Teufel steckst du?»

«Wollt ihr so freundlich sein und mir erklären, was hier vorgeht?», Brundu, fix und fertig angezogen, die beiden *cake decorator* Kaliber 9 in der Hand, sah uns verblüfft an.

«Sherlock hier», brüllte Rossini und wies mit dem Daumen auf mich, «ist mit dem Killer ins Bett gegangen ... Und hat sich auch noch verliebt!»

«Ja, ist der Alligator denn auch schwul wie der Belgier?», fragte Marlon noch erstaunter.

«Nein», antwortete der alte Rossini schnaubend. «Der Killer ist seine Gina ... Diese Nutte mit der Sonnenbrille und dem Pik auf dem Arm, sie ist eine gottverdammte Geheimagentin und die Frau von Dedonato.» Dann zu mir gewandt: «Das Pik ist ein gottverdammtes Zeichen für Tod und Unglück ... Und du fängst ausgerechnet mit einer was an, die das in die Haut geprägt hat ...»

«Seid ihr euch sicher?», fragte der Sarde ungläubig.

«Leider ja», antwortete ich, und fand wieder die Kraft zum Reden. «Wir hatten ja schon vermutet, dass der Mord an Leon Benoit die Tat einer Frau war, die sich auf seinen Schoß gesetzt hatte und ihm, während sie ihn küsste, ein Pflanzholz ins Auge rammte ... Schon die Waffe, ein Gartenwerkzeug, ließ darauf schließen, dass es sich bei dem Killer um eine Frau, eine Berufskillerin gehandelt haben musste ...» Ich gönnte mir eine Pause, um mir soviel Schnaps wie möglich aus der Flasche direkt in die Kehle zu gießen. «Aber als wir den Mord an Fiorenza Vadilonga beobachtet haben, sind wir von unserer Spur abgekommen ... Wir haben geglaubt, ein Mann hätte den Mord begangen, denn alles sprach dafür: In einem solchen Trainingsanzug, mit den Haaren unter der Baseballmütze, kann eine Frau sehr gut wie ein Mann aussehen. Wenn ich jetzt wieder an die Szene zurückdenke, wird mir klar, dass diese Gestalt, obschon von hinten gesehen, Gina war ... Und wenn es stimmt, dass sie dem deutschen Geheimdienst bei der NATO angehörte oder immer noch angehört, dann braucht man sich auch nicht zu wundern, dass sie was von Verkleidungen versteht. Die bilden ihre Killer nämlich richtig gründlich aus ...»

«Und warum hat sie dich nicht auch umgebracht?»

«Weil ich ihr bisher lebendig nützlicher war als tot», erklärte ich weiter. «Gina hat mich im *Libarium* angemacht, um herauszufinden, wie sie die Wanzen platzieren und so Tag für Tag den Fortgang unserer Ermittlungen kontrollieren konnte, um unsere nächsten Schritte vorherzusehen.

Während ich schlief, hat sie die Wohnungsschlüssel von Pitz'e Serra aus meiner Hosentasche genommen und einen Abdruck davon gemacht, und als ich dann ihre Wohnung verließ, wurde ich von Dedonato oder Gance oder von beiden verfolgt, und ich habe sie zuerst zu unserem Unterschlupf... und dann ins *Ribot* geführt...»

«So ein Aas», kommentierte Marlon. Dann, indem er Rossini das Maschinengewehr hinhielt, «es wär nicht schlecht hinzugehen und sie ordentlich mit Blei voll zu pumpen.»

Er ging vor dem Mailänder her zur Tür, doch als er schon den Türgriff in der Hand hatte, hielt er plötzlich inne. «Aber wenn der Killer eine Frau ist», fing er todernst an, wie ich ihn noch nie gehört hatte, «wenn sie die Witwe umgebracht hat – das heißt eine Frau ermordet eine andere Frau –, können wir dann mit Sicherheit sagen, sie hat gegen die Regel ‹weder Frauen noch Kinder› verstoßen?»

«Sicher», antwortete der alte Gangster bestimmt. «Weil dieser Mord keine Affekthandlung war... Was weiß ich... eine Frage von Seitensprüngen oder ein Streit... sondern vorsätzlicher Mord, und obendrein eine Auftragsarbeit... kurz, eine professionelle Dienstleistung sozusagen.»

«Ihr kommt mir vor wie zwei Hirngeschädigte», rief ich genervt. «Ewig macht ihr mit eurem blöden Regelkram herum.»

«Entschuldige, Alligator», meinte der Sarde gelassen und legte die Waffen auf einen Stuhl. «Du verstehst das vielleicht nicht, aber das sind heikle Fragen... Ich möchte nichts tun, was auch nur im Entferntesten Anlass zur Kritik geben könnte... Wir haben Probleme mit dieser Bande», fuhr er fort, «und solange wir Männer umbringen, kann keiner im Milieu daran was auszusetzen haben, aber mit Frauen ist das was anderes: Der Grund muss gerecht sein, zwingend und nachvollziehbar.»

«Ich verstehe dich, Marlon», griff Benjamino ein. «In diesem Fall ist das aber völlig in Ordnung … Ehrenwort.»

«Sicher, sicher … Gar nicht nötig, dass du zu schwören anfängst, Benjamino», erwiderte der Sarde. «Ich wollte nur sichergehen … Ich versteh von dieser ganzen Geschichte wenig … Ich bin aus Sant' Elia, noch nie was am Hut gehabt mit Geheimagenten, Anwälten, Ermittlungen und ähnlichem Schwachsinn.»

Als sie gegangen waren, fühlte ich mich erleichtert. Ich konnte sie einfach nicht mehr mit anhören. Ich streckte mich auf dem Bett aus, die Flasche in Reichweite, und setzte die Kopfhörer des Walkmans auf. Noch wollte ich nicht nachdenken. Ich war noch zu erschüttert von der jüngsten Entdeckung, und ich wusste: Sobald mir völlig bewusst würde, was für einen Schaden die Täuschung, der Verrat und meine eigene Blödheit angerichtet hatten, würden Schmerz und Bitterkeit mich überwältigen und ein Wrack aus mir machen. Ich hoffte, dass Screamin' Jay Hawkins mit seinem Blues *I put a spell on you,* den er mir in die Ohren brüllte, diesen traurigen Moment hinausschieben würde. Nach etwa zwei Stunden hörte ich, wie die Tür aufging. Benjamino trat ans Bett. «Die Wohnung war völlig leer, außer denen hier», sagte er und warf mir die Inline-Skater hin, die Gina an den Füßen gehabt hatte, als sie die Witwe ermordete. «Die sind für dich», fuhr er fort. «Sie lässt sie dir zum Andenken und schickt dir ihre Grüße, ‹schöner Alligator›. Das hat sie mit Lippenstift auf den Badezimmerspiegel geschrieben, wie in einem Kitschfilm.»

Er setzte sich an den Bettrand und fing an, an seinen Armbändern herumzuspielen. Das bedeutete, dass er etwas Wichtiges zu sagen hatte. Was immer es auch war, ich war schon besoffen genug und daher in der Verfassung, es zu ertragen. «Ich verstehe, wie du dich fühlst, Marco: Du hast einen üblen Tritt in die Eier gekriegt, und das wird dir für den Rest des Lebens wehtun …», sagte er solidarisch. «Es ist nicht deine Schuld, wenn du kein Gespür für Frauen hast... Aber sich wie ein kleiner Junge in unseren schlimmsten Feind zu verlieben, das ist wirklich arg... Und womöglich ist das der schwerste Brocken... Aber zuerst müssen wir unseren Fall abschließen, vor allem aber diese Bande von Laiendarstellern zerschlagen, bevor sie uns zuvorkommen. Wir müssen übermorgen Nachmittag in Bonifacio sein. Bis dahin tu, was du willst: Heul, schrei, brüll rum, besauf dich, hör Musik, tanz Foxtrott, aber zu dem Zeitpunkt will ich dich absolut klar und einsatzbereit. Einverstanden?»

«Einverstanden.»

Der alte Rossini verlangte ein feierliches Versprechen gemäß den Riten der Unterwelt, also mit Händedruck, Umarmung und Kuss auf beide Wangen.

Abends beschloss ich, meinen Rausch im *Libarium* zu vollenden. Ich wusste, dass mein Partner nicht damit einverstanden war, aber er hielt Wort und verkniff sich jeden Kommentar, aus Respekt vor dem ein paar Stunden zuvor ausgesprochenen «mach, was du willst». Er und Brundu brachten mich im Lieferwagen hin und parkten ihn vor dem Lokal. Sie wollten im Laderaum versteckt bleiben, um über mich zu wachen.

Mit einer Flasche ausgerüstet, die ich direkt an der Bartheke gekauft hatte, setzte ich mich an denselben Tisch, an dem ich das letzte Mal mit Gina gesessen hatte. Im Grund hoffte ich wider alle Vernunft, dass sie ins Lokal kommen und sich mir gegenübersetzen würde. Mehr als alles andere wollte ich verstehen: Noch gelang es mir nicht, die Persönlichkeit des psychopathischen Killers mit der einer fröhlichen und vitalen Frau in Einklang zu bringen, die Flamenco tanzte und so leidenschaftlich mit mir schlief, dass es wie Liebe aussah.

Wer weiß... Vielleicht hatte sie eine schwierige Kindheit gehabt, oder vielleicht war es dieses schizophrene Leben voller Spionage, Verschwörung und Betrug... das ein Ungeheuer aus ihr gemacht hatte ... Vielleicht ... Da wurde ich in meinen Grübeleien unterbrochen – ein Typ pflanzte sich vor mir auf, er hielt ein Glas in der Hand und unter dem Arm einen Eiskübel, aus dem ein Flaschenhals herausragte.

«Champagner?», fragte ich.

«Nein», antwortete er. «Grappa. Aus einer einzigen Traubensorte: Chardonnay, um genau zu sein.»

«Und den trinken Sie eisgekühlt?»

«Ich folge dieser Lehrmeinung. Ich habe mir erlaubt, an Ihren Tisch zu kommen, weil ich bemerkt habe, dass Sie ein echter Trinker von Hochprozentigem sind und ...»

«Und?», forderte ich ihn auf weiterzureden.

«Und – unter echten Trinkern versteht man sich. Ich muss unbedingt mit jemand reden», gestand er.

Ich betrachtete ihn. Er war in den Dreißigern, groß und übergewichtig und mit einem dicken Gesicht mit zwei auffallend blauen Augen und einem ungepflegten Bart.

«Was meinen Sie genau mit ‹unbedingt reden müssen›?», fragte ich misstrauisch. «Sind Sie einer von denen, die reden und reden und nicht zuhören, oder einer von denen, die einem alle fünf Minuten auf den Geist gehen, weil sie Meinungen oder Bestätigungen hören wollen?»

«Entschieden vom ersten Typ», versicherte er mir und rückte den Stuhl zurecht, um sich hinzusetzen.

«Halt», hielt ich ihn zurück. «Eine letzte Frage noch: Das Thema betrifft doch nicht etwa schwere Krankheiten, juristische oder finanzielle Nöte, von Drogen zugrunde gerichtete Kinder... oder andere Unerquicklichkeiten der Art?»

«Meine Verlobte und ich haben uns getrennt», erklärte er.

«Sie sind willkommen», rief ich erleichtert und lud ihn ein, sich zu setzen.

Er holte weit aus. Er fing genau bei dem Junitag an, an dem sie sich verlobt hatten. Er war trotzdem nicht langweilig, eher das, was man einen armen Teufel nennt. Nach drei Jahren Verlobung und ebenso langem Zusammenleben hatte sie ihm mitgeteilt, sie sei von ihm und von ihrer Beziehung enttäuscht. Sie hatte ihn gebeten, ein Weilchen wegzufahren, gerade so lang, um mit ihren Gefühlen ins Reine zu kommen. Er hatte eingewilligt und war zu seiner Mama gefahren. Bloß, dass sie noch am selben Tag angefangen hatte herumzutoben und ihn zu beschuldigen, sie verlassen zu haben, und tödlich beleidigt hatte sie jeden Kontakt abgebrochen.

«Das hat sie raffiniert gemacht», schloss er mühsam. «Das muss ich schon sagen. All unsere Freunde verhätscheln und bedauern sie und verschreien mich als das grausamste aller Arschlöcher.» Mehr konnte er nicht sagen. Mit einem dumpfen Knall fiel sein Kopf auf den Tisch und zog einen Augenblick lang die Aufmerksamkeit der Gäste auf sich. Aus Mund und Nase lief ihm ein Rinnsal Grappa. Ich überprüfte die Flasche im Eimer: Sie war leer. Dann torkelte ich zur Theke, um dem Wirt Bescheid zu sagen, dass der Grappa-Trinker das Äthylkoma erreicht hatte, und mit einiger Mühe gelangte ich zum Ausgang.

Als ich mich dem Lieferwagen näherte, ging die Seitentür auf, und die Hand meines Partners streckte sich nach mir aus, um mir hineinzuhelfen.

«Ich bin bereit», verkündete ich, bevor ich sie ergriff.

Wir beobachteten das Anlegen des Fährschiffs im Hafen von Bonifacio von einem der acht Türme aus, die die Genuesen seinerzeit zur Befestigung der Stadt errichtet haben. Mit dem Fernrohr hatten wir das Schiff lange abgesucht, um unseren Mann ausfindig zu machen. Wir entdeckten ihn schließlich neben der Lotsenkabine, wie üblich im Trenchcoat, die Zigarette im Mund. Er war anscheinend völlig aufs Rauchen konzentriert und unbeeindruckt von dem Wind, der übers Vorderdeck fegte. Wir hatten nur vier Stunden Vorsprung ihm gegenüber. Die für die Jahreszeit typischen Winterstürme hatten unsere Abreise aus Santa Teresa di Gallura verzögert, was Benjamino wiederum daran gehindert hatte, seine Kontakte auf Korsika zu aktivieren. Vertan war also auch die Gelegenheit, uns entsprechend auszurüsten und die Logistik nach unseren Bedürfnissen aufzubauen. Mein Partner fühlte sich nicht wohl, wie entwaffnet.

«Wenn er eine der Straßen im Landesinnern nimmt, wo nur alle Jubeljahre einmal ein Fahrzeug vorbeikommt, und er merkt, dass wir ihn verfolgen ...»

«... könnte er auf die schlechte Idee kommen, hinter einer Kurve stehen zu bleiben und uns eine Falle zu stellen», unterbrach ich ihn und führte damit den Satz an seiner Stelle zu Ende. «Das erzählst du mir nun schon zum zehnten Mal», fuhr ich sauer fort. «Dagegen können wir nichts machen, und außerdem wird uns schon dein untrüglicher Instinkt retten.»

Der Renault von Gance rollte als einer der ersten von der Fähre, passierte problemlos den Zoll, verließ den Hafen und schlug die Nationalstraße 198 in Richtung Porto Vecchio ein. Der Verkehr war flüssig, obwohl es angefangen hatte zu regnen. Der Mann am Steuer eines Zweitausend-Kubik-Motors fuhr nur mäßig schnell, unser Panda hatte jedoch spürbar Schwierigkeiten mitzuhalten. Ein paar Kilometer hinter Porto Vecchio blinkte Gance nach links und bog in eine sehr schmale Straße in miserablem Zustand ein. Die Straßenschilder kündigten den Wald von Ospédale, den Wasserfall Piscia di Gallo und die Ortschaft Zonza an. Nach seiner Fahrweise zu urteilen, war das für Gance eine vertraute Strecke. Wir kannten von Korsika nur die Gegend um Bastia am anderen Ende der Insel: In diesem von majestätischen Wäldern bedeckten Teil voller Steineichen und Eichen waren wir noch nie gewesen. Es war also nicht verwunderlich, dass uns der Espace nach etwa hundert Metern schon abgehängt hatte.

Ab einem bestimmten Punkt wies uns ein von mehreren

Kugeln durchlöchertes Ortsschild darauf hin, dass wir in der Nähe der Talsperre von Ospédale waren.

«Was ist denn das für ein Ort?», fragte mein Freund und bat mich, auf der Landkarte nachzusehen.

«Ein Stausee.»

Die von den Regentropfen aufgeraute Wasserfläche tauchte unvermittelt hinter einer Kurve vor uns auf. Fast gleichzeitig bremste Rossini und brachte den Wagen hinter einem Felsen zum Stehen.

«Ich habe den Espace zwischen den Bäumen gesehen», informierte er mich, während er ausstieg.

Er stand auf einem kleinen Platz ungefähr hundert Meter weiter unten, wo die Straße neben dem Staudamm über den See führte. Bequem an die Brüstung gelehnt und unter einem großen Regenschirm unterhielt sich Gance über ein starkes Sprechfunkgerät mit jemandem.

«Zum Glück habe ich den Wagen bemerkt, sonst wären wir gezwungen gewesen, in weniger als einem Meter Abstand an ihm vorbeizufahren, und er hätte uns garantiert erkannt», räsonierte Benjamino.

«Siehst du? ... Ich hab's dir doch gesagt, dass dein unfehlbarer Instinkt uns retten würde», beglückwünschte ich ihn. «Ich würde gern wissen, mit wem er redet», fuhr ich fort.

«Wer immer es auch ist, er ist nicht weit weg», erklärte er prophetisch.

Der «Regisseur» fuhr weiter. Mittlerweile hatte es angefangen, dunkel zu werden: Die Rücklichter des Autos vor uns blinkten ab und zu aus dem Dickicht. In Zonza fürchteten wir, ihn verloren zu haben. Eine Weggabelung mit drei Straßen setzte unserer Verfolgung ein Ende.

«Wir haben eine Chance auf drei, die richtige Straße zu erwischen.»

«Zu wenig für meinen Geschmack», murrte Benjamino und betrachtete die Karte der Umgebung. «Und außerdem, alle drei Straßen kreuzen sich nach den nächsten paar Kilometern mit anderen. Er kann überall hinfahren.»

«Was schlägst du also vor?»

«Bevor wir auf gut Glück weiterfahren, sollten wir den Ort gründlich absuchen und nachsehen, ob unser Mann nicht vielleicht hier Halt gemacht hat.»

Zonza ist ein bekannter Ferienort im Sommer, der sich in achthundert Meter Höhe an einen Abhang schmiegt. Es hatte aufgehört zu regnen, aber es war fast niemand unterwegs, vielleicht wegen des kalten Winds, der auf unserer Seite über den Hang fegte. Wir durchkämmten zunächst die Straßen im oberen Teil und stiegen dann immer weiter ins Tal hinunter. Mein Partner hatte wieder mal richtig getippt: Wir sahen den Espace im Garten eines kleinen Hauses stehen. Der Hof war verwahrlost, voll von vertrocknetem Unkraut, und das Haus schien schon länger unbewohnt. Die Haustür stand weit offen, und im trüben Licht konnte man nur eine nackte weiße Wand erkennen. Wenig später kam Gance heraus, gebeugt unter dem Gewicht von zwei hohen, schmalen Gasflaschen, einigen Schläuchen und einem Lötkolben; das alles verstaute er in dem geräumigen Kofferraum. Mein Partner und ich sahen uns verwundert an und fragten uns, wozu er ein Schweißgerät brauchte.

Der Franzose fuhr in Richtung Levie, wo er anhielt, um zu tanken und Lebensmittel einzukaufen, dann bog er in eine unasphaltierte Straße ein, die auf der Karte nicht einmal eingezeichnet war. An diesem Punkt waren wir, da kaum Verkehr war, gezwungen, ihm einen angemessenen Vorsprung zu lassen, um nicht sein Misstrauen zu erregen. Zum Glück war das Scheinwerferlicht des Renault auch von ferne gut sichtbar.

Wir verließen dann den Feldweg und kamen auf eine Asphaltstraße; nach wenigen Kilometern trafen wir auf die

Abzweigung nach Cartalavonu. Es war ein finsteres und verlassenes Nest, in dem die meisten Häuser wie frisch renoviert wirkten und den Anschein gaben, als würden sie nur im Sommer benutzt.

«Wo der Ort zu Ende ist, hört auch die Straße auf», teilte ich meinem Partner mit, nachdem ich die Karte studiert hatte.

«Dann sollten wir lieber zu Fuß weitergehen... Er kann nicht weit sein.»

Das letzte Haus im Ort lag an einer Stelle, wo mehrere, von Wanderern benutzte Fußwege zusammenkamen – es war das Restaurant *Le Refuge.* Der einzige Gast darin war unser Mann, er saß an einem Tisch beim Kamin und verzehrte mit sichtlichem Appetit eine dampfende Suppe. Wir gingen von der Straße zurück in den Wald, um ihn weiter beobachten zu können, ohne entdeckt zu werden. Zwanzig Minuten später sahen wir auf einem der Wege zwei Personen auftauchen und zum Eingang des Lokals gehen. Der erste war klein, stämmig und mittleren Alters. Der andere größer, schlank und erheblich jünger. Sie trugen Jacken und Hosen aus braunem Cordsamt und auf dem Kopf Mützen aus dem gleichen Stoff und in derselben Farbe. An den Füßen hatten sie schlammverschmierte Gummistiefel. Als sie dicht an unserem Versteck vorbeigingen, hörten wir deutlich, dass sie Sardisch miteinander sprachen.

Sie setzten sich an denselben Tisch wie Gance, und auch ihnen wurde Suppe aufgetragen.

«Ich wette, dass das die beiden Kronzeugen sind, die mit Dedonato verschwunden sind.»

«Eben», bestätigte Rossini. «Nach ihrer Kleidung zu schließen, sind sie nach wie vor Schäfer, auch hier in Korsika.»

«Und da sie zu Fuß gekommen sind, können wir davon ausgehen, dass sie in der unmittelbaren Umgebung wohnen.»

«Sehr scharfsinnig, Sherlock.»

Die Rechnung bezahlte «der Regisseur». Nachdem sie das Lokal verlassen hatten, gingen sie zum Renault. Gance zog ein Paar Stiefel an, und anstelle des Trenchcoats zog er eine Windjacke über, während die anderen das Werkzeug, das Schweißgerät und die in Levie eingekauften Lebensmittel ausluden.

«Verdammte Scheiße!», fluchte der alte Rossini.

«Was ist los?»

«Diese drei Idioten fangen jetzt gleich an, durch den Wald zu stapfen, und wir sind in Stadtkleidung. Wir werden von oben bis unten verdreckt sein ...»

Ich blickte auf seine schwarzweißen Gangsterschuhe und musste mir ein Lachen verkneifen. Dann zog ich die Calvadosflasche aus der Jackentasche und bot sie ihm an.

«Trink einen Schluck, Partner», tröstete ich ihn.

«Du wirst dir dein hübsches Angestellten-Outfit ebenso versauen», gab er gereizt zurück. «Ich hab schon solche Anfänger gesehen wie dich, als ich noch im Schmuggel war – wie Gecken herausgeputzt traten sie an, um über die Grenze zu gehen, und dann machten sie unterwegs schlapp ... Mit den Bergen ist eben nicht zu spaßen, vor allem nicht in Winternächten», schloss er und unterstrich die letzten Worte mit einer Handbewegung.

Die Stille des Waldes verstärkte jedes kleinste Geräusch. Die drei kletterten wie Ziegen vor uns einen unwegsamen Pfad hinauf. Wir hielten uns in ungefähr dreihundert Meter Abstand. Ich kam nur mühsam voran, ganz darauf konzentriert, meine Füße richtig zu setzen. Als ich zum dritten Mal im Schlamm ausrutschte, befahl Benjamino mir aufgebracht, ich solle stehen bleiben und hinter den Bäumen versteckt auf ihn warten. Ich sah das Licht seiner abgeblendeten Taschenlampe immer kleiner werden, bis es gänzlich verschwand. Ich konnte nichts weiter tun, als mir eine Zigarette anzuzünden und einen Stein zu suchen, auf den ich mich setzen konnte.

Dunkelheit, Berge und Stille waren überhaupt nichts für mich. Sie waren mir unheimlich, und die Kälte machte mich nervös. Obendrein zerriss die klare Luft mir bei jedem Atemzug meine Raucherlunge. Nur gut, dass ich außer dem Calvados auch meinen Walkman mitgebracht hatte. Ich bat Lowell Fulson, mir Gesellschaft zu leisten. Er sang für mich *Reconsider Baby*, einen der großen Klassiker des Blues, begleitet von einer schönen Bläserformation: Philip Gilbeaux an der Trompete, Choker Campbell am Tenorsaxophon, Julian Beasley am Baritonsaxophon und Phatz Morris an der Posaune.

Als das Stück zu Ende war, nahm ich die Kopfhörer ab. In diesem Wald herrschte zu tiefer Frieden für eine Musik, die von der harten Realität unserer Existenz handelt, also von Verrat, gebrochenen Herzen, Rache und Momenten der verzehrenden Sehnsucht. Ich fand mich damit ab, lange warten zu müssen. Der alte Rossini kam nach etwa zwei Stunden zurück, schmutzig, durchnässt und miserabler Laune.

«Komm mir bloß nicht mit einem deiner bescheuerten Witze», warnte er mich. Dann, nachdem er mir die Schnapsflasche aus der Hand genommen hatte: «Ich habe sie nicht aus den Augen verloren, sie sind in einem Haus in einem kleinen Tal, zu Fuß etwa vierzig Minuten von hier. Es steht mitten in einer Lichtung, und ich konnte nicht näher ran...»

«Ist noch jemand anderes da?»

«Mit Sicherheit ein Mann. Ich habe ihn gehört, als er die Gruppe aufforderte, sich zu erkennen zu geben.»

«Franzose?»

«Italiener... mit starkem sardischen Akzent...»

Ich spürte, wie mir ein Schauer über den Rücken lief. Vielleicht war Giampaolo Siddi nicht fern.

«Was machen wir?», fragte ich ungeduldig. «Gehen wir und beobachten sie oder gehen wir Hilfe holen?»

Mein Partner strich sich den Schnurrbart glatt. «Vorerst müssen wir weiter an ihnen dranbleiben ... Wir wissen so wenig von ihnen ... Ich habe einen guten Aussichtspunkt gefunden, etwa zweihundert Meter oberhalb des Hauses ...»

Als der alte Rossini endlich Halt machte, um mir die erleuchteten Fenster eines Hauses zu zeigen, streckte ich mich erst mal im nassen Gras aus, um wieder zu Atem zu kommen. So blieb ich ein paar Minuten lang liegen, bis die Tür des Hauses aufging – ein Schrei drang heraus. Ein langer Schrei des Schmerzes und des Entsetzens. Ich sprang auf. Die Tür schloss sich langsam wieder hinter einem Mann, der ungefähr zwanzig Meter weit auf den Wald zuging und dort gegen den Wind pisste. Als er wieder ins Haus ging, zerriss ein zweiter Schrei den Frieden des Waldes.

«Typische ‹Verhör-Schreie› ... und typisch für große Gelegenheiten», bemerkte mein Freund.

«Ja. Sie quetschen jemanden aus ... Ich möchte zu gern wissen, wen ...»

«Wer es auch ist, im Moment können wir nichts tun, um ihm zu helfen, wir sind schließlich unbewaffnet ...»

Im Morgengrauen kamen vier Männer aus dem Haus, stellten sich im Kreis auf und diskutierten lebhaft miteinander.

Ich erkannte Abel Gance und die beiden Kronzeugen. Der vierte wirkte nicht sehr groß, um die fünfzig, mit einem Ansatz von Glatze; bekleidet war er mit einem eleganten englischen Jagdanzug. Ich beobachtete ihn lange durchs Fernrohr, dann holte ich aus der Brieftasche einen alten Zeitungsausschnitt mit einem einigermaßen scharfen Foto.

«Benjamino», sagte ich und hielt ihm das Fernrohr hin, «ich stelle dir Rechtsanwalt Giampaolo Siddi vor.»

«Ja», bestätigte er. «Das ist er.»

Ich rieb mir zufrieden die Hände. «Der erste Punkt der Ermittlungen ist geklärt.»

«Ja. Jetzt kann ich es kaum erwarten, ihn in die Finger zu kriegen, damit er uns den Rest erzählt... Kein einfaches Unterfangen, da, wie ich sehe, außer unserem Anwalt alle bewaffnet sind.»

«Vielleicht ist der Zeitpunkt gekommen, Verstärkung zu holen.»

«Noch nicht. Erst müssen wir herausfinden, was in dem Haus passiert, und ihre Vorgehensweise studieren... Wenn ich meine Freunde um Hilfe bitte, muss ich in der Lage sein, die Situation deutlich zu schildern, damit sie wissen, was sie erwartet.»

Endlich trafen die vier eine Entscheidung: Die zwei Schäfer gingen ins Haus, um gleich wieder herauszukommen; sie schleiften einen nackten Mann hinter sich her, der absolut nicht in der Lage war, sich auf den Beinen zu halten. Der Kopf hing vornüber und lag tief zwischen den Schultern, die Arme baumelten schlaff herab. Die beiden hielten ihn unter den Achseln und gingen auf den Schweinestall neben dem Haus zu; neugierig hoben die Schweine ihre Rüssel vom Boden und spitzten die Ohren. Einen Moment lang sah man die Gruppe von hinten, lange genug, um zu erkennen, dass der Rücken des Gefangenen voller Striemen und rot von Blut war. Noch mehr Blut, vermischt mit Kot, lief ihm den Hintern herunter.

Sie banden ihn am Zaun fest, und während der Jüngere ihm Wasser ins Gesicht spritzte, damit er wieder zu sich kam, bereitete der andere mithilfe von Gance das Schweißgerät vor.

«Diese Hunde», zischte Rossini. «Jetzt rösten sie ihn.»

«Warum machen sie das nicht im Haus», fragte ich voller Grauen bei dem Gedanken, das «Schauspiel» mit ansehen zu müssen.

«Weil der Gestank sich im Haus festsetzen würde...», antwortete er und richtete das Fernglas auf den Gefesselten.

«Wenn sie beschlossen haben, das Schweißgerät zu benutzen, dann heißt das, dass sie ihn noch nicht zum Reden gebracht haben... Und dabei waren sie ganz schön zugange: Das Gesicht ist nicht mehr zu erkennen, an den Händen hat er keine Nägel mehr, die Eier sind schwarz und geschwollen... Seit dem Krieg zwischen der Turatello-Bande und der Camorra in Mailand hab ich nichts dergleichen mehr gesehen...»

«Das waren übrigens auch feine Herrschaften...», bemerkte ich. «Mit der Lötflamme bringen sie ihn um», setzte ich hinzu. «Das steht fest. Man muss nur sehen, wie lange es dauert... Wenn sie geschickt sind, kann es bis zu zwei Stunden dauern.»

Der Unbekannte kam langsam wieder zu Bewusstsein. Abel Gance packte ihn bei den Haaren und redete auf ihn ein; der Gefangene versuchte ihm ins Gesicht zu spucken, war aber zu schwach dazu.

«Das ist einer, der Mumm hat», bemerkte Benjamino voller Hochachtung.

Der ältere der beiden Schäfer führte den Lötkolben. Zuerst ließ er die Flamme am rechten Arm entlanggleiten, dann am linken. Dann kamen die Beine dran. Der Gefolterte wand sich, aber aus seinem Mund drang nur noch ein schwacher, unartikulierter Laut. Giampaolo Siddi sah nicht hin, er kehrte der ganzen Szene den Rücken zu und guckte auf seine Schuhspitzen. Gance wurde immer erregter, beschimpfte den Gefangenen, um ihn zum Reden zu bringen.

«Er spricht Französisch mit ihm, und er beschimpft ihn auf Korsisch», bemerkte ich. «Jetzt wissen wir wenigstens, woher er kommt.»

Da begriff der «Regisseur», dass ihn zu foltern nur vergeudete Zeit war; er nahm ein Messer, durchschnitt die Stricke, die ihn an den Zaun fesselten, packte ihn mit einer einzigen Handbewegung bei den Beinen und stieß ihn in den Schweinekoben. Die Wildschweine beschnüffelten ihn zuerst, dann begannen sie, mit ihren Hauern auf ihn loszugehen. Alles was der Mann noch tun konnte war, sich zur Fötusposition zusammenzukrümmen.

«Gance, du bist wirklich ein Aas», rief mein Partner. «Der arme Kerl ist noch am Leben ... Schau.»

Er hielt mir das Fernglas hin. Ich schüttelte den Kopf. «Jetzt gehen wir Hilfe holen», rief ich. «Diese Killerbande muss unschädlich gemacht werden.»

Um ein Telefon zu finden, mussten wir bis nach Levie zurück. Benjamino sprach ungefähr zehn Minuten lang mit seinem Schmuggler-Freund in Bastia.

«Er hat gesagt, wir sollen nach Zonza zurückfahren und im Hotel *De la Terrasse* auf einen Anruf von ihm warten. In der Zwischenzeit hört er sich um, ob irgendjemand vermisst wird, und wenn keine unmittelbar Betroffenen ausfindig zu machen sind, dann schickt er einen ‹Rattenvernichtungstrupp› ...»

Unterwegs kauften wir passende Kleidung und Schuhe, und im Hotel gaben wir unsere Stadtkleidung beim Reinigungsdienst ab. Um die Mittagszeit erklärte mein Partner, er hätte Hunger und zwang mich, ihm Gesellschaft zu leisten. Er verweigerte standhaft den gemischten Aufschnitt, trotz der dringlichen Empfehlung des Wirts, der auf die Qualität des Schweinefleischs aus der Gegend schwor, dafür verschlang er Omelettes mit Ricotta, Forellen und Käse.

«Mir ist immer noch nicht klar, was für eine Art von Bande das ist», murmelte der Mailänder und nahm einen kräftigen Schluck Rotwein von der *Domaine de Torraccia.* «Erstens sind sie ein ziemlich bunt durcheinander gewürfeltes Gemisch von Leuten, und zweitens versteh ich diese Geschichte nicht, dass jeder einer Figur in dem Film *Napoléon* entspricht ...»

«Ich kann es kaum erwarten, mir das von Siddi erzählen

zu lassen. Von den vieren ist er bestimmt das schwächste Glied: Er hat weggesehen, als der Kleine angefangen hat, das Schweißgerät einzusetzen. Ich glaube, es wird genügen, ihm die gleiche Behandlung in Aussicht zu stellen, und er fällt um.»

«Auch auf mich hat er nicht den Eindruck eines Tatmenschen gemacht... Wir wollen nur hoffen, dass wir nicht schießen müssen... Tote reden nicht...»

Im Lauf des Nachmittags kam der Anruf aus Bastia. Benjamino hörte zu, ohne ein Wort zu sagen. «Böse Angelegenheit, Marco», flüsterte er. «Anscheinend haben die Schweine einen Führer der korsischen Unabhängigkeitsbewegung aufgefressen... Das Treffen ist heute Nacht im Schloss von Cucuruzzu.» Ich bemerkte, dass sich sein Gesicht verfinstert hatte. «Was macht dir Sorgen, Partner?»

«Wie unsere Ermittlungen vorangehen... Mir wäre ein Rattenvernichtungstrupp lieber gewesen, denn die hören auf den, der sie bezahlt. Bei den ‹Patrioten›, wie sie hier heißen, ist das was anderes: Sie befehlen nämlich. Wir können sie allenfalls freundlich darum bitten, Siddi befragen oder mitnehmen zu dürfen... Wenn die aber Nein sagen, haben wir keine Chance...»

Bei dem Ort, den die Unabhängigkeitskämpfer für unser Treffen ausgesucht hatten, handelte es sich um eine Burgruine, die sich mitten in einem über zwei Hektar großen Ausgrabungsgelände mit Überresten aus der Bronzezeit befand. Um hinzufinden, folgten wir Wegweisern auf völlig überwucherten Wegen. Das abgeblendete Licht unserer Taschenlampen fiel auf den Laub bedeckten Boden, der das Geräusch unserer Schritte dämpfte. Plötzlich kamen wir auf eine kleine Lichtung, auf der verschiedene Steinbauten standen. Wir kletterten auf den höchsten, von dem aus man das Tal überblicken konnte, und fingen an zu warten. Die Glut unserer Zigaretten war für jeden, der vorbeikam, gut sichtbar.

«Ausgezeichnete Wahl, dieser Ort», sagte mein Partner anerkennend. «Die ‹Patrioten› verstehen was von ihrem Metier... Hier ist es unmöglich, einen Hinterhalt vorzubereiten.»

«Meinst du, sie sind schon da?»

«Seit es dunkel ist. Jetzt beobachten sie uns mit ihren Nachtsichtgeräten, und eine andere Mannschaft sucht die Umgebung nach Verdächtigen ab. Sie werden sich erst melden, wenn sie sicher sind, dass wir tatsächlich allein sind... Und wir werden sie nicht kommen hören.»

«Sind die wirklich so gut organisiert?»

«Das ist ein kleines Heer, Marco. Klein, schlagkräftig und vorbildlich organisiert... Sag mir lieber, wie willst du das Problem Siddi angehen? Wenn wir ihnen Einzelheiten über die Folter erzählen, werden sie wütend werden und sich rächen wollen... Ich glaube nicht, dass ihnen unsere Ermittlungen wichtig sind...»

«Du hast einen kleinen roten Punkt auf der Stirn», unterbrach ich ihn beunruhigt.

«Und du an der Schläfe, Marco... Halt still und mach keine plötzlichen oder idiotischen Bewegungen, wie die Hände in die Tasche zu stecken.»

«Was zum Teufel passiert gerade?»

«Ganz ruhig, ganz ruhig. Sie nehmen uns ins Visier... Das ist das System der nächtlichen Aufklärung. Zu deiner Information, die Kugel trifft exakt den Lichtpunkt.»

«Kommt runter», befahl uns eine Stimme auf Korsisch.

Zwei Schatten durchsuchten uns und zeigten uns, wo wir langgehen sollten. Nach etwa dreißig Metern gingen zwei Lampen an, und wir trafen auf den Rest der Gruppe: zehn Männer in blauen Arbeitsanzügen und mit ebenso blauen Schalmützen; in den Händen hielten sie moderne und hoch entwickelte Angriffswaffen. In den Gürteln Reservemagazine und Militärpistolen.

«Nationale Befreiungsfront für Korsika», lautete die lakonische Begrüßungsformel desjenigen, der wohl der Anführer war.

«Marco Buratti und Benjamino Rossini.»

«Von Monsieur Rossini liegen uns ausgezeichnete Referenzen vor. Wir billigen zwar seinen Lebensstil nicht, aber wir wissen, dass wir auf seine Diskretion zählen können. Von Ihnen hingegen, Monsieur Buratti, wissen wir gar nichts ...»

«Ich bin Privatdetektiv, und die einzige Empfehlung, die ich vorweisen kann, ist meine Freundschaft mit Monsieur Rossini.»

«Ein Detektiv und ein Gangster, was für ein merkwürdiges Gespann.»

«Das ist eine lange Geschichte, und wir haben keine Zeit für Smalltalk», schnitt ich die Diskussion ab.

«Richtig», stimmte der Anführer zu. «Offenbar habt ihr Informationen über einen unserer Kämpfer, der seit ein paar Tagen vermisst wird.»

«Wir haben Informationen über einen entführten Mann. Wir wissen nicht, ob er einer von euch ist», berichtete ich und ließ dabei bewusst die Nachricht von seinem Tod aus. «Jedenfalls wollen wir euch erst einen Pakt vorschlagen: Wir bringen euch zu der Stelle, und ihr erlaubt uns, zwei der vier Entführer zu befragen.»

«Könnten eure Ermittlungen dem Befreiungskampf des korsischen Volkes in irgendeiner Weise schaden?»

«Nein.»

«Und wer sind diese Entführer?»

Ich zog die Fotografien von Siddi und Gance aus der Tasche. Ich gab ihm auch die von Dedonato, informierte ihn aber, dass er sich in Italien aufhielt.

Als er die Gesichter auf den Fotos sah, machte der Anführer eine überraschte Miene. Die Aufnahmen wurden von

Hand zu Hand weitergereicht – unter den maskierten Männern breitete sich eine Mischung von Nervosität und Erregung aus.

«Zwei davon kennen wir gut», teilte er mir mit und wies auf Gance und Dedonato. «Der erste ist ein ehemaliger Offizier beim französischen Geheimdienst. Jetzt arbeitet er weiterhin dafür, aber in eigener Regie: Er kümmert sich um den offiziell nicht erklärten Krieg, den die Franzosen gegen uns führen … Überfälle, Entführungen, Folterungen, Morde, Infiltrationsversuche, das sind so ihre Aktivitäten … Obendrein kontrolliert er einen Drogenhändlerring … Die Franzosen lassen ihn gewähren, denn es ist ja schließlich die korsische Jugend, die durch die Drogen zerstört wird … Der hier dagegen», er wies auf das runde Gesicht Dedonatos, «ist sein Vize. Als er nach Korsika kam, hat er uns einen üblen Streich gespielt … Er ist in Corte in Begleitung einer Frau aufgetaucht, und sie hat das Gerücht verbreitet, er hätte eine Ladung Sprengstoff zu verkaufen. Unsere Leute haben das Terrain ausgekundschaftet und die Story geglaubt … Drei davon haben wir mit durchschnittener Kehle wieder gefunden … Anscheinend war das die Frau.»

Das konnte nur Gina sein. Ich stellte sie mir vor, wie sie Cagliari nach uns durchstreifte, mit der Absicht, uns zu töten. Denn nun waren wir an der Reihe. Wer weiß, auf welche Art und Weise sie mich umbringen wollte. Ich wünschte mir nur, dass sie in ihrer kranken Fantasie wenigstens ein schnelles und nicht zu schmerzhaftes Ende für mich vorgesehen hatte.

«Wir kennen auch die anderen Mitglieder der Bande», fing der Korse wieder an und holte mich in die Wirklichkeit zurück. «Und alle haben Decknamen aus dem Film *Napoléon* … ein großartiger französischer Film übrigens», betonte er sarkastisch. «Auch der schmutzige Guerillakrieg gegen uns läuft unter diesem Namen …»

«Und über den anderen Mann, was können Sie mir da sagen?», fragte ich und meinte Giampaolo Siddi.

«Wir kennen ihn als Antonin Artaud. Im Film stellte er Marat dar. Er kümmert sich hauptsächlich um den Drogenhandel, aber wir haben ihn selten gesehen... Wir glauben nicht, dass er in Korsika ansässig ist.»

«Er heißt Giampaolo Siddi, vor zehn Jahren ist er aus Cagliari verschwunden, wo er lebte und Rechtsanwalt war. Er ist das eigentliche Ziel unserer Ermittlungen, und an ihn hätten wir die meisten Fragen zu stellen... Wenn möglich, würden wir ihn auch gern nach Italien mitnehmen...»

Der Mann schüttelte den Kopf. Es hatte keinen Zweck, ihn überreden zu wollen. «Wir müssen jedenfalls auch Gance befragen... Es könnte auch für euch nützlich sein, die Aktivitäten der Bande in Sardinien zu kennen», setzte ich diplomatisch hinzu.

«Einverstanden. Aber zuerst erzählen Sie mir von ihnen.»

Ich fing bei Dedonato/Dieudonné an, dann machte ich mit Abel Gance und Gina Manès weiter. Ich schloss mit den beiden Kronzeugen: Die «Patrioten» erkannten in ihnen die Ausführenden eines Anschlags auf das Oberhaupt der Volksfront von Bocognano wieder, das war ein Ort im Inneren der Insel. Ich erzählte davon, dass wir Gance von Bonifacio bis Cartalavonu verfolgt hatten, und gab bis ins Detail die Folterung und Ermordung des Entführten wieder. Die maskierten und bewaffneten Männer weinten vor Schmerz und umarmten sich. Der Anführer fiel vor Verzweiflung auf die Knie.

Benjamino half ihm aufzustehen. «Sohn oder Bruder?», fragte er ihn.

«Bruder.»

«Er war ein Held. Ihr könnt sein Andenken mit Stolz ehren», sagte mein Partner feierlich. Er fand immer die richtigen Worte.

Aus dem Schmerz wurde beinhartes Schweigen. Der Augenblick, mit der Napoléon-Truppe abzurechnen, war gekommen. Die Männer der Volksfront folgten uns in zwei Jeeps. Noch in der Nacht gelangten wir nach Cartalavonu. Der Renault von Abel Gance war vom Parkplatz verschwunden. Ein schlechtes Zeichen.

Der alte Rossini setzte sich an die Spitze der Marschkolonne, die den Weg hinaufging. Der Anführer und ich waren die letzten.

«Waren Sie je im Gefängnis, Monsieur Buratti?»

«Sieben Jahre.»

«Mein Bruder war fünf Jahre lang in einem französischen Gefängnis. Er war noch Student...», flüsterte er in wehmütigem Ton.

Ich hatte keine Lust, das Leben des Mannes kennen zu lernen, den ich im Schweinekoben hatte sterben sehen. Ich hatte seinen Namen schon wieder vergessen, aber sein Schmerzensschrei gellte mir noch in den Ohren, und ich wusste, dass er mich noch lange verfolgen würde.

«Lassen Sie sich nicht von den Erinnerungen übermannen», riet ich ihm. «Es ist noch nicht der richtige Zeitpunkt dafür...»

«Sie haben Recht», pflichtete er mir bei. «Haben Sie je ein Reh gejagt?», fragte er in verändertem Ton.

«Nein», antwortete ich vorsichtig und versuchte zu verstehen, worauf er hinauswollte.

«Heute haben Sie die Gelegenheit, an einer Jagd teilzunehmen.»

Ich blieb stehen und blickte ihm in die Augen. «In Korsika gibt es doch gar keine Rehe.»

«Sie irren sich, Monsieur Buratti... Sie irren sich...», widersprach er mir in zweideutigem Ton und zeigte mir eine Gewehrtasche.

An jenem Morgen erfuhr ich alles über die Rehjagd. Die beiden Kronzeugen wurden erlegt wie zwei Jagdtrophäen und mit den Schweinen begraben. Das Haus wurde durchsucht und angezündet. Von Gance und Siddi keine Spur: Vermutlich waren sie gleich nach dem Tod des «Patrioten» aufgebrochen. Wir trennten uns von den Männern der Volksfront mit dem Versprechen, dass sie Siddi, falls sie ihn fänden, so lange am Leben lassen würden, bis wir Gelegenheit hätten, ihn zu befragen. Alle anderen würden sie auf der Stelle erschießen.

«Und was machen wir jetzt?», fragte mein Partner, als wir wieder allein waren.

Ich zeigte ihm das Blatt, das ich zwischen den Papieren eines der Schäfer gefunden hatte. «Lösen wir das Geheimnis von *Mangiabarche.*»

«Korsika oder Sardinien?»

«Ich weiß nicht. Ich schlage vor, wir fahren nach Bonifacio zurück und verteilen unter dem Schiffspersonal der Fähren ein bisschen Knete … Vielleicht hat ja jemand unsere Helden gesehen.»

Wir hatten Glück: 500 Francs waren ausreichend, um einem Schiffsjungen das Gedächtnis aufzufrischen. Er erinnerte sich gut an Gance, weil der ihn beschimpft hatte, als er versucht hatte, einen Aufkleber mit dem Symbol der Schifffahrtslinie an der Heckscheibe des Espace anzubringen. Auch Siddi erkannte er. Er sagte, er sei ihm nervös vorgekommen, ein Typ, der die Augen immer niedergeschlagen hielt. Als ob er dem Blick der anderen Passagiere ausweichen wollte.

Wir setzten uns auf eine Bank auf dem Achterdeck. Obwohl das Meer ruhig war, war dieser Teil des Schiffs verlassen. Nur eine schöne Frau um die vierzig saß da – sie hatte langes, tiefschwarzes Haar und machte sich an den Rand eines Buches Notizen.

«Was waren die letzten Worte der Witwe?»

«Das fragst du mich nun schon zum dritten Mal, Marco.»

«Entschuldige, ich denke über die Sache mit *Mangiabarche* nach. Und das erste Mal, wo wir diesen Ausdruck gehört haben, das war eben von den Lippen der sterbenden Vadilonga...»

«‹Schade... es fehlte nicht mehr viel... *Mangiabarche*›...», wiederholte Rossini und schnaubte dabei.

«Genau. Und heute finden wir den Ausdruck auf einem karierten Blatt Papier wieder, das sich unter den persönlichen Gegenständen eines der beiden Kronzeugen befindet. Nach der unsicheren Schrift zu schließen von seiner Hand.»

«Ja, und was willst du damit sagen?», drängte er mich ungeduldig.

«Dass zwei so unterschiedliche Personen, die sich nicht kannten, aber zur Bande gehörten oder mit ihr zu tun hatten, diesen Ausdruck kannten und ihn für so wichtig hielten, dass sie ihn im Augenblick des Todes aussprachen oder zusammen mit Familienfotos aufbewahrten.»

«All das hilft uns nicht herauszufinden, was es ist, aber mein sechster Sinn sagt mir, dass *Mangiabarche* unsere nächste Spur wird.»

«Nur für den Fall, dass wir den Kontakt zur Bande endgültig verlieren. Aber hoffen wir, dass es uns gelingt, Siddi und die anderen über Dedonato wieder zu orten... Immer vorausgesetzt, dass Marlon es geschafft hat, ihn im Auge zu behalten.»

«Bleibt immer noch das Spiellokal: Dedonato würde es nicht lange aushalten, nicht hinzugehen.»

«Kommt drauf an. Ich glaube, sobald Gance vom Tod seiner beiden Männer in Cartalavonu erfährt, wird er allen verbieten, sich irgendwo blicken zu lassen, wo sie erkannt werden können...»

«Zu wissen was dieses verdammte *Mangiabarche* ist, würde uns das Leben schon bedeutend erleichtern», seufzte Rossini.

«Und wie, Partner... glaub mir.»

«Es könnte alles sein», murmelte er nachdenklich. «Ein Codewort, ein Ort, ein Tanzlokal, ein Schiff, eine Bar, eine Boutique...»

Er war es leid, über den Fall zu reden, stand von der Bank auf und fragte mich, ob ich etwas von der Bar wollte. Ich zeigte ihm die Flasche Calvados, die aus meiner Jackentasche hervorguckte. Er fragte auch die Frau, die uns gegenübersaß. Sie lächelte und antwortete, sie hätte gerne einen Kaffee.

Die Mansardenwohnung in der Via Galassi war leer. Von Marlon keine Spur. Auf dem Küchentisch Reste einer hastigen Mahlzeit. Ein Teller Spaghetti mit Bottarga, ein Stück Käse, ein Apfel. Die Reste mussten, schloss ich, mindestens vom Vortag sein.

«Letzte Nacht hat er nicht hier geschlafen», informierte mich mein Partner, der von einem Erkundungsgang ins Schlafzimmer des Sarden zurückkam.

«Meiner Meinung nach hat er den Kontakt zu Dedonato verloren und ist in Erwartung unserer Rückkehr in sein geliebtes Viertel zurück.»

«Wahrscheinlich. Er hat das Schießeisen aber nicht mitgenommen. Hast du das Handy wieder eingeschaltet?»

«Ja. Und ich benutze es auch gleich, um einen Termin mit unseren Klienten auszumachen. Ich glaube, es wird sie freuen zu hören, dass Giampaolo Siddi sich bester Gesundheit erfreut.»

«Ausgezeichnete Idee, finde ich, und während du dich bei deinen Anwaltsfreunden groß aufspielst, suche ich Marlon wir treffen uns dann alle hier wieder...»

Als Rechtsanwalt Columbus Frau mir die Tür öffnete, schlug mir das penetrante Aroma der Zigarre von Rechtsanwalt Vargiu entgegen. Am Telefon hatte ich wichtige

Neuigkeiten angekündigt und ausdrücklich die Anwesenheit meiner Auftraggeber verlangt, obwohl diese zu Beginn der Ermittlungen erklärt hatten, die Kontakte ausschließlich über ihren alten Freund Genesio abwickeln zu wollen. Diesen fand ich wie üblich auf seinem Stuhl hinter dem Kirschholzschreibtisch sitzend, die Hände über dem eingefallenen Magen gefaltet. Moi, Vargiu und Pontes saßen auf dem Sofa an der Wand. Ich schüttelte Hände und lächelte nach allen Seiten, bevor ich mich auf den üblichen Stuhl setzte und mir die übliche Zigarette anzündete.

«Wie ihr schon wisst, ist es nicht meine Angewohnheit, die Klienten über sämtliche Phasen der Ermittlungen zu informieren. Ihr müsst daher entscheiden, ob ihr lieber nur die bisher erzielten Ergebnisse hören wollt oder einen ausschnittsweisen, aber erschöpfenden Bericht, den Anwalt Columbu zum Teil schon kennt… in diesem Fall würde ich ihn mit ein paar Farbtupfern ausschmücken», ich lächelte zweideutig. «Vor allem, was die spannendsten Momente angeht.»

«Wir möchten einen Bericht hören. Wie es in der besten Tradition detektivischer Ermittlungsarbeit üblich ist», antwortete Moi im Namen aller. «Was mögliche Lücken angeht, so hat unser Beruf uns gelehrt, sie mit etwas Fantasie und sehr viel Logik auszufüllen.»

Ich redete. Wie ich schon vorweggenommen hatte, ließ ich all jene Details aus, die auch nur von ferne den Anschein von Illegalität hatten. In etwa zehn Minuten hatte ich alle wichtigen Punkte zusammengefasst und begann mit den Schlussfolgerungen.

«Giampaolo Siddi lebt. Ich habe ihn mit eigenen Augen gesehen», verkündete ich in neutralem Ton. Vargiu packte Moi fest am Arm, und Pontes sprang auf.

«Vor zehn Jahren hat er dieses plumpe Schauspiel inszeniert», fuhr ich fort, «um die Familie und die Ermittler auf eine falsche Spur zu lenken. In Wirklichkeit wollte er verhindern, dass seine Flucht mit der Kasse der Bande der ‹Anwälte›, in der er einer der führenden Männer war, entdeckt würde. Eine von langer Hand vorbereitete Operation, durchgeführt dank der Mithilfe Alberto Dedonatos, einem Relikt der korrupten und entarteten Geheimdienste unserer Republik. Dedonato war als Agent des SISDE in der Sondereinheit zum Schutz für Kronzeugen abgestellt und in der Lage, jeden Menschen problemlos im Ausland verschwinden zu lassen. Nachdem er erfahren hatte, dass er von der neuen Führung des Geheimdienstes abgesägt worden war, beschloss Dedonato, selber unterzutauchen, zusammen mit zwei sardischen Kronzeugen, die er in einen anderen Staat begleiten sollte. Dedonato, Siddi und die beiden Schäfer wurden so Teil einer merkwürdigen Bande, die heute in Korsika operiert und von einem Exagenten des französischen Geheimdienstes, bekannt unter dem Namen Abel Gance, geführt wird. Vor- und Nachnamen sind die eines großen französischen Regisseurs und Schauspielers. Und in der Tat ist die gesamte Bande nach einem Film benannt – einem Kolossalfilm der zwanziger Jahre, *Napoléon,* und sogar die hierarchische Gliederung ist der Filmbesetzung nachempfunden: Gance ist der Regisseur, Dedonato/Dieudonné ist Napoléon, Siddi, der jetzt den Namen des Schauspielers Antonin Artaud verwendet, ist Marat usw. ... Sie arbeiten für den französischen Geheimdienst, das heißt, dass sie sich um den ‹schmutzigen› Guerillakrieg gegen die korsische Unabhängigkeitsbewegung kümmern: Infiltration, Entführungen, Folterungen und Morde... Nicht nur das, sie haben auch mit Heroinhandel zu tun – für den ist, wie man uns berichtet hat, unser Giampaolo Siddi zuständig.

So weit die Tatsachen. Wenn ihr nun auch noch meine ganz persönliche Meinung hören wollt, so möchte ich hinzufügen, dass die Napoléon-Bande meiner Ansicht nach aus einigen Geheimagenten unterschiedlicher Nationalität besteht, die sich mit einer gewissen Anzahl von Kriminellen zusammengeschlossen haben. Gemeinsam haben sie beschlossen, ihre Dienste dem Meistbietenden zur Verfügung zu stellen... Heute Frankreich, morgen könnte es Spanien sein, England oder Italien... Für all jene Operationen, die die Regierungen offiziell parlamentarisch nicht absegnen können...» Ich zündete mir die x-te Zigarette an. «Ich habe Anwalt Columbu gebeten, dieses Treffen einzuberufen, weil ich euch über einen anderen wichtigen Sachverhalt in Kenntnis setzen muss, angesichts dessen ihr auch beschließen könntet, mir den Auftrag zu entziehen, um ihn jemandem anzuvertrauen, der größere operative Sicherheit auf dem hiesigen Terrain hat. Vielleicht, warum auch nicht... sogar der Polizei.»

«Reden Sie nicht um den heißen Brei, Buratti, und sagen Sie uns, worum es geht», forderte Vargiu mich auf.

«Giampaolo Siddi hält sich derzeit in Sardinien auf», stieß ich in einem Atemzug hervor.

Die vier Anwälte sahen einander an: Die Blicke verrieten Spannung und Emotion. «Finden Sie ihn, Signor Buratti», befahl mir Ignazio Moi mit dünner Stimme.

«Verlangt nicht von mir, ihn dem Gericht oder der Polizei zu übergeben... Ihr wisst, dass ich mir den Luxus, gewisse Fragen zu beantworten, nicht leisten kann...», betonte ich.

«Schaffen Sie diesen Taugenichts nur herbei, oder machen Sie sein Versteck ausfindig... Alles weitere überlassen Sie uns», erklärte Moi und erhob sich. Die Unterredung war beendet.

In der Wohnung in der Via Galassi traf ich nur Benjamino an. Er saß in der Küche, noch im Mantel, eine erloschene Zigarette zwischen den Lippen.

«Ich habe Marlon nicht gefunden. Nirgends.»

«Er wird mit einem Mädchen abgetaucht sein», gab ich optimistisch zurück.

«Das ist nicht seine Art ...»

Das Handy klingelte. «Das ist Brundu», rief ich erleichtert und zog das Gerät aus der Tasche.

«Hallo.»

«Oh, ciao, schöner Alligator», begrüßte mich eine zuckersüße Stimme.

«Gina!», rief ich und suchte den Blick meines Partners, der sofort näher kam, um mitzuhören.

«Ja, ich bin's, Liebling. Wie geht's dir?»

«Was zum Teufel willst du?»

«Du bist doch nicht böse auf deine Gina, nicht wahr? ... Ich wollte dir nur guten Tag sagen ... Du fehlst mir so sehr, weißt du ...»

«Wie bist du an diese Telefonnummer gekommen?»

«Dein Freund Marlon hat sie mir gegeben.»

«Marlon?», brüllte ich. «Was zum Teufel habt ihr mit ihm gemacht?»

«Nichts», antwortete sie ruhig. «Er ist unser Gast, und da der Augenblick gekommen ist, über Geschäftliches zu reden, war er so nett, uns deine Nummer zu geben, so können wir endlich miteinander verhandeln.»

«Gina, wir haben nichts miteinander zu verhandeln. Die Napoléon-Bande ist am Ende. Ihr habt ausgespielt ...»

Sie unterbrach mich mit einem Lachen. «Dummerchen ... Du bist wirklich ein dummes kleines Alligatorchen», zog sie mich auf, wieder zuckersüß. «Ihr seid für uns nur ein winzig kleines Problem, wie ein Steinchen im Schuh. Wenn ich mich nicht in dich und in deinen süßen Schwanz verliebt hätte, hätten wir das Problem längst gelöst ... Jetzt solltest du aber besser schön brav sein ...»

«Was willst du?»

«Mein Chef will mit dir und deinem Freund, diesem Scheusal, sprechen ... Dieser Rüpel, der nicht mal weiß, wie man sich einer Dame gegenüber benimmt ...»

«Du bist keine Dame, Gina … Du bist ein Ungeheuer, das man schnellstmöglich ins nächste psychiatrische Krankenhaus sperren sollte.»

«Schöner Alligator, hältst du das für die richtige Art, mit deiner Verlobten zu reden?»

«Du bist nicht meine Verlobte!», brüllte ich ins Mikrofon. «Hör endlich auf mit dieser billigen Sandra-Milo-Imitation und sag mir, was Gance will.»

«Mensch, bist du nervös», klagte sie, ohne den Tonfall zu ändern. «Der Chef schlägt euch ein Geschäft vor: Der Sarde im Tausch gegen Schweigen über unsere Aktivitäten und das Versprechen, dass ihr sofort die Insel verlasst, und zwar weit, weit weg …»

«Lass mich mit dem ‹Regisseur› reden.»

«Er will nicht mit dir reden, schöner Alligator.»

«Warum nicht?»

«Das ist nicht nötig, das kann ich ja tun, ich bin schließlich deine Verlobte.»

Mit einer Geste riet mein Partner mir, die Ruhe zu bewahren, und von seinen Lippen las ich die Aufforderung, anzunehmen. Ich seufzte. «Einverstanden. Wann und wo?»

«Heute Nacht. Wo, kann ich dir noch nicht sagen … Aber ich kann es kaum erwarten, dich wiederzusehen, schöner Alligator …» Säuselnd verabschiedete sie sich und legte auf.

Leise fluchend ließ sich der alte Rossini auf einen Stuhl fallen. «Armer Marlon. Er ist verloren.»

«Bist du sicher, dass sie nicht verhandeln wollen?», fragte ich, auch wenn ich die Antwort schon kannte.

Er warf mir einen vorwurfsvollen Blick zu. «Marco, bitte .. Hat man denn je eine Bande gesehen, die den Austausch zwischen einer Geisel und einem treuherzigen Versprechen vorschlägt? Das Treffen ist eine Falle, um uns alle drei aus der Welt zu schaffen.»

«Wie können sie glauben, dass wir so leicht darauf hereinfallen?»

«Nun, das ist eine intelligente Frage… Offenbar haben sie was anderes im Sinn…»

Das Handy läutete wieder.

«Ciao, schöner Alligator.»

«Habt ihr den Ort festgelegt?»

«Hoppla, wie ungeduldig du bist, mein Alligator… Auch ich bin es, weißt du? Leider hat der Chef noch nicht entschieden… Er ist so pingelig… Ich ruf dich an, weil das Warten lang ist… zu lange. Ich konnte es einfach nicht abwarten, deine Stimme zu hören.»

«Gina…», versuchte ich sie zu unterbrechen.

«Hör mir zu, Alligator… Ich bitte dich… Ich bin hier mit Marlon, und wir langweilen uns schrecklich… Weißt du, was ich mir überlegt hab…», sie kicherte wie ein kleines Mädchen. «Ich hab mir überlegt, wir machen so ein richtig nettes Gewinnspiel… dann haben wir auch ein bisschen Spaß…»

«Was für ein Spiel?», fragte ich misstrauisch.

«Ein ganz, ganz leichtes: Ich stelle Fragen über den Blues, und du antwortest… Wenn du's errätst, passiert deinem Freund nichts…»

«Und wenn die Antwort falsch ist?» Ich fühlte, wir mir das Blut stockte.

«Schneide ich ihm ein Stückchen ab.»

«Wovon?»

«Von seinem Körper, Alligator-Dummerchen. Ich hab ein kleines Wiegemesser, das ein japanischer Koch mir geschenkt hat. Weißt du, eins von denen, die man benutzt, um das Fleisch in ganz, ganz kleine Stücke zu schneiden.»

«Du bist verrückt, Gina, hör auf damit», drohte ich ihr und legte auf.

Ich sah auf meine Hände: Sie zitterten sichtlich. Ich hatte Mühe, mir eine Zigarette anzuzünden.

«Du musst mitmachen, Marco», sagte Benjamino ernst.

«Ich denk ja gar nicht daran.»

Er legte mir einen Arm um die Schulter. «Aber du musst es tun. Sie wird dich zwingen ... Und dann, wenn du nicht mitspielst, wird sie ihn trotzdem verstümmeln. Wenn du antwortest, kannst du ihm wenigstens ein bisschen Schmerz ersparen ...»

«Hör zu, jedes Mal wenn ich eine falsche Antwort gebe, wird sie ihm wehtun, und das ist dann meine Schuld», erwiderte ich.

«Du musst nur versuchen, so viel wie möglich zu erraten», ermunterte er mich. «Sie will mit diesem Spiel erreichen, dass wir vor Anspannung die Nerven verlieren ... sie will uns daran hindern, klar und nüchtern mit der Situation umzugehen ...»

Das Handy klingelte wieder – was bedeutete, dass Gina es eilig hatte mit dem Spiel. Ich rührte mich nicht. Benjamino packte mich bei den Schultern und schüttelte mich. «Spiel mit, Marco, sorg dafür, dass unser Freund so wenig wie möglich in Scheibchen geschnitten wird ... Ich versuche unterdessen einen Plan zu entwerfen, der uns alle drei in Sicherheit bringt.»

«Hallo», antwortete ich mit schwacher Stimme.

«Meine Damen und Herren», rief Gina erregt mit dem Tonfall eines Showmasters und tat so, als ob sie sich an ein imaginäres Publikum wandte. «Wir sind telefonisch verbunden mit unserem ersten Kandidaten ... Ein Begrüßungsapplaus, wenn ich bitten darf ... Sind Sie bereit für die erste Frage?»

«Ja,», antwortete ich unsicher. Am liebsten hätte ich das gottverdammte Handy aus dem Fenster geworfen.

«Gut ... Der Einsatz ist der Daumen der rechten Hand unseres sympathischen Assistenten. Also, wir wollen wissen, wer als der unglücklichste Sänger in der Geschichte des Blues gilt, und warum. Der Kandidat hat von jetzt an eine Minute Zeit für seine Antwort.»

«Leck mich», dachte ich, «das weiß ich.»

«Iverson Minter, genannt Louisiana Red ...»

«Ausgezeichnet, lieber Kandidat... Der erste Teil der Antwort ist richtig, kommen wir also zum zweiten: Warum gilt er als der unglücklichste Blues-Sänger?»

«Weil seine Mutter starb, eine Woche nachdem sie ihn auf die Welt gebracht hatte, der Vater wurde vom Klu Klux Klan gelyncht, der Bruder von einem Traktor überfahren, seine Frau starb mit dreißig Jahren an Krebs, und ihm wurden die Autorenrechte am Album *Lowdon Backporch Blues* und an der Single *Red's Dream* geklaut.»

«Richtig!», brüllte sie wie eine Besessene. «Der Daumen bleibt dran... Aber wir unterbrechen kurz für einen Werbespot. Wir sind bald mit der nächsten Frage zurück.»

Sie unterbrach die Verbindung, und ich nutzte die Gelegenheit, um mir den Schweiß abzuwischen, der mir von der Stirn lief, und eine anständige Portion Calvados hinunterzukippen.

«Bravo, Marco», beglückwünschte mich der Mailänder.

«Überhaupt nicht bravo. Bloß Glück gehabt...», gab ich ehrlicherweise zurück. «Der Blues ist ein zu weites Feld... Diese durchgeknallte Nudel muss sich eine Enzyklopädie beschafft haben, in der sie jetzt herumblättert auf der Suche nach schwierigen Fragen.»

Genau siebzehn Minuten später meldete sie sich wieder.

«Hier sind wir wieder – in der Leitung haben wir unseren Kandidaten, der wie Sie sich wohl erinnern, die erste Frage korrekt beantwortet hat... Gut, gut, und nun zur zweiten Frage... Diesmal stellt unser Assistent uns den Zeigefinger der rechten Hand zur Verfügung... Also, in einer Minute wollen wir sämtliche Spitznamen des großen Bluesman Roosvelt Sykes wissen.»

«Wieder Pech gehabt. Das weiß ich auch.»

«The blues man, Dobby Bragg, Easy Papa Johnson, Willie Kelly und the Honeydripper», antwortete ich sicher.

«Rrrrrrichtiiiig!»

Ich legte das Handy auf den Tisch.

«Benjamino, ich kann so nicht bis zum Abend weitermachen ... Das ist ein Albtraum, der blanke Wahnsinn ... wenn sie mit den Zehen weitermacht, dann sind das zwanzig Fragen, da führt kein Weg dran vorbei ...»

«Wir haben weder die Kräfte noch genug Informationen, um herauszukriegen, wo sie ihn gefangen halten», sagte mein Freund niedergeschlagen. «Erst heute Nacht können wir versuchen, ihn zu befreien ... Bis dahin musst du versuchen, ihn so heil wie möglich zu erhalten ...»

Das eindringliche Klingeln des Handys gab mir zu verstehen, dass Gina weiterspielen wollte.

«Nicht mehr Kandidat, sondern Chaaaampion verdient er genannt zu werden», rief sie wieder an ihr imaginäres Publikum gewandt. «Bis zu diesem Augenblick ein unfehlbarer Champion. Kommen wir zur dritten Frage. Diesmal ist der Einsatz ein schöner Mittelfinger mit einem dicken Ring dran. Diesmal wollen wir in einer Minute den richtigen Namen, die Anzahl der Ehemänner sowie Todesdatum und -ursache der Sängerin Dinah Washington wissen.»

Diesmal konnte ich an gar nichts denken, da mich ein heftiger Brechreiz überkam: Bei einer der Antworten war ich mir nicht sicher.

«Ruth Lee Jones war viermal verheiratet und starb am 13. Dezember 1963 an einer Überdosis Schlaftabletten.»

«Oh, oh, oh, Herr Alligator», brüllte sie mit erheuchelter Überraschung und Bedauern. «Eine der Antworten war falsch: Das genaue Datum ist der 14. Dezember 1963. Unser Assistent wird also so freundlich sein, seine Hand auf dem Tisch auszustrecken ... Ja, so ... brav ... Gemäß unseren Spielregeln werden wir jetzt den Mittelfinger der rechten Hand amputieren ...»

«Eine Antwort war falsch: Jetzt schneidet sie ihm den Finger ab», teilte ich Benjamino mit.

«Den ganzen?», fragte er empört.

«So hat sie gesagt.»

Er riss mir das Telefon aus der Hand. «Du verdammtes Aas», begann er. «Du spielst nicht ehrlich. Es waren drei Fragen, davon eine doppelt, und falsch war nur eine Antwort, da kannst du ihm nicht den ganzen Finger abhacken ... höchstens ein Glied ... Es waren mehrere Fragen, und es müssen genauso viele Abschnitte sein, in die du den Finger unterteilst.»

«Der Albtraum wird zur Farce», dachte ich. «Mein Partner ist verrückt geworden.» Aber gleich darauf begriff ich, dass das nichts weiter war als der äußerste Versuch, Marlon so viel Verstümmelungen wie möglich zu ersparen. Die Diskussion zog sich noch fünf Minuten lang hin, bis das Handy durch einen Signalton anzeigte, dass die Batterie bald leer sein würde. Rossini bat um eine Stunde Zeit zum Aufladen. Er hörte sich Ginas Antwort an, dann gab er mir das Gerät wieder.

«Mit deinem Freund kann man ja wirklich nicht reden. Eines Tages wirst du dich zwischen ihm und mir entscheiden müssen», beklagte sich die Frau. «Nur ein Glied, einverstanden, aber wenn wir wieder mit dem Spiel beginnen, dann wird's gemacht, wie ich sage: Zehn Fragen und zehn ganze Stücke ... Und zehn Sekunden für die Antwort, und keine einzige mehr.» Man hörte einen scharfen Schlag und einen unterdrückten Schmerzensschrei.

«Wir hören uns in einer Stunde, schöner Alligator. Denk an mich in der Zwischenzeit.»

Ich nahm einen tiefen Schluck Calvados direkt aus der Flasche. Die Flüssigkeit rann mir am Hals hinunter und machte den Hemdkragen nass. Der Mailänder nahm sie mir aus der Hand. «Ruhig, Marco. So spielst du nur ihr Spiel.»

«Du hast Recht... Aber du musst ja auch nicht antworten, du hast ja nicht die Verantwortung...»

«Du bist hier für gar nichts verantwortlich, willst du das endlich kapieren?», ereiferte er sich. «Verantwortlich sind diese Scheißkerle von der Bande, die dieser durchgeknallten Tussi freie Hand lassen und die jetzt völlig außer Kontrolle geraten ist. Sie hat Blut gerochen, und das erregt sie. Du musst versuchen, sie zu schlagen, sonst macht sie aus Marlon ein Stück Hackfleisch.»

Nur noch 55 Minuten. Ich füllte ein Glas mit Schnaps und beschloss, dass ich damit auskommen musste. Schweigend und mit finsterem Gesicht fing der alte Rossini an, die Gewehre zu reinigen. Wie ich ihn kannte, wusste ich, dass er sich lieber mitten in einer Schießerei befunden hätte, als so, wehrlos, den Launen einer psychopathischen Killerin ausgeliefert zu sein. Ich versuchte, mir meine Kenntnisse in Sachen Blues ins Gedächtnis zu rufen, dann dachte ich wieder intensiv an Gina und Marlon. Das grüne Kontrollämpchen am Handy zeigte an, dass die Batterie wieder aufgeladen war. Als die Stunde genau um war, läutete das Telefon wieder.

«Bist du bereit, Alligator?» Ginas Stimme war verändert, sie klang rau und hatte etwas Animalisches. Sie machte mir Angst.

«Ja.»

«Also beginnen wir mit den Fragen. Bei der ersten steht Brundus linkes Ohrläppchen auf dem Spiel. Was hatten Speckled Red und Piano Red gemeinsam?»

«Sie waren Brüder und Albinos.»

«Richtig. Rechte Ohrmuschel. Wo trat der Gitarrist Magic Sam 1969 in England auf?»

Das wusste ich nicht. Die zehn Sekunden waren sehr schnell um.

«Die Zeit ist um.» Deutlich hörte ich, wie Marlon mit zusammengebissenen Zähnen wimmerte, in dem Versuch, nicht aufzuheulen vor Schmerz, und dann plötzlich seine Stimme: «Nicht weiterspielen, Alligator», brüllte er aus Leibeskräften. «Dieses Aas demütigt uns alle drei … Tu ihr den Gefallen nicht.»

Ich unterbrach die Verbindung.

«Was ist los?», fragte Rossini beunruhigt.

Ich wiederholte ihm, was der Sarde zu mir gesagt hatte. Ohne jeden Kommentar wandte er sich wieder der Pflege seiner Waffen zu. Das Handy läutete wieder und immer wieder. Bis ich versucht war abzunehmen: Ich teilte meinem Partner meine Absicht mit den Augen mit. Er schüttelte nur ganz leicht den Kopf. Ein kaum angedeutetes, aber endgültiges Nein. Als Gina endlich aufgab, erwarteten wir in Stille die Nacht.

Es war ungefähr 23 Uhr, als ich Gina noch einmal hörte.

«Ciao, schöner Alligator», sagte sie, und ihre Stimme war wieder normal.

«Ich will mit dir nicht reden, Gina. Gib mir jemand anderen aus der Bande.»

«He, du bist nicht in der Position, Bedingungen zu stellen.»

«Also kein Treffen», erwiderte ich und unterbrach die Verbindung.

Ein paar Minuten später klingelte das Handy wieder.

«Seid ihr bereit für ein Treffen, ja oder nein?», fragte eine Männerstimme. Am lombardischen Akzent erkannte ich, dass es Alberto Dedonato war.

«Ciao, Napoléon», begrüßte ich ihn. Er kassierte den Schlag und schwieg ein paar Sekunden. Er hatte nicht erwartet, erkannt zu werden.

«In einer Stunde am Sankt-Franziskus-Denkmal in Monte Urpinu», informierte er mich, bevor er wieder auflegte.

Ohne Marlon hatten wir der Bande gegenüber keine Chance. Wir kannten den Ort nicht, und wir verloren fünf kostbare Minuten damit, ihn auf einer Landkarte ausfindig zu machen. Das Denkmal stand am höchsten Punkt eines Hügels, der eben Monte Urpinu hieß und zum größten Teil als öffentlicher Park genutzt wurde. Es war ein ausgedehntes Waldgebiet mit nur einer einzigen Zufahrtsstraße, die zum Gipfel hinauf- und auf der anderen Seite hinunterführte und in dieser Tages- und Jahreszeit bestimmt völlig verlassen sein würde: der ideale Ort für einen Hinterhalt.

Der alte Rossini war überzeugt, dass sie schon an Ort und Stelle waren und uns erwarteten. «Sie werden Marlon gut sichtbar hingestellt haben, unter dem Denkmal, und jemand wird an seiner Seite sein, um ihn schön festzuhalten; Gina, nehme ich an. Die anderen beiden, Gance und Dedonato, werden hinter den Bäumen versteckt sein, bereit, uns aus schallgedämpften Waffen mit Blei voll zu pumpen... Ich bezweifle, dass Siddi mit von der Partie ist. Meiner Ansicht nach hält er sich weit weg von Cagliari versteckt...»

«Und dann?», fragte ich, neugierig zu hören, ob er sich einen Plan ausgedacht hatte.

Er zwirbelte seinen Schnurrbart, bevor er antwortete. «In den Rücken schießen ist ihre Spezialität. Sie sind gut ausgebildet und bewaffnet... Wir haben einfach nicht die Zeit, uns einen Gegenzug zu überlegen und zu organisieren. Wie zum Beispiel, in Marlons Viertel ein paar von seinen Freunden zusammenzutrommeln... oder die Korsen mit dem Flugzeug kommen zu lassen...»

«Ja und dann?», drang ich gereizt weiter in ihn.

«Und dann nichts. Wir gehen hin und benehmen uns wie Männer.»

«Ist das dein ganzer Plan?»

«He, Partner... Was verlangst du denn? Die sind zu dritt, wir zu zweit... das heißt, wir sind nur einer, wenn's ums

Schießen geht... Denn bekanntlich willst du Waffen ja nicht mal sehen...», bemerkte er polemisch.

«Die Leier kenn ich schon», schnitt ich ihm das Wort ab. «Und ich will sie nicht mehr hören. Erinnerst du dich noch, was passiert ist, als du mich damals gezwungen hast, eine Waffe in die Hand zu nehmen?»

«Sicher. Als der Augenblick gekommen war abzudrücken, hast du das Maschinengewehr auf den Boden geworfen... Aber diesmal sind die Schießeisen dazu da, einem Freund das Leben zu retten.»

Ich schüttelte den Kopf. «Nein!», entgegnete ich entschlossen.

«Einverstanden. Ich respektiere deine Entscheidung, aber dann verlang von mir in einer solchen Situation auch keine ausgeklügelten Strategien.» Mit einem Blick auf die Uhr setzte er hinzu: «Es bleibt uns gerade noch Zeit, uns fertig zu machen.»

Etwa zehn Minuten später kam er aus seinem Zimmer. Er trug einen Armani-Anzug, ein Hemd von Calvin Klein, Schuhe von Ferragamo, alles nagelneu. In dieser Nacht würde es das Schicksal mit einem eleganten Mann zu tun haben. So sah Benjamino das. In einer Schießerei tötet man oder man wird getötet, und sich völlig neu einzukleiden, war für ihn eine Form des Respekts gegenüber den Männern, auf die er schießen würde oder gegenüber den Totengräbern, die seinen Körper vom Boden wegtragen würden.

Ein paar Minuten vor Mitternacht befanden wir uns in der Nähe des Treffpunkts. Benjamino umarmte mich. «Pass auf dich auf, Marco! Und denk dran: Wir haben nur ein Leben...»

«... und das hier ist nicht die Generalprobe», beendete ich den Satz. Das war sein Lieblingsspruch, und ich hatte ihn nun schon Dutzende Male gehört.

Der alte Rossini stieg aus dem Lieferwagen und verschwand zwischen den Bäumen, sein Gewehr in der Hand. Ich fuhr mit dem Wagen weiter bis zum Beginn der Steigung, die zum Denkmal hinaufführte, und blieb mit laufendem Motor stehen. Der Plan meines Freundes war wirklich einfach: Er würde versuchen, durch den Wald bis zum Denkmal zu gelangen, und wenn er Marlon gefunden hätte, würde er mir übers Sprechfunkgerät Bescheid geben. Ich würde dann Gas geben und auf die Spitze des Hügels rasen. Dort würden wir beschließen, was weiter zu tun war.

«Ich habe entdeckt, wo sie sind», teilte Rossini mir etwa zehn Minuten später über Funk mit. «Die klassische Dreiecksformation für ein Kreuzfeuer: Gina hält Marlon im Auge, der mit gefesselten Händen und Füßen auf dem Sockel der Statue sitzt... Dedonato ist etwa dreißig Meter weiter auf der ansteigenden Seite hinter den Bäumen versteckt, Gance dagegen auf der absteigenden Seite.»

«Was willst du tun?»

«Wenn du schießen hörst, dann fahr mit Vollgas in Richtung Denkmal, blende die Scheinwerfer auf und hupe ganz laut. Du fährst so dicht wie möglich an unseren Freund ran, steigst aus und lädst ihn in den Lieferwagen...»

«Gina wird auf mich schießen.»

«Hoffen wir, dass sie danebenschießt. Ich versuche, sie so anzuschießen, dass sie wenigstens den Kopf einziehen muss...»

«Benjamino?»

«Ja?»

«Dieser Plan scheint mir so vorhersehbar wie selbstmörderisch.» Er überging meine Bemerkung. Er fing an zu schießen und verteilte seine Salven gleichmäßig auf die drei der Napoléon-Bande.

Ich schaltete die Scheinwerfer ein. Bevor ich auf die Hupe drückte, legte ich eine Kassette ins Autoradio ein und drehte die Lautstärke voll auf. Im Inneren des Lieferwagens explodierte die Stimme von Chuck Berry, der *Worried life Blues* sang. Das war meine Art, dem Schicksal gegenüberzutreten. Als ich das letzte Stück der Steigung nahm, zerbarst unter den Schüssen Dedonatos die Windschutzscheibe. Ich hörte den Aufprall der Kugeln auf dem Blech der Karosserie und auf dem Glas, aber ich hörte keinen Schuss: Die Bösen arbeiteten mit schallgedämpften Waffen. Gleiches ließ sich vom Maschinengewehr meines Freundes bestimmt nicht sagen. Sein M3 *cake decorator*, im Zweiten Weltkrieg als solides und verlässliches Gewehr entwickelt, ließ sein charakteristisches Schnellfeuer hören, das Ladehemmungen vermeiden sollte und eine perfekte Kontrolle der Waffe ermöglichte.

Das Denkmal stand am Straßenrand. Marlon saß auf dem Betonsockel. Entschlossen fuhr ich auf den Sarden los, aber plötzlich erschien Gina vor meinem Auto, ganz in Schwarz gekleidet. Sie richtete ihr Maschinengewehr auf mich und feuerte los. Marlon trat sie mit gefesselten Füßen vor die Beine, und sie fiel um. Ich versuchte sie zu überfahren, aber sie rollte geschickt zur Seite. Ich hielt an, legte den Rückwärtsgang ein und gab Gas, um es noch einmal zu versuchen und fluchte, als ich bemerkte, dass sie sich hinter das Denkmal geflüchtet hatte. Einen Augenblick später tauchte sie wieder auf, sie hielt ein Messer an Brundus Kehle und benutzte ihn als Schutzschild. Ich bremste, obwohl der Sarde mir ein Zeichen machte, ich solle sie beide überfahren. Der Lieferwagen stand jetzt quer auf der Straße, ab und zu hörte ich Kugelhagel auf die Karosserie einprasseln. Gance und Dedonato schossen auf mich, sobald Rossini ihnen auch nur einen Moment Ruhe ließ, um sein Gewehr nachzuladen.

Die Frau packte Marlon bei den Haaren und zwang ihn niederzuknien, sie bog ihm den Kopf nach hinten und sah mir starr in die Augen. Wollüstig, als wäre es ein Eis, schleckte sie eine Seite der Klinge ab, dann fuhr sie mit der Schneide langsam über die Kehle des Gefangenen. Hoch schoss das Blut und fiel in dicken schwarzen Tropfen auf den Asphalt. Gina stand auf und trat ein paar Meter zurück. Sie schlug die Hände vor den Mund und riss die Augen auf, wie Kinder, wenn sie irgendwas angerichtet haben.

Mein Schrei übertönte die Stimme von Chuck Berry. Ich schrie, als ich aus dem Lieferwagen sprang und zu Brundu lief. Ich schrie immer noch, als ich ihn bei den Schultern packte, kurz bevor er auf dem Boden zusammensackte. Meine Schuhe waren verschmiert von seinem Blut, ich hielt ihn in den Armen. Ich wusste, dass ich ihn nicht loslassen konnte, ich wollte es nicht …

Aus den Augenwinkeln sah ich, dass sie mich langsam mit ihrem Maschinengewehr ins Visier nahm. Eine Salve Rossinis zwang sie, sich auf den Boden zu werfen und in einer Mulde Schutz zu suchen. Ich hörte, wie er mir befahl, unseren Freund in den Lieferwagen zu schaffen. Ich schleifte ihn an den Armen bis zur Seitentür, und nach verschiedenen Versuchen gelang es mir, ihn am Boden des Wagens auszustrecken.

Dann kehrte ich auf den Fahrersitz zurück und ließ den Motor an. Plötzlich ging die Beifahrertür auf: Mein Partner sprang herein und brüllte, ich solle losfahren. Wir zogen die Köpfe ein, bis wir außer Schussweite waren und auf die Rückwand des Lieferwagens keine Kugeln mehr einprasselten. Chuck Berry sang noch immer in voller Lautstärke. Wütend hieb der Mailänder auf das Autoradio ein und zertrümmerte es.

Es wurde plötzlich ganz still. Benjamino drehte sich um und betrachtete Marlons Leiche; zum ersten Mal in so vielen Jahren sah ich, wie ihm zwei dicke Tränen über die Wangen herunterliefen. Da fühlte auch ich mich berechtigt, über den Tod des Freundes zu weinen. Wir kamen vor das Haus in der Via Galassi. Der alte Rossini wickelte den Körper in eine Decke und nahm ihn vorsichtig in die Arme.

«Warte hier auf mich. Wir müssen den Lieferwagen schnell verschwinden lassen.»

Ich stieg aus, um mir den Schaden zu betrachten, den das Fahrzeug erlitten hatte. Nur ein Scheinwerfer war von den Kugeln verschont geblieben, und ich zählte rund vierzig Einschüsse an der Karosserie. Es war wirklich ein Glück, dass ich nicht getroffen worden war.

Fünf Minuten später war mein Freund zurück. Er stieg in den Panda und fuhr mir voraus bis zum Kanal von Mamarranca, der durch einige Stadtrandbezirke fließt und seit jeher von der Cagliaritaner Unterwelt als Mülldeponie benutzt wird. Wir sahen zu, wie sich der Lieferwagen einen Moment lang an der Oberfläche hielt, bevor er im Schlammwasser versank.

Eine halbe Stunde später saßen wir an Marlons Bett. Der Mailänder hatte ihm eine Decke bis unters Kinn gezogen, sodass man den scharfen Schnitt von Ginas Messer nicht sah. Das Gesicht war am Ohr und an der Nasenspitze leicht verstümmelt: Die Rache meiner Exverlobten dafür, dass ich ihr Ratespiel mittendrin abgebrochen hatte. Rauchend und trinkend hielten wir bis zum Morgen bei unserem Freund Wache. Als das Sonnenlicht in den Raum flutete, umarmte Benjamino den leblosen Körper und schwor Rache.

«Marco, ich will nicht, dass er im Leichenschauhaus endet und in die Hände eines dieser Leichenfledderer vom Dienst gerät», sagte er traurig. «Und ich will nicht dann in der Zeitung den üblichen Schwachsinn lesen, den sie so verzapfen, wenn unsereins stirbt… Marlon hat das nicht verdient.»

In diesem Moment wurde mir klar, wie groß der Schmerz war, der unsere Seelen verwüstete: Wir würden nie mehr Frieden finden, wenn wir die Leiche unseres Freundes hastig irgendwo zurückließen.

«Ich verstehe», sagte ich und nickte, «und ich bin deiner Meinung. Wir machen es auf unsere Weise.»

Wir gingen raus und suchten die alte Ducati 250. Wie erwartet, fanden wir sie in der Nähe des Parkplatzes an der Piazza Pitagora, wo Dedonato gewöhnlich seinen Wagen abstellte. Offenbar hatten sie den Sarden geschnappt, als er die Gegend überwachte. Wir wickelten Brundu wieder in die Decke und gingen in ein Bestattungsunternehmen, das wir zufällig aus den Gelben Seiten herausgesucht hatten.

Der alte Rossini hielt dem Besitzer den Lauf seines Maschinengewehrs unters Kinn und drückte ihm eine Hand voll Hunderttausender in die Hand. «Ich will eine gute Arbeit. Damit seine Mutter ihn sich zum letzten Mal ansehen kann.»

Ebenfalls aus dem Telefonbuch suchten wir uns die anderen Adressen zusammen, wo wir alles Nötige bekommen konnten, um unserem Freund mit Würde Lebwohl zu sagen. Manchmal war Geld allein völlig ausreichend, in anderen Fällen musste Benjamino das Schießeisen zeigen und ein böses Gesicht machen, und diese Drohungen nahmen alle sehr ernst. Kurz nach 23 Uhr erreichten wir das Sant' Elia-Viertel und machten uns auf den Weg zum Haus des Sarden. Benjamino auf der Ducati fuhr voraus, ich folgte ihm in einem Lieferwagen. Vom Sicherheitsgurt gehalten saß Marlon an meiner Seite: Der Typ vom Bestattungsunternehmen hatte wirklich sein Bestes getan, allerdings hatte er auch einen Seufzer der Erleichterung nicht unterdrücken können, als wir mit der Leiche sein Geschäft verließen.

Ich hielt etwa vierzig Meter vom Haus entfernt und schob die Seitentür auf. Das Fahrzeug war für Filmvorführungen im Freien ausgestattet. Ich holte eine auf Rollen montierte Plattform heraus, auf der ein 16-Millimeter-Projektor angebracht war. Während Rossini zu beiden Seiten zwei mächtige Lautsprecher aufstellte, legte ich den Film ein. Dann setzten wir Marlon Brundu auf den Sitz seines geliebten Motorrads und platzierten beide zwischen Projektor und Haus. Wir waren fast fertig. Es fehlte nur das Publikum. Aus der Jackentasche holte ich eine Kassette, auf der nur ein Stück war: *I smell a rat* von George «Buddy» Guy. Seit Jahren trug ich sie immer bei mir. Ich hatte das Stück als Begleitmusik für ein anderes Begräbnis ausgesucht, mein eigenes nämlich. Deshalb hatte ich mich fast nie von der Kassette getrennt. Bis zu dieser Nacht. Dieser Blues war traurig und wutgeladen – das hörte man aus den jaulenden Tönen der elektrischen Gitarre heraus, die 9 Minuten und 31 Sekunden lang ihre Flüche zum Himmel schleuderte. Es war zugleich auch Buddys mediterranstes Stück. Es wurde von amerikanischen Musikern gespielt und war am 31. Oktober 1979 in Frankreich, in den Condorcet Studios von Toulouse, aufgenommen worden. Auch deshalb meinte ich, würde Marlon das Lied und meine Geste des Abschieds mögen. Wir hatten das Autoradio des Lieferwagens mit den Lautsprechern des Projektors verbunden. Als ich die Lautstärke voll aufdrehte, drangen die Stimme und die Gitarre von Buddy in sämtliche Häuser, und die Bewohner öffneten ihre Fenster.

Auch das Fenster von Marlons Mutter ging auf, wie ich sah. Ich schaltete den Projektor ein. Das Licht fiel auf Marlon und sein Motorrad und warf ihre Schatten auf die abblätternde, weiße Hauswand. Zu den Klängen des Blues erschien der Vorspann auf der Mauer. Dann folgten die ersten Szenen von *Der Wilde.* Zum letzten Mal wohnte unser Freund einer Vorführung des Films seines Lebens bei. An einem bestimmten Punkt verschmolz er mit den anderen Black Rebels und lief mit ihnen in die Ferne.

Von zwei Nachbarinnen gestützt, kam seine Mutter auf die Straße herunter.

«Wir haben Ihnen Ihren Sohn zurückgebracht», sagte der alte Rossini und umarmte sie.

Dann kamen auch andere Freunde, dieselben, die Brundu uns vorgestellt hatte, als er uns zu dem Besuch in sein Viertel einlud. Wir baten sie, ihm die Demütigung einer Autopsie und der Fotos in der Zeitung zu ersparen. Sie antworteten uns, wir sollten uns keine Sorgen machen. Wir überließen ihnen auch den Lieferwagen und den Projektor mit dem Auftrag, sie zurückzubringen. Zu Fuß gingen wir davon. Nach einer Weile drehte ich mich um, und es schien, als würde unser Freund sich mit Marlon Brando und Lee Marvin unterhalten.

Am nächsten Morgen begegnete ich Benjamino in der Küche unserer Mansardenwohnung. Der Duft seines Rasierwassers war stärker als der des Kaffees, den er gerade trank. Am Jackenkragen hatte er deutlich sichtbar einen schwarzen Knopf angebracht. Er hielt mir einen ebensolchen hin. Schweigend heftete ich ihn mir an die Jacke: Ich hatte keine Lust, mit ihm zu streiten.

«Als erstes töten wir Dedonato. Diese Nutte will ich zuerst zur Witwe machen, bevor ich sie umlege…»

Ich beobachtete ihn, wie er die Kaffeetasse zum Mund führte. Die Vendetta war ein Fieber geworden, das ihn verzehrte. Nichts und niemand würde ihn von seinem Vorhaben abbringen: Bevor es ihm nicht gelungen war, an Gina, Gance und Dedonato die Höchststrafe zu vollziehen, würde er keine Ruhe finden.

«Wir müssen aufpassen: Auch sie suchen uns… Vielleicht können wir uns den Luxus ja gar nicht leisten, die Reihenfolge zu bestimmen, in der wir sie beseitigen wollen, vor allem, wenn sie uns zuerst finden», argumentierte ich in dem Versuch, ihn zur Vernunft zu bringen.

«Du hast Recht, aber Napoléon-Dedonato ist der Einzige, von dem wir einiges wissen: Wir kennen seinen Wagen, den Ort, wo er ihn abstellt, und wohin er zum Glücksspiel geht. Um uns tagsüber nicht erwischen zu lassen, bleiben wir schön hier drin versteckt. Wir gehen nur nachts aus, um zum

Spiellokal zu gehen. So lange, bis wir seinen Wagen sehen. In dem Fall stellen wir unseren ab, gehen rein und legen ihn um.»

In meinem Kopf schrillte ein Alarmsignal. «Sollten wir nicht lieber warten, bis er herauskommt? Ist es nicht viel einfacher, ihn umzulegen, während er den Wagen aufschließt?»

«Und die Spielbank, wie soll ich die überfallen?», fragte er mit Engelsmiene.

Ich sprang auf. «Den Überfall wolltest du für Marlon machen. Und er ist leider nicht mehr.»

Ruhig meinte er, ich solle mich wieder hinsetzen. «Der Überfall ist notwendig, um die Ermittlungen in eine falsche Richtung zu lenken. Wenn ich ihn auf der Straße erschieße, wird die Polizei an eine Hinrichtung denken, wenn er dagegen in dem Spiellokal stirbt, dann werden sie ihn als zufälliges Opfer eines nervösen Überfalltäters einordnen... von den Gästen wird sowieso keiner reden, außerdem bezweifle ich, dass überhaupt einer von denen das Eintreffen der Polizei abwarten wird...»

«Lass dir was Besseres einfallen», erwiderte ich. «Der Todgeweihte ist ein Exagent des SISDE, der sich mit zwei Kronzeugen in Luft aufgelöst hat... Wie auch immer du ihn beseitigst, die werden nie an einen Unglücksfall glauben.»

«Na gut», räumte er ein und breitete die Arme aus. «Dieser Überfall muss gemacht werden, um die Familie zu entschädigen und der Mutter eine auskömmliche Zukunft zu sichern.»

Diesem Argument konnte ich nur mit einem ironischen Lächeln begegnen, das meine Missbilligung ausdrückte.

Aber er bemerkte das gar nicht.

Vier Nächte lang fuhren wir den Viale Merello auf und ab, alle halbe Stunde an dem Spiellokal vorbei, ohne den Wagen Dedonatos zu sehen. Ich nutzte diese nächtlichen Rundfahrten, um Benjamino umzustimmen. Mein Hauptargument war Giampaolo Siddi und die für unsere Nachforschungen verhängnisvolle Möglichkeit, dass er Sardinien wieder verlassen könnte. Mein Partner hörte mir nicht einmal zu. Im Laufe der Zeit wurde seine Laune immer schlechter: Er sprach, schlief und aß immer weniger. Am fünften Tag wurde er wirklich unerträglich. Zum Glück sahen wir bei unserer x-ten Fahrt den Passat des Exagenten des SISDE unweit von dem Spiellokal geparkt. Als wir daran vorbeifuhren, kam meinem Partner eine Idee: «Die Napoléon-Bande muss notwendigerweise ‹reguläre› Fahrzeuge benutzen: Von einwandfreien Firmen oder Privatpersonen gekauft oder auf sie zugelassen, um durch jede Art von Kontrolle zu kommen.»

«Ja und?»

«Bevor ich ihn umlege, muss ich daran denken, mir die Autoschlüssel geben zu lassen ... Dann haben wir endlich einen schnellen Wagen zur Verfügung. Ich bin es leid, im Panda herumzufahren.»

Im Vorgarten des Lokals warteten wir die Ankunft von zwei Stammgästen ab, die wir bei unserer Überwachung schon früher beobachtet hatten. Als sie klingelten, überraschten wir sie von hinten. Es war ein stinkreiches Paar um die fünfzig. Er wurde in meinen Armen fast ohnmächtig, als der alte Rossini ihm das Maschinengewehr zwischen die Schulterblätter setzte und flüsterte: «Wenn die Gorillas das Fensterchen aufmachen, um zu sehen, wer geläutet hat, setzt ein nettes Lächeln auf, und keinem wird was geschehen.»

Trotz ihrer Angst wirkten die beiden glaubwürdig genug, und die Tür wurde anstandslos geöffnet. Als jedoch mein Freund die beiden Wachbeauftragten gegen die Wand stellte und entwaffnete, beschloss der stinkreiche Herr, es noch einmal mit einer Ohnmacht zu probieren – diesmal mit vollem Erfolg. Die Frau schien völlig unbeeindruckt zu sein und versuchte ärgerlich, ihn wieder zu beleben, indem sie ihm mit der Spitze ihrer Lackschuhe gezielte kleine Tritte in die Rippen versetzte.

«Das reicht», der Mailänder hielt sie auf. «Sie können ihn nachher fertig machen. Jetzt gehen Sie bitte freundlicherweise mit diesen beiden Schwachköpfen hier vor uns her.»

Einer der beiden versuchte seinen Ruf zu verteidigen. «He, du hast doch bloß Glück gehabt», protestierte er.

«Schnauze, du», gab Benjamino zurück. «Ihr seid ja geradezu zwei Lockvögel für Überfälle... Wer weiß, vielleicht tun wir euch ja noch einen Gefallen, wenn wir eure Karriere beenden.» Er gab mir ihre Pistolen. Die waren groß und schwer.

«Was soll ich damit machen?»

«Nichts. Behalt sie in der Hand, den Lauf zu Boden gerichtet. Sie sind so groß, dass ihr Anblick allein schon Angst macht.»

Wir gingen die Treppe hinauf und kamen in einen großen Saal, wo ungefähr fünfzig Personen so sehr ins Glücksspiel vertieft waren, dass ihnen an unserer merkwürdigen Gruppe zunächst gar nichts auffiel.

«Gibt es noch andere Räume?», fragte ich die Frau.

«Zwei Bäder, wo die Leute zum Schnupfen hingehen, und vier oder fünf Räume für Poker, aber die sind schallisoliert...», antwortete sie mit sichtlichem Ekel.

«Das Ambiente scheint ja nicht ganz Ihrem Geschmack zu entsprechen», erkundigte ich mich neugierig.

«Um Himmels willen. Hier drinnen, das sind alles Neureiche... Sie riechen noch nach Schafstall... Die einzige Frau von Format hier, das bin ich... Ich entstamme einer der ältesten und angesehensten Adelsfamilien...»

Sie bekam ihren Satz nicht fertig, weil Rossini ihr einen Fußtritt in den Hintern versetzte, der sie hochkant auf einen Macao-Tisch beförderte, das ist die italienische Variante des Baccarat. «Gräfin von und zu meinen Eiern», hörte ich ihn murmeln. Der Adel hatte noch nie seine Sympathien genossen. Dieses Handgemenge zog nun doch die Aufmerksamkeit der Anwesenden auf sich.

«Hände hoch», rief mein Partner. «Besonders du», zu Alberto Dedonato gewandt, der uns erkannt hatte und mit der Hand ins Innere seiner Jacke fuhr. Das auf ihn gerichtete Maschinengewehr brachte ihn jedoch davon ab, und folgsam hob er die Hände über den Kopf. Der Mailänder ging zu ihm hin und zog ihm vorsichtig die Pistole aus der Achseltasche.

«Wenn sonst noch jemand eine Kanone bei sich hat, dann sollte er sie besser beim Lauf nehmen, vorsichtig auf den Boden legen und mit dem Fuß zu mir herschieben», erklärte er freundlich. Nicht vor mir müsst ihr Angst haben, sondern vor meinem Partner. Er hält die beiden Pistolen auf den Boden gerichtet, solange niemand auf die Idee kommt, irgendwelche Faxen zu machen; wenn er die Läufe dann aber mal gehoben hat, dann ballert er los... Nicht umsonst wird er ‹Zwei Pistolen› genannt.» Dieser alte Ganove war wirklich ein Meister des Überfalls. So ruhig, als würde er an der Bar seinen Kaffee trinken, log er hier das Blaue vom Himmel, hielt die Situation unter Kontrolle und kam dabei ohne jede Gewalt aus. Drei Männer und eine Frau, Letztere im Besitz einer kleinen Pistole mit Perlmuttgriff, sahen ihn unterwürfig an und entledigten sich ohne Widerrede ihrer Waffen.

«Jetzt wird jeder von euch so freundlich sein, alles Geld und sämtliche Wertgegenstände auf den Tisch zu legen und dann mit erhobenen Händen und mit dem Gesicht zur Wand zu gehen», befahl er. «Du hingegen bleibst, wo du bist.. schön ruhig sitzen bleiben und Hände hoch», zischte er den Exagenten an.

Napoléon schwitzte reichlich. Er hatte begriffen, dass wir seinetwegen da waren.

Ich nützte meine neue Rolle des gnadenlosen Pistoleros

und befahl einem Croupier, ein Tischtuch zu holen und die Beute darin einzuschlagen. Innerhalb von fünf Minuten war der Überfall erledigt. Jetzt war es Zeit für die Vendetta. Der alte Rossini nahm einen anderen Ausdruck an, er legte die Rolle des höflichen Räubers ab, um wieder der vom Schmerz aufgewühlte Mann zu werden, der seinen Feinden Tod geschworen hatte, als er die Leiche von Marlon Brundu im Arm hielt.

«Bist du bereit zu sterben?», flüsterte er Dedonato zu, nachdem er sich die Wagenschlüssel hatte geben lassen. Der Mann antwortete nicht. Mit einer fahrigen Bewegung wischte er sich den Schweiß ab, der ihm in die Augen rann. Benjamino schulterte das Maschinengewehr und nahm ihn ins Visier.

Der Exagent wandte sich an mich. Ich war seine letzte Hoffnung. «Wenn ihr mich am Leben lasst, gebe ich euch dafür *Mangiabarche.*»

«Ihr seid wirklich der Abschaum der Menschheit», platzte der Mailänder heraus und hielt ihn nach wie vor im Visier. «Ihr entführt, foltert, tötet … Aber wenn eure Stunde gekommen ist, seid ihr stets bereit zu verhandeln, jeden würdet ihr verschachern, nur um eure widerwärtige Haut zu retten …»

Napoléon unterbrach ihn: «*Mangiabarche* und alle anderen …», erhöhte er den Einsatz und sah mir in die Augen.

«Auch Gina?», fragte ich sarkastisch.

«Warum nicht», gab er prompt zurück. «Geschäft ist Geschäft.» Mein Partner verlor die Geduld. «Entscheide du, Marco. Willst du verhandeln und dieses Stück Scheiße am Leben lassen, oder willst du den Tod eines Freundes rächen?»

Ich hätte verhandeln und diese Mörderbande auf andere Weise außer Gefecht setzen wollen, aber ich wusste, dass ich dann die Freundschaft von Benjamino Rossini ein für alle Mal verlieren würde – und auf die wollte ich nie und nimmer verzichten, selbst wenn ich dafür die Wahrheiten Dedonatos und tausend anderer wie ihn erführe. Und dann hätte ich für immer mit dem Schuldgefühl leben müssen, den Sarden verraten zu haben, der in der Gewissheit gestorben war, dass ihn seine zwei Freunde vom Festland rächen würden. Mir blieb keine Wahl.

«Viele Grüße von Marlon Brundu», sagte ich.

Dedonatos Brust bebte nur leicht, als sie von der kurzen Salve getroffen wurde – es waren drei Schüsse gewesen. Er fiel sofort zu Boden. Der alte Rossini schoss weiter, er feuerte alle siebenundzwanzig 9-Millimeter-Kugeln, die er im Magazin hatte, auf ihn ab.

Eine Stunde später saßen wir ruhig in unserer Mansarde am Küchentisch. Fachmännisch machte Benjamino sich an die Schätzung der Beute. Ich trank, rauchte und behielt das Handy im Auge. Ich erwartete einen Anruf.

«Sie ruft nicht an», sagte er und hielt einen Ring gegen das Licht, um den Stein zu betrachten. «Du riskierst, den Rest der Nacht umsonst wachzubleiben.»

«Sie ruft an. Da bin ich mir ganz sicher.»

Um Punkt 14 Uhr läutete das Telefon und riss mich aus dem Schlaf.

«Ciao, Gina.»

«Alberto war sehr wichtig für mich. Ich hab ihn kennen gelernt, als ich gerade erst zwanzig war... Ihr hättet ihn nicht umbringen dürfen, Alligator. Ich bin sehr traurig», murmelte sie mit gebrochener Stimme.

«Gewöhn dich an den Gedanken... Das ist nur die Anzahlung auf den Mord an Marlon. Benjamino hat in alle dreißig Kugeln eines Magazins ein Kreuz geritzt und sie mit Knoblauch eingerieben, die sind alle ganz allein für dich bestimmt. Er will sicher sein, dass du stirbst.»

«Du auch, schöner Alligator?»

«Nein. Ich würde dich lieber mit einer Zwangsjacke eingesperrt sehen... Aber jetzt ist der Krieg eröffnet, und wir können nicht mehr zurück.»

«Ihr werdet ihn verlieren, diesen Krieg… Willst du wissen, auf welche Weise ich beschlossen habe, dich umzubringen?»

«Danke, lieber nicht. Ich liebe Überraschungen», log ich.

«See you later, Alligator», verabschiedete sie sich.

«In a while, crocodile.»

Vier

«56 Millionen Lire in bar und noch mal so viel an Schmuck und Uhren, sechs Pistolen... keine schlechte Ausbeute», kommentierte mein Partner zufrieden.

Mein Blick fiel auf eine große Plastiktüte, die auf einem Stuhl lag. «Und was ist da drin?»

«Vorhin, als du schliefst, hab ich mir den Passat ein bisschen näher angesehen... Ich hoffte, da was Interessantes zu finden, aber leider... ich hab jedenfalls alles in die Tüte gepackt.»

Ich räumte sie aus: Straßenkarten von Sardinien und Korsika, das Wartungsheft für den Volkswagen und ein Umschlag mit den Wagenpapieren.

Die Zulassung war auf den Namen der italienischen Filiale einer belgischen Firma mit Hauptsitz in Lüttich ausgestellt: Schutz & Van Daële Import-Export. Die italienische Niederlassung befand sich in Cagliari, in der Via Cannizzaro 162. Als ich auf dem Stadtplan nachsah, entdeckte ich, dass es nur ein paar Schritte von der Piazza Pitagora entfernt war, wo der Exagent des SISDE gewöhnlich seinen Wagen parkte.

«Wir haben Dedonatos Wohnung gefunden», verkündete ich.

«Dann sind das die Schlüssel dazu», sagte er und hielt sie mir klimpernd hin. Die waren zusammen mit dem Autoschlüssel.»

«Es ist vielleicht sinnvoll, hinzugehen und uns etwas umzusehen.»

«Lass mir Zeit, die Artillerie fertig zu machen.»

Ich nahm die Fotokopie des Buches über den französischen Film zur Hand und schlug zielsicher Seite 147 auf, wo von dem Regisseur Abel Gance und seinem Meisterwerk *Napoléon* die Rede war. Wie ich vermutet hatte, gehörten auch Maurice Schutz und Edmond Van Daële zum Cast, Letzterer in der Rolle des Robespierre. Ich beschloss, den Korsen ein Geschenk zu machen und ihnen die Adresse der Firma in Lüttich durchzugeben. Es war nicht auszuschließen, dass die Import-Export-Firma in Wirklichkeit die eigentliche Zentrale war: Belgien ist ja seit jeher die Heimat von Söldnern und ehemaligen Geheimagenten auf der Suche nach neuen Jobs.

«Bemerkt man irgendwelche Ausbuchtungen?», fragte mein Partner und drehte sich wie in einer improvisierten Modenschau einmal um die eigene Achse.

«Nein», antwortete ich und betrachtete ihn genau.

«Unter dem Mantel habe ich zwei Maschinengewehre, zwei Pistolen und verschiedene Reservemagazine versteckt.»

«Findest du das nicht übertrieben?»

«Ich will das gesamte erforderliche ‹Instrumentarium› dabeihaben, um für jede brisante Situation gerüstet zu sein.»

«Partner du führst doch was im Schilde ...»

«Ich hab da so eine vage Idee, um deine Exverlobte und ihren Boss hervorzulocken.»

«Und ich hab das unbestimmte Gefühl, dass deine vage Idee mir überhaupt nicht gefallen wird.»

Er zwirbelte seinen Schnurrbart. «Ich hatte vor, dich als Köder zu benutzen, um sie aus der Reserve zu locken», sagte er mit Engelsmiene.

Ich starrte ihn an und musste mit Schrecken erkennen, dass er es ernst meinte. «Und wie?»

«Du setzt dich ins *Libarium* und trinkst dein Feuerwasser. Sie entdecken dich und warten draußen auf dich, um dich umzulegen ... Aber da komme ich ...»

Ich bewegte den Zeigefinger hin und her. «Kommt überhaupt nicht in Frage.»

«Komm, Marco», beharrte er. Das funktioniert bestimmt. Jetzt verfüge ich über ein solches Arsenal an Feuerwaffen, dass ich es mit ihnen aufnehmen kann, ohne Angst zu haben... Diese beiden Weicheier von Wachposten im Spiellokal haben uns zwei doppelläufige Browning Kaliber 9 mit Magazinen zu je dreizehn Schüssen vermacht...»

«Eine Schießerei à la Bruce Willis vor meinem Lieblingslokal, das erlaube ich dir einfach nicht», sagte ich in einem Ton, der keinen Widerspruch duldete.

«Der übliche Spielverderber. Hast du vielleicht eine bessere Idee?», fragte er missmutig.

Ich sah nach, ob noch etwas Kaffee im Espressokännchen war. Ich goss ihn in eine Tasse und füllte diese reichlich mit Calvados auf.

«Einen wirklichen Plan noch nicht», sagte ich zögernd, «aber eine Gewissheit. Und die heißt *Mangiabarche.* Erst wenn wir das Geheimnis von *Mangiabarche* gelöst haben, wird es uns gelingen, die Bande dingfest zu machen... Bisher haben wir uns noch nie darum gekümmert herauszufinden, wer oder was sich hinter diesem merkwürdigen Namen verbirgt. Jetzt ist der Augenblick gekommen, das zu tun...»

«Meinst du wirklich, das könnte der entscheidende Schachzug sein?», fragte er zweifelnd.

«Hundertprozentig. Und weißt du, warum? Weil das die erste Information war, die Dedonato im Tausch gegen sein Leben angeboten hat: ‹Wenn ihr mich am Leben lasst, gebe ich euch dafür *Mangiabarche*›, hat er gesagt und dann hinzugefügt: ‹... und alle anderen.› Vergessen wir auch nicht das Blatt aus dem Haus in Cartalavonu und die letzten Worte der Witwe Vadilonga.»

Der alte Rossini steckte die Hände in die Taschen und wippte nachdenklich auf den Fersen vor und zurück. «Dass dieses verflixte *Mangiabarche* für die Ermittlungen wichtig ist, wissen wir schon seit einer Weile... Auf der Fähre während der Rückfahrt von Korsika haben wir uns das Hirn zermartert mit der Frage, was das sein könnte... Aber das ist nicht das Problem, Marco, und du weißt das...»

Ich wusste genau, worauf er hinauswollte, aber seine Dickköpfigkeit ärgerte mich. «Nein. Ich weiß es wirklich nicht... Versuch doch mal, es mir zu erklären», gab ich bewusst provozierend zurück.

Er schlug den Mantel auf und wies mit dem Zeigefinger auf den schwarzen Knopf am Jackenaufschlag. «Wir sind in Trauer, Partner. Und wir bleiben es, bis die Rechnung beglichen ist. Erst die Toten und dann *Mangiabarche.* Das ist die Regel.»

«Du begehst einen Bewertungsfehler», sagte ich in plötzlich verändertem Ton. «Als wir Dedonato töteten, haben wir de facto die einzige Spur vernichtet, die uns zum Rest der Bande hätte führen können. Deswegen hast du ja selbst vorgeschlagen, ihnen eine Falle zu stellen, um sie hervorzulocken. Wir sollten aber nicht vergessen, dass auch sie uns suchen, um uns zu beseitigen... In dieser Situation, mit Fallen und Gegenfallen, riskieren wir nicht nur, dass die Lage außer Kontrolle gerät, wir riskieren vor allem unsere Haut.»

«Klingt gut, überzeugt mich aber nicht. Als Dedonato uns über die Wanzen abhörte, wusste er ja, dass unser Auftrag Giampaolo Siddi, seine Geschäfte und die Bande der ‹Anwälte› war. Und tatsächlich hat er erst im zweiten Anlauf hinzugesetzt ‹und alle anderen›, und genau die will ich.»

«Über Siddi schnappen wir sie alle, und wenn du willst, kannst du die ganze Bande umlegen», sagte ich mit bestimmter Stimme.

Er zuckte die Achseln. «Das ist eine Arbeit, die die Korsen liebend gerne zu Ende bringen werden... Ich begnüge mich mit Gina und Gance.» Er ging zum Kühlschrank und holte eine eisgekühlte Flasche Wodka und ein Glas heraus. Jetzt statten wir jedenfalls erst mal der Wohnung von Dedonato einen Besuch ab, und dann sehen wir weiter.»

Auf dem Weg dorthin machten wir in einem Einkaufszentrum Halt, von wo aus mein Partner seinen korsischen Kontaktmann anrief, um ihm die Informationen über die belgische Niederlassung der Napoléon-Bande durchzugeben. Ich wartete unweit davon in der Nähe des Ausgangs, wo es nur so von Menschen wimmelte – es waren hauptsächlich Liebespärchen, die Hand in Hand dahinschlenderten, und mit Einkaufstüten beladene Mütter, die ihre brüllenden Kinder im Schlepptau führten. Als der Mailänder aufgelegt hatte, kehrte er nicht gleich zu mir zurück, um zum Wagen zu gehen, sondern steuerte geradewegs auf die Rolltreppe los. Ich wurde neugierig und folgte ihm. Ich fand ihn im ersten Stock in einem Juwelierladen. Durch das Schaufenster sah ich, dass er ein goldenes Armband probierte. Noch eines, das er der ohnehin schon beachtlichen Sammlung am linken Handgelenk hinzufügte. Er schäkerte lange mit den Verkäuferinnen herum, die herzhaft über seine Witze lachten. Wenn sie auch nur eine blasse Ahnung gehabt hätten, was er unter seinem Mantel trug, wäre ihnen die gute Laune schlagartig vergangen. Zum Schluss suchte er ein Armband in Seemannsart aus, mit gekreuzten Ankern als Glieder.

Als ich die Art bemerkte, wie er es an seinem Handgelenk betrachtete, wo es sich mit den anderen mischte, verstand ich seine Bedeutung. «Noch ein Skalp», dachte ich kichernd. Dann eilte ich zum Ausgang: Ich wollte nicht, dass der alte Gangster mich lachen sah.

Die Nummer 162 der Via Cannizzaro war ein Einfamilienhaus. Rechts und links davon standen andere, die genauso aussahen: ein Spitzdach, das vage an die Tiroler Bauart erinnerte, jede Menge Säulchen auf quadratischem Sockel und zweifarbig bemalt, als seien es lauter Portionen Erdbeer- und

Zitroneneis. Ein blankes Messingschild verkündete, dass es sich hier um den Sitz der Import-Export-Firma Schutz & Van Daële handelte. Die Fensterläden waren geschlossen, und das Haus wirkte verlassen.

Wir beschlossen hineinzugehen. Der Mailänder öffnete das Gartentor mit einem der Schlüssel. Mit einem anderen – einem fetten Tresorschlüssel – machte er die Haustür auf und schaltete gleichzeitig die Alarmanlage ab. Der alte Rossini ging allein hinein, das Maschinengewehr in der Hand. Zwischen zwei Fingern seiner linken Hand hielt er, den Griff fest umschlossen, die Stabtaschenlampe. Fachkundig inspizierte er rasch die einzelnen Räume, dann rief er mich.

Ich schloss die Haustür hinter mir und machte Licht. Nur die Möbel hatten sie dagelassen, alles andere war weggeschafft worden, Schubladen und Schränke waren gähnend leer.

An der Einrichtung konnte man erkennen, dass ein Teil des Hauses als Büro genutzt worden war, der andere Teil als Schlafstätte. Wir zählten acht Betten. Benjamino machte mir Zeichen, ihm ins Bad zu folgen. Mit Lippenstift hatte Gina wieder mal eine ihrer Nachrichten auf den Spiegel geschrieben: «See you later, Alligator.» Darunter hatte sie wie von Kinderhand ein Gesicht gemalt. Außer der Nase: die war echt. Es war das Stück, das von Marlon Brundus Nase fehlte. Am Rand des Waschbeckens, wie in Eile dort liegen gelassen, war eine Tube Klebstoff.

Mein Freund verließ den Raum und zertrümmerte mit Fußtritten zwei Wiener Kaffeehausstühle mit Korbgeflecht. Dann schichtete er die Holzstücke unter einem Tisch aus altem Buchenholz auf und drückte die Tube Klebstoff darüber aus. «Leicht entflammbar» stand als Warnung auf der Gebrauchsanweisung. Dann holte er das Feuerzeug aus der Tasche. Er war überzeugt, dass die Bande – sollte es Gina und Gance gelingen, uns aus dem Weg zu räumen – das Haus wieder beziehen würde. Da konnte man ihnen das Leben ja auch ein bisschen schwerer machen. Ich war der Meinung, dass der Brand außer der Feuerwehr auch die Polizei herbeilocken würde und womöglich auch einen jungen, neugierigen Richter…

«Verdammtes Luder», rief Benjamino und meinte meine Exverlobte. «Ich muss sie so bald wie möglich umbringen, sonst werd ich noch verrückt», setzte er hinzu und schlug mit der Faust auf das Lenkrad.

«Mangiabarche», war meine lakonische Antwort.

«Ist ja gut!», schnaubte er wütend. «Machen wir's, wie du meinst… aber nur eine Woche lang», schränkte er ein. «Dann setzt du dich ins *Libarium* und spielst den Köder.»

Ich antwortete nicht. Ich streckte ihm nur die rechte Hand entgegen, und er drückte sie kräftig. Ich hoffte bloß, dass mein Kreuzritter- und Detektivinstinkt mir die richtige Fährte zeigte. Benjaminos Plan war taktisch korrekt, konnte aber für mich und für andere harmlose Säufer tödlich werden. Ich bin keine edle Seele, aber das hätte ich mir nie verzeihen können: Besoffene sterben immer, ohne zu wissen, warum.

«Signor Buratti, wissen Sie, dass Alberto Dedonato bei einem Raubüberfall auf ein Spiellokal im Viale Merello ermordet worden ist?»

Rechtsanwalt Columbu erwartete geduldig, aber vergeblich eine Antwort von mir.

«Ein Freund von mir im Polizeipräsidium», fuhr er fort, «hat mir vertraulich mitgeteilt, einige Informanten aus der Gegend von Sant'Elia hätten berichtet, vor einigen Tagen dort ein merkwürdiges Spektakel beobachtet zu haben, offenbar so etwas wie eine Zeremonie… Die Ermittler und die Staatsanwaltschaft – das sind immer noch vertrauliche Informationen – wissen nicht, was sie davon halten sollen ... Hier in Cagliari sind derartige Dinge noch nie vorgekommen. Man fahndet nach zwei Männern vom Festland. Anscheinend wird der eine von ihnen im Milieu ‹Zwei Pistolen› genannt ...»

Ich zündete mir eine Zigarette an. «Sind Sie fertig?», fragte ich unwirsch.

«Derjenige, der Sie mir empfohlen hat, sprach von Ermittlungen am Rande der Legalität, nicht von Morden», schloss er eisig.

Ich schnaubte. «Ja, Sant' Elia ist unser Werk. Siddis Freunde haben Marlon Brundu, unseren Mitarbeiter vor Ort, gefoltert und ermordet. Er stand auch auf Ihrer Gehaltsliste.» Es lag mir daran, das zu erwähnen. «Wir haben ihm auf unsere Art die letzte Ehre erwiesen ... und das ist unsere Angelegenheit ...», schloss ich und wies auf den schwarzen Knopf, den ich am Jackenaufschlag trug.

«Und Dedonato?», drängte er.

«Herr Anwalt, ich wundere mich, dass ein erfahrener Strafrechtler wie Sie vertraulichen Mitteilungen Glauben schenkt, ohne sie zuvor auf ihre Stichhaltigkeit geprüft zu haben», erwiderte ich beleidigt. «In dieses Spiellokal haben wir nie auch nur einen Fuß gesetzt. Wir haben ihn nicht umgelegt ... Ehrenwort», log ich grinsend.

Der alte Anwalt fixierte mich, und ich hielt seinem Blick stand. «Buratti, seien Sie mir nicht böse, aber diese Worte hätte ich lieber aus Rossinis Mund gehört.»

«Das ist mir klar, Herr Anwalt, und ich bin Ihnen nicht böse. Sie und Benjamino, ihr beide seid aus demselben Stoff gemacht, zwei eiserne Ehrenmänner. Kaum habt ihr euch gesehen, wart ihr auch schon ein Herz und eine Seele ...»

«Mir scheint, obwohl Sie das Gegenteil behaupten, sind Sie doch beleidigt.»

«Nein», versicherte ich ihm. «Es ist nur eine plötzliche

Anwandlung von Niedergeschlagenheit … Wenn ich einen Anwalt brauchte, würde ich mich nicht von einem aufrechten Ehrenmann wie Sie vertreten lassen. Das habe ich schon mal getan und dafür sieben unvergessliche Jahre im Knast abgesessen … Ich würde den korruptesten nehmen, denjenigen mit den besten Beziehungen zu den Richtern … Denn das ist der Typ Anwalt, der Prozesse gewinnt … Und Sie, ein Mann von Ehre, Jahrgang '99, haben sich für diese Ermittlungen schließlich auch nicht an einen pensionierten Carabinieri-Marschall gewandt, der dreißig makellose Dienstjahre vorzuweisen hat. Sie haben mich gerufen: einen Kreuzritter, einen Detektiv, der nicht zimperlich ist … Denn das ist der Typ von Detektiv, der die Wahrheit herausfindet. Also hören Sie auf, mir auf die Nerven zu gehen, und kommen wir zu ernsthafteren Dingen, und Dedonato gehört bestimmt nicht dazu.»

Columbu spielte mit seiner Brille, schob sie abwechselnd mal auf die Nase, mal auf die Stirn. Jedes Mal wenn ich mit Ihnen spreche, spüre ich unweigerlich das Gewicht der Jahre», bemerkte er seufzend.

«Mangiabarche», kam ich zur Sache, ungeduldig beim Gedanken an die knappe Woche, die Rossini mir eingeräumt hatte, um den Fall zu lösen. «Sagt Ihnen dieser Name nichts?»

«Nie gehört. Ich nehme an, das hat mit dem Fall zu tun.»

«Es ist der Schlüssel zur Lösung des Falls», sagte ich mit Nachdruck. «Was auch immer es ist, ich weiß mit Sicherheit, dass es hier in Sardinien ist …»

Er kratzte sich den eingefallenen Bauch. «Gehen Sie in die Buchhandlung Tiziano in der gleichnamigen Straße, gleich beim San-Benedetto-Markt. Da verkehrt eine Gruppe von Intellektuellen, exzellente Kenner der Insel … Vielleicht können die Ihnen weiterhelfen.»

Ich hielt schon die Türklinke in der Hand, als Columbu

noch hinzusetzte: «Mois Krankheit schreitet schneller voran als eure Ermittlungen ... Es bleibt nicht mehr viel Zeit.»

Als ich aus der Kanzlei kam, war es schon Viertel vor acht abends. Zu spät, um in die Via Tiziano zu gehen. Ich beschloss, in unsere Mansarde zurückzukehren, wo der Mailänder auf mich wartete. Ich hatte nicht gewollt, dass er bei der Unterredung mit Columbu dabei war, weil ich wusste, dass er ihm gegenüber nicht hätte lügen können. Diese Art von Anwalt hat auf diese Art von Gangster exakt die Wirkung eines Beichtvaters. Es war meine Aufgabe gewesen – wie es sich übrigens gehörte, denn schließlich war ich der Hauptverantwortliche dieser Ermittlungen –, unsere Verantwortung an der Ermordung Dedonatos abzustreiten, indem ich mein Ehrenwort dafür einsetzte ... Dessen Wert gleich null war, da ich es schon unzählige Male meinen Klienten gegenüber missbraucht hatte. Und auch das war mir schon ziemlich egal. Mir war schon seit längerer Zeit klar, dass man in diesem Metier, will man zur Wahrheit vorstoßen, zur wirklichen, echten Wahrheit, mit einer Menge Lügen leben muss. Eigenen und fremden. Auch das war Teil meiner Rolle. Die Entrüstung überließ ich gerne anderen: Ich war nicht mehr fähig dazu.

Als mir bewusst wurde, welch wehleidige Note meine Gedanken annahmen, begann ich nach einer einigermaßen gut sortierten Bar Ausschau zu halten, die auch guten Calvados im Angebot hätte. Schließlich geriet ich in eine Weinhandlung, und ich kaufte bei der Gelegenheit gleich ein paar Vorräte ein. Ich nahm auch Wodka für meinen Partner mit. Dann trank ich im Wagen, auf einem abgelegenen Parkplatz. Lange Schlucke direkt, aus der Flasche. Und in aller Stille. Seit dem Abschiedsabend für Marlon hatte ich keinen Blues mehr gehört. Ich hatte keine Lust mehr dazu: Diese ausgerastete Tussi von Gina hatte mein geliebtes Musikgenre dazu benutzt, den Sarden zu quälen. Von all ihren Taten war das diejenige, die ich ihr niemals verzeihen würde, selbst nach ihrem Tod nicht. Nach und nach begann ich mich an die Unausweichlichkeit dieses Ereignisses zu gewöhnen. Sie und Gance waren verurteilt: Früher oder später würde Rossini sie umbringen. Der Fehler des Regisseurs war es gewesen, den alten Gangster zu unterschätzen. Als sie auf den Skatern an ihm vorbeifuhr, ein paar Sekunden bevor sie die Witwe Vadilonga umbrachte, da hatte Gina die einzige echte Chance verpasst, den Mailänder zu beseitigen und damit die gesamte Bande zu retten. Benjamino würde sie zerstören – vernichten. Er war zu stark für sie.

An diesem Punkt der Ermittlungen war das die einzige Gewissheit, die mir blieb. Meine ganze Hoffnung war, Siddi zu finden und eine halbe Stunde Zeit zu haben, um ihn auszufragen... Rechtsanwalt Moi würde glücklicher sterben. Manchmal hat die Wahrheit diese Wirkung.

Aber zuvor musste das Geheimnis von *Mangiabarche* gelüftet werden.

Am nächsten Tag gegen zehn betraten Benjamino und ich die Buchhandlung Tiziano. Sie war nicht groß, aber sehr gut bestückt. Es waren einige Kunden da, und wir mussten etwas warten, bevor wir mit dem Inhaber sprechen konnten.

«Sind Sie Pietro Pani?»

«Ja.»

Ich streckte ihm die Hand entgegen. «Marco Buratti», stellte ich mich vor, «und das ist Signor Benjamino Rossini.»

Er sah uns erstaunt an. Vermutlich wirkten wir nicht eben wie regelmäßige Besucher von Buchhandlungen. «Womit kann ich Ihnen dienen?»

«Rechtsanwalt Genesio Columbu hat uns empfohlen, hierher zu kommen», beeilte ich mich zu erklären, um ihn zu beruhigen. «Wir haben ein Problem, das von außen betrachtet unbedeutend wirken mag, in Wirklichkeit ist es aber sehr ernst...»

«Tödlich ernst», bemerkte Rossini.

Ich warf ihm einen bösen Blick zu und fuhr fort: «Wir müssen unbedingt herausfinden, und zwar so schnell wie möglich, was *Mangiabarche* ist und was das bedeutet.»

«Mangia ... barche», wiederholte er, um sich zu vergewissern, dass er richtig verstanden hatte.

«Mangiabarche», beeilte ich mich, ihn zu berichtigen. «Ein Wort.»

«Nie gehört», sagte er kopfschüttelnd. «Paolo», rief er einen Typen, der in einem Buch blätterte und mit dem Rücken zu uns stand.

Der Mann drehte sich um. Er war um die vierzig, Schnurrbart und Brille und ein sympathisches Gesicht.

«Paolo Frau», stellte er sich vor.

«Er kann euch vielleicht weiterhelfen ... Ich habe mit der Kundschaft zu tun», entschuldigte sich Pani.

Als er von unserer seltsamen Frage erfuhr, kramte Frau in seinen Taschen nach einer Zigarette und steckte sich eine zwischen die Lippen, ohne sie anzuzünden. «Seid ihr sicher, dass sich dieses, was immer es auch ist, in Sardinien befindet?», fragte er verwundert.

«Wir sind uns ziemlich sicher», antwortete ich.

«Denn seht ihr, das scheint kein sardischer Name zu sein, und ich glaube daher ausschließen zu können, dass es sich um einen Ort handelt. Aber überprüfen wir das »

Wir schlugen in Geschichtsbüchern nach, in Büchern über Archäologie und in Fremdenführern, ohne auch nur die geringste Spur von *Mangiabarche* zu finden. Wir befragten auch alle anderen Leute, die sich in der Buchhandlung aufhielten.

Ich war tief betrübt, als ich feststellen musste, dass gebildete Sarden, die ihre Insel liebten und sehr gut kannten, diesen Namen noch nie in ihrem Leben gehört hatten. Trotzdem war ich mir sicher, dass der Name mit Sardinien zu tun hatte.

Nach Geschäftsschluss luden Frau und Pani uns auf einen Aperitif in die Bar an der Ecke ein. Während er eine Hand voll Salzgebäck in den Mund stopfte, schlug Pani vor: «Wenn es für euch so wichtig ist, herauszufinden, was *Mangiabarche* bedeutet, dann könntet ihr euch ja an ein Radio wenden.»

Überrascht sah ich ihn an. «Wie meinen Sie das?»

«Einen Aufruf an die Hörer richten ...»

«Wie bei einer Quizsendung... die sind sehr beliebt», meinte der andere.

Bei diesem Wort fuhr mir ein Schauder des Entsetzens in die Glieder, da ich mich an das von Gina organisierte Quiz erinnerte, aber mein Instinkt riet mir, die Möglichkeit genauer zu erwägen. Aus Bedrücktheit wurde Optimismus. «Das ist ja eine großartige Idee», rief ich, und dann setzte ich sofort hinzu: «Dürfen wir euch zum Mittagessen einladen?»

Am Nachmittag saß ich mit Kopfhörern und Mikrofon in den Studios von Radio Novecento. Benjamino beobachtete mich vom Regieraum aus, rauchend, schnaubend und die Augen zum Himmel verdrehend. Er war überzeugt, dass dies bloße Zeitverschwendung war. Er hatte kein Vertrauen zu den Medien, am allerwenigsten zum Radio, das seiner Ansicht nach kein Mensch mehr hörte. Ich meinerseits war da völlig anderer Meinung. Nicht nur, weil die Statistik meinen Freund widerlegte, sondern vor allem, weil der Äther uns Gelegenheit bot, in kürzester Zeit eine größtmögliche Zahl von Menschen zu erreichen. Ein rotes Lämpchen zeigte mir an, dass ich auf Sendung war.

Ich räusperte mich. «Guten Tag, liebe Hörer von Radio Novecento. Ich heiße Marco Buratti und spreche hier im Namen einer Gruppe von Sponsoren dieses Senders», log ich mit der größten Selbstverständlichkeit. Und in dem Moment wurde mir klar, dass das über den Äther noch leichter ging. «Die haben beschlossen, eure Treue als Hörer zu belohnen und ein Gewinnspiel mit dem Titel *Das Geheimnis von* … zu veranstalten. Hauptgewinn ist eine Reise für zwei Personen ins romantische Paris. Sieben zauberhafte Tage… Diese Woche müsst ihr das *Geheimnis von Mangiabarche* lösen… der erste unter euch, der uns verrät, wer oder was sich hinter diesem Namen verbirgt, fliegt nach Paris und kann eine Person seiner Wahl mitnehmen… Nach einem Stück Musik und etwas Werbung sind die Leitungen frei für eure Anrufe… Fünfzig Anrufe pro Tag, und das eine ganze Woche lang…»

Auf mein Zeichen hin legte der Techniker *Parigi a gambe aperte* auf, gesungen von Ricky Gianco und Gino Paoli. Ich nutzte die Gelegenheit, um die Kopfhörer abzunehmen und im Regieraum eine Zigarette rauchen zu gehen.

«Du bist nicht zum Quizmaster geboren», knurrte Rossini.

Ich schnitt ihm eine Grimasse und ging auf den Inhaber zu, der in diesem Moment aus seinem Studio trat. «Ihr zwei seid mir sympathisch, nennt mich einfach Rudy.» Er war um die dreißig, fett und verschwitzt, kaute an den Nägeln, lutschte an kugelrunden Lollis und trug einen Anzug aus verknittertem grauem Wollstoff. Ich war mir sicher, dass er die Geschichte mit der Gruppe von Sponsoren nicht geglaubt hatte, obwohl ich sie extra auf ihn zugeschnitten hatte, aber er hatte eingewilligt, als ich ein hübsches Sümmchen in bar hervorgeholt hatte. Das reichte nämlich aus, um den Hauptgewinn und ein paar Monatsmieten für die Räume des Senders zu finanzieren.

Wir hatten nicht zufällig Radio Novecento ausgesucht. Pani hatte mir freundlicherweise die Telefonnummer einer befreundeten Journalistin gegeben, die mir ebenso freundlich die finanzielle Lage der lokalen Privatsender geschildert hatte. Die von Rudys Unternehmen wurde als kritisch eingestuft: Schulden und wenig Aufmerksamkeit seitens der Sponsoren. Genau der Sender für unsere Zwecke.

«Signor Buratti, da mein Sender nur in der Provinz von Cagliari ausstrahlt, habe ich mir gedacht, ich verständige verschiedene andere Radios in Sassari, Nuoro und Oristano, damit sie ihre Zuhörer auf das Quiz hinweisen und ihnen unsere Telefonnummer durchgeben… Bei uns ist das so üblich, dass man sich gegenseitig Gefallen erweist…», ergänzte Rudy und rieb dabei nervös beide Hände an der Hose.

«Und was kostet mich dieser Austausch von Gefälligkeiten?», fragte ich ohne Umschweife.

Er hob den Daumen, um die Summe von einer Million Lire zu bedeuten. Ich war einverstanden: Das konnte nützlich sein, und im Übrigen finanzierte ja der gute Benoit selig die gesamte Operation.

Die fünfzig Anrufe des ersten Tages erwiesen sich als völlig unbrauchbar. Angelockt von dem Gewinn, versuchten die Hörer ihr Glück und erfanden die absurdesten Geschichten. Die Anrufer mussten sich erst vorstellen und dann verteilten sie die üblichen Grüße an Verwandte und Freunde – das hieß, dass die meisten Anrufe nicht unter drei, vier Minuten dauerten, und das Spiel zog sich in die Länge. Zu sehr für meine Geduld. Am nächsten Tag brachte ich Calvados und einen Vorrat an Zigaretten mit ins Studio.

Am vierten Tag war ich unrasiert, hatte rote Augen und war immer mehr versucht, das Mikrofon dazu zu benutzen, meine ganze Wut und Erbitterung hinauszuschreien. Der alte Rossini beschränkte sich nicht mehr darauf, den Kopf zu schütteln und die Augen zum Himmel zu verdrehen: jedes Mal, wenn unsere Blicke sich kreuzten, legte er den Zeigefinger an die Schläfe und drehte ihn herum, um mir zu verstehen zu geben, dass ich seiner Ansicht nach völlig übergeschnappt war.

Um 19 Uhr 44 nahm ich den sechsunddreißigsten Anruf des Tages entgegen.

«Wir hören dich, sprich.»

«Ciao, ich heiße Monica … Ich rufe aus Cagliari an …»

«Ciao, Monica, was machst du so im Leben?»

«Ich studiere Fremdsprachen an der Universität.»

«Und mit wem würdest du gerne nach Paris fliegen?»

«Mit Cristiano, meinem Freund.»

«Bist du bereit das *Geheimnis von Mangiabarche* zu lüften?»

«Na klar!», antwortete sie so selbstsicher, dass ich hellhörig wurde.

«Das ist ein Felsen im Meer vor Calasetta. Er heißt so, weil früher immer wieder Boote daran zerschellten … Das hat aber aufgehört, seit man den Leuchtturm gebaut hat.»

«Noch so ein Märchen», dachte ich. «Aber wenigstens intelligenter als die anderen … *Mangiabarche* … ein Felsen … eine gewisse Logik hat das ja.»

Ich beschloss, auf jeden Fall genauer nachzufragen. «Du wirkst so, als wärst du dir deiner Sache sehr sicher, Monica.»

«Meine Mutter stammt aus Calasetta, und seit ich auf der Welt bin, verbringe ich einen Teil meiner Sommerferien dort», gab sie etwas pikiert zurück.

«Und könntest du uns freundlicherweise etwas über Calasetta erzählen?», bohrte ich weiter.

«Na ja, der Ort ist bekannt als Badeort, er gehört zum Archipel von Sulcis … Er liegt praktisch an der Spitze der Halbinsel von Sant'Antioco, genau gegenüber der Insel Carloforte … Er wurde vor etwa zweihundert Jahren gegründet, glaube ich, von einer Gruppe von ehemaligen Deportierten. Noch heute sprechen die Einwohner nicht Sardisch, sondern Genueser Dialekt.» Ich lauschte den Worten der Studentin und betrachtete dabei aufmerksam eine Karte von Sardinien, die hinter mir an der Wand hing. Das

Mädchen klang dermaßen sicher, dass ich ihre Antwort überprüfen musste. «Bleib dran, wir verhandeln mit unserem Notar», sagte ich in scherzhaftem Ton und machte dem Techniker ein Zeichen, Musik einzublenden. Ich stürzte in den Regieraum auf der Suche nach einem Telefonbuch. Calasetta lag tatsächlich in der Provinz von Cagliari. Die Einträge der Teilnehmer füllten nicht viel mehr als drei Seiten.

«Vielleicht haben wir's», sagte ich aufgeregt zu meinem Partner. «Vielleicht», räumte er ein. «Aber kannst du mir erklären, was Gance und Partner mit einem Felsen im Meer anfangen sollen? Ruf jedenfalls dort mal bei einem Immobilienmakler an», riet er weise. «Spiel den betuchten Italiener vom Festland, der sich ein Häuschen am Meer kaufen möchte.»

Ich folgte seinem Rat. Eine unsympathische tüchtige Angestellte bestätigte nicht nur das, was die Hörerin gesagt hatte, sondern fügte auch noch einen Satz hinzu, der den soeben geäußerten Zweifel Rossinis aus dem Weg räumte: «Auch der Küstenstrich vor dem Felsen wird Mangiabarche genannt, er ist ja nur ein paar hundert Meter entfernt... Vielleicht, weil da ein Restaurant ist, das so heißt... Da gibt es kleine Villen und Reihenhäuser, und wenn Sie morgen früh noch einmal anrufen...»

Ich legte auf. «*Mangiabarche* ist ein Stützpunkt der Bande», verkündete ich befriedigt. «Und dort hält sich Giampaolo Siddi versteckt», ergänzte ich grinsend.

«Ich muss mich bei dir entschuldigen, Marco», murmelte Benjamino.

Ich brach in nervöses Gelächter aus. «Lass gut sein und... mach die Artillerie fertig.» Dann lief ich ins Studio. «Monica, bist du noch dran?», fragte ich.

«Ja.»

«Du hast gewonnen... die Antwort ist richtig! Du kannst

von jetzt an jederzeit vorbeikommen und dir deinen Preis abholen…»

Ich spielte meine Rolle als Quizmaster noch ein paar Minuten lang weiter. Rudy wollte uns um jeden Preis zur Tür begleiten und lud uns ein, ja wiederzukommen. Der alte Rossini setzte ihm den Zeigefinger auf die Brust. «Ein gut gemeinter Rat, Rudy», flüsterte er, «vergiss den Preis für das Mädchen nicht, Rudy.»

Es war sicher der Tonfall, in dem er seinen Namen gleich zweimal wiederholt hatte, der Rudy erbleichen ließ. Er schwor bei sämtlichen Heiligen des Ortes, dass er seiner Verpflichtung nachkommen würde.

Am nächsten Tag brachen wir im Morgengrauen auf. Rossini traute sich nicht, die Strecke zum ersten Mal im Dunkeln zu fahren: Wir waren dermaßen mit Waffen bestückt, dass wir bei der ersten ganz normalen Straßenkontrolle das Ende unserer Karriere riskierten. Die Wintersonne ließ sich zum ersten Mal blicken, als wir durch das Bergbaugebiet von Iglesias fuhren. Zwanzig Minuten später, als wir in die Nähe von Sant'Antioco kamen, war klar, dass es ein schöner Tag sein würde, wenn auch extrem windig. Der alte Schmuggler hatte den kalten und trockenen Wind sofort als Maestrale erkannt. Ein Tankwart informierte uns, dass er in dieser Gegend mindestens drei Tage anhielt.

Mein Partner bemerkte, dass uns etwas Besseres gar nicht passieren konnte, denn bei diesem ekelhaften Wind würden die Leute im Haus bleiben: Ideal für unser Vorhaben. In Wirklichkeit aber hatten wir wieder mal keinen Plan. Aber jetzt wussten wir wenigstens, was unser Ziel war, und das war schon mal was. Es hatte genügt, im Telefonbuch nach Namen von weiteren Schauspielern im Film *Napoléon* zu suchen. Suzanne Bianchetti wurde als wohnhaft in Spiaggia Grande angegeben, unweit vom Restaurant *Mangiabarche,* wie mir der Pächter am Telefon erzählte, der recht redselig wurde, nachdem er sich mein Lügenmärchen angehört hatte, das ich reichlich mit Komplimenten für seine Küche gespickt hatte.

Wir fuhren nach Calasetta hinein und setzten unsere Sonnenbrillen auf. Wir versteckten Dedonatos Passat in der Nähe des Hafens. Als wir aus dem Wagen stiegen, schlug uns der eisige Wind entgegen: Endlich war auch in Sardinien echter Winter. Benjamino ging auf die Mole hinaus und betrachtete das Meer, ich blieb an den Passat gelehnt stehen, wo es windgeschützt war, um in Ruhe eine Zigarette zu rauchen. Das aufgewühlte Meer sagte mir an diesem Morgen herzlich wenig. Brecher, weiße Gischt, glasige Reflexe. In meinem Geist rollten ganz andere Wellen heran... Wellen von Angst, dass alles schief gehen und Siddi mir ein weiteres Mal entwischen könnte. Und dass ich Gina begegnen würde. Ich erinnere mich, dass ich dachte: Wenn ich schon umgebracht werden muss, dann soll Abel Gance den Auslöser drücken. Vom Hafen aus stiegen wir zu Fuß durch ein dichtes Gewirr von Gässchen zum alten Turm hinauf. Auf einer alten verrosteten Kanone sitzend betrachteten wir den Ort und die umliegende Gegend, eine Art weites Hochplateau, von unterschiedlich tiefen Talsenken durchfurcht. Es wurde vorwiegend Wein angebaut, und überall lagen Häuser verstreut, durch dichte Hecken aus Feigenkakteen voneinander getrennt. Als Stützpunkt für eine kriminelle Organisation war der Ort ideal: diskret, touristisch, doch ohne Massentourismus, abgelegen und doch auf dem Land- wie auf dem Wasserweg erreichbar.

Der Felsen von *Mangiabarche* war zu dicht an der Küste, als dass wir ihn hätten sehen können, aber wir konnten ihn auf der Landkarte lokalisieren. Lange beobachteten wir die Dächer der Häuser, aber wir waren zu weit entfernt, um etwas Nützliches zu erkennen.

Wir gingen auf den Hauptplatz hinunter. Die meisten Gebäude waren hier im Baustil des Faschismus; auf der einen Seite stand das Rathaus, auf der anderen lagen Geschäfte und Wohnhäuser. In der Mitte das übliche Denkmal für den Unbekannten Soldaten, ein Infanterist, der mit hochgeschlagenem Kragen in seinem Bronzemantel dem Maestrale trotzte. Wir gingen in eine Bar und tranken den ersten Kaffee des Tages. Mein Partner regte sich auf, weil es nur abgepackte Hörnchen gab und keine frischen aus der Bäckerei. Die gelangweilte Barkeeperin erklärte ihm, dass es die nur im Sommer gäbe, wenn die Touristen da waren. Benjamino nutzte die Gelegenheit und fing an, über die Gegend zu plaudern. Man sprach über dies und jenes, es fiel auch der Name *Mangiabarche,* und die Frau erklärte uns, wie man hinkam.

Wir mussten aus dem Ort hinaus und die Straße nehmen, die am Meer entlangführte; die sollten wir ein paar Kilometer entlangfahren, wobei wir auf der rechten Seite verschiedene Strände, einen Campingplatz und ein Hotel sehen würden. Kurz danach, immer noch zu unserer Rechten, würden wir auf eine unasphaltierte Querstraße treffen. Die würden wir gar nicht verfehlen können, denn an der Abzweigung würde ein großes Werbeplakat des Restaurants *Mangiabarche* stehen. Wir mussten dann etwa fünfzig Meter hineinfahren und einen sandigen Weg nach links einschlagen, bis wir an die Steilküste kamen, die von den Einheimischen «Spatzennest» genannt wurde. Wenn wir uns vorbeugten, würden wir zu unserer Rechten *Mangiabarche* und seinen Leuchtturm sehen.

Rossini fuhr – das Maschinengewehr auf den Knien – und hielt dabei das Lenkrad mit der linken Hand, während die rechte mit den Goldkettchen spielte. Vielleicht dachte er daran, wie viele er am nächsten Tag hinzufügen würde, wenn die Jagdpartie gut ausging. In zwei Achseltaschen trug er die beiden Browning Kaliber 9. Am Gürtel und an den Knöcheln steckten in Halftern zwei weitere Pistolen, die er im Spiellokal beschlagnahmt hatte. Die Halfter waren alle aus Leder und handgearbeitet. Der Waffenhändler, der sie ihm am Vortag verkauft hatte, hatte ihm zugeredet, er solle doch die aus Nylon nehmen: Die waren modern, leicht und reißfest. Der alte Gangster hatte ihn nur empört angesehen, aber nichts erwidert. Er konnte dem Geschäftsmann ja schließlich nicht sagen, dass er bei einer Schießerei gern den Geruch von Leder und Waffenöl in der Nase hatte. Bei diesem Gedanken schnupperte ich und roch die angenehme Mischung. Mit seinen handgearbeiteten Halftern und der neuen Kleidung wirkte Rossini wie für eine Hochzeit ausstaffiert, nicht wie für eine Schießerei. An jenem Tag trug er einen nachtblauen Anzug von Helmut Lang, eine Krawatte von Moschino und von seinem Mailänder Schuster gefertigte schwarzweiße Schuhe im Al-Capone-Stil. Ich sagte ihm, sie schienen mir nicht geeignet, um damit auf einem Felsen herumzuklettern, und er verriet mir, sie seien eine Sonderanfertigung – weiches schmiegsames Oberleder und eine Sohle, wie sie gewöhnlich für Trekking-Stiefel verwendet wird. Ich hörte ihm nicht weiter zu und betrachtete die abgelaufenen Absätze meiner Python-Stiefel. Am Abend zuvor hatte ich die Bankangestelltenkluft abgelegt und war wieder in die Klamotten von immer geschlüpft. Jetzt, wo das Geheimnis von *Mangiabarche* gelüftet war, brauchte ich mich nicht länger zu verstellen.

Wir bogen um die letzte Kurve. Rossini fuhr vorsichtig, damit der Wagen nicht im Sand stecken blieb. Nach ein paar hundert Metern war die Straße plötzlich zu Ende, unmittelbar vor der Steilküste. An dieser Stelle der Halbinsel wehte der Wind mit aller Macht, und ich versuchte mein Gesicht mit dem Kunstfell meiner Fliegerjacke zu schützen. Wir nahmen Carloforte als Anhaltspunkt und wandten uns nach rechts, wie die Dame in der Bar gesagt hatte.

«Seltsam ist dieser Ort», bemerkte mein Partner, der mir um ein paar Meter voraus war. «So was hab ich auf Sardinien noch nie gesehen. Das sieht aus wie ein Stück Cornwall, das irgendwie hierher verschlagen wurde ...»

Ich sah auf die kleine Grasnarbe und auf die Felsen der hohen, von Wind und Wasser gemeißelten Klippen. «Du hast Recht», antwortete ich. «Es ist wunderschön hier. Ich würde gerne im Sommer wieder herkommen.»

«Schau, da ist *Mangiabarche.*»

Ich ging schneller und sah einen hohen Felsen, umgeben von anderen, kleineren, bei denen nur die Spitzen aus dem Wasser ragten. Zackig und gefährlich. Die vom Maestrale gejagten Wellen klatschten gegen den Felsen, und die Gischt spritzte bis zum Leuchtturm hinauf, der auf dem höchsten Punkt stand. Der Ursprung des Namens war klar: Das Ganze wirkte wie das Gebiss eines Seeungeheuers.

Rossini ging weiter, und wenige Minuten später gelangten wir in eine kleine, windgeschützte Bucht. Da lag, achtern vertäut, eine hochseetüchtige Motoryacht mit mächtigem langem Rumpf vor Anker. Anscheinend war niemand drauf.

Mein Freund betrachtete sie durch das Fernglas. Dann reichte er es mir herüber. «Rate mal, wie sie heißt?»

«‹Napoléon›», antwortete ich ohne zu zögern, noch bevor ich das Fernglas ans Auge gesetzt hatte. Dann erschien der Name vor mir, in großen blanken Messingbuchstaben auf die Seitenwände der Yacht geschrieben. Die Mitglieder der Bande glänzten wirklich nicht durch besonderen Einfallsreichtum. «Sie können nicht weit weg sein», bemerkte ich besorgt.

Benjamino drehte sich in Richtung Landesinnere. «Sie sind da, in einem dieser Häuser», meinte er und wies auf die Dächer, die zwischen den Bäumen hervorlugten.

«Vielleicht ist auch wer an Bord ...»

«Ich glaube nicht... Trotzdem lohnt es sich, mal einen

Blick darauf zu werfen. Du versteckst in der Zwischenzeit den Wagen ... Er ist so weiß, dass man ihn von weitem sieht.»

In zehn Minuten hatte ich das erledigt, mein Partner hingegen ließ sich Zeit.

«Ich fing schon an, mir Sorgen zu machen», empfing ich ihn gereizt.

«Es war keiner da, und da hab ich ein bisschen rumgeschnüffelt», entschuldigte er sich und zeigte mir ein Bündel Positionsraketen, die er in einer Plastiktüte bei sich trug. «Die können immer nützlich sein.»

Wir gingen durch die Felder, zwischen Weinstöcken, Mais und Feigenbäumen. Es war nicht schwer, Villa Bianchetti auszumachen. Auf drei Seiten war sie von einer undurchdringlichen Hecke aus Feigenkakteen umgeben. Auf der vierten, der Vorderseite, waren links und rechts von einem breiten Gittertor zwei Kameras angebracht, die der alte Rossini durchs Fernglas schon von weitem bemerkte. Die Lage war klug ausgesucht: Das Grundstück lag mitten in der Siedlung, sodass es nach allen Seiten von anderen Anwesen umgeben war, und an den Grundstücksgrenzen entlang gab es nur einen einzigen Zufahrtsweg, der immer wieder im rechten Winkel zu den Villen abbog. Das Wohnhaus bestand aus zwei einstöckigen Steinbauten, die in der Mitte von einem Fertigbauteil verbunden waren, das nach hinten hinaus als Garage diente. Das Ganze wirkte unschön, aber funktional. Ringsum dehnte sich ein großflächiger englischer Rasen. Es war unmöglich, sich ungesehen zu nähern.

«Wir müssen die Dunkelheit abwarten», bemerkte Rossini.

«Es ist noch nicht mal Mittag ... Wir riskieren, fünf oder sechs Stunden hier zu warten», protestierte ich und schaute mich um. Wir hatten uns in der Nähe der letzten Kurve zum Haus zwischen den Bäumen versteckt, ungefähr hundert Meter von unserem Ziel entfernt.

«Mach keine Zicken, Marco… Ich bin alt genug, um die Anzeichen extremer Anspannung zu erkennen.»

«Du hast Recht, Partner», entschuldigte ich mich. «Hier sind wir sogar in einem windgeschützten Winkel… Bloß dass mir die Lebensmittel ausgehen…»

«Du hast Glück, mein Junge», er kramte in der Plastiktüte, die er von der Yacht mitgebracht hatte. «Schau mal, was ich gefunden hab», fügte er hinzu und reichte mir eine fast volle Flasche Calvados herüber.

«Nicht schlecht», kommentierte ich, als ich das Etikett las. «Sie haben viele Fehler, aber vom Trinken verstehen sie was…», sagte ich und schraubte den Verschluss auf.

Um zwanzig nach zwölf kam der Renault Espace von Gance durch das Gittertor. Am Steuer war Gina; rechts von ihr saß eine andere Frau, die wir noch nie gesehen hatten.

«Die andere müsste Suzanne Bianchetti sein, die Besitzerin des Hauses», vermutete ich.

«Meiner Meinung nach fahren sie einkaufen.»

«Wie viele, glaubst du, sind da drin?», fragte ich und wies mit dem Kinn auf das Haus.

«Na ja, die zwei Frauen, die wir gesehen haben, Giampaolo Siddi, Abel Gance und vielleicht der Mann der Bianchetti, wenn sie einen hat…»

«Vier oder fünf», grübelte ich. «Dieses Haus wirkt wie eine Festung. Wie willst du da reinkommen?»

«Das weiß ich noch nicht, Marco. Wir müssen die Dunkelheit abwarten, dann sehen wir weiter…»

«Du lässt nach mit dem Alter, Clausewitz», frotzelte ich. «Früher warst du präziser im Pläneschmieden.»

«Du bist ein Idiot», brauste er beleidigt auf. «Wenn ich mir meine Aufträge selbst aussuche, dann sind die Operationen akribisch wie Schweizer Uhrwerke geplant und bis ins letzte Detail durchdacht… Die Probleme entstehen nur bei deinen bescheuerten Ermittlungen, das ist immer ein einziges Durcheinander, und wir sind ständig gezwungen zu improvisieren … Aber zum Glück bin ich ein kriminelles Genie, und es gelingt mir immer wieder, unser beider Arsch zu retten.»

«Wirklich bescheiden …»

«Da, sie kommen zurück», unterbrach er mich.

Ich drehte mich um und sah den Wagen an uns vorbeifahren. Die beiden Frauen plauderten, plötzlich brach Gina in Gelächter aus.

«Eine fröhliche Natur, deine Exverlobte.»

«Ja.»

«Ich fürchte, ich werde ihr den Tag verderben müssen.»

«Ja.»

Es passierte nichts mehr bis um Punkt 16 Uhr, als wir den Wagen wieder herauskommen sahen. Diesmal war der Chef der Bande am Steuer. Auf dem Beifahrersitz saß Gina. Beide schwiegen und machten ein undurchdringliches und sehr professionelles Gesicht.

Rossini legte das Maschinengewehr auf sie an, bereit, das Feuer zu eröffnen. Einen Moment lang glaubte ich, er hätte beschlossen zu schießen. «Soll ich dir mal sagen, wohin sie fahren?», fragte er mich, während er das Gewehr sinken ließ.

«Ich weiß es», antwortete ich. «Sie fahren nach Cagliari … und machen Jagd auf uns.»

«Bravo, Sherlock», beglückwünschte er mich. «Die fahren hin und platzieren sich in der Nähe des *Libarium* … Bereit, uns wie zwei Tontauben abzuknallen.»

«Cagliari ist nur eine Autostunde entfernt. Sie können es sich leisten, es jeden Tag zu probieren.»

«Sie konnten, Partner, sie konnten. Heute machen wir ihnen nämlich endgültig einen Strich durch die Rechnung», korrigierte er mich. «Bald ist es dunkel, und während sie uns die tägliche Falle stellen, gehen wir hinein und bringen die anderen beiden zur Räson. Und dann warten wir ganz gemütlich ab, bis sie wiederkommen. Wenn sie durch diese Kurve kommen, mäh ich sie dir alle beide mit einer einzigen Salve nieder. Ich habe gerade Maß genommen ...»

«Also haben wir doch einen Plan.»

«Klar. Ich hab ihn in diesem Moment entworfen.»

Um halb sechs wurde es dunkel. Wir umgingen die Telekameras, indem wir hinter dem Haus eine Lücke in die Hecke schlugen. Mit einer Schaufel, die er auf den nahe gelegenen Feldern aufgelesen hatte, hackte Benjamino kräftig auf die Pflanzen ein, und es war ihm gelungen, eine Bresche zu schlagen, die breit genug war, um eine Person durchzulassen. Mit dem Gewehr im Anschlag schlüpfte er in den Garten. Ich wartete, bis er das Garagentor erreicht hatte, dann lief auch ich gebückt auf das Haus zu. Der alte Rossini probierte Türen und Fenster auf der Rückseite des Hauses aus, auf der Suche nach einem Einlass.

Plötzlich ging im Haus ein Licht an, und wir duckten uns, um nicht entdeckt zu werden. Benjamino bewegte sich mit äußerster Vorsicht und hob den Kopf, um durchs Fenster zu schauen. Nach ein paar Sekunden winkte er mich mit der Hand zu sich. Der Vorhang bedeckte nicht das ganze Fenster, sondern ließ auf beiden Seiten einen Spalt von etwa drei Zentimetern frei. Nach den Fliesen an der Wand zu schließen, waren wir an ein Badezimmer geraten. Mein Blick fiel zunächst auf eine Waschmaschine, dann auf ein Waschbecken und schließlich auf Giampaolo Siddi.

«Er ist beim Scheißen», flüsterte mein Partner befriedigt.

«Ja und?»

«Was machst du normalerweise, wenn du damit fertig bist?»

«Was geht dich das an?»

Mit einer ordinären Geste schickte er mich zum Teufel und spähte wieder hinein. Ich drückte mich flach gegen die Wand und wartete. Nach ein paar Minuten öffnete der vermeintlich verschwundene Exanwalt das Fenster, um frische Luft hereinzulassen, und machte das Licht aus. Erst in dem Moment begriff ich, was Rossini einen Augenblick zuvor gemeint hatte, und bat ihn um Entschuldigung.

Wir stiegen ins Bad ein, und versuchten, die Ohren an die Tür gepresst, uns mit den Geräuschen des Hauses vertraut zu machen. Ich zog den Schlüssel ab und spähte durchs Schlüsselloch: Am Ende eines Korridors sah ich unter einer geschlossenen Tür einen Lichtstreifen durchscheinen. Ich teilte es meinem Freund mit, und dann fragte ich ihn, was er jetzt tun wollte.

«Machen wir diese Scheißtür auf und sehen nach, wer drin ist», entgegnete er mit engelgleicher Gelassenheit.

Dann drehte er den Stahlknauf einer Panzertür, und wir betraten einen großen, fensterlosen Raum. Eine Frau saß an einem Schreibtisch und tippte auf der Tastatur eines Computers. Sie hob den Kopf vom Bildschirm, fuhr aber in ihrer Arbeit fort.

«Hände hoch», befahl mein Partner.

Sie gehorchte nicht, und wir hörten deutlich das Klicken der Mouse.

Ich schöpfte Verdacht. «Hol sie vom Computer weg», schrie ich.

Mit einem Satz war Benjamino bei ihr und versetzte ihr eine kräftige Ohrfeige auf die rechte Wange. Als sie zu Boden fiel, riss die Frau auch den Stuhl mit sich. Erst da entschloss sie sich, die Hände zu heben.

Siddi dagegen musste schon müde sein vom Hochhalten. Er hatte sich ergeben, kaum dass wir die Tür aufgemacht hatten. Vor sich hatte er keinen Computer, sondern eine nette Menge Heroin und alles Nötige, um es in kleine Portionen abzupacken, die sich en gros verkaufen ließen. Der Schreck saß ihm sichtbar in allen Gliedern: Es war leicht zu erkennen, dass er uns keine Schwierigkeiten machen würde. Rossini fragte ihn, ob sonst noch jemand im Haus wäre. Er antwortete sofort mit Nein und schüttelte den Kopf. Zu schnell, um eine Lüge zu sein.

«Marco, komm her und schau», forderte mich der Mailänder auf und deutete auf den Computerbildschirm.

Auf der einen Hälfte waren meine Fahndungsfotos zu sehen, auf der anderen Polizeiberichte über mich. Diese Tatsache sagte eine Menge über die Art von Beziehungen aus, über die die Bande verfügte.

«Wie seid ihr an diese Informationen gekommen?», fragte ich die Frau. Sie war eine etwa vierzigjährige Brünette, zierlich, mit regelmäßigen Gesichtszügen und an den Schläfen sehr kurzen dunklen Haaren – ein raffinierter Schnitt. Sie trug ein konservatives schwarzes Kostüm, der Rock ging knapp übers Knie, und Schuhe mit flachen Absätzen.

«Wie seid ihr hereingekommen?», entgegnete sie ruhig mit deutlich französischem Akzent.

«Die Fragen stellen hier ich und mein Partner.»

«Ihr beide seid schon tot, und Tote stellen keine Fragen.»

Eine zickige Tussi, die bloß Ärger macht, beurteilte ich in Gedanken ihr Verhalten. Auf dem Tisch fand ich eine Schachtel mit leeren Disketten und warf sie ihr in den Schoß.

«Kopier hier alles drauf, was du auf der Festplatte hast», befahl ich ihr.

Sie lachte mir ins Gesicht. Von Herzen. Und ein paar Sekunden später begriff ich, warum. Das Bild auf dem Bildschirm zersetzte sich und war nicht mehr lesbar.

«Was zum Teufel geht hier vor?», fragte Rossini finster.

«Das will ich dir erklären, Partner», erwiderte ich betrübt. «Sobald wir hereinkamen, hat sie einen Virus aktiviert, der die Festplatte angreift und sämtliche Dateien zerstört. Stimmt's, Suzanne?»

«Du bist doch nicht völlig hirnamputiert», beglückwünschte mich die Dunkelhaarige.

«Dann hat sie uns reingelegt», stammelte mein Partner entgeistert.

«Ganz genau.»

«Das fängt ja gut an», kommentierte er aufgebracht und gab mir das Maschinengewehr.

Die rechte Hand meines Partners verschwand in der Jacke und tauchte mit einer Browning Kaliber 9 bewaffnet wieder auf. Er setzte den Lauf an das im Seidenstrumpf verhüllte Knie der Frau und drückte ab.

Der Raum war erfüllt vom ohrenbetäubenden Lärm des Schusses; klirrend fiel die Patronenhülse auf den Steinfußboden. Die Frau stieß einen gellenden Schrei aus. Der Schmerz musste unerträglich sein. Rossini packte sie bei den Haaren und schleifte sie bis zu Siddis Tisch, wo er ihr Gesicht mit Gewalt in ein Häufchen Heroin hineinstieß und damit eine Staubwolke aufwirbelte.

«Das ist gut für das Wehwehchen am Knie», brüllte er und ließ sie zu Boden fallen.

Ihr Gesicht war mit Blut und weißem Staub verschmiert. Als Profi in diesem Geschäft begriff Suzanne Bianchetti, dass es besser war, den Mailänder nicht zu provozieren.

Dieser gab ihr den Rat: «Versuch das nie wieder.»

Dann wandte er sich an mich: «Nimm das Maschinengewehr in beide Hände und halt diese beiden Idioten in Schach, während ich mich etwas umsehe.»

Ich gehorchte und befahl Siddi, die Hände herunterzunehmen und sich zu setzen.

Die Frau schenkte mir ein blutrotes Lächeln. «Du bist keiner, der schießt. Das wissen wir... Wenn Antonin nicht so feige wäre, hätte er dich längst entwaffnet.»

Ich richtete den Lauf auf ihn. «Dass du mir ja nicht auf dumme Gedanken kommst», warnte ich ihn. «Im Milieu nennt man mich ‹Zwei Pistolen›.»

Der alte Rossini kam wieder in den Raum. «Marco, das

hier ist ein wichtiger Stützpunkt», verkündete er aufgeregt. «Ich hab Waffen gefunden, Geld, elektronische Apparaturen und einen Raum, der mit militärischen Landkarten von Korsika tapeziert ist...», setzte er hinzu und näherte sich der Frau. Er packte sie unter den Achseln und half ihr, sich auf einen Stuhl zu setzen.

«Da du den Computer zerstört hast, muss ich dich bitten, uns alles, was du weißt, mündlich vorzutragen.»

«Verpiss dich», entgegnete sie ruhig.

«Bist du sicher, dass du die richtige Entscheidung getroffen hast?»

«Ja.»

«Und du, Siddi?», fragte er den Mann.

«Ich rede. Ich sage euch alles, was ich weiß.»

In einem Anfall von Wut sprang Suzanne Bianchetti auf, wobei sie sich auf das gesunde Bein stützte. «Tais-toi, connard!», befahl sie ihrem Komplizen.

Benjamino setzte ihr die Pistole an den Kopf und drückte zum zweiten Mal ab. Krach, Geruch nach Kordit, Klirren der Patronenhülse und eine nette Menge Hirnmasse an der Wand.

«Ich hatte sie gewarnt», bemerkte er eisig. «Vielleicht sollten wir lieber ins Wohnzimmer gehen zum Reden, das viele Heroin hier macht mich ganz nervös.»

An dem leeren Blick und dem idiotischen Gesichtsausdruck Siddis erkannte ich, dass er unter Schock stand. Ich nahm ihn beim Arm und führte ihn aus dem Raum.

Das Wohnzimmer diente zugleich als Essraum. Es lag im anderen Flügel des Hauses und war großzügig und geschmackvoll eingerichtet. Alles, von den Möbeln über die Vorhänge bis hin zu den Teppichen und zum Geschirr, war sardisches Kunsthandwerk. Ich setzte den ehemaligen Anwalt in einen Sessel, goss Whisky in ein Glas und zwang ihn, es in einem Zug auszutrinken. Die Therapie zeigte ihre Wirkung: Er erholte sich und brach in Tränen aus. Väterlich klopfte ich ihm auf die Schulter. «Vielleicht wirst du nicht sterben, Giampaolo», tröstete ich ihn. «Vielleicht wird der Mailänder die Tapeten nicht mit deiner Hirnmasse besudeln… Sicherlich nicht, solange du redest… Ich weiß nicht, ob ich mich da klar ausgedrückt habe.»

«Ihr arbeitet für Moi, Vargiu und Pontes, stimmt's?», fragte er schluchzend.

«Und für Marlon Brundu», setzte Rossini grimmig hinzu.

«Was wollt ihr wissen?»

«Alles», wiederholte ich. «Und zwar von Anfang an.»

Unwillkürlich fuhr mir ein Wonneschauder durch den Körper. Benjamino bemerkte es. «Du machst mir Angst, wenn du so bist», flüsterte er, damit der Gefangene ihn nicht hörte, «du wirkst wie ein Verrückter. Du bist der einzige Mensch, den ich kenne, der Lust empfindet, wenn der Augenblick der Wahrheit gekommen ist…»

Er wurde von Siddi unterbrochen, der angefangen hatte zu reden. «Schon auf der Universität wusste ich, dass ich nie ein guter Anwalt werden würde. Fragt mich nicht warum, ich wusste es einfach und basta. Ich versuchte, in renommierten Kanzleien unterzukommen, aber das gelang mir nicht. Dann machte ich eine eigene Kanzlei auf, aber ich hatte nur wenige Mandanten und von der Sorte, die nichts einbringt. Andererseits liebte ich das schöne Leben, und so geriet ich in das halb legale Geschäft der öffentlichen Ausschreibungen und der kleinen Bestechungen hinein. Eines Tages kam Leon Benoit zu mir, er brauchte einen Anwalt, um seinen Vermieter zu verklagen. Von dem Tag an wurden wir Freunde, und er führte mich in das Schmuggelgeschäft ein, das von den NATO-Militärs der Basis in Decimomannu betrieben wurde… Erst da fing ich an, richtig Geld zu sehen… Alles kam vom Militärstützpunkt: Benzin, Lebensmittel, Autoreifen, Ersatzteile, Waffen, Schnaps und Zigaretten… Damals lernte ich auch Dedonato kennen. Er arbeitete noch für den SISDE und verkehrte auf dem Stützpunkt, weil er in eine junge Hilfskraft bei den deutschen Truppen, die Frau eines Offiziers, verliebt war…»

«Gina Manès», kam ich ihm zuvor.

«Genau. Auch wenn sie sich noch nicht so nannte… Ihr richtiger Name ist Ximena Kopreinig… spanische Mutti und deutscher Papa… Sie fing an, ihren Mann zu betrügen, und Dedonato ging mit ihr nicht nur ins Bett, sondern rekrutierte sie auch als Agentin. Da erfuhr er erst, dass sie schon für den deutschen Geheimdienst arbeitete. Beide wurden Doppelagenten, aber darüber habe ich nie Näheres wissen wollen. Eines Tages kam eine Gruppe von amerikanischen Soldaten für eine NATO-Übung, und mit ihnen das Heroin. Zuerst versuchten die Militärs, das Zeug selbst zu verkaufen, aber sie wurden sofort verhaftet, und so beschlossen sie, sich über Benoit an mich zu wenden, da ich Sarde und Anwalt war. So hörte ich mit dem Schmuggel auf und stieg um auf den Heroinhandel. Zuerst nur ein paar Gramm, dann mehrere Dutzend… Kurz, nichts Bedeutendes, aber trotzdem sehr lukrativ. Die Amerikaner lieferten achtzigprozentig reines Heroin aus Thailand…», er machte eine Pause, um noch etwas Whisky hinunterzukippen. Er bat auch um eine Zigarette, aber die gaben wir ihm nicht, wir wollten nicht, dass er sich allzu sehr entspannte.

«Ein paar Monate später rief mich in der Kanzlei ein sehr erfolgreicher Anwalt an und bat mich zu sich… In dem Moment war mir klar, dass ich von der ‹Bande der Anwälte› kontaktiert worden war, von der so viel gemunkelt wurde und von der niemand auch nur den Namen eines Mitglieds kannte, sodass man vermutete, es handle sich um eine bloße Legende.

Am nächsten Tag präsentierte ich mich in der Kanzlei des bekannten Zivilrechtlers Giuseppe Fiumara. Der schlug mir ohne alle Umschweife vor, für seine Organisation zu arbeiten. Er fügte hinzu, mein Geschäftsvolumen sei gering und nicht ausbaufähig, während seine Organisation kiloweise Drogen absetzte, nicht so sehr auf Sardinien, sondern mehr auf dem Festland, wo schlechtere Qualität gehandelt werde – der so genannte Brown Sugar türkischer oder afghanischer Herkunft. Er schloss mit der Bemerkung, mein Name sei ihm von Benoit genannt worden, der der Organisation schon vor einer Weile beigetreten sei.

Ich akzeptierte in dem Glauben, das Geschäft meines Lebens gemacht zu haben, das mich ein für alle Mal sanieren würde, aber ich musste feststellen, dass ich nur einer von vielen Handlangern Fiumaras war. Ich organisierte den Empfang der Drogenlieferungen auf der Basis, und dann brachte ich sie persönlich zu ihm in die Kanzlei. Wenn der Anwalt nicht da war, übergab ich sie seiner Sekretärin ...»

«Fiorenza Vadilonga», kam ich ihm noch einmal zuvor, einer plötzlichen Eingebung folgend.

«Genau. Im Moment der größten Expansion hatten wir ein Geschäftsvolumen von über einer Tonne Stoff im Jahr, trotzdem bekam ich nur eine Art Gehalt ausgezahlt, das nie erhöht wurde. Benoit war in der Zwischenzeit ausgestiegen und Eigentümer eines Supermarkts geworden; er verdiente Geld, weil er den Drogenhandel in und um Cagliari kontrollierte. Für mich hingegen war es unmöglich, meine geschäftlichen Aktivitäten zu erweitern, ohne die Deckung durch die Kanzlei zu gefährden. Nach zwei Jahren hatte ich die Nase voll von diesem ewig gleichen Lied und war entschlossen, mir meinen Teil zu nehmen. Ich hatte keinen genauen Plan, aber mein erster Schritt war, Fiorenza zu bearbeiten. Eine dumme Frau, frustriert und von unerschütterlicher Treue – zu Fiumara, nicht zu ihrem Mann; um sie dahin zu kriegen, dass sie ihren Chef verriet, musste ich nicht nur ihr Geliebter werden, sondern musste sogar Tag für Tag eine große Liebesgeschichte erfinden.

Zum Schluss kriegte ich sie rum, und sie fing an, mir Informationen zu liefern. Ich hoffte, auch die Namen der anderen ‹Anwälte› zu erfahren, aber das gelang mir nie. Dafür aber erfuhr ich alles über die Mechanismen der Geldwäsche. Insbesondere entdeckte ich, dass einer der ersten Schritte darin bestand, das Geld über die Ladenkette einer Familie renommierter Cagliaritaner Geschäftsleute in Umlauf zu bringen und es dann in Inhaberpapieren zu investieren, die eine Weile lang in einem Tresor in der Kanzlei Fiumara aufbewahrt wurden... Und Fiorenza kannte die Kombination... Dann wurden die Papiere für Investitionen auf den verschiedensten Sektoren verwendet, vor allem auf dem Bausektor.

Damals nahm mein Plan Gestalt an. Ich beschloss, mich in den Besitz der Papiere zu bringen. Da ich Zugang zum Tresor hatte, konnte ich mir ja den geeignetsten Moment aussuchen. Es war ein aufwändiger Plan. Zunächst wandte ich mich an Dedonato; ich wusste um seine Aktivität bei der Sondereinheit zum Schutz für Kronzeugen und schlug ihm vor, mir zu helfen; dafür bot ich ihm Geld. Er lehnte es ab, aber im Gegenzug schlug er mir vor, mit ihm und Gina gemeinsame Sache zu machen. Ich sollte für sie eine Wäschereikette in Santo Domingo leiten. Ich akzeptierte. An diesem Punkt musste die heikelste Frage an der ganzen Geschichte besprochen werden, nämlich Fiorenza. Sie hatte sich wahnsinnig verliebt und wollte mit mir fliehen. Ich erzählte ihr einen Haufen Lügenmärchen und überzeugte sie davon hier zu bleiben; ich versprach ihr, ich würde sie so bald wie möglich nachkommen lassen. Und ich hab sie auch weiterhin bei der Stange gehalten: Drei-, viermal musste ich hier nach Calasetta kommen, um mit dieser dummen Kuh den Verliebten zu spielen. Gina und Dedonato hatten sie gleich nach dem Coup aus dem Weg räumen wollen, und auch später haben sie immer wieder gedrängt, aber ich ... als vollendeter Idiot, der ich bin, hab mich gewehrt ... Hätte ich nur auf sie gehört, wäre ich heute nicht in dieser Situation.»

«Du bist ein Stück Scheiße, Giampaolo Siddi», unterbrach ihn Rossini. «Diese ‹dumme Kuh› hat für dich ihr Leben ruiniert. Sie war nur noch ein Wrack, vor lauter Warten auf ihren Märchenprinzen. Sie soff wie ein Loch, und nachts ging sie mit ihrem Plüschbären ins Bett, um sich nicht so allein zu fühlen. Und sie ist gestorben mit dem Gedanken an dich, sie war traurig, dass sie dich nicht in diesem Haus wiedersehen würde ... Ich hoffe nur, dass ich gezwungen sein werde, dich umzubringen.»

«Ich glaube nicht, dass du das tun würdest», erwiderte er mit schriller Stimme. «Ich bin zu nützlich für euch. Jetzt erzähle ich euch die Geschichte in großen Zügen, aber wenn Moi und Partner Details wissen wollen, müssen sie mir schon angemessene Sicherheitsgarantien geben.»

«Ich sehe, du wirst langsam frech», bemerkte ich. «Aber ich rate dir, das gleich wieder sein zu lassen, denn hier entscheiden nur wir.»

Er hatte kapiert, dass ich keinen Spaß machte, und verhielt sich ruhiger.

«Warum hat Fiumara damals seine Sekretärin nicht dafür bestraft, dass sie dir geholfen hat?», fragte ich.

«Ich war mir sicher, dass er ihr nicht wehtun würde. Sie spielte die Rolle der ausgenutzten und verratenen Frau, und er begnügte sich damit, sie aus dem Büro zu entfernen, indem er ihr eine andere Arbeitsstelle beschaffte.»

Ich machte eine Handbewegung, um ihn zu ermuntern, in seiner Erzählung fortzufahren.

«Am 22. April vor zehn Jahren setzte ich meinen Plan in die Tat um: Morgens traf ich Benoit in meinem Büro. Der begleitete mich dann zum Wagen, ohne irgendwelchen Verdacht zu schöpfen. Dann fuhr ich zur Kanzlei Fiumara, ich wusste, dass er in einer Verhandlung bei Gericht war. Fiorenza öffnete den Tresor, wo, wie ich wusste, an Wertpapieren und Bargeld rund achthundert Millionen Lire deponiert waren. Anschließend parkte ich den Mercedes in der Nähe des Hauptfriedhofs, um ein bisschen Schaueratmosphäre zu schaffen. Dort wartete Gina auf mich. Sie brachte mich nach Villasimius, wo wir Dedonato mit einem Motorboot trafen. Zwei Tage später war ich in Santo Domingo.

Es war ein gut ausgetüftelter Plan, nur fiel Fiumara natürlich nicht darauf herein. In all diesen Jahren hat er alles darangesetzt, mich zu finden, nur hat er mich immer dort gesucht, wo er nicht sollte... ihr dagegen wart schlauer... oder hattet mehr Glück...»

«Mach weiter», forderte ich ihn auf.

«Am Anfang gingen die Ermittlungen in eine gefährliche Richtung. Schuld war Benoit, der sich im Verhör nicht vernünftig benahm und den Eindruck erweckte, er hätte was zu verbergen. Sowohl Dedonato als auch Fiumara griffen ein, jeder ohne Wissen des anderen, um die Ermittler abzulenken. Dedonato, der ja Funktionär der Sondereinheit zum Schutz für Kronzeugen war, nahm Kontakt zu der Bande von Halbstarken auf, die in den Mord Mereu verwickelt waren. Als er begriff, dass die alle um die Wette logen, riet er dem fantasievollsten von ihnen – ‹su professori› Gavino Perra – zu gestehen, dass ich ihr Heroinlieferant war. Er befahl ihm, zwei seiner Komplizen zu beschuldigen, mich entführt und ermordet zu haben, und er überredete ihn, dass sein Geständnis wegen der Wichtigkeit des Falls ihm eine bevorzugte Behandlung garantieren würde.

Fiumara hingegen, den die Vorgehensweise eines Staatsanwalts beunruhigte, der nach allen Seiten unbequeme Fragen über die ‹Bande der Anwälte› stellte, beschloss, auf zwei verschiedenen Ebenen zu operieren. Einerseits beauftragte er ein paar vertrauenswürdige Personen, einen manipulierbaren, vor allem aber neidischen und rachsüchtigen Richter davon zu überzeugen, dass die Bande von kriminellen Anwälten sich aus Moi, Vargiu und Pontes zusammensetzte. Denn Fiumara hasste sie, seitdem sie ihn in einem politischen Prozess vor der ganzen Stadt lächerlich gemacht hatten, indem sie die Unhaltbarkeit seiner Anklagepunkte nachgewiesen hatten.

Andererseits bediente er sich eines Winkeladvokaten, der ihm einen Gefallen schuldig war – der sollte den Perra bearbeiten, damit dieser aussagte, dass die drei Anwälte mit dem Heroinhandel zu tun hatten; und ein anderer Kronzeuge, Efisio Piredda, sollte sie des Mordes an mir bezichtigen. Die beiden ließen sich das nicht zweimal sagen. Danach hielten sich auch alle anderen an diese Version, was zur Folge hatte, dass die armen Kollegen im Gefängnis landeten.»

«Es scheint dir nicht besonders Leid zu tun, dass du das Leben von drei ehrenhaften Männern zerstört hast», bemerkte ich.

«Das war nicht meine Schuld», verteidigte er sich, «sondern die der Richter. Sie haben den Erklärungen von Kronzeugen Glauben geschenkt, die nicht der geringsten Überprüfung standgehalten hätten.»

«Aber du hast nichts getan, um ihnen aus der Patsche zu helfen.»

«Ich dachte, sie würden freigesprochen … und außerdem war ich ja in Santo Domingo.»

«Stimmt. Erzähl uns von Santo Domingo, das ist besser», lenkte ich ein.

«Das Leben dort war nicht schlecht, ja, es gefiel mir sogar ziemlich gut, aber die Dinge änderten sich bald, als Dedonato aus dem italienischen Geheimdienst entlassen wurde und er und Gina hauptberuflich in die Napoléon-Organisation eintraten. Alberto gehörte schon dazu. Es war Gance gewesen, der ihm den Decknamen Dedonato/Dieudonné empfohlen hatte. Sie hatten sich '70 in Beirut kennen gelernt, und seitdem hatten sie immer zusammengearbeitet...

Auch ich wurde ‹aufgenommen›, und nach einer Weile bekam ich den Auftrag, einen neuen Rauschgiftring aufzubauen, nach wie vor Heroin aus Thailand, das von den Amerikanern kam.»

«Was macht die Bande genau?», fragte mein Partner.

«Sie bringt Hitzköpfe mit einfachen Mitteln zur Vernunft. Wenn den Geheimdiensten aus verfassungsrechtlichen Gründen die Hände gebunden sind, dann rufen sie Abel Gance – den einige von uns auch als ‹Der Oberst› kennen, denn diesen Rang bekleidete er im französischen Geheimdienst – und regeln die Sache. Im Augenblick beispielsweise versucht die Organisation, die Führung der FLNC zu zerschlagen, indem sie ein paar Anführer verschwinden lässt und gleichzeitig über Provokateure die Spaltung in ihrem Inneren vorantreibt.»

«Und was hat das Heroin damit zu tun?», fragte ich.

«Gance sagt, es dient dazu, die jungen Leute von der Politik fern zu halten.»

«Warum hat sich die Organisation eine Struktur gegeben, die einer Filmbesetzung ähnelt?»

«Die Idee stammt von Gance. Die Organisation ist in zwei Ebenen aufgeteilt: Schauspieler und Komparsen. Die ersten tragen die Verantwortung für verschiedene Aufgabengebiete, die zweiten werden von Fall zu Fall angeworben.»

Ich zog das Buch über die Geschichte des französischen Films aus der Tasche. «Wenn wir Abel Gance, Albert Dieudonné, Gina Manès, Antonin Artaud, Annabella und Suzanne Bianchetti ausschließen, denn das sind Namen, die wir mittlerweile ganz bestimmten Personen zuordnen können, bleiben noch zu identifizieren: Wladimir Roudenko, Alexandre Koubitzky, Marguerite Danis-Gance, Suzy Vernon, Maurice Schutz und Edmond Van Daële. Von den letzten beiden kennen wir die Adresse der Firma in Lüttich, deren Inhaber sie sind. Was kannst du uns sonst noch über diese sechs Personen sagen?»

«Recht wenig», antwortete er kopfschüttelnd.

Rossini hielt ihm mit ausgestrecktem Arm die Pistole entgegen. «Ich schwöre es», flehte er. «Die Organisation ist in zwei Gruppen aufgeteilt. Von der, der ich angehöre, kennt ihr mittlerweile alle. Von der anderen weiß ich nur, dass Marguerite Danis-Gance in Paris lebt und die Geliebte oder die Tochter des Obersten ist.»

«Und was ist mit den beiden Schäfern?», bohrte ich weiter.

«Das waren bloß zwei Komparsen. Dedonato hatte sie mitgenommen, um von ihrer Erfahrung mit Entführungen zu profitieren.»

Mein Partner ließ die Waffe sinken. «Er sagt die Wahrheit.»

«Das glaube ich auch.»

In dem Moment klingelte das Handy. Ich zog es aus der Tasche und betrachtete es unentschlossen.

«Antworte», forderte Benjamino mich auf. «Das ist Gina», warnte ich ihn.

«Eben.»

Ich drückte den Knopf, der die Verbindung herstellte, und hielt das Gerät ans Ohr.

«Du bist ja wirklich ein ganz Schlimmer, schöner Alligator. Unseren Giampaolo so zum Singen zu bringen», machte sie mir in fröhlichem Ton Vorwürfe.

«Wanzen», murmelte ich und sah mich um.

«Na ja, du wirst ja wohl nicht erwarten, dass ausgerechnet in unseren Häusern keine sind, oder?»

«Wo bist du?», fragte ich, während ich sah, wie Rossini besorgt aus dem Fenster spähte.

«Im Garten, nur wenige Meter von dir entfernt, mein Schatz», foppte sie mich.

«Wie habt ihr uns entdeckt?»

«Du und dein Partner habt schöne Silhouetten. Ihr spielt im Zeitalter der Elektronik die Detektive und habt doch keine Ahnung. Als ihr reingekommen seid, hat Suzanne uns über Fax-Modem ein Alarmsignal durchgegeben, bevor ihr sie getötet habt. Und wir sind sofort hierher zurückgekommen.»

«Madame Bianchetti ist überhaupt nicht tot», erwiderte ich empört.

«Komm, Alligator, solche Tricks ziehen bei mir nicht... Noch einmal ist die Elektronik dir voraus... Wenn sie am Leben wäre, hätte sie sich wieder mit uns in Verbindung gesetzt.»

Der alte Rossini streckte die Hand aus, ich gab ihm das Gerät.

«Was willst du?», fragte er barsch.

«Schick uns unseren gesprächigen Freund heraus, und von uns aus könnt ihr gehen.»

«Und wenn ich mich weigere?»

«Wären wir gezwungen, auf euch zu schießen, und eine Schießerei kommt im Augenblick niemandem gelegen.»

Benjamino schaltete den Fernseher ein. Auf dem Bildschirm erschienen die Bilder von einer Fernsehauktion; der Mailänder drehte auf volle Lautstärke, damit man durch die Mikrofone unsere Stimmen nicht hören konnte.

«Sie wollen ihn», sagte der Mailänder, und wies mit dem Kinn auf Giampaolo Siddi. «Und dann ziehen sie ab», ergänzte er.

«Und das glaubst du?», fragte ich verwundert.

«Nein. Aber wenn er hinausgeht, schafft das eine Ablenkung, die uns nützlich sein könnte.»

«Wenn ich hier rausgehe, bringen sie mich um», schrie Siddi verzweifelt. «Ich habe mich kooperativ gezeigt, ihr könnt mich nicht so verraten.»

«Halt's Maul», wies Rossini ihn zurecht. Dann zu mir gewandt: «Wenn du ihn nicht mehr brauchst, können wir ihn ruhig ausliefern.»

«Er hat uns ja wirklich alles erzählt, was wir wissen wollten ... und im Übrigen kann man ihn nicht der Justiz übergeben, denn gemein wie er ist, würde er uns sofort verraten.»

«Raus hier», befahl ihm Rossini und richtete das Maschinengewehr auf ihn.

«Sie bringen mich um», schrie er noch lauter.

«Das ist genau das, was du verdient hast», grinste der Mailänder verächtlich. «Es ist richtig, dass du stirbst. Aus vielen Gründen. Der wichtigste heißt Fiorenza Vadilonga.»

Bei der Haustür wandte er sich noch einmal um und flehte uns an, ihn nicht auszuliefern.

«Er hat nicht begriffen, dass das wirklich als Abschied gemeint ist», sagte Benjamino gelangweilt. Wir zogen Taschentücher hervor und schwenkten sie fröhlich zum Abschied. Der ehemalige Anwalt sah uns an, mit einem Ausdruck zwischen Staunen und Entsetzen: Unser Betragen hatte ihm jede Lust genommen, noch irgendetwas zu sagen.

Er öffnete die Tür. «Nicht schießen», schrie er, während sie hinter ihm zufiel.

Sein Appell blieb ungehört. Wir hörten den Einschlag von Kugeln aus einer schallgedämpften Waffe in der Tür. Natürlich nachdem sie seinen Körper durchlöchert hatten.

«Jetzt ist er wirklich tot», spottete mein Partner.

«Ja, und wir haben unsere Ablenkung gehabt. Und was machen wir jetzt?», fragte ich besorgt.

Wie so oft bei diesem alten Gangster, erwies sich der Plan als einfach und gefährlich zugleich: Wir würden durchs Badezimmerfenster aussteigen und wild um uns schießend zur Attacke übergehen.

«Du hast vergessen, dass ich keine Waffen benutze», erwiderte ich.

«Als ob ich das vergessen könnte. Du wirst nur Raketen abschießen, mit denen du Gina und Gance schön ausleuchtest, damit ich sie sehen ... und auf sie schießen kann», erklärte er und reichte mir die Tüte herüber, die er von der Yacht mitgebracht hatte.

«Aber ich weiß nicht, wie das geht.»

«Marco, du bist wirklich eine Katastrophe. Die sind für die blödesten Schiffbrüchigen gemacht», sagte er ungeduldig und erklärte mir in wenigen Sekunden ihren Gebrauch.

Die erste Rakete, die ich abfeuerte, war rot, dann grün, noch mal rot und dann gelb. Der alte Rossini entfaltete ein solches Sperrfeuer, dass sie gezwungen waren, sich in Richtung Küste zurückzuziehen. Etwa zehn Minuten später kamen wir an den Rand der kleinen Ebene, die zu den Klippen führte. Ich versuchte eine Rakete abzufeuern, aber der Wind war an der Stelle so stark, dass er sie in eine völlig andere Richtung davontrug. «Sie werden mit der Yacht fliehen», schrie ich, um mich verständlich zu machen.

«Sie haben keine andere Wahl, wir haben ihnen den Rückzug abgeschnitten. Andererseits ist es auch für uns zu gefährlich, dieses Stück Land zu überqueren», sagte er und wies auf die Ebene. «Wir hätten keine Deckung, und da sie zwischen den Felsen versteckt sind, würden sie uns durchlöchern ...»

Ein paar Minuten später trug der Maestrale den Lärm der kräftigen Motoren der ‹Napoléon› zu uns her. Wir liefen ans Ufer und kamen gerade rechtzeitig, um sie aus der Bucht hinausfahren zu sehen.

«Ein schöner Abend für einen Schiffbruch», grinste Benjamino. Sobald das Boot das ruhige Wasser der Bucht verließ und in hohen Seegang kam, geriet es sofort in Schwierigkeiten, das war auch für einen Laien wie mich erkennbar. Es drehte sich im Kreis, die Motoren heulten im Leerlauf.

Dann schlugen die Wellen von der Seite dagegen und drückten es in Richtung *Mangiabarche.*
Alles geschah in wenigen Augenblicken. Die Lichter der Yacht beleuchteten einen Moment lang den Felsen, dann hob ein Wellenbrecher sie in die Höhe und schleuderte sie gegen den Felsen. Wir hörten den ohrenbetäubenden Lärm des berstenden Schiffsrumpfs. Dann war das Meer wieder in Dunkelheit getaucht, nur regelmäßig vom Scheinwerfer des Leuchtturms erhellt.

«Du hattest die Yacht sabotiert», stellte ich fest und erinnerte mich an seinen morgendlichen Besuch.

«Ja.»

«Das hättest du mir sagen können.»

«Das hätte dir die Überraschung verdorben.»

«Haben sie irgendeine Chance durchzukommen?»

«Bei diesem Seegang überhaupt keine.»

Wir kehrten zum Haus zurück. Wir trugen Siddis Leiche in den Raum, wo schon die von Suzanne Bianchetti lag. Dann, während der alte Rossini den Kofferraum des Wagens mit Geld, Waffen und elektronischen Geräten voll packte, streckte ich mich zum Trinken und Rauchen im Wohnzimmer auf dem Sofa aus. Um nicht einzuschlafen, schaltete ich den Fernseher ein, und die Nachrichten informierten mich darüber, dass in Belgien ein Attentat verübt worden war. Eine Plastikbombe hatte in Lüttich die Geschäftsräume der Import-Export-Firma Schutz & Van Daële verwüstet; im Inneren waren drei Leichen geborgen worden, deren Identität noch nicht bekannt gegeben worden war.

Ich trank auf die Effizienz der korsischen Unabhängigkeitskämpfer und schlief ein.

«Wach auf. Es ist Morgen», rüttelte mich der Mailänder wach. «Und zieh dich warm an. – Um die Zeit zerschneidet einem der Maestrale das Gesicht.»

Wir genehmigten uns nur einen Caffè corretto und verließen das Haus in Richtung Klippen. Wir folgten eine Weile lang der Strömung. Nach dreihundert Metern entdeckten wir Ginas Leiche. Ihre Arme waren unter einem Felsen verkeilt. Ein Krebs lief verwundert über ihr Gesicht und betastete mit seinen Scheren ihr Fleisch. Mit jeder Welle hob das Wasser ihren Rock und entblößte den Spitzensaum ihrer halterlosen Strümpfe.

Der alte Rossini nahm den schwarzen Knopf von seinem Jackenaufschlag. Dann drehte er sich ernst zu mir, und mit einer raschen, fast brüsken Bewegung riss er auch meinen vom Jackenkragen ab. Wütend schleuderte er sie gegen die Leiche der Frau.

Epilog

Was tust du mir an, Mutter?
Was tu ich dir an, Mutter?

Es war elf Uhr an einem heiteren, frühlingshaft warmen Morgen gegen Ende Februar. Mein Partner und ich befanden uns am Poetto, dem Strand von Cagliari, der übersät ist mit Baracken aus Zement und Wellblech, die sich in der Saison in überaus lebhafte Bars verwandeln, die so genannten *baretti*. Einige davon haben das ganze Jahr hindurch offen, und die, in der wir saßen, hieß *Dolce Vita*.
Wir saßen in der Sonne und schauten aufs Meer hinaus, dabei rauchten und tranken wir schweigend. Ich hatte keine Ahnung, welchen Gedanken der alte Rossini nachhing, hatte aber auch keinerlei Absicht, diese Frage zu vertiefen. Ich hatte schon genug damit zu tun, meine eigenen unter Kontrolle zu halten.

Das Treffen mit den Anwälten war für 16 Uhr festgesetzt. Es war das letzte Treffen in der Kanzlei des alten Columbu. Ich würde ihnen die Wahrheit erzählen: Moi würde in Frieden sterben, und für die anderen würde sich das Leben noch einmal ändern. Was auch immer sie für die Zukunft geplant haben mochten. Auch das ist eine Nebenwirkung der Wahrheit.

Die Entspannung nach der Auflösung des Falles hatte in mir den Schmerz und die Bitternis wieder hochkommen lassen darüber, wie Ximena Kopreinig, genannt Gina Manès, mit meinen Gefühlen gespielt hatte. Eigentlich schämte ich mich auch wegen der Naivität, mit der ich ihr in die Falle gegangen war. Ich fühlte mich völlig ausgehöhlt und leer... Und ich hatte keine Lust mehr, meine Lieblingsmusik zu hören. Ich versuchte es mit dem afrikanischen Blues von Alí

Farka Touré und dann mit *I believe to my soul,* einem Stück von Ray Charles, meisterhaft interpretiert von Albert King. Die Musik drang nicht in meine Seele, und in einem Anfall von Verzweiflung riss ich mir die Kopfhörer des Walkmans herunter und warf sie zu Boden.

Ich bemerkte, dass Benjamino mich ansah. «Junge», fing er in väterlichem Ton an, «ich hatte es dir doch gesagt, dass diese Frau dir das Herz brechen würde … Aber zum Glück gibt es dagegen ein Mittel.»

Ich wusste, worauf er hinauswollte. «Kommt gar nicht in Frage», entgegnete ich.

Er legte eine Hand aufs Herz. «Ich bitte dich … Tu's für mich, versuch's wenigstens einmal.»

Wir sahen uns an. «Einverstanden. Heute Abend alles ab in den Nachtclub», willigte ich mit gespielter Heiterkeit ein.

«Der Fall ist gelöst», verkündete ich sachlich.

Auf dem üblichen Stuhl sitzend, zündete ich mir die rituelle Zigarette an, bevor ich fortfuhr. Rechts von mir kratzte sich Columbu hinter seinem Kirschholzschreibtisch nervös den Hals; Moi, Vargiu und Pontes saßen steif auf dem Sofa aufgereiht und fixierten mich erwartungsvoll. Rossini, der links von mir an der Wand lehnte, ermunterte mich mit einer Handbewegung weiterzumachen.

«Der Fall ist gelöst», wiederholte ich. «Aber Giampaolo Siddi ist tot. Von seinen eigenen Komplizen ermordet, als Strafe dafür, dass er bereit war, meine Fragen zu beantworten.»

Ich fuhr fort und erzählte in groben Zügen von Siddi, Dedonato, der Napoléon-Bande und weswegen gerade meine Klienten in die Affäre verwickelt worden waren. Als ich meinen Bericht beendet hatte, lehnte ich mich zurück und schaute erwartungsvoll in die versteinerten Gesichter der drei Rechtsanwälte. Ich genoss die Stille, die sich im Raum ausbreitete. Endlich fing Ignazio Moi an zu sprechen.

«Noch eine Frage», sagte der sterbenskranke Anwalt. «Was für ein Mensch war Giampaolo Siddi?»

Ich zuckte die Achseln und suchte nach Worten, aber Rossini antwortete an meiner Stelle: «Er war kein Mensch», urteilte er. «Er war eine halbe Portion, mies und unbedeutend. Er war keine Minute Knast wert, den ihr seinetwegen abgesessen habt.»

Genesio Columbu gab mir einen Umschlag mit dem Rest des Honorars. Wir verabschiedeten uns schweigend: Kopfnicken und kräftiger Händedruck.

Die Frau des Anwalts begleitete uns zur Tür. Zum ersten Mal hörte ich ihre Stimme: «Danke wegen Toni», sagte sie. «Genesio hat alle notwendigen Schritte eingeleitet, um seine Leiche nach Italien zu überführen. Wir werden ihn in der Familiengruft beisetzen.»

Ich dachte, dass der Sohn womöglich lieber dort geblieben wäre, wo er war, unter der Sonne von Puerto Escondido, um auf seinen Mörder zu warten und die Rechnung zu begleichen. Aber ich sagte nichts und setzte mein letztes verlegenes Lächeln auf. Benjamino umarmte sie, aber er wusste eben, wie man mit Leuten umgeht.

Der Abend kam. Bevor wir in den Nachtclub gingen, wollte ich Cabiddu, den Musiker, sehen und mich von ihm verabschieden. Ich fand ihn im *Charanga,* wo er mit Annalisa, seiner Freundin, saß und Bier trank.

«Ich bin gekommen, um mich von dir zu verabschieden. Morgen fahre ich», sagte ich und setzte mich an ihren Tisch.

«Hat dir Sardinien gefallen?», fragte sie.

«Sehr», antwortete ich aufrichtig.

«Kommst du wieder?»

«Das weiß ich nicht», antwortete ich und zuckte die Achseln.

Cabiddu gab mir eine CD. «Das ist die Musik der Superpartes. Hör sie dir an ... sie wird dir gut tun.»

«Dafür, dass du ein einfacher Musiker bist, kapierst du viel zu viel», sagte ich misstrauisch.

«Vielleicht bin ich ja ein Guru oder ein Derwisch, wer weiß», antwortete er ruhig. «Darüber reden wir, wenn wir uns das nächste Mal treffen.»

«Wieso, treffen wir uns denn noch mal?», fragte ich überrascht.

«Bezweifelst du das etwa?» fragte er seinerseits.

Ich dachte lange über die Frage nach. Die Zeit für einen Calvados und eine Zigarette. Als ich wieder das Bild seiner Musiker vor mir sah, die mit drei Händen spielten, antwortete ich: «Nein. Da hab ich keine Zweifel.»

Der alte Rossini wartete gleich vor dem Lokal im Wagen auf mich. Etwa zwanzig Minuten später betraten wir die Bar *Diana.* Mein Partner ging an dem kräftigen Kassierer vorbei, ohne ihn eines Blickes zu würdigen.

«Und die Eintrittskarte?», fragte ich verwundert.

«Ich hab noch nie in einem Nachtclub Eintritt gezahlt. Geschweige denn meine Freunde.»

Wir steuerten geradewegs auf die Bar zu. Dort fiel eine Gruppe von südamerikanischen Mädchen Benjamino um den Hals und begrüßte ihn liebevoll. Eine von ihnen nahm ihn bei der Hand und zog ihn auf die Tanzfläche, zu den rhythmischen Klängen eines Cumbia. So entdeckte ich, dass der alte Rossini nicht nur ein flotter Tänzer, sondern in den Kreisen der Bardamen auch eine Art Mythos war. Eine zwanzigjährige Kolumbianerin, dunkelhäutig und mit langem platinblondem Haar, begleitete mich in ein Séparée und vertraute mir an, dass mein Freund bekannt war dafür, dass er mehrere Nachtclubbesitzer «gezüchtigt» hatte, weil sie die Mädchen schlecht behandelten. Er hingegen behandelte sie immer wie Damen: Er war nie vulgär und betatschte sie nie, im Unterschied zu den meisten Kunden.

Ein Kellner kam und verlangte 30 000 Lire von mir. Die Südamerikanerin brach in Gelächter aus, sie sagte ihm, ich sei ein Freund von Rossini. Da entschuldigte er sich und ging wieder.

Ich sah sie fragend an. Lächelnd erklärte sie mir, dass die Gesellschaft eines Mädchens im Nachtclub etwas kostet, und dass der Tarif in diesem Lokal 120 000 Lire in der Stunde war, Getränke nicht einbegriffen. Die Kellner kamen jede Viertelstunde zum Abkassieren vorbei. Der, mit dem ich eben gesprochen hatte, wusste nicht, dass ich ein Freund des Mailänders war, sonst hätte er uns nicht belästigt, denn wenn die Mädchen bei Benjamino am Tisch saßen, taten sie das zum Vergnügen, nicht als Arbeit. Dann zog sie mit einem zahlungskräftigen Gast ab und ließ mich allein mit meiner Neugier, mehr über die schummrige Welt der Nachtlokale zu erfahren. Ich bestellte eine Flasche Calvados. Den Schnaps brachte eine andere Bardame. Auch sie hatte dunkle Haut und platinblondes Haar. Ich bemerkte, dass sie eine Perücke trug: einen Bubikopf mit steifen blonden Locken.

«Man hat mir gesagt, du bist zum ersten Mal hier», sagte sie und stellte die Flasche mit zwei Gläsern auf den Tisch.

«Und auch, dass ich kein Krösus zum Ausnehmen bin, hoffe ich», erwiderte ich.

«Auch das weiß ich. Aber wenn du nichts dagegen hast, würde ich mich gern an deinen Tisch setzen, das ist mein letzter Abend hier, und ich habe keine Lust, ihn damit zu verbringen, mir Busengrabscher vom Leib zu halten.»

«Mach dir's bequem. Es ist genug zum Trinken da für beide.»

«Ich bin Stavroula. Für Freunde Roula.»

«Griechin?», fragte ich.

«Aus Athen», antwortete sie stolz.

Ich bot ihr zu trinken und zu rauchen an. Dann beobachtete ich wieder die Tanzfläche.

«Das ist das erste Mal, dass ich mit einem schweigsamen Mann an einem Tisch sitze. Gewöhnlich hören die gar nicht auf zu quasseln.»

Ich goss ihr noch zu trinken ein. «Ich habe nicht viel zu sagen.»

«Keine Sorge. Ich wollte damit nur sagen, dass ich froh bin, mir keinen Stuss anhören zu müssen. Die Männer sind besonders gut darin, welchen zu erzählen ... Dein Freund dagegen nicht. Er versteht seine Sache: Er redet, macht Spaß, lacht, vor allem aber hört er uns zu. Die anderen tun das nie.»

Der Kassierer stieg träge auf die Bühne und verkündete mit der Stimme eines Bahnhofsvorstehers durchs Mikrofon, dass die Show in wenigen Minuten beginnen würde.

Roula stand auf. «Ich muss mich umziehen gehen. Ich bin die Nummer vier.»

Das erste Mädchen, das einen hastigen Striptease vorführte, war eine üppige Spanierin. Dann war eine Polin dran und dann eine Kolumbianerin. Die Griechin trat im Lederkostüm auf: schwarze Jacke und Minirock, Netzstrümpfe und Pfennigabsätze. Sie war die Einzige, die wirklich gut tanzen konnte, aber den Gästen im Lokal war das egal. Sie forderten sie auf, schneller zu machen: Sie wollten was sehen. Im Scheinwerferlicht konnte ich sie aufmerksam betrachten. Dreißig Jahre alt, vielleicht fünfunddreißig. Ein schöner, wohlgeformter Körper, der Körper einer Tänzerin. Mediterrane Züge.

Im Schummerlicht des Séparées sehen alle Bardamen gleich aus, und wenn sie nicht aufgetreten wäre, hätte ich sie nie bemerkt.

«Sie gefällt mir», vertraute ich Benjamino an, der sich in der Zwischenzeit mit dem Mädchen, mit dem er den ganzen Abend getanzt hatte, hingesetzt hatte.

«Ach, die Griechin ... Ich kenne sie. Sie geht nur, mit wem sie will und verlangt nie weniger als 300 Riesen», informierte er mich pragmatisch, bevor er die Hand des Mädchens ergriff und sie lachend wieder auf die Tanzfläche schleifte.

Als Roula an meinen Tisch zurückkam, war ich schon betrunken. Aber hinlänglich klar im Kopf, um zu wissen, was ich sagte. «Du siehst schauderhaft aus mit dieser Perücke», bemerkte ich zu ihrem Empfang.

Mit einer anmutigen Bewegung nahm sie sie ab, und kurze, rabenschwarze Haare kamen zum Vorschein. «Gefall ich dir so besser?»

«Ja.»

«Da bin ich aber froh. Die Kunden hier wollen nur Blondinen. Der Besitzer hat mich gezwungen, die Perücke zu kaufen, gleich als ich mich vorstellte.»

«Wohin wirst du gehen?», fragte ich.

«Ich weiß noch nicht. Vielleicht nach Griechenland. Ich will mich eine Weile erholen und im Sommer dann wieder zu arbeiten anfangen.»

«Ich fahr auch morgen und weiß noch nicht wohin. Vielleicht nach Korsika.»

«Bleiben wir heute Nacht zusammen?», schlug sie vor.

«Ich bin nicht nüchtern genug, um es mit einem Fick für dreihunderttausend aufzunehmen...»

Sie brach in Gelächter aus. «Dieser hier ist gratis, unter der Bedingung, dass du zu sagen lernst: ‹Τι σου κάνω μανα μου.›»

«Was heißt das?»

«Beim Liebemachen sagt die Frau in Griechenland: Τι σου κάνω μανα μου, was so viel heißt wie: ‹*Was tust du mir an, Mutter?*›, und der Mann antwortet: ‹*Was tu ich dir an, Mutter?*› ... und so weiter...»

«Die ganze Zeit über?», fragte ich ungläubig.

«Die ganze Zeit.»

Als ich am folgenden Tag aus dem Haus der Griechin trat, stand Benjamino schon da und wartete auf mich, an den schneeweißen Passat gelehnt, der einst Dedonato gehört hatte.

«Bist du schon startklar?», fragte ich.

«Ja. Und du?»

«Ich habe gedacht, ich begleite Roula ein Stück. In Griechenland bin ich noch nie gewesen, und solange das Geld reicht, das ich mit diesem Fall verdient hab ...»

«Gut so, Marco. Zu wissen, dass du endlich mit einem Mädchen zusammen bist, das keine Flausen im Kopf hat, beruhigt mich ... Zumindest wird es dich eine Weile lang von deinen beknackten Ermittlungen fern halten ...»

Ich wusste, was das schlaue Grinsen zu bedeuten hatte, das in seinem Gesicht stand. «Neuigkeiten?», erkundigte ich mich vorsichtig.

«Nichts Wichtiges», antwortete er, ohne eine Miene zu verziehen.

«Spann mich nicht auf die Folter.»

«Heute Morgen habe ich einen unserer Kontaktmänner im Veneto angerufen, um zu erfahren, wie ein gewisses Geschäft läuft ... Bevor er auflegte, hat er erzählt, jemand verteile großzügige Trinkgelder unter den Kellnern sämtlicher Lokale der Gegend, wo Blues gespielt wird – es scheint, als sei er auf der Suche nach einem bestimmten Detektiv ...»

«Ist das alles?»

«Vorerst ja. Ich habe meinen Freund gebeten, ein paar Informationen einzuholen ... Er ruft morgen Abend im *Roi des Bandits* an ... ich wusste ja noch nicht, dass du in die Ferien fährst», sagte er und sah zu den Fenstern der Wohnung der Griechin hoch.

Ich drehte mich um und sah, dass Roula uns beobachtete. Ich lächelte ihr zu. Dann winkte ich und stieg in den Wagen.